世界文明史讲稿

（修订版）

赵立行　著

復旦大學出版社

人类文明史就像一条长河，

　　　时时回望它，才能使我们寻到自身的原点和根基；

人类文明史就像一座宝库，

　　　时时挖掘它，才能使我们不断变得更加富有；

人类文明史就像一位长者，

　　　时时面对他，才能使我们变得更加睿智。

修订版说明

　　该书出版以来已有八个年头,本意是为本校的学生提供一门课程的教材,但据出版社反馈,该书得到了不少读者的喜爱,并催促我择机进行修订。

　　当年编写教材时由于体例、篇幅的限制,确实有些非常重要的内容没有列入或者叙述简单,且由于时间仓促,有些叙述尚有瑕疵,所以觉得确有修订的必要。本次修订在保留原书原貌的同时,略做修补。

　　修补的内容之一是对某些地图或图片进行了更换;对某些行文语句进行了通顺化处理;在许多章节增加了一些小史料,以引文形式呈现,利于读者更好地理解所叙述的相关内容。

　　修补的内容之二是为了增加历史的连贯性,对近代部分的章节进行了调整和增添。其中原书第五编第十二讲第2目的"美国独立战争和法国大革命"分为两目,分别为"美国独立战争""法国大革命"。第五编第十三讲"思想的潮流"与第六编第十四讲"社会的发展"形成第六编"19世纪的思想与社会"。增加第七编的"列强新格局的形成与冲突",其中第十五讲"新势力的崛起"中增加"美国南北战争",原来第五编第十二讲第3目的"明治维新"移到这里

变为第 2 目,增加第 3 目和第 4 目"德意志的统一"和"意大利统一运动"。这一讲和原第六编的第十五讲"近代的终点"构成第七编。初版的第七、第八编分别变成第八编和第九编,各讲的序号也相应变动。

希望各位读者仍然喜欢修订过的版本,感谢广大读者一如既往的支持。

2016 年 5 月

目 录 CONTENTS

前言

赵立行（复旦大学历史系教授，博士生导师）

随着大学对通识教育的注重，原来以专业分工为特征的知识内容，开始突破学科的限制，面向所有专业的学生开放，历史也不例外。大约在 10 年前，著者所在学校的历史系开始开设面向整个文科的基础课，近几年此类课程更加上升到一类平台课层面。所谓一类平台课，就是面向全校任何专业所有本科生的课程。其中著者所开设的《世界文明史通论》就是此类课程之一。一时间，选课者甚众，尽管著者所开设的课程一学年开设一次，但每次选课人数都会达到规定人数的极限。近两年为了满足学生选课的需求，系里增加了一名老师开设同名平行课程，但仍然不能完全满足学生的选课要求。可见，此类课程是非常受学生欢迎的。

授课对象的变化和授课时间的限制，给该课程的讲授提出了新的挑战。一方面，《世界文明史通论》课程跨度很大，理论上要从最初的文明一直讲到当代文明，这样长的文明发展进程要在一周只有两节课的一个学期里完成，是一件非常困难的事情。另一方面，由于针对的学生很多都

不是历史学专业,每个人的历史知识基础差异很大,因此,如何找到一个适应大多数学生的知识平衡点,保持住大多数学生的学习热情,成为一个不得不严肃对待的问题。这就要求授课教师一定要在纷乱的文明中理出清晰的线索,一定要在内容的取舍中过滤出最精彩、最具代表性的文明内容。这一切都取决于是否能够提供一本最适合的教材。

著者在授课过程中,曾经尝试开出过多种已经出版的文明史作为参考教材。尽管这些教材都非常精彩,并有自己独到的结构和很深的理论思考,但是在使用过程中也遇到一些问题。主要集中在要么内容本身过于细碎和艰深,只能适合已经具备相当历史基础知识的专业学生使用,要么就是篇幅巨大,以多卷本形式出现,远远超出一个学生一个学期所能承受的能力。在无奈与妥协之下,我开始动手按照课程提纲编写详细的课程讲义,以电子文本的形式供学生使用。随着不断备课和讲授,讲义的字数也愈来愈多,已经达到了上百页。电子讲义的编写方便了学生,学生可以自由下载,可以针对讲义提出很多问题和建议。但是每次下载打印到底也是麻烦的事情。其间有学生问,既然老师有这样详细的讲义,为什么不修改后正式出版呢?

说实在的,自己在编写教材方面一直比较懒惰,也从内心觉得编教材很麻烦,可能是一件吃力不讨好的事情。所以尽管学生有这方面的要求,也迟迟没有付诸行动。2005年年底,复旦大学出版社的邵丹编辑找到我,希望我能够为所开设的《世界文明史通论》编写一本教材,随后申报了2006年度上海市重点图书并获得了批准。这一来,教材的编写一下子成了无法推脱的头等大事。从那时候开始便全身心地投入到教材的编写工作中。尽管以前有多年讲授的知识积累,尽管曾经编写过比较详细的讲义,但真的将其化成有头有尾的教材,真是一件不容易的事情。从动笔开始到最后结束,也花了一年多的时间。

编定的教材篇幅共35万字左右,编写的立意是既要照顾到世界文明史结构的完整,同时又紧紧围绕所开设课程的需要,因此该教材反映了编者如下的思考。其一,该教材不想也无法编写成一部反映整个人类文明发展的大全式作品,而是根据课程需要撷取自认为最重要最不能割舍的内容。因此,在该教材中没有反映的文明并不是不重要,而只是因为实在无法在课程中照顾到。其二,该教材的编写采用纵横相互照应的结构,纵的角度试图给学生展示一幅人类文明从古到今的清晰发展图示,并力求在其中反映文明发展的逻辑和节奏。横的角度则是在每一重大文明的框架内,撷取最能反映该文明特征的内容进行详细描绘,试图建立起支撑文明的骨架,在很多情况下有意避开了繁杂的历史线索和事件。其三,在叙述结构上,教材的章节之间有着紧密的联系,同时每一小节都力求是一个相对独立的主题,把同类的内容在一小节里面交代清楚,避免将其碎化在不同的章节和历史发展阶段中。其四,尽管在历史和文明史的研究中针对不同的问题学术界有诸多争论,而且这些争论是非常关键的,但是,著者认为对这些争论的理解需要有非常深厚的历史基础知识,而这也是所授课的学生难以具备的,所以也尽量不反映在教材之中,而是根据需要反映在课堂上。其五,除了文字叙述之外,编者力求以插图的形式更直观地反映文明的内容,因此在出版所容许的限度内,尽可能多地插入一些有代表性的图片。

　　这部教材尽管是以我个人的名义编写的,但这只能是从文责自负的角度而言。其实,无论在讲授课程过程中还是在编写教材过程中,都吸收了诸多学者的知识和成果,只是出于教材简单明了的要求,无法用注释一一详细列出,特此说明。这部教材的编写同选课的学生也是密不可分的,正是他们不断提出各种问题和要求,为该教材骨架和内容的形成提供了非常有益的启示。在这里我要感谢本系同仁金寿福先生,他不但为该教材编写的启动出了不少力,而且还在相关知识细节方面给予了无私的指导。同时要感谢教授同一课程的陆启宏先生,经常的课后讨论和经验交流,为该教材的编写提供了很多很好的建议。尤其特别感谢邵丹女士和复旦大学出版社,正是她在背后的不断督促和鞭策,以及复旦大学出版社的惠允出版,这本教材才能面世。

最后,特别希望阅读和使用该教材的老师和同学提出宝贵的意见,更恳请各位专家学者不吝赐教,以使该教材的不足之处在修订时有改正的机会。

2007 年 1 月 15 日于复旦大学光华楼

人类的起源

　　尽管文明的进程起起伏伏,文明的类型也千差万别,但文明始终是和人联系在一起的,只有人才是创造文明的主体。从地球上人出现的那一刻起,就开始了文明发展的进程。但是人到底是从哪里来的呢?

　　多少年来,人类一直想解开这个谜底。不同时代的人以不同的方式苦思冥想,试图对此做出合理的解释。但在绝大部分时间里,人们大都相信是神创造了人。在世界各地,几乎都有关于神创造人的传说,中国流传着女娲抟土造人的神话,而古希腊也流传着普罗米修斯用黏土造人的传说。《圣经》中描绘的上帝创造亚当和夏娃的故事流传了几千年时间。只有步入近代以后,人类才开始理性地看待自身的起源问题,出现了人类起源的生物学解释。

　　这一解释是由瑞典人林奈、法国人拉马克、英国人达尔文逐步确立的。林奈是著名的生物学家,他的最大成就是对植物和动物进行了分类。他在关于人类起源方面的最大贡献,是否定了物种不变的思想,并把人、猿、猴归入一类,称为灵长类,为后来进化论的出现奠定了最初的基础。拉马克则在其《动物的哲学》一书中系统阐述了进化

学说,提出了两个法则:一个是用进废退,一个是获得性遗传。他提出物种是可以变化的,生物进化的原因是环境条件对生物机体的直接影响。认为生物在新环境的直接影响下会发生习性改变,某些经常使用的器官发达增大,不经常使用的器官逐渐退化;认为物种经过不断地加强和完善"适应性状",便能逐渐变成新物种,而且这些获得的后天性状可以传给后代,使生物逐渐演变;认为适应是生物进化的主要原因。他第一次从生物与环境的相互关系方面探讨了生物进化的动力,提出了最初的生物进化理论。达尔文则通过长期观察,写出了著名的《物种起源》和《人的起源和性的选择》,揭示了物种进化的规律,并提出了人类和现代类人猿出自同一祖先的论断。至此,进化论取代了神创造人的学说而成为主流。至于人类如何与猿类告别,而走上了另一条道路,则是完善进化论的另一关键问题。恩格斯在《劳动在从猿到人转变过程中的作用》一文中对此做出了回答,明确指出是劳动创造了人。劳动导致人开始直立行走,劳动锻炼了人的头脑,从而导致了现代人的出现。

　　进化理论一旦被人们广泛接受,便促进了古人类考古学的发展。大量早期人类遗骨在世界各地的相继发现,不断验证着达尔文的理论,并为人们提供了人类起源的微弱链条。一般认为,人类从猿到人的发展经历了三个阶段。第一个阶段是古猿阶段。这些古猿或可被称为"攀树的猿群",是人类和现代类人猿的共同祖先,其中包括埃及的原上猿(距今 3 500 万—3 000万年)、发现于埃及法雍地区的埃及古猿(距今 2 800 万—2 600 万年)和发现于法国的森林古猿(距今 2 300 万—1 000 万年)。第二个阶段是类人猿阶段。这些类人猿也可以称作"正在形成中的人",其中具有代表性的是发现于印度的腊玛古猿(距今 1 400 万—800 万年)和发现于非洲的南方古猿(距今 550 万—300 万年)。这一时期的古猿尽管仍然属于猿类,但是已经具有了某些人的特点。其中,腊玛古猿可能已经能够直立行走,并能够使用简单的天然工具。南方古猿在早期仍然属于猿类,只是其中的南方古猿阿发种已经接近人类,属于从猿到人的过渡时期。第三个阶段是人的形成时期,经历了从猿人到智人的长时期演变。这一时期根据时间先后又可以分为早期猿人、晚期猿人、早期智人和晚期智人四个阶段。早期猿人遗骨主要发现于东非的肯尼亚和埃塞俄比亚,同时包括在中国发现的四川巫山人和云南元谋人,大致生活在距今 350 万年至 200 万年之间。晚期猿人包括陕西蓝田人、北京周口店人、印度尼西亚的爪哇人以及坦桑尼亚人,大致生活在距今 180 万年至 25 万年之间。早期智人包括欧洲的尼安德特人以及中国的长阳人、马坝人和丁村人等,生活在大约距今 20 万年至 5 万年之间。晚期智人则包括欧洲的克罗马农人、中国的河套人和山顶洞人等。从晚期智人开始,我们现在的人类终于出现了。

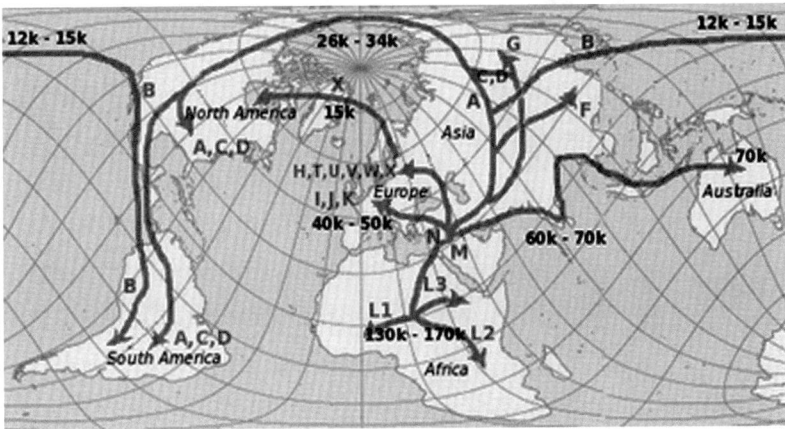

人类迁徙图

尽管通过古人类学家的考古发掘,建立起了一条从猿到人的发展链条,但是人类到底来自何方,是起源于某一个地方,然后逐步扩散到全世界,还是在世界各地同时出现了人类的先祖,仍然是一个长期争论的问题。随着古人类遗骨在各地的发现,相继出现了埃及起源说、欧洲起源说、亚洲起源说等等,学术界对人类文明的多起源说和一起源说各抒己见。现在人们似乎比较认同人类文明的非洲起源说。这一学说最初是由著名的古人类学家利基教授提出的,继而得到遗传学、黑色素研究以及解剖学和基因研究的支持,认为人类首先在非洲东部源起,从这里开始,东非的人类开始走向世界,并逐步取代了各地的直立人。

大约在距今35 000年左右,我们的现代人完成了进化过程,真正的人类出现了。人类自出现伊始,就过着具有社会组织的群居生活。一般来说,原始人类先后经历了血缘家族公社、母系氏族社会和父系氏族社会三个阶段,其中这三个阶段又分别同不同的工具类型、婚姻类型和经济方式相联系。血缘家族公社时期主要对应着旧石器时代的早期和中期。这一时期人类已经会制造和使用简单的砍砸器、手斧以及简单的木器和骨器等,其生活方式主要是采集和狩猎,婚姻关系处在同辈之间均可以互为夫妻的阶段。母系氏族社会处于旧石器时代向新石器时代的过渡阶段。这一时期女性的采集在经济生活中占有非常重要的地位,因而女性的地位高于男性。在婚姻关系上,最初主要实行族外群婚,后来发展到对偶婚,也就是形成相对固定的夫妻关系。但是,在这两种婚姻方式中,血统均根据母系来计算,即使在对偶婚中,也是丈夫拜访妻子或者居住到妻子的氏族里,人们往往只知其母而不知其父。父系氏族社会出现于新石器时代晚期,对应的是农业和畜牧业的大规模发展。男子凭借其体力而获得了超越女性的优势,从而导致父系家族的地位超越了母系家

原始女性崇拜雕塑

族。在婚姻关系上,女性开始到丈夫的氏族中居住,并最终发展成一夫一妻制。

从父系氏族社会开始,人类逐步走出财产共有的阶段。父系氏族社会末期,私有财产观念开始出现,血缘家族崩溃而进入了以地域为中心的农村公社,出现了以维护私有制和维护地域为目标的军事民主制政治形态。军事首领、民众大会和贵族议事会等机构纷纷出现,人类步入了国家产生的前沿。

原始文明尽管在工具使用、经济条件和社会形态方面都非常简单和落后,但是文化还是在世界各地不约而同地出现了,并留下了许多痕迹。原始的宗教观念出现了,主要表现为自然崇拜、祖先崇拜、生殖崇拜和女性崇拜,反映这些崇拜的遗迹和物品在世界各地均有发现。人类记录的方式也从最初的结绳记事发展到最初的图画文字。各种各样的艺术形式,包括绘画、雕塑、音乐和舞蹈也都相继出现。这些文化的发展和积淀,为古代文明的出现和发展提供了最初的基础。

经历了漫长的原始社会,国家出现了,人类进入了丰富多彩的古代文明阶段。

第一编　人类文明初登舞台

纷乱的两河流域

古代两河流域地图

I 王国的兴衰变迁

　　两河流域指幼发拉底河（Euphrates）和底格里斯河

（Tigris）冲击而形成的肥沃地带，这里成为人类早期文明发生和发展的舞台之一。不同的种族相继登上历史舞台，演化出一个混合性的文明和文化。细分起来，两河流域分为南北两个部分，其中北部主要是亚述（Assyria）人所建立的文明，南部称为巴比伦尼亚地区（Babylonia），在巴比伦尼亚地区的北部生活着阿卡德人（Akkadian），南部则孕育了两河流域最早的苏美尔（Sumer）文明。

最早登上两河流域文明舞台的是苏美尔人，正是它奠定了整个两河流域文明的基础，此后在两河流域兴起的文明都不同程度地从苏美尔文明那里汲取了营养。从公元前 4000 年代到大约公元前 2400 年期间，是苏美尔城邦发生、发展的时期。

苏美尔人的历史包括初史时期和古苏美尔时期。初史时期最早具有记载的是乌鲁克（Uruk）文化和捷姆迭特·那色（Jemdet.Nast）文化，反映该时期状况的有两个最具代表性的文物。文物之一是著名的猎狮残碑。在这块残碑上描绘着穿光面袍打猎的人，他们被称为"恩"（EN）。在这些人的旁边都描绘有一束花瓣，这是他们身份高贵的标志。另一具有代表性的文物是乌鲁克石膏瓶，上面描绘了祭祀的场面。这一高约 1.05 米的石膏瓶共分四栏，第一栏中间描绘的是母神伊南娜，后面的两条芦苇旗杆和旗帜，是该神的标志。她的前面是一个献祭者，穿着网格状的袍子，是祭司的标志。在神的后面，是两只羊，羊的上面有两个脚蹬，一个上面站着有芦苇旗杆标志的举手祈祷的人，另一个上面站立着手捧八瓣花束的人像。第二栏是献神纳贡的队伍。这些人有的拿着瓶，大多数拿着筐，他们共同的特点是裸体。这些人显然是劳动者，正拿着收获物进行

猎狮残碑

奉献。从这幅浮雕可以看出,苏美尔初史时期已经有了阶级区分,已经形成了以城市为基础的城市国家,或称为城邦,它们的王大概就是"恩"。

在乌鲁克文化和捷姆迭特·那色文化之后,进入苏美尔早王朝时期,这一时期的标志是关于大洪水的泥版文书。该文书叙述西苏德拉一家与洪水斗争的故事:一个夜晚,神在西苏德拉的梦中显现,告诉他某月第十五日将发洪水毁灭人类,要他将文书埋在太阳城西帕拉,还要造一只船,并准备充分的食物:

> 拆掉你的房屋,造一艘船,放弃财产,搜寻有生命的东西。抛却物品,拯救生命!把所有生命的种子放到船上。你所建造的船,要有合适的比例,它的长短要和谐。

他醒来以后,令人造了一只船。如神

乌鲁克石膏瓶

所说,洪水果然来了。他带领妻子儿女,装上足够的粮食酒肉和飞禽走兽,航行在茫茫洪水之中。当洪水渐渐退去后,他放出几只鸽子,鸽子很快便返回船上,说明鸽子既没有找到食物,也没有歇息之处。第二天,鸽子又飞回来,但爪上带着泥土。他第三次这样做的时候,鸽子一去不复返。他知道洪水已经退去,就揭开篷盖,发现船停在一座山上。他欣喜若狂,下山筑坛向神献祭,然后便突然不见了。留下的人四处寻找,但听到的却是来自上天的声音:我已与众神同住,你们应返回巴比伦,并取出埋藏的文书,晓示众人。众人遵命而去。从这片泥版文书中,我们看到了《圣经》中诺亚方舟的影子。在大洪水之后,城邦基什(Kish)成为当时雄霸一方的王国。

苏美尔早王朝后进入了古苏美尔时期。这时有几个城邦国家比较兴盛,也是列强争霸和轮流称霸的时代。其中,基什和乌鲁克之间争霸,拉格什(Lagash)则和乌玛(Umma)之间争斗。乌玛最后一个王是卢伽尔萨加西(Lugalzaggisi,约公元前2375—前2350年在位),他吞并了乌鲁克,灭亡了拉格什,并初步建立了奴隶制帝国。但是正在这时,北方的阿卡德人兴起。阿卡德的国王萨尔贡(Sargon)击败了卢伽尔萨加西,后者被俘虏,并被系上颈圈。至此苏美尔城邦的历史结束。

苏美尔文明虽然是两河流域最早的文明,但是苏美尔人已经有了多神崇拜,也有了罪恶感和向神赎罪的意识。约公元前3100年左右,苏美尔人创造了楔形文字(cuneiform)。正是用这种以木棒在未干的泥版上压出的象形文字,苏美尔人创作了《基尔伽美什史诗》等优美的诗篇。此后两河流域兴起的诸文明,要么直接继承要么经过改造后使用了苏美尔人的文字。

萨尔贡

苏美尔文明之后到来的是阿卡德文明。阿卡德人是近东的半游牧民族,是苏美尔城邦的近邻,深受苏美尔文化的影响。事实上,阿卡德的开国国王萨尔贡正是从苏美尔城邦中获得权力后开始起步的。萨尔贡是世界上最早的大帝国的缔造者之一,并被认为是两河流域军事传统的缔造者,他统治的时期大致在公元前2334—前2279年。关于萨尔贡和阿卡德王国并没有留下什么直接的资料,其主要原因是阿卡德王国的首都阿伽德(Agade)一直没有被考古学家探定位置和发掘出来。

按照传说,萨尔贡出身卑微,在某

一泥版文书中,萨尔贡这样记述自己:

> "我叫萨尔贡,阿卡德强大的国王。我母亲是名祭司,我不知父亲是谁……我母亲私下怀上并生下我。她把我放到芦苇编成的盒子里,用树脂将盖子密封,然后放进河里。……河水载着我漂流,将我带到一位曳船的人阿吉那里。阿吉收养了我,将我当作儿子养大。"

长大后,萨尔贡以一个园丁的身份服务于基什王国的宫廷,后来获得了国王侍酒者的职位。萨尔贡的发达是因为他打败了乌玛的国王卢伽尔萨加西,并成为整个南部两河流域的统治者。但是,萨尔贡并不满足于此,而是继续对幼发拉底河中部的城市进行征服,并继而征服了叙利亚北部和安纳托利亚南部富产银的山区。他还统治了苏萨(Susa),即埃兰人(Elamites)的首都,与印度、阿曼、波斯湾的岛屿和海岸、黎巴嫩、克里特,甚至希腊地区都有广泛的贸易联系。在他统治的晚年,王国受到起义的困扰开始衰落。公元前 2191 年,阿卡德被来自东北山区的库提人所灭亡。

萨尔贡是苏美尔文化的崇拜者,在他的统治之下,阿卡德人已经使用了苏美尔人的文字系统,并以阿卡德文字命名。通过阿卡德人在苏萨的军营,阿卡德文字传播到两河流域以外的地区。埃兰人在阿卡德统治时期接纳了两河流域的文字,到巴比伦时期,阿卡德文字成为纪念碑碑铭的样本。

阿卡德灭亡后,两河流域陷入混乱状态,苏美尔城邦借机开始复兴。但后者很快便被来自西北部的阿摩利人所灭亡。阿摩利人于公元前 1894 年在苏美尔建立了古巴比伦王国。古巴比伦王国发展到第六代王汉谟拉比(Hammurabi,公元前 1792—前 1750 年在位)时期,开始逐渐兼并各邦,统一了苏美尔和阿卡德。在汉谟拉比时期,巴比伦王国编撰了一部法典,即历史上著名的《汉谟拉比法典》。但是汉谟拉比的统治并不巩固,他死之后,在萨姆苏伊鲁纳统治时期,南部两河流域发生了大暴动。此后,古巴比伦王国开始衰落。公元前 1600 年左右,被赫梯人所灭亡。

在两河流域南部文明频繁更替的同时,北部的亚述人也在同时发展自己的文明,并最终建立了两河流域具有代表性的帝国。亚述的全部发展过

程可以分为古亚述、中亚述和新亚述三个时期。其中古亚述是奴隶制城邦时期,而后面两个阶段则是帝国阶段。

古亚述大约产生于公元前 3000 年代中期,其发展的舞台在底格里斯河中游。从公元前 19 世纪起,古亚述开始发动对外扩张,势力曾经达到地中海沿岸。但是,在公元前 1500 年左右,胡里特人的国家米丹尼兴起,古亚述的历史结束。自公元前 1360 年起,米丹尼受到赫梯的攻击而衰落,亚述又重新兴起,进入中亚述阶段。公元前 1350 年,阿凤路巴里特一世(Ashur—ublallit,公元前 1363—前 1328 年在位)与赫梯联合,开始攻击米丹尼,自称"大王",成为亚述帝国的创始人。这时期亚述的政体成为君主专制的政治体制。中亚述时期最重要的文献是一部亚述法典,达到了同古巴比伦的法典同样发达的水平。从公元前 12 世纪起,中亚述开始衰落。大约从公元前 11 世纪开始,阿拉美亚人开始入侵。公元前 10 世纪到公元前 8 世纪中叶,亚述在与阿拉美亚人的斗争中衰落了。阿拉美亚人入侵之后,亚述帝国又重新复兴,开始了新亚述时期。这个新帝国仍然以对外扩张为主。提格拉特帕拉沙尔三世(Tiglath-Pileser Ⅲ,公元前 744—前 722 年在位)向北攻击阿拉美亚,向西攻击叙利亚,并毁灭了以色列。后来的继位者如萨尔贡二世(Sargon Ⅱ,公元前 721—前 705 年在位)等继续实行对外扩张的政策。到公元前 8 世纪—前 7 世纪,亚述已经扩张成为一个大帝国。

亚述帝国的建立完全依靠其强大的武力和残忍的虐杀。萨尔玛那萨塞尔一世(Shalmaneser Ⅰ,公元前 1273—前 1244 年在位)宣称,他把 14 400 名敌人都弄瞎了一只眼睛。提格拉特帕拉沙尔一世(Tiglath—pileser Ⅰ,公元前 1114—前 1076 年在位)碑铭中描述道:"他们的尸体漫山遍野,我斩去他们的首级,我掠夺了他们无数的动产、不动产。我把城市化为灰烬,我把敌人像谷糠一样散去。"那匹尔帕二世的铭文中记载:"我在城的大门前建筑了一座墙,包上一层由叛乱首领身上剥下来的皮;我把某些人活活地砌在墙里,另一些人沿墙活活地捅进尖木桩并被斩首。"

通过征战,大量的战利品滚滚流入亚述帝国,然而,亚述帝国集聚财富的同时也集聚了仇恨。米底人和迦勒底人于公元前609年联合攻陷亚述首都尼尼微,阿舒尔巴尼帕(Ashurbanipal,公元前668年—前627年在位)的儿子伊萨克(Sin-Shar-Ishkun,公元前623—前612年在位)将王宫和自己付之一炬,亚述帝国在灰烬中成为历史。

灭亡亚述帝国的迦勒底人在南部建立了新巴比伦王国。迦勒底人本来居住在近波斯湾的沿海地区。约公元前630年,他们的首领那波帕拉萨尔(Nabopolassar,公元前626—前605年在位)成为迦勒底之王。公元前626年,他把亚述人赶出乌鲁克,并宣称自己为巴比伦尼亚之王。到了尼布甲尼撒二世(Nebuchadnezzar II)时期,新巴比伦王国达到了辉煌。

尼布甲尼撒这个名字出现在犹太人的《圣经》中。在当时,他是近东最伟大的统治者。不但是最成功的军事家、最英明的政治家,也是最伟大的建筑师。他对巴比伦的贡献,除了汉谟拉比之外无人可比。公元前586年,他率兵攻占了投靠埃及的犹太,攻陷耶路撒冷,拆毁神庙,灭亡犹太国,把大部分犹太人俘虏到巴比伦,史称"巴比伦之囚";尼布甲尼撒大兴土木,美化都城和神庙,重建巴比伦,建"通天塔",修建了尼布甲尼撒的宫殿以及赫赫有名的空中花园。空中花园是尼布甲尼撒为其宠妃米底亚公主所建,被称为古代世界七大奇迹之一。

新巴比伦王国的末代国王是那波尼德(Nabonidus,公元前556—前539年在位),这时巴比伦马尔都克神庙的祭司同国王的矛盾越来越尖锐。当公元前539年波斯国王居鲁士(Cyrus)来攻击时,僧侣们便背叛那波尼德,向波斯人投降,新巴比伦王国灭亡,两河流域古文明的历史至此告一段落。从此以后,两河流域成为波斯人的天下。

2 《吉尔伽美什史诗》

《吉尔伽美什史诗》(*Epic of Gilgamesh*)是苏美尔人创作的英雄史诗,不但体现了苏美尔文明极高的文学成就,也反映了两河流域早期文明的人生态度和宗教信仰。

《吉尔伽美什史诗》泥版

现存的《吉尔伽美什史诗》保存在用阿卡德语写成的 12 块不完整的泥版上,发现于尼尼微亚述国王阿舒尔巴尼帕的图书馆里。尽管亚述文明崇尚血腥的武力,但是它也将两河流域其他文明的文化汇集到自己的帝国,幸赖亚述帝国,我们今天才可以重新欣赏到这部优秀的作品。以在亚述发现的这 12 块泥版为基础,人们又相继利用在两河流域和安纳托利亚发现的一些残片,对上述泥版的残缺部分进行了补足。另外,人们又发现了五首时间大致在公元前 2000 年代的短诗,用苏美尔文字写成。这些短诗都和吉尔伽美什有关,分别被标为《吉尔伽美什和胡瓦瓦》(*Gilgamesh and Huwawa*)、《吉尔伽美什和天牛》(*Gilgamesh and the Bull of Heaven*)、《吉尔伽美什和基什的阿迦》(*Gilgamesh and Agga of Kish*)、《吉尔伽美什、安吉杜和冥界》(*Gilgamesh , Enkidu and the Nether World*)以及《吉尔伽美什之死》(*The Death of Gilgamesh*)。这说明吉尔伽美什的故事曾经以各种版本广泛流传,在两河流域有很大的影响。

吉尔伽美什很可能是公元前 3000 年左右统治两河流域南部城邦乌鲁克的国王,与基什的国王阿伽是同时代的人。《吉尔伽美什史诗》开头是序言,主要是对吉尔伽美什进行赞美,称他是半神半人,伟大的建筑者和勇士,知晓土地和海洋里的任何事物。

泥版一叙述他喜欢大兴土木。由于他广征民力修筑城墙和神庙,引起了人们的怨恨。他的臣民万般无奈,便向众神倾诉苦衷,众神为此赫然震怒。为了压制吉尔伽美什的残暴统治,阿努(Anu)神下令创造了安吉杜。

> 大神听闻此事,诸神对着创造女神阿鲁鲁嚷道:"你创造了吉尔伽美什!那就再造一个和他匹敌的人!让他看起来如镜中的影像,给他第二个自我,就像狂风遇到狂风!让他们心与心碰撞,让他们相互争斗,把和平留给乌鲁克。"

安吉杜最初是生活在动物中的野人,但是不久他被传授予城市的生活方式而进入了乌鲁克,吉尔伽美什在那里等着他。

第二块泥版讲述两个人比试力量,结果吉尔伽美什成为胜利者。随后两人互生敬意,安吉杜成为吉尔伽美什的朋友和随从。

泥版三、四、五、六描绘两个人共同除暴安良,做了许多有益于人民的事情。其中主要的是他们共同抗击胡瓦瓦,后者是神所任命的雪松森林的保护神。但是具体情况并没有在现存的泥版中记录,反而在另外一个泥版,即《吉尔伽美什和胡瓦瓦》中进行了记载。

泥版六描绘吉尔伽美什回到了乌鲁克。由于他解救了险遭厄运的女神伊什塔(Ishtar),女神对吉尔伽美什一见倾心。但是吉尔伽美什知道她水性杨花,拒绝了女神的求婚。女神恼羞成怒,祈求天神降天牛为她雪耻,杀死吉尔伽美什。但事实正好相反,在安吉杜的帮助下,吉尔伽美什杀死了女神派来的神牛。

泥版七记述安吉杜做梦梦到阿努(Anu)、伊阿(Ea)和沙马什(Shamash)神,众神决定他必须因杀死神牛而死。然后安吉杜开始生病,并梦见"灰尘之屋"(House of Dust)在等待他,最后安吉杜染病而死。

泥版八描述吉尔伽美什对自己朋友的死悲痛不已,并为安吉杜举行了国葬。

泥版九和十描绘吉尔伽美什为了了解如何摆脱死亡,进行了危险的旅程,去寻找乌特纳比西丁(Utanapishtim)这位巴比伦大洪水的幸存者。他长途跋涉,历经艰难和女巫的诱惑拦阻,最后找到了乌特纳比西丁。

第十一块泥版描述后者给他讲述了大洪水的故事,并指引他如何找到可以返老还童的仙草。吉尔伽美什喜极而归,但是事有不测,在他将仙草放在一条河边,下水洗澡时,仙草被蛇吞吃。吉尔伽美什悲哀失望,失魂落魄般地回到了乌鲁克。

第十二块泥版描述吉尔伽美什见庙就入,逢神便拜,求神让他的好友得以片刻生还,众神感于他的虔诚,让安吉杜重新复活。故友重逢,欣喜万分。长谈中,吉尔伽美什问安吉杜:"死是怎么回事?"安吉杜回答说:"那可不能说,如果我把所见所闻告诉你,你会立即吓昏的。"吉尔伽美什说:"有这么可怕吗,我倒要听听。"安吉杜无奈,只好历数地狱里的各种惨状。

一部史诗不只是一部虚构的神话传说或者文学作品,其中包含着许多有关该文明的信息。首先,《吉尔伽美什史诗》告诉我们,早期苏美尔人生活在底格里斯河和幼发拉底河之间的土地上,大致时间是在公元前3000—前2000年,有一位著名的国王吉尔伽美什。他们实行多神崇拜,知道土地如何耕作,并有阅读和写作的能力。

该部史诗也反映了早期苏美尔人对待人生的态度。首先,这部史诗反映了人类的两面性,正是人的两面性的矛盾和相互制约形成了完美。通过前言我们了解到主人公之一吉尔伽美什三分之二是神,而三分之一是人,是一位英雄。他漂亮而又勇敢,比其他人更令人惧怕。但是他的超强能力和自我欲望无法自行约束,结果产生了许多负面影响。于是神又创造了另外一个可以与之匹敌的神安吉杜。安吉杜同吉尔伽美什一样半人半神,同样勇猛。正是这两个力量均衡的对手相互搏斗,最终达成了和谐。事实上安吉杜是作为吉尔伽美什的对立面而存在的,他的存在,对吉尔伽美什有非常重要的作用。其一,安吉杜阻止吉尔伽美什进入一对新婚夫妇的房间,他们相互争斗而最后成为朋友。其二,安吉杜和吉尔伽美什一起前往森林去面对可怕的胡瓦瓦,相互鼓励,勇敢地面对死亡。其三,在安吉杜的影响下。吉尔伽美什把注意力从个人的私欲转到崇高的愿望上来,开始用自己的力量和智慧做对乌鲁克有利而不是有害的事情。其四,安吉杜让吉尔伽美什明白作为一个人意味着什么。他告诉吉尔伽美什爱和情感的意义,失去和变老的含义以及死亡的意义。正是安吉杜的制约,吉尔伽美什成为一个更加完美的英雄。

其次,这部史诗反映了人类从野蛮到文明的困惑。这一困惑主要是通过安吉杜来体现的。安吉杜是用水和土做成的,被放到荒野之中。他是头脑简单的人,不知道如何耕作土地。他与野兽为伍,一直破坏猎人的陷阱,帮助野兽们逃跑。因此猎人们要驯服安吉杜,如同乌鲁克人要驯服吉尔伽美什一样。这其中表现了安吉杜从野蛮状态逐步走向文明的过程。这部史诗向我们说明,文明只是一个过程,是对原始的改造。没有原始,文明就不会存在。这个故事让我们明了在从一种存在状态发展到另一状态时我们会得到什么,同时会失去什么。如果有可能的话,一个文明人是否愿意回到原始状态,或者说,在人类变得越来越文明的时候,原始的人们失去了什么?他又获得了什么?通过走出荒野,进入城市,与吉尔伽美什进行搏斗,安吉杜获得了智慧。但文明也同时腐蚀了原始的人,使他变得虚弱,并使他成为文明人的同类。讲述者告诉我们,安吉杜因为有了智慧,以及有了人的想法而变得虚弱。安吉杜走出了荒野,他与吉尔伽美什的共同冒险导致他的死亡。在

《吉尔伽美什史诗》插图

13

病中他回顾过去,咒骂城墙:"如果我知道结局! 我知道这就是我能够得到的所有好处,我会举起斧子把它劈成碎片,然后在这里建造一个柴门。"他咒骂了猎人和妓女,是他们毁坏了他的无知。这里无知似乎就是对死亡的无知,没有意识、没有智慧、没有知识,那么就没有死亡。

最后,这部史诗表达了苏美尔人关于生和死的思考。吉尔伽美什对死亡的出现非常恐惧,甚至希望否定它,从而走上了寻求永恒的道路。在海边,吉尔伽美什遇到了希杜里(Siduri),这位管理藤蔓植物的妇女,她向吉尔伽美什说出了人生的意义:

> 你永远不会找到你正寻找的生命。当神创造人的时候,便指定了人的死亡,他们选择自己来支配生命。吉尔伽美什,你要用美食来果腹、日日夜夜跳舞、饮宴和狂欢,穿华美的衣服,洗浴自己,珍爱你怀中的孩子,给妻子快乐,这才是人的本分。

史诗告诉我们,人的生命依赖于时间的不断流失和死亡的可能性。吉尔伽美什找到了唯一被神赐予永恒生命的人,但乌特纳比西丁同样对吉尔伽美什说:"世界上没有永恒。"吉尔伽美什找到了能使人返老还童的仙草,但还是被一条蛇叼走了。这个故事又是我们比较熟悉的,不只是因为我们认识到这条蛇是伊甸园中那条更加邪恶的蛇的先驱,而且我们能够认识到蛇在这里只是一个象征。在苏美尔的世界中,蛇神是"生命之树的主人",这里意味着吉尔伽美什已经失去了生命永恒的可能性,乌鲁克的人们也失去了这样的机会。

《吉尔伽美什史诗》所反映的对生命和死亡的看法,影响了整个两河流域。学者们都评价两河流域的人们忧心忡忡,不相信死亡会带来幸福,所以他们对来世的描绘是非常模糊和悲观的,与古埃及形成强烈的反差。

3 《汉谟拉比法典》解读

古巴比伦王国第六代国王汉谟拉比给后人留下了一部完备的法典,这部法典不但为两河流域提供了成文法律的样板,而且充分反映了当时两河流域的社会现实。

《汉谟拉比法典》的形成出于当时社会现实的需要。闪族部落定居在巴比伦以前,并没有成文法典,约束人们的主要是部落习俗。在此地建国后,部落习俗就慢慢转变成了城市法律。他们早期的历史表现为各个城市相互争权夺利,慢慢地大都市要求小城市进贡并提供军事支持,并逐步削弱他们的地方信仰和习俗。

巴比伦的人口从早期开始便是由不同种族组成的,城市之间的交往从没有停止。这种自由的交往必然会形成趋向一致的习俗。汉谟拉比之前的国王就曾颁布法令,规定外国人可以自由进入这座城市,外国的妇女一旦进入该城便不能再成为奴隶,甚至一只狗进入该城市也不能未经审判就被判处死刑。

正是在这样的背景下,这位天才人物通过制定统一的法典,为把庞大的帝国融为一体奠定了基础。通过制定统一的法律,过去所有的部落习俗差不多都消失了,法典成了国家的法律。尽管法典中的家族连带责任、地区责任、严酷考验和同态复仇(the lex talionis)继续保留着原始的痕迹,但是原来自力救济、血亲复仇、掠夺婚姻等等习俗都大大削弱了。通过这个法典,国王树立了一个仁慈的独裁者的形象,臣民都很容易接近他;他能够而且愿意保护弱小免受强者的欺凌;法官受到严格的监督,人们的上诉得到认可;妇女的地位自由而且体面。

《汉谟拉比法典》文本雕刻在黑色玄武岩石柱上,7.5英尺(1英尺=30.48厘米)高,周长6英尺,是J·摩尔根(J.de Morgan)等考古学家1901—1902年在发掘苏萨时发现的。其上共有51栏楔形文字,用阿卡德语写成。现藏于法国罗浮宫。该石柱的顶部雕刻着太阳神沙马什,正坐在王位上把权杖和戒指交给汉谟拉比,标志着汉谟拉比所接受法典的神圣起源。法典由序言、正文和结语三部分组成,其中正文共有282条。

该部法典明确区分了社会等级。法典把人分成三个等级,即贵族

汉谟拉比法典石柱

（amelu）、穷人（muskinu）和奴隶（ardu）。贵族是指其出生、结婚和死亡都被登记在册的人。他们拥有祖先的地产和完全的公民权,拥有贵族的特权和责任,有权对自身遭受的身体伤害进行复仇,可以要求对犯罪者进行重罚和索取更高的罚金。该阶层包括国王、大臣、高级官员以及专业人员和工匠。对第二等级进行界定是非常困难的,因为这个词的本义是"乞讨者"。虽然法典并没有明确把他们看作穷人,但他们一定是没有土地的。他们是自由人,但是必须为他们所受到的身体伤害接受赔偿金,单独居住在城市的一个固定区域。第三等级是奴隶。他们是主人的动产,人数庞大。奴隶可以拥有财产甚至拥有其他奴隶,但只能因自己受到的伤害接受赔偿金。

他的主人通常为他找一个女奴隶为妻,生下来的孩子也是奴隶。如果他娶一个自由人女子为妻,那么后代就成了自由人。他可以用钱从主人那里购买自由,或者被解放而奉献给神庙。奴隶的获得主要通过三种方式:第一种是从国外购买,第二种是通过战争获得俘虏,第三种是自由人因犯罪和债务而降为奴隶。奴隶经常逃跑,但是一旦被抓住,抓捕者一定要将他送还给原来的主人,而且法典规定了主人必须付给抓捕者的赏金数额,大致是奴隶价格的10%。奴隶都有身份标记,除了外科手术外这些标记无法轻易清除,后来在标志上还刺上主人的名字或标记。

法典从许多角度明确规定了社会的财产关系。法典承认土地私有,但所有的土地买卖都要付一定的费用。国王也可以通过许可证免除这些费用,用来奖励对国家有功的人。国家要求人们服军役,实施强迫劳役,并征收实物税。一个特定的地域必须为国家提供一名弓箭手和一名枪手,并负责为后者提供作战的装备,这个地域被称为"一弓"。法典规定一个人只能承担军役6次,但该地域必须每年提供一个人。服劳役的工作通常由奴隶和农奴负责,强迫劳役是不固定的,但宗教人士和牧羊人免于劳役。水边的居民则负责修船,修桥和清理运河等。国王的使者可以征募下属的财产,并开具收据。神庙占有非常重要的地位,他可以从地产,教区税和固定的租税中获得收入。但神庙也有自己的职责,如果一个市民被敌人俘获,而自己无力出钱赎取时,教会必须出资赎取;如果穷人到神庙借种子或要求提供收割者,在归还时神庙不能收取利息。

　　法典涉及了有关财产买卖,租赁,交换,礼物,奉献,存款,租金,抵押等诸多方面的规定。例如,如果一个佃农偷盗种子,粮食和饲料,法典规定,要割去他的手指;如果他挪用或卖掉农具,把牛累得筋疲力尽或者进行转租,他就要受到重罚;如果一个负责灌溉的人忽视了修整沟渠,他管理的沟渠决口而引起了洪水,他必须承担因此而对邻居的庄稼所造成的损失,把自己或全家卖掉来赔偿损失;偷盗浇水工具、水桶或其他农具的人要被课以很重的罚金。房屋出租通常以一年为限,也可以租更长的时间,租金必须提前支付,一般是一次交纳半年的租金。契约规定房屋必须修补良好,承租人有义务保持房屋的完好。法典规定如果房主在租期结束之前毁约,必须免除承租人相当份额的租金。在商业方面,用实物偿还仍非常普遍。法典规定,必须允许债务人按照法定的比例用产品来偿还,如果债务人既没有现金也没有收获物,债权人不能拒绝商品。根据法典,不能随便占有债务人的庄稼,如果这样的事情发生,不但债权人要归还,而且还因为其违法行为而失去继续追索的权利,为了债务而随意占有别人的财产要被课以罚款。汉谟拉比时期商业非常广泛,当时商业的主要方式是一个人把资金委托给一个代理商,代理商通常要前往帝国之外去经营商业。法典规定,不管代理商是否赚到利润,都要归还双倍所取,但他不对遇到抢劫和勒索所造成的损失负责。

　　法典也对婚姻和家庭做出了详细规定。当时的婚姻表面上仍然是买卖的形式,但实质上形同男女共同订立的契约。年轻人的婚姻同样由亲属安排,新郎的父亲提供聘礼,连同其他礼物由求婚者赠送给新娘的父亲。而聘礼通常在女儿出嫁时由她的父亲交给新娘,这样聘礼又重新成为新郎的财产。此外,新郎的家庭还同时获得了嫁妆。聘礼的多少因当事双方的情况而不同,但是要超过买一个奴隶的价格。法典规定,如果一位父亲在接受了男子的礼物之后不愿把自己的女儿嫁给他,那么他就要归还双份的聘礼。同时法典规定如果一个求婚者改变主意,那么他就要丧失自己的礼物。嫁妆包括不动产,通常是个人私产和家具。结婚仪式包括握手以及新郎说一些仪式性的话,例如"我是贵族的儿子,拥有的金银没到膝盖,你将成为我的妻子,我将成为你的丈夫。像果园里长满果子,我将给你后代"。法典规定,夫妻双方作为一个单位要共同承担外部责任,尤其是债务。男人要负责妻子的债务,包括出嫁之前的,但男子可以把妻子作为抵债品。法典允许在婚姻契约中有限制性条款,如妻子不能被当作丈夫的抵债品等,但因此丈夫也不再负责妻子的债务。然而,无论如何双方须共同负责婚后所发生的债务。婚后女儿仍然是其父亲家庭的一员,很少被称为某某的妻子,而是称为某某的女儿和某某的母亲。男子可以随意离婚,但他必须归还嫁妆,如果他的妻子有了孩子,妻子负责养育他们,丈夫必须分给妻子土地、果园和商品的收入供养她和孩子,直到孩子长大为止。她可以与孩子共同享有这些财产,并可以自由嫁人。如果妻子没有孩子,他须归还她的嫁妆并付给相当于聘礼的钱财,这通常都会写在婚姻契约上。如果她是个不好的妻子,法典允许丈夫把她送走,同时自己保留孩子和嫁妆,或可把妻子降级为家内奴隶,但必须供给她食物和衣服。她可以控告自己的丈夫残忍和对自己的忽视,如果能够证明这一切,她便可以合法离开,带走嫁妆,但对男子不实行惩罚。如果不能证明,反而证明自己是一个坏女人,那么她要被淹死。如果丈夫外出时没有给她留下生活费用,她可以与其他人同居,但丈夫归来后必须回到丈夫身边,同第二个男人生的孩子则留在亲生父亲身边。如果她获得了生活费用还破坏婚姻则属于通奸。从惯例上讲，一个不能生育的妻子可以给她的丈夫找一个女仆生孩子，生的孩子算作妻子的，她则继续作为该女仆的主人，并可以因后者的傲慢把她贬为奴隶。但是如果女仆怀了丈夫的孩子则不能把她卖掉。如果妻子怀了孕，法律不允许丈夫纳妾，如果不能怀孕，则允许。妾也是妻子，但级别不一样，法典规定妾不能和妻子平等。妾是自由人，出嫁时同样有嫁妆，她的孩子也是合法的。她也可以同妻子一样离婚。不能阻止丈夫同奴隶生孩子，生出的孩子是自由人，而且他的母亲不能被卖掉，后者在她的主人死去后便获得自由。

在刑法方面，法典仍然保留了同态复仇，即以牙还牙，以眼还眼，以四肢还四肢。社会等级的区别决定着这一法律的执行方式。对各种犯罪有各种不同的惩罚方法，如绞刑、火烧、刺刑或者溺死。但是法典中没有提到谋杀及其惩罚。在苏美尔社会中没有监狱、没有劳动营，因为当时并没有监禁或者强迫劳动。相对来说，汉谟拉比法典的惩罚介乎亚述人的严酷和赫梯人的宽厚之间。

总体来说，汉谟拉比法典几乎涵盖了当时社会生活的方方面面，是一部非常复杂和先进的法典。

4 贝希斯敦铭文

约公元前3100年左右，苏美尔人创造了两河流域最初的文字。这种文字最初是因记录的实际需要而采用的一些图形符号，即所谓的象形文字。书写的工具是用黏土做成的泥版，用芦苇削成锐锋，在泥版上刻画书写。最初是按照从上到下，再由右向左的顺序以竖行书写。到公元前3000年左右，为使书写更清晰和避免已写出的文字受损，书写的方式改为由左至右的横行。为避免笔尖在画过湿黏土时弄出一条条不整洁的隆起，便改用一种三角形的笔端，在泥版上压出竖的、横的和斜的各种符号。这样刻写出的图形就呈楔形，发展成为楔形文字。最初的图形文字有很大的局限性，只能表

达某种具体事物,无法表达抽象的概念。出于实际需要,象形文字逐渐变成会意符号。如代表"口"的符号也用来表示动词"说"。但是,有了这样的改变之后,又发生了许多含混不清的概念。如代表"足"的符号,同时又可表示"立"或"行"。为了避免混淆,又出现了表音符号,在表音符号的前或后面加上一个限定性的符号,就可以明确而完整地表达含义了。最初的象形文字基本上是物体的原形,所表示的是牛羊、谷物和财物一类的东西。待进一步发展,象形文字便不只是物状之图,同时也可以代表语言了。楔形文字创造后,开始广泛应用于社会生活中。阿卡德时代,用阿卡德语书写的楔形文字不仅愈来愈多,而且应用的领域日渐拓宽。巴比伦和亚述帝国兴起后,文字在两河流域文化中的地位更加提高。它不仅记录具体的事物,也广泛记录宗教、技术、历史、文学、法律等。公元前 2000 年代中期,楔形文字成为当时国际外交上使用的文字体系。但是,随着两河流域文明的衰亡,楔形文字也成为无人识读的文字,被历史长期埋没。

人们对西亚楔形文字的认识和整理是 17 世纪以来的事情。公元 17 世纪,意大利商人彼得罗·德拉·维尔将波斯古都波斯波利斯王宫废墟中的铭文拓印下来,带至欧洲,欧洲才首次见到楔形文字。1802 年,德国哥廷根大学希腊文教授格劳特芬德(Georg Friedrich Grotefend)花费若干年功夫,读懂了某波斯石刻上 40 个楔形文字中的 8 个字,并运用这 8 个字读出了石刻上三个国王的姓名。英国外交官罗林生(Henry Rawlinson,1810—1895 年)对贝希斯敦铭文(Behistun Inscription)的解读,才使西亚楔形文字的研究进入一个全新的阶段。

贝希斯敦铭文位于伊朗,是波斯著名国王大流士一世(Darius Ⅰ,公元前 522—前 485 年在位)的铭文。该铭文是大型浮雕作品,描绘大流士国王以及他的弓箭手和长矛手,俯视被征服民族的九个代表,后者脖子上都拴着绳子。浮雕中还有第十个人物,但是这个人物现在已经严重受损,躺在国王的脚下。在这些人之上是最高神阿胡马兹达(Ahuramazda)的形象,下面则有三块嵌版。第一块嵌版用古波斯的楔形文字写成,讲述国王进行征服的故事。整个文献包括四栏和一个附录。共有515行的长度。另外一块嵌版用巴比伦的语言讲述大致同样的故事,但附录已经没有了。第三块嵌版是用埃兰语描述的同样的内容。在文献中,大流士描绘阿胡马兹达神如何选择他来推翻篡位者高墨塔(Gaumata)。在这一事件之后,大流士开始镇压其他叛乱。为了赞扬大流士的功绩开始制作该纪念碑,纪念碑上最初描绘着神、国王、被杀的篡位者以及七个代表叛乱的人。艺术家们正在制作这个纪念碑时,大流士又击败了外国的敌人,结果艺术家们修改了最初的设计来表示庆祝,在右边加了两个新的人物。在雕刻完成后,工匠们拆除了雕刻下面的脚手架,这保护了雕刻不被人为损坏,从而使该雕刻流传至今。在第二次世界大战期间,士兵们用浮雕上的人物作为练习的靶子,致使该浮雕遭到破坏,阿胡马兹达神的形象已经被完全毁坏了。

贝希斯敦铭文

这段铭文反映了古代波斯一段非常重要的历史。在居鲁士国王死后,冈比西斯(Cambyses Ⅱ,公元前529—前522年在位)继承了王位。冈比西

斯继承王位后不久,就开始出兵进攻埃及,并在公元前525年征服了埃及,使波斯成为一个地跨亚洲和非洲的大帝国。但是,冈比西斯在埃及时,波斯和米底各地也发生了叛乱。有一个叫高墨塔的祭司,冒充巴尔迪亚(巴尔迪亚是被冈比西斯秘密处死的皇弟,外人尚不知道)发动政变,夺取了政权。冈比西斯闻讯后赶回波斯,但在途中猝然死去。高墨塔取得政权后,在半午内(公元前522年3月11日至9月29日)实施了一些改革:没收波斯氏族贵族的牧场、牲畜、土地和奴隶;豁免各省兵役、赋税三年。他企图通过缓和阶级矛盾和民族矛盾的办法,取得平民大众和各被征服民族的支持,巩固自己的统治。高墨塔政变后,巴比伦、埃兰、亚述、埃及均脱离波斯,纷纷独立。中亚和其他地区的人民也不断爆发反波斯起义。正是在这样的情况下,公元前522年9月,阿黑门尼德的族人大流士(公元前522—前485年)杀死高墨塔,取得政权,并在两年内平定了全国各地不断起伏的大暴动。后来,大流士将平定这次大暴动的前后经过情况,用波斯、埃兰、巴比伦三种文字刻在爱克巴坦那(原米底首府,今哈马丹)以西的贝希斯敦大崖石上,这就是"贝希斯敦铭文"。这个铭文是现在所知道的阿黑门尼德王朝所有铭刻中最重要的一个。

　　贝希斯敦铭文一直存留在高高的悬崖上,而对它的发现和认识却经历了漫长的历程。阿黑门尼德王朝衰亡后,该纪念碑渐渐被人们忽视和忘记。但是后人对该浮雕还是有所添加,其中有安息人的浮雕,而且在萨珊时代(Sassanid)还有一块石头被清理出来准备雕刻浮雕,但最后并没有完成。由于人们不太在意这一悬崖上的石刻,所以后人对贝希斯敦铭文及其内容进行过非常有趣的描绘。在7世纪,人们流传着建筑家法海德(Farhad)的浪漫故事,故事中说是这位建筑家制作了该纪念碑。根据传说,上面描绘的是萨珊国王库萨赫二世(Khusrau Ⅱ)的胜利和敌人的失败。接下来描绘该纪念碑的是阿拉伯的旅行家伊本·豪卡勒(Ibn Hauqal,977年去世),他认为大流士是一位教师,站在一群学生面前。他把大流士手里的弓当作鞭子,说他正在训斥学生。1598年一位驻奥地利的英国外交官罗伯特·舍利

（Robert Sherley）旅行到东方，希望劝说伊朗王阿巴斯发动针对土耳其的战争。他的一位助手是法国人，描述过贝希斯敦的旅社位于一个很高的石崖下面，在石崖上面，他看到了基督升天图以及希腊文的雕刻。很显然他并没有看到倒下的高墨塔的形象，而认为阿胡马兹达和12个人代表着耶稣和他的门徒。他并不是最后一个犯这样错误的人。1808年，一位法国的旅行者嘎德纳（Ange Gardane）认为，这组浮雕代表着12个门徒站在耶稣的十字架下。1818年，英国的学者泼特（Ker Porter）第一次画出该纪念碑，认为该浮雕描绘的是以色列犹太王国10部落和亚述国王。

亨利·罗林生成为第一个认真尝试考察该浮雕的人。他是一名外交官，在破译了该石刻的文字后成为著名的亚述学者。罗林生生于1810年11月，1827年随同东印度公司服军役。在1833—1839年之间他前往波斯，帮助波斯重新组织军队，正是在这期间他接触了贝希斯敦铭文并开始研究楔形文字。1840年他被任命为坎大哈的政治代表，而且在1843年成为巴格达的领事，1856年他成为东印度公司的董事。1859—1860年间，他成为英国在波斯的公使，同时在1858—1859年以及1868—1895年成为印度议会的成员。他最终死于1895年3月。

在波斯担任军事顾问期间，他开始接触贝希斯敦铭文并对之产生了浓厚的兴趣。为了能够得到这些楔形文字的拓片，他曾经数次爬上山崖。尽管这一书写体系当时还没有被人解读，但是他已经在其他地方认识了其中大流士（Darayavaus）这个词，所以他很快就认识了这一纪念碑中的其他字母。当时德国学者格劳特芬德已经在解释波斯楔形字母方面取得了一些进步，罗林生看到前者的注释后，便能够破译楔形文字的密码了。尤其巧合的是，碑刻的第一行恰巧介绍了大流士及其前代家族的名字，这些名字几乎和希罗多德《历史》中所记载的完全一致。所以在两周的短短时间里，他已经能够确定古波斯字母的42个标记的含义。

1837年他重新返回到贝希斯敦，在那里他和一个灵活的库尔德小男孩对该波斯文献的一半内容重新作了拓片。由于此时罗林生已经知道波斯的

语言,并阅读了历史悠久的圣书《阿维斯陀》(*Avesta*),因而他很快便能够阅读整个文献了,并能够理解语法、句法和该纪念碑三篇文献中一篇的词汇。1838 年,他把自己最初的研究成果交给英国的亚洲皇家学院和法国的巴黎古代亚洲学会。八年后,他开始在皇家亚洲学会杂志上发表《贝希斯敦波斯楔形雕刻:释读与翻译》的文章。

　　他的翻译引起了轰动,并验证了希罗多德历史中最不可信和荒诞的故事。该铭文中大流士还讲述他如何镇压了反对波斯霸权的几次叛乱,他打败了中亚高地的游牧部落,对此居鲁士国王曾经无功而返。1844 年,罗林生和他的同伴再次爬上山崖,把所有的文字都拓写下来。利用这些拓本,一些学者们开始释读埃兰文的 131 个字母,并读通了这一古老的语言,这在当时是个了不起的成就,因为埃兰文还是死文字。此后,罗林生开始释读复杂的巴比伦楔形文字和阿卡德语言。并在 1852 年获得成功。从此以后,学者们能够阅读从尼尼微发掘出来的大洪水泥版等,从而打开了一个新兴学科亚述学的大门。

大一统的埃及王朝

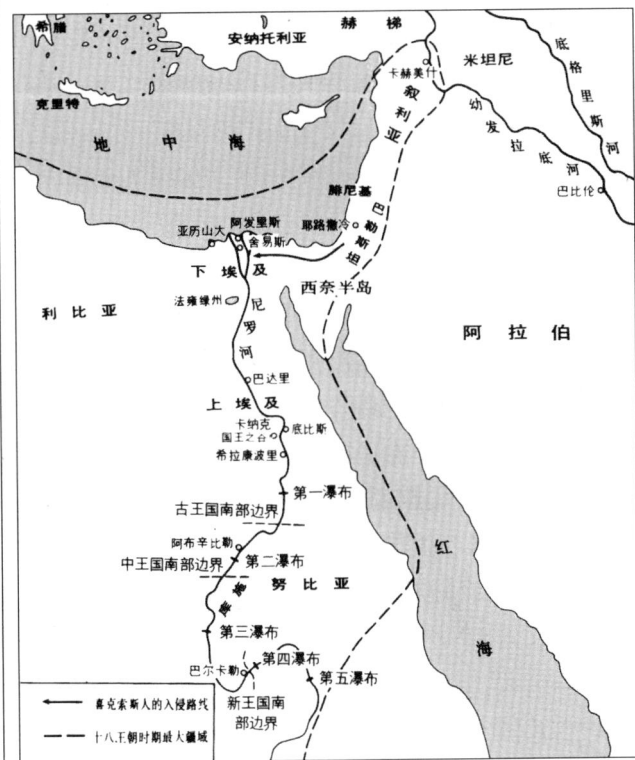

古代埃及地图

I 历史的年轮

同两河流域不同,古埃及文明是一个相对单一、长期延续的文明。尽管在文明发展过程中,也经历了数次不同程度的外族入侵,但埃及还是基本延续了自己的王朝统治,最终成为罗马帝国的一个行省。

古埃及文明漫长的历史演变进程,大致可以分为几个时期:

第一个时期被称作"史前时期"(Prehistory)。这一时期是古埃及人从石器时代向国家过渡的阶段。史前时期的最后一个阶段被称作"前王朝时期"(Predynastic Period,公元前5500—前3100年),这是一个从游牧过渡到定居的时期,已经有了以农业为中心的定居地。这时期的埋葬制度与以前相比有了很大的改变,以前死者被埋葬在亲人身边,儿童则被埋葬在自己家里。现在,死者的墓地往往离居住地很远,说明人们有了死后生活的概念。死者往往被埋葬成胎儿的形状,周围是各种陪葬品,脸朝西方,所有这些都指向死后的世界。

大约公元前4500年左右进入了涅伽达文化Ⅰ(Naqada Ⅰ)时期,最能代表这一时期文化的是陶器。考古学家发现了许多极富装饰性的陶器,包括跳舞的人像,举手的女人像等。大约公元前4000年左右埃及进入了涅伽达文化Ⅱ时期,这个时期能够明显看到北部对南部的影响。此后很快便进入了涅伽达文化Ⅲ时期,这时期的陶器装饰已经出现了类似神、历史故事等的痕迹。

当时埃及分成南北两大部分,至于南北是如何统一的,一直是争论的问题。首先是谁征服了谁的问题。许多资料表明南部战胜了北部,但是其社会制度更像是来自北部而不是南部。有的学者认为埃及先是被北部统一,在北部崩溃后南部获得了政权,并保留了北部的制度;也有的学者说是南部征服了北部,但接纳了许多北部的文化。

谁是统一后的第一个国王,学术界一直很难有定论。目前发现的最有力的证据是那尔迈调色板（Narmer Palette）。该调色板是一块三角形黑色玄武岩，上面用象形文字描绘了一个叫那尔迈的国王。调色板正面描绘他戴着南部的白色王冠，一手拿着权杖，一手压在一个北部敌人头上；反面描绘这个国王带着北部的红色王冠，下面则是一只代表法老的公牛正在摧毁一座城市。还有一个证据是蝎王权标头（Scorpion Macehead），上面描绘了一个类似的人物。国王两手拿着锄头，穿着束腰外衣，系在左肩上，在腰带上有一条牛尾，戴着上埃及的王冠。上方可以看到代表各州和各省的军旗，军旗上面用绳子吊着死的或者要死的田凫。在背面还有一列旗帜，上面都悬挂着弓，但只有一个旗帜是完整的。这里的寓意很明白，表明蝎王征服了这些地区。许多人认为这个人是那尔迈，或者是奥哈（Aha），即美尼斯（Menes）。不管这个国王到底是谁，但如果说这时候古埃及统一了，那么统一的时间应该在公元前3150—前3110年间。

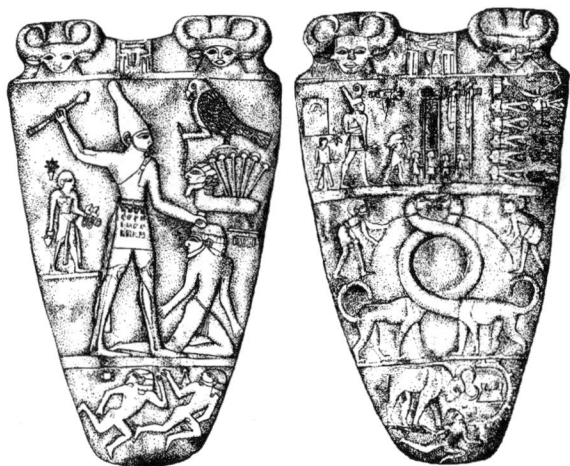

那尔迈调色板

第二个时期被称作"早期王朝时期"（Early Dynastic Period，公元前3100—前2649年），这期间包括第一王朝和第二王朝，第一王朝时期从那尔

迈开始。按照希罗多德的记载,那尔迈通过在尼罗河建坝开辟土地建成了首都孟菲斯(Memphis),也正是在这时候开始有了象形文字。从第二王朝开始埃及展开了争权夺利的斗争,并发生了内战。

第三个时期被称为"古王国时期"(Old Kingdom,公元前2649—前2152年),这一时期包括第三王朝至第六王朝的历史。从第三王朝开始埃及进入了繁荣阶段,并开始大规模建造金字塔。其中佐赛王(Djoser)的阶梯形金字塔(Step Pyramid)是第一个大型的墓葬建筑,成为后来金字塔的先驱。从第四王朝开始,埃及完成了大型的吉萨金字塔群(Giza Pyramids)。吉萨金字塔位于开罗西南部,有著名的胡夫金字塔、哈夫拉金字塔和门卡乌拉金字塔,其中胡夫金字塔是埃及现存最大的金字塔,也被称作大金字塔,是古代世界七大奇迹之一;哈夫拉金字塔是第二大金字塔,它的前面匍匐着巨大的狮身人面像。尽管金字塔见证了古王国时期埃及的高度繁荣,但从第五王朝开始,金字塔建造得越来越小,而且也不如以前坚固,说明古王国从第五王朝起开始走向衰落。

第四个阶段被称作"第一中间期"(First Intermediate Period,公元前2152—前2040年),包括第七至第十王朝。从第七王朝起埃及开始了第一中间期。这一时期古王国崩溃了,埃及同时遭受了政治的混乱和环境灾难,饥荒和内乱造成死亡率增加。东北部非洲变得越来越干旱,尼罗河的水量变小。这一时期对埃及来说是一个严酷的时期,各省的势力相互争斗。在这期间赫拉克里奥波里斯(Heracleopolis)兴起了一个统治家族,一度统一了整个国家,但是很快国家就分裂成两个部分,北部以赫拉克里奥波里斯为中心,南部则以底比斯(Thebes)为中心。

第五个阶段被称为"中王国"(Middle Kingdom,公元前2040—前1783年),包括第十一和第十二王朝。从十一王朝开始,埃及进入了中王国,其中底比斯的门图荷泰普(Mentuhotep,公元前2040—前2010年在位)驱逐了赫拉克里奥波里斯的国王重新统一了埃及,并在自己的家乡底比斯建造了规模宏大的陵墓。第十二王朝的创建者阿蒙内海特(Amenemhet,公元前

1990—前 1962 年在位)原是门图荷泰普的宰相,大约在公元前 1990 年篡位成功而建立了新的王朝。他把首都迁回到孟菲斯附近,建立了新城。在这期间与他担任共同执政的儿子远征了下努比亚。总体而言,中王国是在第一中间期的混乱中恢复过来的,尽管有了统一的王权,但是地方贵族势力仍然比较强大。

第六个阶段是"第二中间期"(Second Intermediate Period,公元前1783—前 1550 年),其中包括第十三王朝至十七王朝的历史。第十三王朝是资料比较缺乏的时期,这时候有许多短命的国王,而且国王也不是来自一个家庭,有一些国王甚至出身平民。同时,在中王国后期,国力衰落,遭到亚洲沙漠民族喜克索斯人(Hyksos)的入侵。入侵者担任埃及的国王,在孟菲斯附近的奥瓦里斯(Avaris)建立了都城,并统治该国家达两个世纪。尽管喜克索斯入侵造成了埃及的分裂,但也带来了新的农作物和耕作方法,同时引入了新型的武器,尤其是马和马车。在喜克索斯人统治北部的时候,南部的底比斯也开始出现新的统治者,他们占据南部与喜克索斯人和平共处。但到后来,南部的统治者开始挑战北部的喜克索斯人,双方进行了数次大战。在对抗外敌的情况下,原本处于分裂和不和状态的埃及人联合起来,到阿赫莫斯(Ahmose,公元前 1550—前 1525 年在位)在位时,终于赶走了喜克索斯人,建立了第十八王朝,埃及进入了新王国时期。

第七个阶段是"新王国"(New Kingdom,公元前 1550—前 1070 年),包括第十八至二十王朝。十八王朝是埃及在国际事务方面极为成功的时期,出现了许多了不起的国王,奠定了强大埃及的基础,并遗赠给十九王朝繁荣的经济。其中阿赫莫斯赶走了喜克索斯人,图特摩斯一世(Thutmose Ⅰ,公元前 1493—前 1482 年在位)征服了近东和非洲,哈特舍普苏(Hatshepsut,公元前 1473—前 1458 年在位)女王和图特摩斯三世使埃及成为古代的一个超级大国。阿盟霍特普三世(Amenhotep Ⅲ,公元前 1390—前 1353 年在位)进行了艺术革命。法老埃赫那吞(Akhenaton,公元前 1350—前 1334 年在位)和妮弗尔提提王后开始了宗教改革,提出了一神教概念。埃赫那吞提

埃赫那吞王雕像

出以太阳圆盘为标志的阿吞神作为最高神，对抗底比斯的阿蒙神，从而削弱阿蒙神祭司的地位。尽管这场改革失败了，但是却进行了一神教的尝试。随着宗教改革而来的崇尚自然的阿马尔纳艺术风格，并没有因为宗教改革失败而消失，而是对埃及的艺术产生了深远的影响。吐坦卡蒙王（Tutankhamun，公元前1336—前1327年在位）则是我们现代人非常熟悉的，一方面我们都知道他的黄金人形棺，同时考古学界流传的"法老的诅咒"更为他增添了许多神秘色彩。十九王朝和二十王朝保持着十八王朝以来的辉煌，出现了拉莫斯三世（Rameses Ⅲ，公元前1187—前1156年在位）等著名的国王。但是，拉莫斯三世之后，埃及开始面临经济问题，走向衰落。

第八个阶段是"第三中间期"（Third Intermediate Period，公元前1070—前657年），包括第二十一王朝至二十五王朝。从二十一王朝开始，埃及陷入分裂，有了两个首都，南部是底比斯，北部是塔尼斯（Tanis）。两者的关系和平而又友好，南部为宗教政权，而北部则是世俗政权。在第三中间期末期，以雇佣兵身份在底比斯以北定居的利比亚人建立了自己的政权，同时埃及南面的努比亚内陆地区也兴起了王国，并逐渐统治了埃及。但不久，来自西亚的亚述人进入了埃及，把埃及纳入自己的帝国。

第九个阶段被称为"后期"（Late Period，公元前664—前332年），包括从第二十六王朝到三十一王朝的历史。亚洲入侵者扶植建立了第二十六王朝,但埃及的王朝逐步恢复后便着手驱赶亚述人。公元前653年,埃及军队借助希腊和犹太的雇佣军把亚述人赶出了埃及。但是公元前524年,波斯军队在国王冈比西斯的统帅下占领了埃及,埃及又成为波斯帝国的一部分。尽管接下来埃及人也进行了反抗波斯的斗争,但是埃及已经没有力量完成这个任务。波斯人最终被亚历山大打败,但是埃及的法老统治也宣告结束。

此后埃及先后经历了托勒密王朝(Ptolemaic Dynasty,公元前332—前30年)统治时期、罗马时期和拜占庭时期、伊斯兰时期,以后又出现了法国占领时期和英国占领时期。

2 尼罗河的赠赐

古代东方早期文明的兴起,绝大多数同大江大河密不可分,一个著名的文明总是伴随着一条著名的河流。黄河造就了中华民族最初的文明,印度河和恒河则孕育了古代印度的灿烂文明,同样,在古代埃及有一条尼罗河,正是这条河流为古代埃及的文明提供了产生、发展和繁荣的舞台。埃及人这样唱道:

尼罗河,向你致敬!你在大地上现身,把生命给了埃及。……你浇灌拉神创造的果园,牲畜因你而活。你滋润大地的水,取之不竭。

尼罗河是一条很长的河流,全长有6 600多公里。它的源头其实是由两条河流汇合而成的,一条叫白尼罗河,在现在的乌干达境内,一条叫青尼罗河,在现在的埃塞俄比亚境内。两条河流在苏丹的喀土穆汇合,形成奔腾的巨流,贯穿埃及全境,由南向北注入地中海。尼罗河流经的地区,形成肥沃的土壤和翠绿的河谷和绿洲,同尼罗河两岸漫漫的沙漠形成强烈的对比。那些对自然依赖性很强的古代人便慢慢集中到尼罗河谷地地区,形成古埃及文明最早的部落和小国家,并在公元前3100年左右,形成了统一的国家,开启了几千年的古埃及文明史。

尼罗河是一条非常独特的河流,它的一个非常明显的特征,就是非常有规律地泛滥和退潮。每年6、7月份,河流便开始泛滥,一直到8、9月份达到高潮。泛滥的时候,河水汹涌,会把古埃及人在河谷开垦的土地全部淹没,一直到11月份开始退潮,就这样年复一年。每当泛滥的时候,古埃及人总是怀着期盼的心情默默地向神祈祷,希望水流大一点,希望年年生生不息。这是因为,尼罗河的泛滥是古代埃及人生存的必要条件,甚至是必须的条件。埃及是个阳光非常充足的国家,天空总是晴朗无云,一年的降雨量极少,开罗周围的年降雨量难得能超过5厘米,即使在沿海的三角洲地带,年降雨量也很少超过20厘米,而且降雨大都在冬季,整个夏季炎热干燥。因此,如果没有这条河流,埃及很快就会变成沙漠。每年河水泛滥,河水冲出河堤,自动而又全面地灌溉了周围的土地,而且,每次泛滥都为古埃及人的田地上覆盖了一层厚厚的淤泥,这层淤泥肥沃而又湿润,不但便于耕种,而且基本上不用施肥便能长出好庄稼。这样,农业发展所需的两个要素——水与沃土,全在这一涨一落之间完成了。而且,巧合的是,尼罗河泛滥的季节正好是埃及农闲季节,对人们的生活没有什么大的影响。而当河水退去,土地快要晾干的时候,又恰逢播种季节,人们可以在肥沃湿润的土地上毫不费力地进行耕作。古希腊的历史学家希罗多德到了埃及见到这一情形,感叹不已,他这样描绘道:"现在必须承认,他们比世界上其他任何民族,包括其他埃及人在内,都易于不费什么劳力而取得大地的果实。因为他们要取得收获,并不需要用犁耕地,也不需要用锄掘地,也不需要做其他人所必须做的工作,那里的农夫只需等河水自行泛滥出来,流到田地上去灌溉,灌溉后再退回河床,然后每个人把种子撒在自己的土地上,叫猪上去踏进这些种子,此后便只等收获了,他们是用猪来打谷的,然后把粮食收入谷仓。"因此,他称赞埃及是尼罗河的赐礼。

古埃及人也确实是这样来看待尼罗河的。他们并不了解尼罗河定期泛滥是由于源头高山地带的冰雪溶化所造成的,而把这种定期泛滥归结为神。古埃及人认为尼罗河的河水是由一个伟大的女神伊西斯的眼泪造成的,实际掌管这条河流的还有一位神,即尼罗河神——哈辟。在很多场合,古埃及人把他描绘成一个不男不女的形象,他是一个长着满脸络腮胡须的肥胖男人,但是却又有大肚子和女性的乳房,头戴着纸莎草编制的王冠,手里拿着盛水的陶罐。虽然这一形象似乎有些滑稽,但是却是古埃及人对尼罗河脾性的生动描绘:他既有女性的阴柔和养育之德,又有着男性的刚烈。古埃及人认为哈辟神能给人类提供食物,使人类得以生存,又能给植物送来水分,使植物得以生长。该神的象征物在上埃及是荷花,这是上埃及的国徽,在下埃及是纸莎草,这是下埃及的国徽。每当尼罗河水泛滥的第一天,

哈辟神

人们便纷纷前往尼罗河,往河里投祭品,祭祀这位神祇并进行狂欢,人们纵情高唱:

啊!尼罗河,我称赞你,你从大地汹涌而出,养活着埃及,一旦你的水流减少,人们就停止了呼吸。

尼罗河提供了一种节奏,一种韵律,古埃及人的生活也随着这种韵律而动。这明显表现在他们使用的历法上。有一种历法,古埃及人使用起来一直乐此不疲,那便是“自然历”。这种历法完全是按照尼罗河的涨落规律,配合农业劳作而设。它把一年分成3季,尼罗河开始泛滥作为第一季的开始,泛滥一般持续4个月,水开始消退,田野又从水中露出,便开始第二季。第二季也大约持续4个月,作物成熟并开始收割,为第三季的开始。第三季同样持续4个月。新的泛滥重新开始,便是一年的结束以及新的一年的开始。虽然依据这一历法,古埃及人也把一年分为12个月,每个月又划分为30天,但是用尼罗河的涨落作为依据来制定历法,显然是不科学的和不可靠的。尼罗河虽然有规律,但到底是一种易于变化的自然环境,气候等各个

方面都会影响着涨落的迟与早,河流的上涨几乎每年都不可能在同一天的同一时刻发生,而且每季的长短均有所变化。因此,以这种易变的自然因素作为精确固定的历法之依据,无疑会出现很大的偏差。以至于后来出现了这样的现象,明明是泛滥季节,他们却用代表植物生长的标记来表示,明明是干旱季节,他们却用代表水的符号。但古埃及人对此根本就无所谓,他们所关心的只是泛滥是否到来,至于历法准确与否无关紧要。只要尼罗河能够正常泛滥,只要这种规律不破坏农时,哪怕再不精确,他们也乐意接受。

尼罗河与古埃及的经济生活密切相关,古埃及人采取了许多措施在尼罗河的泛滥中趋利避害。首先,他们根据地势高低分区灌溉,建造了四通八达的沟渠与堤坝,与尼罗河相通。当河水上涨,土地需要灌溉时,他们便按照规划,有计划地引水灌溉。每年8月初,他们便把封闭的沟渠打开,让水沿着沟渠灌溉。为防止泛滥造成损害,古埃及的村民们采取了防范措施。河水一上涨,他们便把处于低处的牛群和羊群移往高处。为了及时了解水位状况和大坝情况,古埃及人建立了水位测量制度和大坝巡逻队。政府每年派出大量书吏测量水位,根据测量结果判定河水带来的好处和危害,并根据水位指导各地的生产与建设。大坝巡逻队则由其骑兵和步兵组成,恪尽职守,负责对大坝进行保养和维护,对破坏大坝的人予以严惩。

古埃及人对尼罗河依赖到这样的程度,甚至把尼罗河所具有的一切特征都认为是天经地义的。尼罗河由南向北流动,所以他们认为河流就应该由南向北流,否则便不合常理。他们没有抽象的表达向南向北的词汇,在他们的词汇里,向南是一只有帆的船(逆流而上),向北便是一只没有帆的船(顺流而下),他们认为这非常直观准确。但是,世界上的河流并不都是由南向北流动的。因此,当古埃及的军队打到西亚地区,见到一条河流是自北向南流的时候,他们感到万分震惊,把这当作一重大发现刻在石碑上,并在上面写下一个奇怪的句子,也可以说是只有埃及人看得懂的句子:"那条反向的河在逆流时顺流。"由于古埃及的词汇里逆流和顺流又同时指示向南和向北,其实这个句子的含义就是这条和尼罗河相反的河流该向南时却向北。可见古埃及人对尼罗河的依赖和崇拜到了何种的程度。

③ 太阳神和法老

　　古埃及人实行的是君权神授的中央集权制统治方式,认为世间的统治者和神血脉相通。古埃及的国王叫"法老"。法老这个词是古埃及语的希伯来文音译,在古埃及语中,法老的意思是"大房子",也就是指王宫。从新王国第十八王朝图特摩斯三世起,开始作为颂词用于国王自身,并逐渐演变成对国王的一种尊称。第二十二王朝以后,正式成为国王的头衔。现在我们习惯上将古埃及的国王统称法老。在古埃及人的观念里,国王就是神,他的身份是神圣的,他的诏谕也是神圣的。他的人格高于国家一切政务之上。他有至高无上的权利和权威,统揽一切军事、财政和宗教大权,而且率土之滨,莫非王土。法老根据场合不同佩戴象征上埃及的白冠、象征下埃及的红冠、象征上下埃及统一的双冠以及出征时使用的蓝冠。在公共场合出现时,国王手里通常握着权杖和连枷,权杖代表法老的威力,而连枷则表明国王在其统治中可以软硬兼施。举行隆重仪式时,国王所穿的衣服上还配有动物的尾巴。中央官吏、地方官吏和军队统帅都由国王任命。

　　国王之下设宰相,称维西尔,辅助国王,主管行政、司法和经济等方面的事物。这一职务大都由王室成员担任。维西尔只对法老负责,负责整个政府的运行,是所有其他官员的首领。维西尔的职责包括征税、处理纠纷、分配财产、为地方州长授权以及监督军队的行动等,同时负责保护法老以及监督法老宫廷的日常运转。维西尔这一职位往往会父业子承,在政局不稳的时候,维西尔也有时会握有大权。十八王朝时法老将维西尔的权力一分为二,分别管理上、下埃及。宰相秉承法老的旨意,治理国事,同时又是贫苦大众的保护者。一座坟墓里的浮雕描绘着,一位宰相清早即到民间视察疾苦,有很多穷人正在向他申诉。浮雕上写着这样的句子:"不分贵贱贫富,既来申诉均受到重视"。年高德劭的大臣,组成咨政院,以备法老咨询。对法老而言,这样的咨政院显然是多余的,因为照埃及人的说法,每一位法老,都是无所不知,也无所不能的。不过咨政院也有一项作用,就是同祭司一起来神化法老。再下面是由知识分子所组成的为数众多的官僚集团。这些官僚的作用主要有二:一是查户口,二是收赋税。每年尼罗河水上涨之初,这些官僚即通过测水位预测年之丰歉,依丰歉来定税收。

在当时人的观念里,法老之所以神圣,是因为他是人们所普遍信奉和崇拜的太阳神的儿子,或者说是太阳神在人世间的化身。太阳神,又称拉(Re)神,是古埃及的天地之神,主管宇宙和世间的秩序。在作为宇宙神时,拉神具人形。拉神的象征物是方尖塔。从第五王朝开始,拉神成为埃及国神。他不仅与地方神结合,后还与新王国国神阿蒙结合,成为阿蒙拉。拉神常乘船,白昼在天上巡视,夜晚在阴间巡游。拉神的崇拜中心是赫里奥波利斯。在古埃及宗教史上,太阳神的地位始终是第一位的。政局的变化虽然会使某些神祇暂时取得优势,但最终起作用的还是太阳神,就连太阳神最强大的对手冥神奥西里斯,也被纳入了太阳神系统。新王国时期至高无上的阿蒙神,正是在与太阳神结合成阿蒙拉后才获得登峰造极的地位。在所有传说中,太阳神都被视为创造之神。据埃及的传说,当太阳首次光临大地的时候,大地不是沙漠就是不毛之地,他觉得这样很难看,就创造了许多东西,包括花草树木、牛羊狮虎以及人。最初创造的人都是非常完美的,人们生活得也比较愉快。后来人们才越来越坏,为此,太阳神几次发怒摧毁了成千上万的人。

太阳神

在古埃及的传说中,太阳神是一个富有智慧和权威的人,只要他随心所欲说出心目中的愿望来,他所提名的东西立刻就能成形。他创造了天和地,创造了一切在陆地上和海洋里的动物。他睁开眼,就有了光明,他闭上眼睛,世界就一片黑暗。他每天都生活在太阳船上。每天早上他在东方降生,然后航行穿过天空,每天夜晚在西方下山。下山以后太阳神还要继续旅行,穿越由12个时段组成的冥府。这是一个恶魔的世界,每经过一个地方,都要经受恶魔的袭击。太阳神及其随行的神祇或是念咒语或是进行搏斗,一个时段一个时段地向前行驶,到第十二个时段,他进入了一条名叫"神圣生命"的大蛇的尾巴中,从它的嘴里钻出来。重生的太阳神是一个甲壳虫的形状,名叫克佩拉。跟随太阳神的人也一起重生,从东方诞生,又开始新的一天的旅程。

每一位神圣的国王也都有权利拥有自己的船,在旅途中跟随在太阳船的后面。由于伴随着太阳神,一直受到太阳神光芒的照耀,因而他会永远受到祝福。同样,由于法老有神性血统,因而他死后也不像凡人那样进入冥府,而是直接前往太阳船,在那里与太阳神一起享受永恒。

由于法老具有神性血统,所以古代埃及非常重视王位继承者血统的纯洁性,必须是由具有王室血统的先王与王后嫡出的人,或者与王室血统嫡出的女儿结婚的人,才有资格继承王位,非王室血统的王子不能继承王位,女子也不能。所以,为保持王室血统的纯洁性,古埃及的王同自己的女儿或姐妹结婚,是很普遍的事情。例如埃及第十八王朝的阿美诺菲四世,自称"神秘法老",他的第一任妻子居然是他的母亲,第二任妻子是他的表妹,第五任妻子是他的女儿。而大家熟悉的埃及艳后克丽奥帕特拉最初的结婚对象是自己的弟弟。

但是,并不是每一个国王和王后都能生出儿子,这就面临着一种继承上的矛盾。实际上,古埃及历史上也有非王室血统的男人或女人当了国王,这种例外的事情必须有一个前提,那就是这个人一定能够找到太阳神让他当国王的依据,让人们信服。在这方面,最有名的故事发生在图特摩

斯国王及其后代的继承问题上。图特摩斯王年老的时候，并没有男性继承人，只有一个嫡出的女儿哈特舍普苏。与非王室血统的妃子倒有一个儿子，沿用他父亲的名字图特摩斯。按照道理，两个后代都没有资格继承父亲的王位。为了合法继承王位，小图特摩斯便同同父异母的姐姐哈脱舍普苏结了婚，这样便合法地继承了王位，称图特摩斯二世。但是哈特舍普苏不甘心这种局面，于是操纵实权，使图特摩斯二世成为名义上的国王。图特摩斯二世5年便亡，没有生育儿子，于是人们又选定哈特舍普苏的侄子一起来统治，称图特摩斯三世。哈特舍普苏把这位侄子送到神庙中当僧侣，自己亲自称王。为了平息人们的愤怒，证明自己的合法性，她编造了这样一个故事：说自己不是图特摩斯的女儿，他其实是太阳神的女儿，太阳神要为埃及创造一位神圣的统治者，便装扮成图特摩斯的模样，到了王后的卧室里。王后并不知情，便把太阳神当作自己的丈夫来接待，王后因此而怀了孕：

> 阿蒙，这位两个大地上王位的掌管者对她说："我使你身体孕育了女儿，按照你嘴里所说的，取名为哈特舍普苏，她将在整个大地上执掌王权。我的光荣属于她。她要统治埃及两地。"

在临产的时候，两位女神把她领到产房里，生育完成以后，由另外几位女神把这个孩子献给了太阳神，太阳神承认她是自己的女儿。因此，哈特舍普苏是太阳神亲自创造的埃及的统治者。支持图特摩斯三世的人们也不示弱，同样编造了一个故事说：图特摩斯三世还是一个孩子的时候便是神庙的僧侣。在一次节日中，他跟其他僧侣们站在一起。僧侣们抬着太阳神乘坐的船，环绕着庙宇行走，忽然，这只船在他面前不动了。他换了一个位置，站到别的地方，船继续环绕庙宇行走。可是，当船走到他面前时又停住不动了。这种情形连续发生了三次，于是僧侣们声称，按照太阳神的意志，他应成为埃及的国王。这场斗争的结果，先是哈特舍普苏取得胜利，统治了近17年，接下来图特摩斯三世重新得势，成为国王。但是到了图特摩斯四世，也就是图特摩斯三世的孙子时，也面临着同样的合法与不合法的问题。他的前辈本来就不合法,他必然也不合法,他还得继续编造故事。他说,当初自己还是一个年轻王子时,曾到离金字塔不远的地方去打猎。中午,他来到狮身人面像的阴影下休息,不知不觉就睡着了,并做了一个梦。梦中有神告诉他,他将成为埃及未来的国王。神又说,到了他戴上埃及王冠的时候,他应该把堆积在神身上的沙土扫清,因为神感到不能呼吸了。图特摩斯按照神的指示去做了,在神的四周盖了一堵墙来防止沙土沉积,并树立了一块花岗岩石碑来纪念他自己的事迹,这块碑至今还留存在狮身人面像的两爪中间,史称"纪梦碑"。

太阳神与法老的关系确立了君权神授的政治体制,而数量众多的神庙和强大的祭司阶层的存在,则为这种神人统治关系提供了不可辩驳的合法性。

4 来世崇拜文化

古埃及还是一个特别注重来世的国家,他们把来世看得比现世重要。说到底,我们现在所能看到的古埃及遗物,以及博物馆中古埃及的藏品,大都同他们的来世崇拜有关。

首先,古埃及人把来世复活的理想寄托在来世神奥西里斯(Osiris)身上。关于奥西里斯有一个凄美的传说:他本来是埃及大地上的一位国王,贤明而又睿智,颇受民众拥戴,名声远播。但他的弟弟塞特对他的盛名颇为嫉妒,一直想取而代之。后来,塞特设计把奥西里斯活活密封于棺材中,扔到尼罗河里。奥西里斯的妻子伊西斯悲痛欲绝,历尽千辛万苦,遍寻丈夫尸体,最后在叙利亚找到,秘密藏匿于三角洲丛林之中。但在伊西斯外出时,塞特又发现了尸体,命人将其斫为数段,扔到尼罗河中。伊西斯归来见状,悲痛万分,收拢了奥西里斯的碎尸后便放声大哭。她的哭声传达到天庭,感动了太阳神,于是太阳神派阿努比斯等神祇前来相助。他们把奥西里斯的残肢断体合在一起,并用麻布包起来,形成古埃及历史上第一个木乃

伊。然后,会法术的伊西斯煽动自己的翅膀,念出咒语:

> 这是我的哥哥,来吧,让我们托起他的头,来吧,让我们接上他的骨,来吧,让我们复原他的肢,让我们消除他的痛,我们竭尽所能,让他不再烦恼。让他的灵重新滋润!让沟渠因你而重新灌满,让河流因你而重新命名!奥西里斯,醒来吧!

给奥西里斯注入生命的气流。奥西里斯复活了,成了冥界的国王和审判神。在古埃及人的描绘中,奥西里斯端坐在国王的宝座上,审判死者的灵魂,在他面前摆放着天平秤,秤的一端放着真理女神的羽毛,一端放着死者的心脏,通过称量来决定一个人死后的去处。奥西里斯死

奥西里斯神

而复活,为埃及人提供了样板,只要人们都遵奉奥西里斯,跟随他走过的道路,就一定能够达成来世的复活。

古埃及人关于来世复活的理念,也体现在他们独特的人格构成上。在古埃及人的认识中,活着的人是由两种成分构成的。一是人的肉体,一是叫做"卡"的东西,我们把它翻译成"灵"。人一出生,"卡"就存在,而且人死后仍然继续存在。平时,"卡"存在于人体之中,靠身体所需的食物和饮料来供养。人死后,只要尸体存在,也还需要对其供养,生者要在坟墓中提供它所需要的东西。人死后,除了尸体之外,还会产生一种"巴",我们翻译为"魂"。它长着人手人脸,却是鸟的形状,一直盘旋在木乃伊的上方。他同"卡"一样,也需要营养品。所以,死者是由"巴"和尸体所构成的。人死后,可以化身为"巴",继续存活。但是,古埃及人并不满足于在来世继续存活,而是更加执著于复活。在他们眼里,无论是灵还是魂,都不能离开食物、饮料等营养品,都不能脱离肉体,因而,只要生者一直不间断地为死者供奉物

品,只要妥善保存尸体,那么,一旦"卡"或"巴"重新进入人体,人便能真正复活。

吉萨金字塔群

　　为了日后复活,最重要的是要将尸体保存完整,以便游荡的灵魂重新同肉体结合。为此,古埃及人生前把大量的精力花费在如何使尸体保存完整上。首先第一步是要建造坚固的陵墓。大规模建造高大的金字塔就是出于这样的目的。金字塔的出现有一个发展过程,最初王陵的样式是马斯塔巴式,即形同凳子的立方梯形。但是,法老们觉得这样的坟墓也不保险,要在原来的基础上不断加高,最后便形成了埃及特有的金字塔形状。同马斯塔巴式样相比,金字塔更加巍峨高大,墓室结构更加复杂。为了建造它,法老们不惜耗费大量财富,动用几十万民工,花十年甚至几十年的时间。由于历代不断修建金字塔,因而在埃及形成著名的金字塔群,成为人类历史上的建筑奇迹。宏伟的金字塔虽然很雄伟坚固,但也更加显眼,很容易吸引盗墓者,这与法老长久保存自己尸体的初衷相去甚远。于是,金字塔的建造在延

续了1 000年左右的时间后,法老们将其放弃,而转向建造更加隐蔽的陵墓。十八王朝的一名法老开始在一条山谷的悬崖上为自己开凿墓穴,希望自己的陵墓不被盗窃。此后,其他法老也都将自己的陵墓建造在这条山谷的悬崖上,这条山谷因而得名为王陵谷。这条山谷确实非常隐秘,一直到19世纪后期才为考古学家所发现。但是,这条王陵谷并没有瞒住盗墓者,等考古学家挖掘王陵谷的坟墓时,发现除了一个法老的陵墓没有被盗之外,其余的全都不同程度地遭到破坏。同法老一样,高级官吏及王公贵族们生前也精心准备,或在王陵的四周建造较小的金字塔,或在自己的势力范围内建造精美的坟墓。这种对坟墓的注重甚至影响到民间。在古埃及,老百姓攒钱的主要原因之一便是为了保持体面的坟墓和葬礼。人们对处理和埋葬死者都非常重视,往往倾全力来保持体面。

　　除了建造坟墓外,另一项措施便是保持尸体不腐烂。为此,古埃及人开始把尸体制成干尸,也就是"木乃伊"。古埃及人制作木乃伊的灵感当然同他们的来世观念有关,也同当地的气候有关。在史前时期,古埃及人把尸体埋在挖得很浅的墓穴里,上面覆盖兽皮或编织物。灼热干燥的沙子,蒸发作用很强,容易使尸体变干。干尸不仅骨骼完整,外皮无损,而且还留有部分头发。史前末期,墓葬渐趋讲究,出现墓室,尸体不与沙子直接接触,无法实现自然蒸发。为达到以前的自然效果,他们便用亚麻布紧裹尸体以防止腐烂,但未成功。直到第四王朝,古埃及人才认识到尸体防腐的一个必要步骤是取掉内脏。但从古王国或中王国时期保存下来可以称为"木乃伊"的尸体,仍然很少。到新王国时期,人们认识到让尸体脱水和取出内脏、脑髓是尸体保持不腐的先决条件。至此,制作干尸成为一门专门的行当,有专门的防腐师和干尸制作工场。制作木乃伊的工程是相当复杂的,全部过程要花费70天,制作方法按照费用多少分成几种。最便宜和简单的方法是给死者体内注射一种药液,使体内器官迅速液化,再把里面的液体抽出体外,但这样做破坏了器官的完整。最昂贵的便是手术方法。对此,希罗多德在他的《历史》中进行了详细描绘:

他们首先从鼻孔中用铁钩掏出一部分的脑子并且把一些药料注到脑子里去清洗其他部分。然后,他们用埃西欧匹亚石制成的锐利的刀,在侧腹上切一个口子,把内脏完全取出来,把腹部弄干净,用椰子酒和捣碎的香料加以冲刷,然后再用捣碎的纯粹没药、桂皮以及乳香以外的其他香料填到里面去,再照原来的样子缝好。这一步做完了之后,这个尸体便在硝石当中放置七十日。超过了这个时间是不许可的。到七十天过去的时候,他们便洗这个尸体,并把尸体从头到脚用细麻布的绷带包裹起来,外面再涂上通常在埃及代替普通胶水使用的树胶,这之后尸体便这个样子送回给他的亲属,亲属得到这个尸体,便把它放到特制的人形木盒子里去。他们把木盒子关上,便把它保管在墓室里,靠墙直放着。

在制作木乃伊的过程中,还有一个插曲也是很有趣的。当制作木乃伊的师傅把死者的尸体切割完成后,其他的助手便用石头投掷师傅,并把他赶出木乃伊室。这一仪式说明,制作干尸是保存尸体必不可少的步骤,但是切割尸体本身又是对尸体完整这一观念的冒犯,所以要举行这一仪式来化解这一矛盾。

另外一个反映古埃及注重来世的证据便是《亡灵书》。在古埃及的传说中,木乃伊和亡灵进入冥界后,要面对各式各样的恶魔,后者会阻挠亡灵通向"奥西里斯王国"。人们只能通过颂念骚特(Thoth,是自我创造之神,传说为亡灵撰写的祭文都出自他的手笔)咒语来保护自己。很久以前古埃及相信太阳神之所以能长生不老,就是因为骚特赐予他一个众人都不知道的名字。每天早上太阳神都会受到一个叫"阿柏卜"的恶魔胁迫才升上山梁的,而恶魔则待在太阳升起的地方,随时都可能将太阳神吞下。太阳神凭借自己的力量无法将恶魔赶走,但骚特赐予他一套咒语,一经颂念,便会麻痹恶魔的四肢。尽管神灵仁慈地对待众生,但也无法将亡灵从恶魔手中解脱出来,所以亡灵们便祈求骚特来帮助他们,获得他的咒语的保护。受到骚特咒语的启发,古埃及祭司们编写了大量的祭文。这些祭文在很早的时候就已经广泛运用,一直到公元 1 世纪的时候还很流行。所有这些经文汇集在一起便形成了《亡灵书》。

《亡灵书》,或者称《死者之书》(*Book of the Dead*),大体是指古代抄录员所作的所有经文,包括咒语、赞美诗、冗长的解释、各类礼仪真言、神名等,一般被镂刻或者书写在金字塔或者坟墓的壁上,有的则印在棺椁或镂刻于精美的石棺之上。从某种意义上说,《亡灵书》这一标题并不确切,甚至是误导,因为它最初并没有汇集成为一本书,也不是写于同一时代,同时它们的特征也千差万别。这个标题是 19 世纪埃及学者在发现了很多祭文后而赋予的名称,只是当时他们根本就不通晓这些祭文的真正含义。这个标题也很可能来自盗墓者,他们发现木乃伊旁边放置着许多书籍,便形象地称之为"亡灵看的书",亡灵书的名字即由此而来。

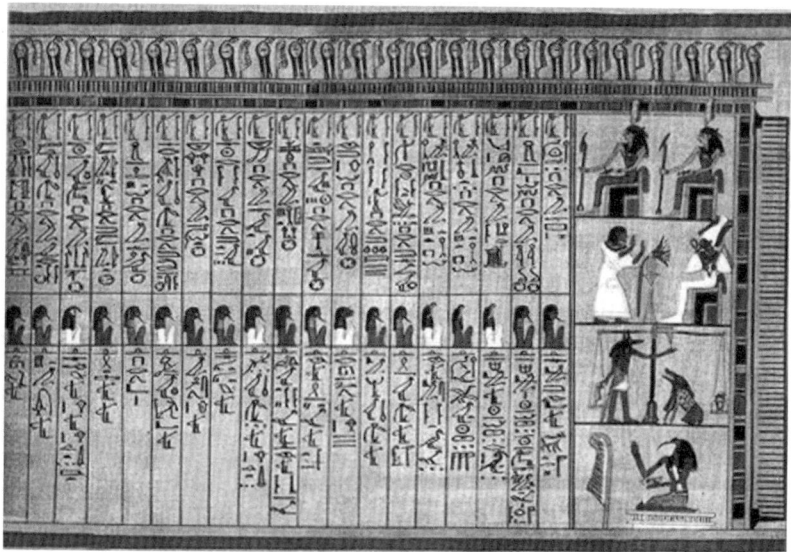

《阿尼的纸草》之一

在众多的古埃及亡灵书中,《阿尼的纸草》是最有名的。该纸草总长 78

英尺，宽 1.3 英尺，共有 10 470 张。《阿尼的纸草》包含了《亡灵书》绝大部分内容，每一章节均附有插图，一般是经文在上而插图在下。该纸草没有注明年代，但我们推测大致成书于公元前 1450 年至公元前 1400 年间。阿尼的身份我们无从得知，但是他具有的身份包括"王室抄录员""一切神灵的抄录员和祭品记录者""谷物管理者""祭品统计员"等。《阿尼的纸草》主要有两个部分的内容，第一部分主要包括：写给拉和奥西里斯的赞美诗，对审判大殿的描述，同时描述真理女神玛特、奥西里斯、荷鲁斯等。第二部分是内容众多的零零散散的咒文。阿尼以自己为例详细记载进入"奥西里斯冥界"的各种程序、咒语以及一些神话，告诉死者要说什么咒语以及要在什么时候说。死者要说出 42 位神的名字，并且要举例说出自己没有犯众神所关切的罪行。如果没有通过考验，心脏被吃掉，就不能复活了。

当然，除了《阿尼的纸草》外，还有很多纸草，它们一起构成了埃及的《死者之书》。其中著名的有《勒卜舍尼的纸草》《努的纸草》《亨尼弗的纸草》和《克拉的纸草》《哈奈弗的纸草》《安赫的纸草》等。这些纸草中的内容有许多是重复的，也有不同的片断，说明当时这些祭文有某种程式化的特点，是人们约定俗成的殡葬仪式中不可或缺的圣书。

5 象形文字的解读

古埃及人认为自己的文字是由骚特神发明的。骚特神并不是满腹经纶的儒者，而是半兽半人的形象。他长着朱鹭头，人身，左手执写书板，右手执笔，活脱脱后来埃及书吏的形象。相传，他兼管知识和魔力，正是靠魔力，他才发明出文字。他发明文字的动机是为了记录更高神的启示，当太阳神向世人训喻时，骚特神便使用自己用魔力创造出的文字记录下来，因而，文字一开始便具有了神性内容。

古埃及文字是一种象形文字。起初，每个象形字都代表完整的词和概念。以后，随着象形文字的发展，大部分象形符号有了音值。埃及选择了

24 个象形字代表 24 个子音,并逐步演化为字母。这些字母被埃及人传给腓尼基人,并经过腓尼基人带到地中海,最后由希腊罗马传遍四方。

古埃及人使用的纸张称为水草纸,或叫纸草。他们把水草的梗子割成长条,然后用胶水一张张粘连起来,形成一卷卷的纸张。他们的书是一卷一卷的,最长的有 40 码(1 码 = 0.914 4 米)。这样的纸张历久而不坏,历几千年之久的文书今天仍然清晰可见。埃及人的笔是一段芦苇,把笔秆切成适当长度,然后把一端做成刷子一样的形状。埃及人的墨,是用油烟植物胶和水调和的,书写的文字可历数千年不褪色。

在古埃及日常生活和管理中,文字的用处很大。无论是丈量土地,计算税收,还是歌功颂德,都非要由通晓文字、有学问的人担任不可,因而古埃及在用人方面能做到任人唯贤。由于政府非常注重有才之士,那些出身低微的人也有了改变自己命运的机会,因而社会上形成良好的教育和学习风气。

在古埃及有许多关于学习和教育的训诫,这些都在纸草书中保留下来了。例如,"专心去求学,爱书如爱娘""三百六十行,行行受人管,唯有读书人,自由似神仙""当兵苦,种田忙,只有读书最快乐;朝读书,晚读书,忧愁痛苦一笔钩",等等。有一位父亲在送儿子上学的途中,对他千叮咛万嘱咐,要他刻苦学习,以便将来出人头地,进入上层社会。他说:理发匠走街串巷,劳筋伤骨,即使工作到深夜也填不饱肚子;割芦苇的人要遭蚊虫叮咬,受太阳晒;园丁早晨浇菜,晚上锄草,整日累死累活在地里干活;织布工干活的时候膝盖顶着胸,很少能够呼吸到新鲜的空气,甚至连见太阳都得贿赂监工;制陶的工人像烂泥中的猪;锻工的手指粗糙得像鳄鱼的爪子;渔父身上的气味就像死尸散发出来的臭气;即使是宫廷的侍从,有时也不得不去遥远的沙漠地带办事,须时时刻刻提防野狮子和亚洲人的袭击。相比较而言,只有通过读书被国家选拔为书吏才是最理想的职业。

为了笼络人才,国家主动招贤纳士。其中一个重要措施是开办"书吏学校"和"生活之家"。"书吏学校"一般都设在王室或神庙里,是为国家培养高级人才的场所,所以高于一般的学校。"生活之家"为书吏高等学校,那些优秀的学生可到"生活之家"学习,在"生活之家"毕业的年轻书吏,会被委派到国家机构任职,作出成绩便可得到提拔。

政府花那么大气力培养人才,是因为在古埃及的环境下,当一个书吏需要有真正的才学,要掌握各方面的知识,适应不同方面的需要。就拿古埃及文字来说,一个人要学好它相当困难。非要经过大量刻苦的学习和严格的训练。除了学会阅读,熟练地书写各种文字、撰写公文、信函、申请书、法庭记录外,还要学习几何、天文、算学、历史等课程。由于书吏的工作范围很广,因而学习量非常大。所以,学生要在 5 岁便入学,一直要读 12 年才毕业。同时,学校制定了许多清规戒律,保证学生一门心思读书。

尽管在书吏学校学习很苦,但人们还是愿意把孩子送到书吏学校去,因为,只有通过书吏学校,才能当上书吏,从而找到通向上层的钥匙。书吏学校的大门是对所有人都敞开的。在等级森严的埃及社会,此举已经相当不简单,一方面显示了国王招贤纳士的诚心,另一方面亦为穷苦人"朝为田舍郎,暮登天子堂"提供了一个梦想成真的机会。

正因为古埃及对文化和文化人这样重视,所以我们现在才可以看到许多书吏的雕像。他们大都盘腿书写,双唇紧闭,二目炯炯有神。他们虽然并不身居高位,但却有着不可小觑的地位,他们的名字也同他们的记录一起,为人们所记住。也正因为古埃及人重视文化,所以才留下许许多多的纸草书,成为宝贵的人类文化遗产。

古埃及书吏像

随着古埃及的灭亡,其文字也成了无人使用的死文字,经过后世的艰苦努力,才重新释读成功。对古埃及

罗塞达石碑

文字的发现和释读，要归功于两个有名的人物。其中之一是大名鼎鼎的法国皇帝拿破仑（Napoleon Bonaparte，1769—1821年）。早在1798年远征埃及之前，拿破仑就对埃及古代文明羡慕不已。进军埃及时，他随军带去了数十名学者及制图人员，记录了很多埃及人独特的风俗习惯及动植物图像，记载了古埃及遗留在地上与地下的遗物及遗迹，并且搜集到一批实物。但由于这次战争最后以法国战败而告终，结果很多文物被英国掠去，但法国人还是保留了很多书面资料。在这次远征中，最大收获要算无意中发现的罗塞达石碑（Rosetta Stone）。

　　1799年7月15日，一位法国军官在尼罗河三角洲名叫罗塞达的港口城镇郊外，指挥圣朱利安要塞（Fort St Julien）的地基扩大挖掘工程时，意外挖到一块黑色的大石头。他意识到这颗石头的重要性而向指挥官报告，后者决定将其送给拿破仑在开罗设立的埃及研究所（Institut de l'Égypte）的科学家进行分析，同年8月该石碑运抵开罗。由于石碑是在罗塞达郊外出土的，因此根据发现地点而命名为罗塞达石碑。1801年，拿破仑的大军被英军打败投降，也结束了法军在埃及为期三年的占领期。英军在占领亚历山大后，与法方签订《亚历山大协约》（Treaty of Alexandria，1801年9月）正式结束法军在埃及的占领，根据此协约，法军在占领期间于埃及发现的古物，也应一同转移给英方。但法军在撤退时并未依约缴出罗塞达石碑，而是将它藏在一艘小船上准备偷渡回欧陆，但功败垂成半途被英军捕获。事后双方协议，法方可以保留之前的研究成果与石碑的拓印，英方则获得石碑的实际拥有权。罗塞达石碑在1802年运抵英国，并且以英王的名义捐献给大英博物馆收藏。今日在大英博物馆埃及厅中展示的罗塞达石碑,是个高约114.4厘米、宽72.3厘米、厚27.9厘米,略呈长方形但实际上缺了许多边角的平面石碑,大理石材质制造,重约762公斤。大理石的黑色表面上刻有涂上白漆的文字,石碑的两侧刻有后人加上的文字,其中左侧为"1801年时由英军在埃及获得",右侧则为"国王乔治三世捐赠"。石碑底部左侧的一个小角落有意保持挖掘时的原状而没有清理,主要目的是通过对照,让人们知道清理前后的差异。

罗塞达石碑由生活于埃及托勒密王朝时代的祭司们所作,用以纪念年仅13岁的托勒密五世国王加冕一周年。石碑的内容主要是叙述托勒密五世自父亲托勒密四世处袭得王位的正统性,以及托勒密五世的许多善行。在托勒密王朝之前法老时代的埃及,类似的诏书原本都是由法老颁授,但到了托勒密时代,唯一还知道埃及象形文撰写方式的祭司们却成为诏书的颁写者。

罗塞达石碑由上至下刻有同一段诏书的三种语言版本,分别是埃及象形文(hieroglyphic,又称为圣书体,代表献给神明的文字)、埃及草书(demotic,又称为埃及通俗体,是当时埃及平民使用的文字)与古希腊文(代表统治者的语言,这是因为当时的埃及已臣服于希腊的亚历山大帝国,来自希腊的统治者要求统治领地内所有的此类文书都需要添加希腊文的译本)。公元4世纪结束后不久,不再使用的埃及象形文的读法与写法彻底失传。直到1400年之后罗塞达石碑出土,它独特的三语对照写法,意外成为解码的关键。

在许多尝试解读罗塞达石碑的学者中,19世纪初期的英国物理学家汤马斯·杨(Thomas Young)第一个证明碑文中曾多次提及"托勒密"。法国学者商博良则第一个理解到,一直被认为是用形表义的埃及象形文,原来也具有表音作用,这一重大发现之后成为解读所有埃及象形文的关键线索。

商博良(Jean-François Champollion, 1790—1832)是法国历史学家、语言学家,是第一位识破古埃及象形文字结构并破译罗塞达石碑的学者。他出

生于法国南部的洛特省,年轻时已表现出出色的语言天赋。20 岁时就已经掌握了除法语以外的拉丁语、希腊语和许多古代东方语言,包括希伯来语、埃塞俄比亚的阿姆哈拉语、古印度梵文、古代伊朗的阿维斯坦语和帕拉维语、阿拉伯语、古叙利亚语、古代小亚细亚半岛流行的迦勒底语、波斯语和汉语,19 岁时就已经成为勒诺布尔公学的历史学教授。

商博良从 1822 年到 1824 年完全投入对罗塞达石碑的研究,发表多篇研究论文,成功地译解出古埃及象形文字的结构,指出这些符号有些是字母,有些是音节文字,有些则是表意符号,编制出完整的埃及文字符号和希腊字母的对照表。他的解读为后来解读古埃及遗留下的大量纸草文书提供了非常有用的工具。

印度:佛教的故乡

古代印度地图:公元前 3 世纪—公元 6 世纪

I 发掘出来的土著文明

在很长时间里，人们一直认为那些高鼻梁、大眼睛的雅利安人创造了印度最原始的文化。一直到 20 世纪 20 年代，随着考古发掘的进行，在印度河流域发现了大量雅利安人到来之前的城市遗址后，人们才认识到印度曾经存在过一个发达的土著文明。

该文明属于青铜时代，是典型的城市文明。这些城市沿着印度河延伸，东西广约 1 600 公里，南北长约 1 400 公里，有共约 300 个以上的大小遗址，其中多数是村落。由于哈拉巴(Harappa)与摩亨佐·达罗(Mohenjo-daro)两大城市遗址各位于印度河上游及下游，且是该文明的中心，因而成为印度河文明的主要代表。同时，也因该文明最早发现于哈拉巴，学者们将这些城市所代表的文化统称为"哈拉巴文化"。

还在 18 世纪，人们已经对哈拉巴遗址进行了发掘，发现了大都市的残留遗迹。到了 19 世纪中叶，印度考古局长康宁翰第二次到哈拉巴发掘，发掘出了一个奇特的印章，但他认为这不过是个外来物品，并没有引起特别的重视。此后 50 年，几乎没有人再注意这个遗址。一直到 1922 年，一个偶然的机会人们发现了位于哈拉巴以南 600 公里处的摩亨佐·达罗遗址，出土了与哈拉巴遗址相似的物品，才重新重视 50 年前哈拉巴出土的印章。通过在这两个地区之间的广泛发掘，终于使印度河流域早期文明大白天下。

印度河早期文明已经是具有规划性的城市文明。哈拉巴和摩亨佐·达罗是两个中心城市，周长都在 3 英里(1 英里 = 1.609 344 公里)以上，都由卫城和下城两部分组成，卫城面积大致相同。摩亨佐·达罗的卫城四周均有塔楼，卫城中心是一个长方形大浴池，可能是举行宗教仪式用的。在浴池东北方有一组建筑群，其中有一座很长的大厅，可能是这个地区最高统治者的住所。卫城大概是城市的行政、宗教中心和防御据点。下城区是居民区，市区的布局规整，街道基本上都是东西向和南北向的，有宽达 10 米的大街，

摩亨佐·达罗大浴池

也有比较狭窄的小巷。最令考古学家惊异的,是其街道的下面有砖砌的下水道,形成完整的排水系统,其完善程度令人很难想象这是几千年前古人的作品。二楼冲洗式厕所的水可经由墙壁中的土管排至下水道,有的人家还有经高楼倾倒垃圾的管道。从各家流出的污水在屋外蓄水槽内沉淀后再流入犹如暗渠的地下水道。地下水道纵横交错,遍布整个城市。街道两边房屋大都用烧砖砌成,大小、高低和设备也有明显的区别,其中有包括很多房间的二三层楼房,也有十分简陋的房屋或茅舍,表明当时的阶级分化和对立已经十分明显。这两座城市,一个在印度河上游,一个在印度河下游,显然是两个互不相属的国家的都城。稍稍令人不解的是,像摩亨佐·达罗这样发达的城市文明,没有任何的防御系统和攻击武器,也没有精美夺目的艺术作品,这在已知古代文明中是非常少见的。从经济的角度而言,哈拉巴文化时期的生产力已经达到较高的水平。已经有了大量用铜或青铜制造的工具和武器,如青铜的鹤嘴锄与镰刀等,居民的重要生产活动是农业和畜牧业,制陶和纺织技术也达到较高的水平。普遍栽种的作物有大麦、小麦、稻、胡

麻、豆类以及棉花等，水牛等牲畜已经普遍运用于农业生产中。他们还建有引水道、水库等灌溉或供水设施，金属冶炼、锻造和焊接都已有较高的技术水平。除了农耕经济之外，印度河早期文明还与美索不达米亚进行海上贸易。印度河文明因较晚于美索不达米亚，且印章、器物等都发现于双方，说明双方已有密切的海上贸易活动及交流。因此，有人认为印度河文明由美索不达米亚所开创，也有认为该文明起源于俾路支斯坦，但似乎学者较倾向由达罗毗荼人（Dravida）所开创。由于仰赖印度河的泛滥农耕经济不足以维系广大的印度河文明，因而与美索不达米亚的沿海商业贸易正好满足印度河文明发展所需。

　　关于该文明的政权形式，并没有明确统一的结论，但学者们倾向于认为是祭司神权与商人政权并行。由于在该文明的遗址中并未发现宫殿或神殿，因此无法直接得知是否存在着类似国家的制度、国王或神权政治。但由大浴池、大祭司雕像及宗教信仰推知，该文明可能是由一群祭司所主宰，而大浴池可能是该神权的象征。大浴池的结构类似现今南印度印度教寺庙中的浴池设施，似乎具有斋戒沐浴的神圣功能。当时此地可能是一种宗教社会，这除了可由祭司雕像推知之外，由出土的陶板与上面所刻山羊及牛的图案经常呈现于火祭遗迹中，也可看出当时普遍盛行火祭。此外，二次葬法、疑似具有灵魂不灭信仰的骨瓮上的图案及小孔设计、疑似万物有灵或图腾信仰的印章上的动植物图案、重视孕育及生殖能力的地母神信仰，也都和宗教有关。此外，由于该文明大量使用疑似用于商业活动的印章，以及存在代表农业贸易活动的大谷仓，可以推测可能有一群商人领袖与这群祭司共治印度河文明。换言之，它可能是政教合一、祭司与商人共治的城市文明。

　　在遗址上除发现了许多人工制品，包括陶器、金属制品和珠宝饰品外，还发现了大量精美的印章。在这些印章上刻着大象、牛等动物，同时在每一枚印章上都刻有文字。在古代印度河流域，人们使用这样的印章到底做什么？学术界至今还是莫衷一是。因为有一小部分印章上刻有神像，于是有

印度河文明印章

人推测可能是宗教遗物。但也有人反驳说,这完全是家族或个人的物品,不能说明整个国家具有宗教性质,况且出土的近 3 万枚印章有神像的只是很小部分。也有人认为这些印章是进行贸易时签署文件或契约时所用的。但是没有一种说法能够占据优势。但是在这些印章上保留有印度河早期文明的文字,却是大家认同的。印章是文字和雕刻图案结合的形式,由右而左,每枚印章上的符号最多不超过 20 个。至今所搜集的印章文字符号大约有400 多个。只要能够释读印章上的文字,也许就可以解释这个文明的来龙去脉。但遗憾的是,学者们经过多方解读,至今仍然没有能够释读成功。一方面是因为这些文字本身没有参照物,释读起来相当困难;另一方面是因为这些文字除了保留在印章上之外,并没有在其他地方发现,而印章上的文字数量非常有限,这更为解读增加了难度。

印度河文明发展到公元前 1750 年左右突然衰落了。如同该文明的许

多内容仍然是谜一样，它的衰落原因也引起人们无尽的争论。有人认为可能是由于洪水泛滥、河道改变造成干涸，与美索不达米亚商业贸易中断导致经济力量衰落，最终造成文明衰亡。也有人认为是地震、火灾等引起的。这里出土的人骨，有些是在十分奇异的状态下死亡的，换言之，死亡的人并非埋葬在墓中，发掘出的人骨大都是在居室内被发现的，在不少居室遗体成堆地倒着，场面惨不忍睹。最引人注目的是，有的遗体用双手盖住脸呈现出保护自己的样子。如果不是火山爆发和地震，很难想象人们会在毫无防备的情况下瞬间死亡。至于雅利安人入侵者摧毁印度河文明的说法则引起质疑，一般认为雅利安人在印度河文明衰亡几个世纪后才进入印度，他们进入印度之前，印度河城市文明已经衰亡而仅余下零落的部分村落遗址。

印度河文明尽管存在着许多待解之谜，但是它的发现还是有非常重要的意义。至少，它的发现将印度文明向前推进了几千年，印度文明成为与美索不达米亚同时期的文明，彼此有商业往来及文化交流，这为确立印度为世界四大古文明的地位具有重要意义。其次，它的发现有助于破除雅利安文化为印度代表性文化的成见，非雅利安人创造的城市文化和农耕文化同样发达，并深深影响了后来的印度文明。另外，后来印度宗教中的许多标志，如火祭、菩提树、净水、母神等等都可以在印度河文明中找到其踪迹。

2 《吠陀经》反映的雅利安文明

印度河流域早期文明衰亡之后，来自外部的雅利安人侵入印度，建立了雅利安文明。从此以后，雅利安文明一统印度天下，印度土著文明反而被埋没得无影无踪。

雅利安人是半游牧的北欧白人，最初也许居住在南俄罗斯和中亚的高地，讲目前各种印欧语言最原初的语言。印欧语言，或者说原始的印欧语言是一种已经消失的古代语言，一直使用到公元前3000年左右。在印欧的语言学中，往往把"雅利安"（Aryan）一词用来指称民族，同时也指称语言群，后来"印欧"主要用来指称语言群。这些原来生活在自己家乡的印欧人和他们的后代,逐渐向外迁徙,一部分到了欧洲,一些人到了印度次大陆,一些人到了近东。雅利安人在从他们的家乡迁出之前,已经有了国王,他们崇拜天空之神,根据父系来确定血缘。他们养牛,使用马拉战车作为进攻武器。很可能他们已经有了三重的等级划分,其中分别为祭司、战士以及牧羊人和耕田者,分别表示为白色、红色以及蓝色和绿色。雅利安人的入侵在公元前4000年左右便已经席卷了欧洲,随着时间流逝,征服者和被征服者形成为拥有特殊语言的特殊民族。当代大多数的欧洲居民以及他们的文化,都是不断渗透的雅利安入侵者和他们所征服的民族相互融合、相互通婚的结果。根据现在遗传学的研究,阿奎丹的巴斯克人和比利牛斯山民是古老欧洲最纯洁的人,他们存在于印欧入侵者到来之前,仍然保持着非印欧的语言。

就印度而言,据说雅利安人大约在公元前 1500 年从开伯尔山口(Khyber Pass)进入了印度。他们与当地居民混合,并将后者融合进自己的社会结构之中。他们接受了定居的农业生活方式,并在旁遮普地域建立了小的农业团体。雅利安人带来了马,发展了梵语。在塑造印度文化方面有三个因素发挥了重要作用。其一,骑兵作战加速了雅利安文化在北部印度的传播,导致出现了大帝国;其二,梵语成为把印度各种主要语言凝聚在一起的基础;其三是宗教,宗教源于吠陀时代,拥有众多神祇,其丰富的神话和传说成为后来印度教的基础。雅利安人分成不同的部落,定居在西北印度的不同地区,部落首领逐渐变成世袭的君王,随着分工的专业化,雅利安社会内部分化成不同的等级。

反映雅利安社会生活的主要原始文献是《吠陀经》(Veda)。"吠陀"是"知识""学问"的意思。根据传说,吠陀知识先是由至尊主传授给负责创造的神明梵天,再由梵天传给他一个叫纳茹阿达的儿子。纳茹阿达把它传给圣哲维亚萨,而维亚萨在大约 5 000 年前用文字将它记录下来。最初,《吠陀经》是一部极长的著作。为了使该知识更容易被接受,维亚萨把《吠陀经》分成四部。事实上,《吠陀经》是印度最古老的文学作品,收集了反映宗教和哲学的诗歌和赞美诗,经历数代人编辑而成。吠陀用梵文写成,被婆罗门教和后来的印度教奉为经典。吠陀赞美诗反映了主神信仰,也就是说,虽然人们可以崇拜不同的神,但是他们只能敬畏一个主神。

《吠陀经》共有四部组成,包括《梨俱吠陀》(*Rig-veda*)、《沙摩吠陀》(*Sama-veda*)、《耶柔吠陀》(*Yajur-veda*)和《阿闼婆吠陀》(*Atharva-veda*)。《梨俱吠陀》的历史可以追溯到公元前3000年,包括1 028首赞美诗,分别献给33个不同的神,其中最经常出现的神是自然神,如:因陀罗(Indra),即雷神和天空之神;阿格尼(Agni),即印度神话中的火神;鲁达拉(Rudra),即暴风雨神等。《沙摩吠陀》是圣歌集,源自《梨俱吠陀》的第八和第九卷,主要为主持仪式的祭司们所用,明确在仪式中要唱哪些赞美诗。《耶柔吠陀》主要是适用于献祭时候的赞美诗。《阿闼婆吠陀》主要讲咒语和巫术。除了这四部吠陀经典之外,还有一些解释经典的著作,如《森林书》《奥义书》《梵书》等等。

《阿闼婆吠陀》片断

四部吠陀经也反映了雅利安人早期的历史。雅利安人侵入印度的早期,处于原始社会的父系氏族阶段,这个时期的情况反映在最早的《梨俱吠陀》中,所以这一段时期在历史上称为"早期吠陀时代"或"梨俱吠陀时代"。根据《吠陀经》的记载,这一时期每一个部落由一个酋长来领导,酋长的权力由一个部落议会来限制;每一个部落由一些独立的村落组织结合而成,村落组织由一些族长组成的会议来管制。侵入印度的人们,自称"雅利安人",意思是"出身高贵的人",把当地土著居民称为"达萨",

意思是敌人。雅利安人说土著人没有鼻子,皮肤黑色,语言不清,不祭神灵。由此而出现了"雅利安瓦尔那"和"达萨瓦尔那"之分,瓦尔那的意思是"颜色"。雅利安人为保持自己的纯洁性,禁止与其他种族通婚。在本民族中,除了最近的血统不能通婚之外,其余的都不受限制。这一时期,雅利安人仍然过着氏族部落的生活,战争频繁是这一时期的主要特征。公元前 1000 年代初,印度开始了国家产生的进程。这一时期的历史主要反映在后期的三部吠陀中,在历史上被称为"后期吠陀时期"。此时是雅利安人由部落发展到国家的时期,其最鲜明的特点是产生了瓦尔那制,即森严的等级制度。并把这种制度编入法典之中,同时也产生了成熟的宗教婆罗门教。

　　种姓制度(Caste System)是雅利安人进入印度之后创立的。"种姓"这个词是从梵语"Varnā"翻译过来的,原来的字义是"颜色"或"品质"。照他们的说法,肤色白的雅利安人是品质高贵的种族,深色皮肤的达罗毗荼人和其他土著民族是品质低贱的种族。这种制度原来是用以划分雅利安人和非雅利安人,后来随着工作和职业的分化和发展,也开始应用于雅利安人本族之间,于是有了四个种姓的划分。其中最高的种姓是婆罗门(Brāhmana),是掌握祭祀的僧侣阶级,到后来婆罗门也可以当国王;其次是刹帝利(Ksatriya),是掌握军政的国王和武士阶级;其次是吠舍(Vaisya),是商人、手工业者,也有从事农耕的农民阶级;最下面的种姓是首陀罗(Sūdra),是农人、牧人、仆役和奴隶。因为雅利安人身材高大,皮肤是白的,达罗毗荼人则个子矮小,肤色偏黑,所以,"白色"代表地位最高的"婆罗门",接下来是"红色"的"刹帝利",第三位"吠舍"是"黄色",最下层的"首陀罗"为"黑色"。在这四个种姓中,前三者是雅利安人,第四个等级是非雅利安人。各个种姓都有世袭的职业,不许被婚姻混乱,尤其严禁首陀罗和别的种姓通婚。对首陀罗男子和别的种姓女子结合所生的混血种,订有特别的法律,给予一种贱名。如首陀罗男子与婆罗门女子的混血种名为旃陀罗(Candāla),他们的地位最低贱,不能与一般人接触,被称为"不可接触者"。这种人世世代代操着当时认为下贱的职业,如抬死尸、屠宰、当刽子手之类。种姓制度不仅明

确写入法律中,而且规定在宗教教义中。1950年的印度宪法废除了种姓制度,但是种姓制度的阴影仍然笼罩印度。

在雅利安人国家产生的过程中,婆罗门教也随之形成了。在早期吠陀时代,雅利安人盛行自然崇拜,如天空、太阳、大地、火、光、风、水等。有一段时期,在吠陀的诸神里,火神最重要,他神圣的火焰将牺牲直接送到天堂,他的光亮腾越天空,他是宇宙炽烈的生命与精神。但在诸神中最普遍的神是暴风雨神鲁达拉,他掌握着雷电与暴风雨,带给印度雅利安族珍贵的雨水,所以被认为是家神中最伟大的神,是能够一顿吃一百头牛,一口喝完一池酒的大英雄。此外还有雷神因陀罗等。到后期吠陀时代,创造了婆罗门教。婆罗门教虽然保留了原始宗教的自然神,但给每个神都赋予了世俗社会的属性,使其同世俗社会的各个方面联系了起来。

婆罗门教的主要教义包含以下几个方面。第一,认为梵天(宇宙灵魂)是宇宙的创造者,是永恒、唯一真实的存在,世界万物只不过是他的影像,都是虚幻无常的。每个人真实的自我——灵魂也来自梵天,人们要信仰梵天,以便超脱虚幻的现世,最后达到"梵我一致",即重新与梵天合为一体。第二,婆罗门教主张"业力轮回"学说。按照这种说法,人在现世生活中必造业,一造业便有果报,有果报就要轮回转世,而轮回转世的好坏取决于前世的善行或恶行。生在高等瓦尔那的人是前世行善的,生在低等瓦尔那的人是前生作恶的;要想来世不再受苦,以至最后超脱轮回,首先要严格遵守瓦尔那制度的法规,如不遵守,甚至来世会变成牲畜等。第三,婆罗门僧侣还制定了各等级所应遵守的行为规范——法,作为区分善行与恶行的标准。各个等级只有按照法行动才能有好报,才能超脱轮回转世

梵天神

之苦，最终达到"梵我一致"。第四，婆罗门教还将瓦尔那制度本身神圣化。它创造了一个神话，说最初有一个充塞于宇宙的"原人"，后来他的身体分割而成世界万物，婆罗门是从"原人"的口产生的，刹帝利是从手产生的，吠舍是从腿产生的，首陀罗是从脚产生的。通过这个神话，婆罗门教说明四个瓦尔那的区分是神圣的、永远不变的。

雅利安人婆罗门教崇拜的主神为创造神婆罗摩（Brahma，梵天神），正是他创造了万物；守护神毗湿奴（Vishnu），负责保护宇宙，是善与慈的化身；破坏神湿婆（Shiva）则代表破坏的力量，亦为重生、丰饶、舞蹈、艺术之神，这三神又有时合为一体，为至尊至上之神。婆罗摩在三个形体中代表平衡的力量，另外二者则为相反的力量，此三神象征宇宙间各种事物生、住、灭三阶段。

通过种姓制度和婆罗门教，雅利安人为最初的国家确立了基本的社会秩序和意识形态，也同时确立了雅利安文化在印度的主导地位。

3 列国纷争与佛教创立

印度历史发展到公元前6世纪左右，进入了列国时代。在印度北部出现了16个"大国"，这些国家多数建立在恒河流域，少数建立在印度河流域。其中包括迦尸、拘萨罗、安伽、摩揭陀、瓦吉联盟、末罗、车底、跋沙、俱卢、般阇罗、末地耶、戍罗西那、阿设迦、阿般提、健陀罗和甘谟惹等。除了这些大国之外，还有一些小的部落和城邦。群雄逐鹿的结果，是摩揭陀国最终成为北印度的霸主。摩揭陀早期比较著名的国王是哈尔杨卡王朝的频毗娑罗，他不断进行扩张，使一个原本弱小国家的领土不断扩张，但晚年，其急于想做国王的儿子阿阇世向父亲发难，频毗娑罗为他的儿子所囚禁，死于囚禁之中。阿阇世的行为虽然令人恐惧，但是他继续进行扩张和兼并，将摩揭陀发展成为东印度的唯一强国。至国王迦腊索迦时期，摩揭陀国的首都迁往华氏城。但是在公元前364年，迦腊索迦被下层出身的摩诃帕德摩·难陀

所杀,开始了难陀王朝时期。正是在难陀王朝统治的公元前364—前324年间,摩揭陀国逐步统一了恒河流域。

列国争霸的时代,也是社会发生巨大变化的时代。首先,四个瓦尔那的情况都有所变化,尤其是刹帝利阶层,频繁的战争给他们提供了很好的发展舞台,不但从战争中获得了大量钱财,而且其政治地位也随王权的加强而加强,他们不愿再屈居于婆罗门之下。通过经营商业和参与市场经济,吠舍和首陀罗的生活也发生了许多改变,有些人更加贫困,但也有不少人地位上升,成为富有的奴隶主等,他们对自己的等级地位也非常不满,提出了改变森严等级制度的要求。

社会动荡时期最主要的特征,是各种新思想特别活跃。这时候出现了"六大师""六十二见"或者九十六种外道,形成了百家争鸣的局面。在哲学领域,最著名的便是"顺世论"。顺世论派为六师外道之一,被认为是带有唯物主义倾向的古印度哲学派别。该流派的代表人物是阿耆多翅舍钦婆罗,或称阿末多。顺世论派反对婆罗门教《吠陀经》的神圣权威,咒骂吠陀是妖魔所作,反对繁琐的祭祀活动,认为这只是婆罗门祭司们赚钱的手段而已。他们也反对婆罗门至上,主张种姓平等。顺世论派主张地、水、火、风四大元素是世界统一的物质基础,人死后四大物质分散,人的意识消亡,没有所谓的轮回转世。同时,顺世论派认为世界万物都是自然产生,自然消亡,否认因果学说。顺世论派也认为,唯一可依赖的是自己的感觉经验,只有在现实世界才能实现自己的幸福。顺世论的哲学直接针对婆罗门教的等级制度和轮回转世说,体现了社会对平等的要求和渴望,当然也遭到婆罗门教的迫害。除了顺世论之外,尚有怀疑论派、自然论派、感觉论派、无道德论派等许多派别。

这种思想争鸣同样影响到宗教领域,耆那教、佛教的兴起就是这种思潮的体现之一。耆那教(Jainism)兴起于公元前6世纪,传说是由24位圣者创始了该宗教,最后一位圣者名叫筏驮摩那(Vardhamana),也被称作"大雄",或者耆那(即胜利者),可能是历史上存在的人物。据说,大雄出生在印度

的一个刹帝利家族,出家之前生活富裕,曾经结婚生子,但在 30 岁父亲死后
便出家修行,寻求解脱不幸之道。他按照当时流行的修行方法,到处游历,
裸体行乞,苦行修炼。经过 12 年的修行,第 13 年在一棵沙罗树下觉悟成
道,时年 42 岁,此后便组织教团宣传教义。耆那教提出《吠陀经》并非真
知,祭祀杀生只会带来罪恶,反对种姓制度,主张平等。他教导奉行严格的
禁欲主义和热爱所有的生灵,依此作为解脱轮回的手段,摆脱因果报应,使
灵魂最终进入极乐世界。为了能够摆脱人们为业所束缚的无限轮回,教徒
必须进行修炼。教徒要发誓独身、裸体、禁欲和斋戒。耆那教提出了五戒的
主张,即不杀生、不妄言、不偷盗、不奸淫、戒贪财。只有这样才能灭情欲,获
得解脱。从 1 世纪开始,耆那教开始分化,出现了白衣派和天衣派。前者主
张男女平等,反对裸体,主张僧侣穿白袍,并允许男女结婚生育。后者则坚
持苦行,歧视妇女,主张裸体。耆那教虽然没有摆脱轮回转世的学说,但是
他主张众生平等和自我解脱,符合时代的要求,因而赢得了不少信徒。

佛教的创立者是乔达摩·悉达多,生于释迦部落,相传,他是迦毗罗卫
城(今尼泊尔境内)的王子,属于刹帝利瓦尔那。据说,他的母亲托梦而孕。
生他的时候,母亲正在回娘家的路上,看到一棵婆罗双树,便伸手去抓,就在
此时,他从母亲的腋下降生了,一尘不染地降临凡世。他像神仙一样快乐地
居住在三个宫殿里,四万宫女用舞蹈来取悦他。长大成人后,娶妻生子,过
着世俗生活。作为一个刹帝利阶层的人,他接受了各种军事技艺的训练,也
师从一些贤哲们学习诗书。宫廷里优裕的生活使他与苦难的世界隔绝。

但是当亲眼看到人们的悲惨生活状况后,他改变了自己的信仰,毅然抛
弃尘世,入道而成为一代佛祖。据传说,一天,他离开王宫出游,首遇一位奄
奄一息的老人,顿生烦恼;再遇一位病入膏肓的患者,悉达多相当恐怖,忧愁
不安;第三次,悉达多遇到全家为一位死者送葬,心里感到非常不安。从此,
他了解人生必须经历生老病死,这是谁也不能幸免的。后来,他又遇到一个
贫苦的比丘,后者向他密授修行解脱之道,于是他断然决定出家。一天夜
里,他偷偷进入妻子的房间,最后看了自己的孩子,一大早天还未亮的时候,

便骑马出了城。就这样,他舍弃了荣华富贵的生活,丢下妻子和儿女,出家修行。在一个有树林和溪水的地方,他停住了脚步,开始献身于极为严厉的苦行生活。他练瑜伽术达六年;为寻求人生真谛,他同婆罗门苦行僧进行过多次交谈;依照苦行僧的生活方式,静坐修行,百般折磨自己。但所有这些方法均未能使他获道,他明白了苦行并非解脱之道,于是放弃了苦行,开始苦思冥想造成痛苦的原因和解脱痛苦的方法。他走到一棵菩提树的阴凉处去静坐,平心静气,从不动弹一下,也决不离开座位。他自问:人们忧愁的本原是什么,受苦难是因为什么,疾病、衰老与死亡,又是因为什么?忽然间一个生与死无限延续的幻想出现在他的眼前,终于在这一刻,在菩提树下顿悟成佛。他领悟到,苦行和贪于享乐皆非正途,正道应为不苦不乐的中道。生育是一切邪恶的来源,无止境的生育,将使人间的忧伤永无宁日。为什么生育不能停止呢?因为因果报应要求在转世之后将前世所行的善恶一一清偿完。如果一个人能生活得十全十美,毫无恶行,对所有的一切都忍耐、和气,对生存与死亡无心无牵挂,他就可以不必转世再生,邪恶对他来说根本就不存在了。如果内心没有得到净化,则不可能求得内心平静。经过7年的酝酿,这位先知者在了解了人类苦难的原因之后,开始传授自己的学说。

开始时他无意传道,后来才到鹿野苑及摩揭陀国的京城去传道,吸引了众多僧众。佛陀传道不借用书本,主要用会话、讲课以及格言来施教。他从没有说过自己曾经受了神灵的托付,喜欢用浅显的事例说明大道理,而不是用抽象的形而上学的说教。最后,他成了名副其实的圣者。他前后共传道40年,于公元前483年左右圆寂,享年80岁,他最后的遗言是:"啊!众徒们,我告诉你们,顺服于死亡就是众生,当为真实而奋斗。"悉达多死后,他的弟子们积极传教,佛教的影响越来越大。

佛教并没有严格的教义体系,但其主要教义还是比较确定的,主要集中于"四谛说"。四谛即四种真理,分别称苦谛、集谛、灭谛和道谛。苦谛是说人生在世,有生老病死等八种痛苦。集谛解释苦的根源在于有欲望,想长生达不到,想不死总要死,这就产生苦。而且,有欲望就会有言行,结果便造了业(指活动的结果),只能不断轮回转世,不断经受生老病死等一切苦。灭谛是说要消灭苦,就要消灭造成苦的欲望,消灭欲望就能达到"不生不死"的最高境界,佛教称这种境界为涅槃。道谛是指要达到不生不灭的最高境界,就要修道,包括学习教义,遵守戒律,打坐静修等。佛教修道讲究"八正道",分别是正见(正确的信仰)、正思(正确的思考)、正语(正确的言论)、正精(正确的努力)、正业(正确的行动)、正命(正确的生活)、正念(正确的思想)、正定(正确的自我专心)。此外修行以"五戒"为主,包括戒杀、戒盗、戒淫、戒妄语、戒饮酒。另外,佛教不承认婆罗门教的经典和宗教特权。佛教认为,不论人出生于哪一个瓦尔那,只要自己按照佛的教训修行,就能达到不生不灭的极乐世

鹿野苑

界。佛教这种不承认瓦尔那区别的态度,吸引了很多下层群众。

　　佛教于公元1世纪左右开始分化,分成大乘教和小乘教。小乘教主要在南印度与锡兰一带,该派尊崇佛陀为伟大的教师,而非神明,其经典为比较古老的巴利文经典。小乘教主张恪守戒律,严守原始佛教的教义。大乘教则反其道而行之,认为按照原始教义,只有少数人才能修道成佛,所以应该拓宽渠道,主张不但僧众可以涅槃,一般俗家子弟也可以达到,主要盛行于北部印度、西藏、蒙古、中国和日本等。该派宣扬佛陀的神性,给他身边围绕了天使和圣者,采用了瑜伽的苦行主义,并且用梵文颁布了一套新的经典。公元6世纪左右,佛教在印度衰落,印度教兴起,但佛教的影响并没有

消失,它在国外扎下了根,成为世界三大宗教之一。

4 孔雀王朝与佛教传播

从公元前 6 世纪开始,西北部的印度河流域渐渐失去主导地位,政治经济和文化中心转移到恒河流域。这时也是印度遭到外族入侵的时期。先是在公元前 518 年,伊朗高原的波斯帝国侵入印度,占领印度河流域,把这一地方纳入波斯的版图。此后,在恒河流域诸国中摩揭陀国强盛起来,到了难陀王朝时期统一了恒河流域和恒河以南次大陆中部的一些地区,并建立了强大的军队。公元前 327 年,马其顿国王亚历山大在灭亡波斯帝国以后侵入印度次大陆西北部,由于这里小国林立,强大的马其顿军队很快就征服了印度河上游地区,并试图渡河进攻恒河流域。由于士兵厌战和恒河流域难陀王朝的强大,亚历山大不得不于公元前 325 年顺印度河而下返回到巴比伦,而印度西北部则交由傀儡政权管理。马其顿人撤离以后,印度西北部马上发生混乱,起义不断。这时候出身低微的旃陀罗笈多(Chandragupta,约公元前 324—前 300 年在位)乘机崛起,成为这场驱逐马其顿入侵者和推翻难陀王朝的人民大起义的首领。驱逐马其顿侵略者的战争进行得非常顺利,大约在公元前 324 年,旃陀罗笈多在西北自立为王,而后又推翻了难陀王朝的统治,攻下了摩揭陀国的首都华氏城,杀害了难陀王朝最后的国王。到公元前 317 年马其顿人全部撤离,这样整个次大陆北部就在旃陀罗笈多的领导下统一起来,由于他出身于孔雀家族,因此该王朝便被称为孔雀王朝,定都于华氏城。到了公元前 305 年,西亚的塞琉古王国侵入印度,但显然没有成功,双方签订了和约。根据和约,塞琉古王国把今天阿富汗一带的土地割让给孔雀帝国,而孔雀帝国则给塞琉古王国 500 头战象。这样,孔雀帝国的版图又扩大了很多。

到第三代国王阿育王(Asoka,公元前 273—前 232 年在位)时期,孔雀王朝达到鼎盛。阿育王是旃陀罗笈多的孙子,阿育王的意思是无忧王,大约在公元前273年继承了王位。关于他的身世有各种各样的传说。据说他年轻的时候就非常凶猛残暴,非常富于进攻性。在成为国王之前,他作为王子被任命为比尔沙的总督,在那里与一个富商的女儿结了婚。在听到父亲奄奄一息的消息后,他匆匆赶往首都华氏城,占领了首都,将所有的敌对王子都一一杀死,只留下了自己的亲生弟弟,通过这种血腥的手段夺得了王位。但是他的这种残暴行为也遭到人们的反对,因此他花了4年时间肃清反对的势力后,才于公元前273年正式登上王位。他在位近40年,其中头8年统治非常残暴。传说阿育王专门命人建立"地狱"对犯人施刑,除了强迫那些拒不认罪、态度恶劣的犯人进行重体力劳动外,还进行严刑拷打。登基后的第八年,他大举进犯印度南部,在进攻羯陵伽时,屠杀了10万人,俘虏15万人。这一地区被征服后,除了南部迈索尔地区外,整个次大陆和今天阿富汗的主要部分都归入了孔雀帝国的版图。至此,孔雀帝国已经成为一个幅员辽阔的大帝国。

在孔雀帝国时代,南亚次大陆真正开始建立起统一的奴隶制君主专制制度,国王是国家的最高行政代表,也是最高的军事统帅,同时还亲自处理一些重大的司法案件。国王也开始被神化,被称为"诸神的宠爱者",神圣不可侵犯,说他是带有人之外形的伟大的神,像太阳一样。国王之下设有庞大的官僚机构。中央有名目繁多的掌管各个部门的大臣和长官,还有供咨询的大臣会议。地方划分为省,设总督统治,阿育王时期至少有五个省。地方的基层组织是村社。军队是国家的支柱,通常分为象兵、战车兵、骑兵和步兵四个兵种,此外还有海军,数量非常庞大。阿育王统治时期是孔雀王朝的极盛时代,但是这个庞大帝国的各个地区,在经济、政治和文化上还保持着很大的独立性。阿育王死后,帝国即宣告分裂,持续到公元前187年,孔雀帝国告终。

阿育王的一生可以明显分为两个阶段。第一阶段他使用武力获得政权并用武力扩张自己的势力,血腥的屠杀伴随着他的前半生。但在历经数次残酷的战争,杀人无数后,阿育王开始改变过去的统治方式和残暴形象。尤

其是公元前261年进攻羯陵伽,血流成河之后,他深感痛悔,开始倾听摩揭陀国的高僧们宣讲佛法并皈依佛门,开始大力宣扬达摩教义和佛法。

到阿育王时,佛教已经在印度大地上流传了将近300年,并进行过两次佛教僧侣的大集结,就一些佛教的教义初步达成了一致。但是,佛教从来也没有在印度占有压倒性的优势,其中耆那教、婆罗门教仍然有广大的信徒,而且佛教也并没有传播到印度之外的地区。但是自阿育王之后,佛教获得了长足的发展。

阿育王皈依佛门后,宣布此后不再发动战争,即使不得已进行战争也要减少伤亡,同时宣布佛教为国教,并颁布了许多鼓励佛教思想传播和佛教发展的政策。他派出官员周游全国推行佛教,颁布了许多关于宗教的敕令,并将这些敕令全部刻写在石头和石柱上。石刻的敕令分布于全国各地,而石柱则沿着朝圣者容易聚集的大路两旁竖立。在这些敕令中,阿育王主张所有人都要按照佛教的法则和道德行事,任何分裂佛教的僧侣都将被逐出庙堂。他宣传对人仁爱慈悲、孝敬父母、善待朋友和他人、尊重动物、多做善事等佛教主张。同时他还敦促要对所有的宗教实行宽容,并在财政上给予支持,主张所有的宗教都应该停止自我夸耀和谴责他人。其中在一个敕令中他明确阐述了"达摩"要义:

> 达摩是善的,那么什么构成了达摩呢? 少罪、多善、仁慈、慷慨、真诚和纯洁。我已经通过各种方式赠与了光明的礼物。对两足和四足的动物、鸟儿和水生动物,我已经给予了各种东西,包括生命的礼物。

统计起来,阿育王时代总共在印度各地树立了30余根纪念碑式的圆柱。这些石柱一般都高达十几米,重约50吨,不仅其刻写的内容见证了阿育王对佛教的倡导,而且其本身又是著名的佛教艺术品。其中最著名的是贝拿勒斯城外鹿野苑的石柱。在其柱头上刻有四只背对背蹲踞的雄狮,咆哮的巨口和露出的牙齿刻画得非常逼真,腿部绷紧的肌肉和遒劲的足掌钩爪塑造得雄浑有力,充溢着印度雕刻特有的生命感。中间层是饰带,刻有一只大象、一匹奔马、一头牛和一只老虎,这四种动物间都用象征佛法的宝轮隔开,下一层是钟形倒垂的莲花。整个柱头华丽而完整,并且打磨得如玉一般的光润。在传播佛教方面,阿育王还以身作则,在他统治 20 年后,拜访了佛陀的诞生地蓝毗尼,也参观了佛陀悟道之处菩提伽耶,以及佛陀首次传教的地方鹿野苑。

阿育王除广泛宣传佛教的教义之外,还在物质上给予佛教僧团大量支持。他向佛教僧团捐赠了大量财产和土地,为人民甚至动物建造了许多医院,送给佛教僧团大量礼物。阿育王的慷慨甚至吸引了许多非佛教徒的食客和某些声名狼藉的人加入进来。他还在全国各地大量兴建佛教建筑,据说他总共兴建了 84 000 座供奉佛骨的舍利塔。由于该时代是印度文化与波斯、希腊文化交流的时

阿育王石柱柱头

代,因而其建筑引进了波斯和希腊的技术,具有融合的风格。为了消弭佛教不同派别的争论和矛盾,他邀请了著名的高僧和 1 000 名比丘,在华氏城进行了第三次大集结,讨论和整理了经典,编撰了《论事》,确立了真正的佛教教规,驱除了外道和那些不遵从教规的人。

在进行了佛教大集结之后,阿育王着手向印度之外的其他国家传播佛教。他决定派使团出使其他国家,其中包括希腊、克什米尔、喜马拉雅地区、印度南部的迈索尔、锡兰、缅甸、马来亚、苏门答腊等。他派遣自己的儿子和女儿前往锡兰,直到今天斯里兰卡还在公共节日里庆祝他们的来访。他的 13 块石碑敕令记录了他努力将佛教传播到安条克、叙利亚、埃及、马其顿、

伊庇鲁斯等地。在阿育王的统治下，几乎整个印度大陆在历史上第一次统一起来。在阿育王看来，佛教律法意味着道德、积极的社会关怀、宗教宽容、生态意识、遵守道德戒律和放弃战争，所有这些都非常有利于他对庞大帝国的统治。

公元前232年，阿育王死去。他的帝国在他死后只延续了半个世纪便告终了，印度又重新陷入了分裂割据的局面。但是在印度历史上阿育王作为帝国的创造者和佛教的倡导者一直名垂史册。

5　绝无仅有的长诗

《摩诃婆罗多》和《罗摩衍那》是印度最著名的史诗，是文学殿堂中的瑰宝，也是宗教和哲学作品，后人在其中汲取了无尽的营养。由于这两部史诗篇幅很长，内容很多，所以也被称为世界上"绝无仅有的长诗"。

据现代学者考证，《摩诃婆罗多》(Mahabharata)的成书年代约在公元前4世纪至公元4世纪之间。在这漫长的800年的成书过程中，《摩诃婆罗多》大致经历了三个阶段：最初是8 800颂的《胜利之歌》(Victory)，后来演变成2.4万颂的《婆罗多》，最后扩充为10万颂的《摩诃婆罗多》(即《大婆罗多》)，成为古代文明世界中最长的史诗之一。它是《圣经》长度的四倍，是《荷马史诗》长度的八倍。

《摩诃婆罗多》书名的意思是"伟大的婆罗多族的故事"。全书共分18篇，以列国纷争时代的印度社会为背景，叙述了婆罗多族两支后裔俱卢族和般度族争夺王位继承权的斗争。婆罗多族的国王有两个儿子花钏和奇武。花钏很早就死去了。奇武有两个儿子，一个叫持国，一个叫般度。持国是个瞎子，但他有以难敌为首的100个儿子。般度虽然只有以坚战为首的5个儿子，但个个武功出众。持国百子(Kauravas 俱卢族)和般度五子(Pandavas 般度族)从小就产生了竞争和矛盾，长大后又开始争夺王位，最终双方爆发了战争。难敌和坚战都联络了许多国家做他们的支持者，当时印度半岛上的国家几乎都参加了这场大战——俱卢大战。大战进行了18天,死伤无数人,难敌的99个兄弟都被杀死了,只有难敌一人逃跑了。他躲进一个湖里,用一根芦管呼吸,但被坚战五兄弟发现了。他们用语言羞辱他,逼得难敌从湖里冒出来和他们决斗。难敌寡不敌众,也被杀死了。难敌的战士们决心为难敌报仇,他们夜袭坚战五兄弟的军营,把酣睡的战士都杀死了,幸好五兄弟当时不在,得以逃生。坚战回国做了国王,想到兄弟家族间的残杀给人民带来了那么严重的灾难,心里感到很愧疚。不久,他把王位交给了孙子,带着妻子黑公主到喜马拉雅山去修道,最后升入天堂。这部史诗的基调是颂扬以坚战为代表的正义力量,谴责以难敌为代表的邪恶势力。在史诗中,坚战公正、谦恭、仁慈。而难敌则相反,贪婪、傲慢、残忍。后者的倒行逆施不得人心,连俱卢族内的一些长辈也同情和袒护般度族。在列国纷争时代,广大臣民如果对交战双方有所选择的话,自然希望由比较贤明的君主而不希望由暴虐的君主统一天下。《摩诃婆罗多》正是这种希望的形象化表达。

俱卢大战

毗耶娑(Vyasa)既是这部史诗的作者,又是这部史诗中的人物。按照史诗本身提供的故事,毗耶娑是渔家女贞信在嫁给象城福身王之前的私生子。贞信和福身王生下的两个儿子花钏和奇武先后继承王位,都没有留下子嗣就死去。于是,贞信找来在森林中修炼苦行的毗耶娑,让他与奇武的两位遗孀行房,生下两个儿子持国和般度。此后,毗耶娑仍然隐居森林,但他目睹和参与了持国百子和般度五子两族斗争的全过程。在般度族五兄弟升天后,他用3年时间创作了这部史诗。关于这部史诗的创作有这样的传说:象神(Ganesh)在毗耶娑的要求下抄写这部史诗的手稿,当时象神提出的条件是毗耶娑要一刻不停地讲述,而毗耶娑也提出象神必须始终明白自己所讲述的内容。于是毗耶娑有时会使用一些特别难以理解的词汇,好利用这样的间隙喘口气。而象神不停地抄录,使用的笔坏了的时候都没有时间调换,便折断自己的左牙来代替笔,因而它的形象是缺失左牙的。

《摩诃婆罗多》的中心故事至多只占全诗篇幅的一半,围绕这个中心故事,穿插进大量神话传说和寓言故事。除了这类文学性插话外,还有大量有关宗教、哲学、政治和伦理等的理论性插话。史诗本身采用的话中套话、故事中套故事的框架式叙事结构也为这些插话的出现提供了方便。因此,对于《摩诃婆罗多》的内容,我们必须兼顾两个方面:它既是一部英雄史诗,以婆罗多族大战为核心内容,即如书名所表示的那样,是"伟大的婆罗多族的故事";同时又是一部"百科全书",即如史诗结尾部分所宣称的那样,这部史诗囊括了人生"四大目的",即正法、利益、爱欲和解脱,并说"这里有的,其他地方也可能会有。这里没有的,其他地方也不会有"。里面充满了印度教因缘报应和解脱的内容。

这部史诗在印度古代享有宗教经典的崇高地位,是印度古代人完整保存传统文化的一种特殊方式。

《罗摩衍那》(Ramayana)意思是《罗摩传》,该诗篇比《摩诃婆罗多》要短,只有2.4万颂,共7篇。成书时间约在公元前4世纪至公元前3世纪,在公元2世纪定型,用梵语写成,被称为"最初的诗"。传说该诗的作者是蚁

蛭(Valmik)。据说,蚁蛭曾经是一名强盗,名字叫拉特纳卡拉(Ratnakara),
是一名婆罗门。在他遇到印度哲人纳拉达(Narada)之后,便改过自新,诵读
神圣箴言《罗摩》。历经数年,他坐在同一个地点,蚂蚁们在他的身上筑巢,
由此他得到了蚁蛭这一名称,意思是"蚁山"。一天,他看到一个猎人杀死
一只鸟,而鸟的配偶陷入痛苦之中,他感到非常难过,便诅咒猎人,咏诵出一
行诗句。很快纳拉达出现了,对他说:"蚁蛭,你应该按照你诅咒猎人的诗
句写一首诗歌。"蚁蛭同意了,便创作了罗摩的故事。其实,这些故事在作
者之前便已经流行,当时的传唱人到处游走传唱,在宫廷里也非常流行。因
此,在成书之前经过了人们的代代口传。

《罗摩衍那》插图

这部史诗的故事开始于外昆塔,那里神和哲人们聚会,祈祷毁灭楞伽的
恶魔之王拉伐那,因为他压迫和折磨圣人和调戏妇女。毗湿努神答应对抗
拉伐那并杀死他。所以他化身罗摩(Rama),即阿瑜陀国的太阳王,他的妻

子化身悉达(Sita)，即罗摩的王后。接下来讲述阿瑜陀国(Ayodhya)的十车王(Dasaratha)统治贤明，人民富足，他的长子名叫罗摩。罗摩有狮子般的胸膛、硕大的臂膀、荷花般的眼睛。史诗中对他大加赞美：

> 他超凡的身体远离疾病，也不受岁月侵袭。他健谈、英俊，与周边的环境协调。他了解地上每个人的内心。

> 他获得了所有必要的学识，他发了各种宗教誓言，完全精通《吠陀》和吠陀补充经典。

同时临近有一个国家，国王有一个可爱的女儿悉达。为了给女儿找一个好丈夫，国王决定比赛拉弓进行竞争，最后只有罗摩拉开了他的弓。罗摩和悉达成婚，悉达深受王国百姓的爱戴，但由于罗摩是王储，遭到十车王第二个妻子的嫉妒，她要求十车王把罗摩放逐14年。十车王曾经允诺答应她的任何要求，无奈把自己心爱的儿子放逐到森林中，悉达坚决要求同去，罗摩的弟弟也要求陪伴他。于是他们到了森林，以野果为食，以树叶为衣。这时楞伽城的公主在树林中闲逛时遇到罗摩，对其产生好感，在引诱没有结果后，便唆使他的哥哥罗刹王拉伐那劫走了悉达。罗摩借助神猴哈努曼的力量，攻打楞伽城，杀死罗刹王，救出悉达。然后罗摩回国当上了国王。

《罗摩衍那》不仅讲述了一个神话传说，也包含着关于古代印度社会的信息，涵盖文化、政治、经济、宗教、哲学和教育等诸多领域。《罗摩衍那》也是印度教的圣书。其中罗摩、悉达、罗什曼那和布哈拉特等所有主角都代表着一种理想，包括敬神、关心臣民、忠于丈夫、兄弟挚爱等。因此，《罗摩衍那》不仅是史诗和英雄传说，也为印度人的各种生活提供了指导。印度人相信，只要诵读史诗，就能获得文学的愉悦和道德的感召，并能得到宗教教益，只要诵读《罗摩衍那》便能够洗净一切罪恶。

《罗摩衍那》对印度文学和语言的影响甚大。无数的作家和艺术家都受到这部史诗的启发，创作了诗歌、戏剧、绘画和故事。这部史诗在印度之外也被人们广泛阅读，其中在斯里兰卡、缅甸、泰国和印度尼西亚非常流行，那里许多传统的舞蹈和绘画艺术都是基于这部史诗的故事。

第二编 西方古典文明的光荣

希腊:欧洲文明的源头

古代希腊地图

I 考古学家与早期文明

西方一直把希腊视为自己文明的源头,但是希腊文明

是从何时开始的呢？关于希腊文明起源的年代,最初是由历史学家格罗特(Grote,1794—1876年)所确立的,他认为希腊文明起源于第一次奥林匹克运动会,即公元前776年。现在人们认可的希腊文明的起源,一般要追溯到公元前4000—前3000年。这一成绩的取得,要归功于19世纪最后30年里考古学家们的发现以及研究者们的科学态度。其中有两个人功劳卓著,一个是舍里曼(Heinrich Schliemann,1822—1890年),一个是伊文思(Arthur Evans,1851—1941年)。

首先揭开希腊文明源头之谜的是舍里曼。19世纪,尽管欧洲人都熟知希腊流传下来的《荷马史诗》,并对其中的特洛伊、木马计、阿伽门农等耳熟能详,但是在人们的头脑中,这些只不过是虚构的故事。但是,德国的考古学家亨利·舍里曼却不以为然,通过自己的执著颠覆了众人的成见。

舍里曼出生在德国一个贫困的家庭,童年是在不幸中度过的。但是他的哥哥却是一个对文学和历史非常感兴趣的人。在他7岁的时候,哥哥送给他一本书,里面讲述的正是有关特洛伊的故事。他对其中的故事着了迷,并认定其中的故事一定是真实发生的,并发誓长大后一定要找到传说中的特洛伊城。由于家境贫寒,他14岁便辍学当童工,在前往北美的轮船上当过勤杂工,在阿姆斯特丹的一家商务公司当过职员,在俄国做过原材料贸易,在美国的加利福尼亚淘过金。在有了可观的积蓄后,他又投资房地产,做军火生意,成为一名富商。商海沉浮并没有泯灭他儿时的梦想。1868年,他终于踏上了希腊和小亚细亚,开始寻找他梦想中的特洛伊城。他在伊萨卡岛,即《奥德赛》的主人公所居住的地方进行了简单挖掘后,便踏上土耳其的土地,挖掘传说中的特洛伊城。他来到土耳其的西沙里克小山,认定这就是特洛伊城的遗址。经过一番周折,他获得了土耳其政府的准许证,开始雇用当地农民进行大刀阔斧的挖掘。很快,在这座小山上挖掘出了不少的遗址和器物。但是他坚信特洛伊城肯定在最底层,他并没有太在意上面的地层和遗址,而是坚持向下挖掘,终于挖掘到他所认为的特洛伊城遗址,并在这里发现了大量的金银器皿、黄金饰物。他的这一发现震惊了世界。

但是,根据后来考古学家的精确挖掘和推断,舍里曼所认为的特洛伊城地层是错误的。舍里曼所认为的特洛伊地层大约形成于公元前2500—前2200年,比特洛伊战争早1 000年。威廉·多朴菲尔德与舍里曼是同时代人,曾参与特洛伊古城的挖掘,在舍里曼死后仍然坚持对此发掘和研究。他认定,整个特洛伊废墟遗址共分为九层,其中第六层才是真正的特洛伊古城的遗址。后来美国的考古学家卡尔·布勒根对所挖掘的地层进一步细分,认定特洛伊废墟的第七层才最有可能是荷马史诗时代的特洛伊城。

　　尽管舍里曼对特洛伊城的断定有这样和那样的失误,但正是他把特洛伊的故事从神话变成了真正的历史。在挖掘了特洛伊城之后,他又发掘出了传说中征服特洛伊的希腊联军首领阿伽门农国王的故乡迈锡尼遗址。在这里他发现了“皇家墓地”、大量的遗骸以及阿伽门农王的黄金面罩。1884年他又发掘出了梯林斯城。通过这一系列的发掘,一个丰富而具体的《荷马史诗》所反映的文明呈现出来,复原了我们现在所知的迈锡尼文明,从而把希腊文明的起源向后推到公元前2000年代中期。

　　无独有偶,英国的考古学家阿瑟·伊文思同样根据希腊的神话传说发现了比迈锡尼更早的文明。根据神话传说,米诺斯(Minos)曾经是克里特岛上的国王,当他的一个儿子安德洛革俄斯在希腊的领地阿提卡被谋杀后,便举兵报仇,导致希腊瘟疫横流。阿波罗神庙降下神谕说,如果雅典人可以平息米诺斯的仇恨,那么灾难将立即解除。于是雅典向米诺斯求和,答应每9年送7对童男童女到克里特作为“贡品”。米诺斯接到“贡品”后则将他们关进代达罗斯迷宫,这是囚禁牛头怪物弥诺陶洛斯的地方。怪兽食人肉,进贡的男女无一幸存。然而,在第三

克诺索斯废墟

次进贡时,希腊王子忒修斯便自告奋勇充当"贡品"。

在米诺斯公主阿里阿德涅的帮助下,用利剑杀死怪兽,并沿着展开的线团走出了迷宫。伊文思认为这样一个更加虚幻的传说背后同样有历史真实。于是他开始寻找米诺斯王的王宫。他来到希腊最南端的克里特岛,发掘出了 4 000 年前的米诺斯文明。他发现了克诺索斯废墟,并根据废墟中的石头、陶器和破损的墙画,断定这就是米诺斯的宫殿。他花了 50 万美元从一个土耳其主人那里购买了该废墟,从 1900 年开始挖掘并重建,前后花了 25 年的时间。最后,他撰写了《米诺斯王宫》四卷本著作,阐述了自己的考古发现。尽管伊文思对克诺索斯王宫废墟按照个人爱好进行重建遭到后来考古学家的诟病,但是他对克里特岛米诺斯文明的发现,切实地把希腊早期文明的历史又向后推了 1 000—1 500 年。

随着伊文思和舍里曼的考古发掘得到广泛认可,一幅关于希腊早期文明演进的历史呈现在人们面前。克里特文明大约萌芽于公元前 3000 年代末,逐步过渡到青铜时代,同古王国时期的埃及有密切的联系。大约在公元前 1900 年左右,克里特岛上建立了奴隶制国家。大约在公元前 1450 年,迈锡尼人统治了克里特岛,米诺斯文明结束。按照伊文思的划分,米诺斯文明分为早期(公元前 3100—前 2100 年)、中期(公元前 2100—前 1700 年)和晚期(公元前 1700—前 1420 年)三个阶段,大致相当于古埃及的古王国、中王国和新王国时期。也有的学者以公元前 1700 年为界,把米诺斯文明分为旧王宫和新王宫时期。因为在公元前 1700 年左右,克里特岛可能发生了动乱或者地震,宫殿曾经被毁。此后,这里建造起更大更宏伟的宫殿。在大约公元前 1450 年的时候,宫殿再一次被毁,不久迈锡尼人占领了克里特岛。

米诺斯文明以城市为中心,《荷马史诗》中记载克里特岛有 90 个城市,其中有些宫殿已经发掘出来,其中最主要的是克诺索斯王宫。克诺索斯是米诺斯王朝的首都,人口约有 8 万人,宫殿宏伟壮丽。这里总共有库房 1 500 间,内部通道曲折复杂,形似迷宫。墙壁上的人物鸟兽色泽明快,栩栩如生。米诺斯的城市道路用石头铺成,道路上也有了排水系统。克里特岛的城市基本上都没有城墙,发掘出的武器也很少,说明这里战争较少。米诺斯人主要以农业和海外贸易为主,锡是其主要的交易物品,与希腊本土、塞浦路斯、叙利亚、安纳托利亚、埃及以及两河流域建立了通商的网络。米诺斯最主要的艺术作品是陶器、壁画、石雕和印章。早期陶器主要以线状的螺旋、三角、曲线、十字和鱼骨纹为特征,晚期陶器则主要以花卉和动物为主。米诺斯已经有了比较成熟的宗教崇拜,突出特点是对女性神的崇拜,描绘最多的是掌管生育的母神和女性保护神。但是在克里特岛还没有发现类似神庙的建筑,只有男女进行跳牛祭祀活动的院落。米诺斯文明已经创造了自己的文字,刻写在泥版上,被称为线形文字 A。由于该文字所留存的数量比较少,同时它似乎与印欧文字并不属于同一种类型,因而至今没有能够译读成功。

克诺索斯王宫壁画

米诺斯文明之后兴起的是迈锡尼文明。迈锡尼人大约在公元前 2000年定居在伯罗奔尼撒半岛。最初,相对于克里特文明而言,迈锡尼人比较落后,大致在公元前 1600 年左右才建立王国。迈锡尼文明同样可以分为早、中、晚三个阶段。早期阶段的特点是王族坟墓以竖井墓为主。竖井墓主要

发现于迈锡尼城堡内外的两座墓园，里面有许多墓葬，并有大量的金银陪葬品。陪葬品大都来自克里特、埃及和叙利亚等地，说明迈锡尼当时与外部有着广泛的联系，也说明这时候受到克里特文明的影响甚大。中期和晚期则主要以圆顶墓为特色。圆顶墓的墓穴结构比竖井墓要复杂，在地面通过凿岩和砌石而筑成圆形墓室，前面有墓道，上面有高冢，室内则有圆锥形屋顶，形状类似蜂巢，所以圆顶墓又被称为蜂巢墓。最大的圆顶墓称为阿特柔斯王（阿伽门农之父）的宝库，高 13.2 米，用巨石砌成，墓门的一块楣石竟重达120 吨。晚期迈锡尼步入了文明的繁盛期，其坚固的城堡、马拉战车显示出与克里特不同的尚武特色。到了公元前 1450 年，可能通过联姻继承等和平方式，迈锡尼人的势力终于伸展到克里特岛，成为克诺索斯王宫的主人，取代米诺斯而成为爱琴海的霸主。大致在公元前 1400—前 1200 年间，迈锡尼文明达到盛期，希腊本土的梯林斯和派罗斯等均成为他的同盟国。

迈锡尼狮子门

迈锡尼文明以迈锡尼城为中心，该城位于伯罗奔尼撒半岛东北部。发掘出来的迈锡尼遗址主要是国王的城堡，整个城墙用巨石环山而建，城堡内有著名的狮子门，城内有豪华的王宫，城堡下面是繁荣的市区。迈锡尼文明具有很好的青铜工艺水平，航海贸易非常发达，有善战的军队和牢固的城堡。在迈锡尼同样发现了带有文字的泥版，被称为线形文字 B。该文字虽然吸收了克里特文字的成果，但是它属于印欧语系。1952 年，英国的建筑师迈克·文特里斯成功译读了该文字。现存的线形文字 B 文书基本上都是王室经济文书，反映了当时奴隶制社会的经济社会状况。泥版中还有日后希腊神话中常可见到的天神如宙斯、赫拉、雅典娜、阿波罗的名字,表明该文明与其后的希腊文明存在一定的继承关系。

迈锡尼文明从公元前 1200 年以后开始衰微,此时王朝更迭频繁,战乱相继,生产萎缩。经济衰落使各国各城之间的战争也愈演愈烈,其中最著名的特洛伊战争也是发生在这一时期。经历了漫长的战争,迈锡尼和其他盟邦元气大伤,给北方的多利安人提供了可乘之机。多利安人(也称多利亚人 Dorians)纷纷南下,攻城略地,逐步征服了除雅典外的中希腊和伯罗奔尼撒各国,迈锡尼文明灭亡,希腊历史进入了以《荷马史诗》为代表的所谓"黑暗时期"。

2 《荷马史诗》

相传荷马(Homer)为古代希腊两部著名史诗《伊利亚特》和《奥德赛》的作者。古代作家如公元前 5 世纪的希罗多德,较晚的修昔底德,公元前 4 世纪的柏拉图和亚里士多德等,都肯定这两部史诗是荷马的作品。

但关于荷马其人还有许多未解之谜。最早关于荷马的记载,见于残存的公元前 6 世纪克塞诺芬尼的讽刺诗,但是根据希腊地方志家鲍萨尼阿斯的记载,在公元前 7 世纪初的诗人卡利诺斯的诗篇里已经有关于荷马的记载,所以荷马这个名字早在公元前 8、7 世纪已经为人所共知。关于荷马的出生地,说法也不一致。有人说他是雅典一带的人,有人说是希腊北部,有人说是在希腊东部靠近小亚细亚一带。这些说法中以东方说较为普遍,也较为可信。关于荷马这个名字,西方学者们也有过不

荷 马

少考证。有人说这个字是"人质"的意思,就是说荷马大概本是俘虏出身;也有人说这个名字含有"组合在一起"的意思,就是说荷马这个名字是附会出来的。古代传说又说荷马是个盲乐师,这倒颇为可能,古代的职业乐师往往是盲人,荷马也许就是这样一位专业艺人。

特洛伊战争是迈锡尼文化的产物,《荷马史诗》是希腊黑暗时代的产物。但是不管在特洛伊发生了什么,由于这些事件本身充满魅力,所以希腊人在抛弃了麦锡尼的城市和文字之后仍然继续叙述这些故事,这场战争的故事就这样通过口传而保留下来。也许特洛伊的故事开始于孤立的事件,最后讲故事这一职业确立起来,出现了吟游诗人(bard),便开始把这些故事汇编成更长篇的叙述。希腊黑暗时代后期,在平日的夜晚,某些团体,尤其是那些最富裕的团体,会安排夜间娱乐,职业讲故事的人会演唱特洛伊的故事以及其中的希腊英雄。荷马共演唱了十部关于特洛伊英雄的史诗,但只有两首留存下来。许多古典学者相信,留存下来的两部荷马史诗事实上是由不同的人编纂的。但由于缺乏证据,大多数古典学者接受一个作者的观念。

在公元前6世纪以前,这两部史诗还没有定本。根据罗马著名散文家西塞罗的说法,公元前6世纪中叶,在雅典执政者庇西斯特拉图斯的领导下,学者们曾编订过《荷马史诗》;古代也有其他学者认为这是他的儿子西庇亚斯执政时的事。从公元前5世纪起,每逢雅典4年庆祝一次的重要节日,都有朗诵《荷马史诗》的文艺节目。从这制度实行之后,史诗的内容和形式基本上固定下来。今天所能看到的《荷马史诗》的旧抄本,最早约出现于公元10世纪左右。两部史诗都有不少手抄本,内容都相同,所依据的都是公元前3、2世纪间亚历山大城几位学者的校订本。这说明在公元前3、2世纪亚历山大城几位学者校订之后,史诗已经有了最后定本,此后它的内容就没有任何改动了。

《荷马史诗》分为《伊利亚特》和《奥德赛》两部,其故事梗概大致如下:从前,在小亚细亚西部沿海有一座特洛伊人的王都名叫伊利昂,特洛伊人是东方许多部族的霸主。当时在希腊地方的强大部族总称为阿凯亚人,阿凯亚人以迈锡尼的王阿伽门农为首。伊利昂城的王子帕里斯乘船到希腊,受到斯巴达王墨涅拉奥斯的款待,但他把墨涅拉奥斯美貌的妻子海伦骗走,带回伊利昂城。阿凯亚人非常气愤,便由墨涅拉奥斯的哥哥迈锡尼王阿伽门农倡议,召集各部族的首领,共同讨伐特洛伊人。他们调集 1 000 多艘船只,渡过爱琴海去攻打伊利昂城,历时 9 年都没有把这座王都攻下来。到了第十年,阿伽门农和阿凯亚部族中最勇猛的首领阿喀琉斯争夺一个在战争中掳获的女子,阿喀琉斯愤而退出战斗。《伊利亚特》的故事就以阿喀琉斯的愤怒为开端,集中描写第十年中 51 天的事情。由于阿凯亚人失去最勇猛的将领,无法战胜特洛伊人,抵挡不住伊利昂城主将赫克托尔(帕里斯的哥哥)的凌厉攻势,一直退到海岸边。阿伽门农主动同阿喀琉斯和解,请他参加战斗,但遭到拒绝。阿喀琉斯的密友帕特罗克洛斯看到阿凯亚人将要全军覆灭,便借了阿喀琉斯的盔甲去战斗,打退了特洛伊人的进攻,但自己却被赫克托尔所杀。阿喀琉斯感到十分悲痛,决心出战,为亡友复仇。他终于杀死赫克托尔,并把赫克托尔的尸首带走。伊利昂的老王普里阿摩斯(赫克托尔的父亲)到阿喀琉斯的营帐去赎取赫克托尔的尸首,暂时休战,为他举行盛大的葬礼。《伊利亚特》这部围绕伊利昂城激战的史诗,便在这里结束。

《伊利亚特》只写到赫克托尔的死为止,可是据《奥德赛》和古代希腊其他作品的描写,围绕伊利昂城的战争还继续打了很久。后来阿喀琉斯被帕里斯用箭射死,阿凯亚人之中最勇猛的首领埃阿斯和最有智谋的首领奥德修斯争夺阿喀琉斯的盔甲,奥德修斯用巧计战胜了勇力超过他的埃阿斯,致使后者气愤自杀。最后奥德修斯献计造了一只大木马,内藏伏兵,特洛伊人把木马拖进城,结果阿凯亚人里应外合,攻下了伊利昂城,结束了这场经历 10 年的战争。离开本国很久的阿凯亚首领们纷纷回国,由此开始了以奥德修斯海上历险为中心的另一部史诗《奥德赛》。

根据《奥德赛》的记述,奥德修斯回乡的旅程很不顺利,在海上又漂泊

了10年。伊塔克的许多人都认为他10年不归,一定已经死去。当地的许多贵族都在追求他的妻子佩涅洛佩,佩涅洛佩百般设法拒绝他们,同时还在盼望他能生还。奥德修斯在这10年间经历了许多艰难险阻:独目巨人吃掉了他的同伴,女神喀尔刻用巫术把他的同伴变成猪,又要把他留在海岛上;他又到了环绕大地的瀛海边缘,看到许多过去的鬼魂;他躲过女妖塞壬迷惑人的歌声,逃过怪物卡律布狄斯和斯库拉,最后女神卡吕普索在留了奥德修斯好几年之后,同意让他回去;他到了菲埃克斯人的国土,向国王阿尔基诺斯重述了过去的海上历险,阿尔基诺斯派船送他回故乡。奥德修斯装作乞丐,进入王宫,设法同儿子一起杀死那一伙横暴的贵族,和妻子重新团聚。

从历史的角度来考察,《荷马史诗》向我们讲述了迈锡尼文明衰落之后,希腊这片土地上的生活画面。首先,它告诉我们,荷马时代,迈锡尼时代的集中王权已经不复存在,整片土地上处于贵族割据的状态,这个时候虽然仍然沿袭了迈锡尼时代的"王"(Basileus,巴西琉斯)的概念,但这时候的"王"只是用来指称某一个贵族头领和军事首领,已经没有了昔日的权力。其次,《荷马史诗》告诉我们,荷马时代的主要政治生活方式是集体讨论,当时的主要议事机构是贵族长老会议和民众大会。长老会议提出决策性的建议,民众大众没有决策权,但有发表自己意见的权利。尽管当时的贵族首领有很大的权力,但是他的权力受到很大的束缚和监督。再次,《荷马史诗》告诉我们,荷马时代最主要的社会组织是家庭,家庭的扩大化形成血缘家族。在家族之上,社会区分成了贵族阶层和平民阶层。

《荷马史诗》同样具有深刻的文化内涵。这两部史诗都是围绕希腊文化中一个标志性的事件,即特洛伊战争。这场战争是否真的发生过,或者是否如希腊人所讲述的那样,都是无从回答的问题。但我们知道一定围绕一个类似特洛伊的城市发生了一场战争,这场战争点燃了希腊人的想象力,成为他们历史中一个标志性的文化时刻。从学术层面来讲,这场战争并不是古典意义上的"希腊人"打的,而是由麦锡尼人进行的。我们所说的"古典的"希腊文化其实是由一个完全不同的希腊群体,也就是多利安人和爱奥尼亚人(Ionians)所创造的。然而,希腊人把特洛伊战争视为自己历史最初的时刻,那时,希腊人出于共同的目的而凝聚为一体。这种凝聚,无论是否出于虚构,都给了后来的希腊人一种民族或文化认同的意识。

如果说希腊人把特洛伊战争视为自我文化定义的时刻,主要是因为《荷马史诗》的存在,希腊人从特洛伊战争中获得集体的认同感,这种集体认同感集中在《荷马史诗》的价值、伦理和叙述中。如同希腊人迷恋特洛伊战争一样,希腊人同样迷恋《荷马史诗》,一次又一次地转向它,尤其是在出现文化危机的时刻。因而同大多数根植于以宗教文献而获得集体认同的古代文化不同,希腊人转向了诗歌。

从文化的角度来分析,如果说《伊利亚特》这部史诗有主题的话,可以将其聚焦为"阿喀琉斯的选择"。阿喀琉斯面临着一种选择,是年纪轻轻死去从而成为著名的大英雄,还是过着长寿幸福的生活但没有什么名声。虽然阿喀琉斯最初选择不要年纪轻轻便死去,但是他的朋友的死亡迫使他做出选择,这种选择可以使他长久获得名声,代价是年轻时便悲剧性地死去。《奥德赛》是讲述在特洛伊的另外一位希腊英雄奥德修斯回家的故事。同阿喀琉斯不同,奥德修斯并不是因他的力量或者勇敢而著名,而是靠他的欺骗和计谋。奥德修斯与阿喀琉斯面临着同样的选择:是与女神生活在岛上,与女神一样获得永生,还是回到妻子身旁,回到自己的家乡,同其他人一样成为必死的人?他选择了返回。如果说《奥德赛》有什么明确主题的话,那么主题就是必死生命的性质,为什么人们在获得成为神的机会之后,仍然选择成为凡人?在《荷马史诗》中有两个非常重要的词不断重复:荣誉和伟大,它们反映的是古代希腊的文化和道德价值观。这种观念要求人们发挥自我最大的潜能,要获得名声。如果死后没有名声,就是一种灾难。

荷马的两部史诗代表希腊最高的文学成就,也是希腊文化中的标志性作品。它不但设定了希腊的基本特征,而且体现了希腊的价值观和世界观。

3 雅典和斯巴达

希腊古风时代之后到来的是城邦时代,在诸多城邦中,雅典和斯巴达最具有代表性,不但代表着希腊的两种制度,也主宰着希腊的沉浮。

雅典是希腊民主政治的代表,但民主的结果是逐步达成的。雅典从黑暗时代进入了古风时代,形成了由"巴西琉斯"或者"国王"统治的城市国家。公元前8世纪,贵族们逐渐剥夺了国王的权力,不知不觉演变成了寡头政治,出现了一个贵族议事会:阿雷奥帕古斯(Areopagus,雅典石山上的最高法院和立法委员会)。

阿雷奥帕古斯由不断变动的成员构成,选举九位执政官(Archon)统治国家。然而,执政官总是顺从阿雷奥帕古斯的意见,而且他们在任职期满后也成为阿雷奥帕古斯的成员,所以实际上是阿雷奥帕古斯统治了国家。但富人的统治也是不稳定的,其根源在于贵族和农民的矛盾。在雅典周围,乡村农民主要以生产小麦为主;而富人和贵族所拥有的领地,主要生产酒和橄榄油。随着雅典进口小麦以及输出酒和橄榄油,小麦的生产骤然减少,价格也普遍下跌,普通农民因此欠了富裕阶层许多债务。为了清偿这些债务,农民卖妻鬻子,甚至自己也成为雅典或者外国的奴隶。在这样的情形下普通农民的革命不可避免。公元前594年,认识到形势的危险,阿雷奥帕古斯和雅典民众同意把所有的政治权力给一个人,即梭伦(Solon,约公元前638—前559年)。让梭伦针对社会矛盾进行调节。梭伦决定站在不偏不倚的立场上进行全面改革。他说:

> 我所给予人民的适可而止,他们的荣誉不减损,也不加多,即使是那些有势有财之人,也一样,我不使他们遭受不当的损失;我拿着一只大盾,保护两方,不让任何一方不公正地占据优势。

他立即取消了所有未付的债务,解放了那些卖身为奴的人。对因无法还债而降身为奴的借贷,他承诺予以取缔,并努力使那些已经被卖为外国奴隶的人回归雅典。另外,他鼓励橄榄和酒类的生产,促使雅典的土地大部分都转向这种有利可图的作物。在政府方面,他把雅典社会根据财富分成四个等级,最富裕的两个阶层有权服务于阿雷奥帕古斯,第三个等级有权在选举出的四百人议事会(Council of Four Hundred People)中服务。这个委员会基于构成雅典社会的四个部落而组织起来,每个部落可以从前三个等级的人当中选举 100 个代表。四百人议事会负责平衡和监督阿雷奥帕古斯的权力。第四个等级是最贫穷的等级,但也被允许参加民众大会,负责对四百人会议提出的议案进行表决,甚至可以选举地方长官。他还建立了新法庭,即公民陪审法庭,任何等级的人都可以充当陪审员,渐渐把民事和军事案件从阿雷奥帕古斯手里抽离出来。

梭伦勇敢地改革了政府,但他并没有解决经济危机。很快,雅典又陷入了无政府状态。在无政府状态的混乱中,一个贵族庇西斯特拉图斯(Peisistratus)轻易获得权力,并着手恢复秩序。

同大多数专制者一样,庇西斯特拉图斯怀有称帝的野心。在他死后,专制权力落入他的儿子西庇亚斯(Hippias)之手。虽然西庇亚斯开始时遵循其父亲的模式,但是其弟弟被暗杀导致他变得多疑和孤僻,越来越独断专行。他的许多对手开始谋划推翻他。尤其是富裕的阿尔克迈翁家族(Alcmaeonids),劝说斯巴达援手推翻西庇亚斯,斯巴达国王克莱奥梅尼一世(Cleomenes I)征服了雅典,西庇亚斯流亡到波斯。

斯巴达按照惯常的做法,选出一个对斯巴达最忠诚的人伊萨戈拉斯(Isagoras)来统治雅典。然而,伊萨戈拉斯是阿尔克迈翁家族的对手,而后者又是斯巴达最初的盟友。双方发生了权力角逐。阿尔克迈翁家族的一位贵族克里斯梯尼(Cleisthenes,约公元前 570 年出生)重新获得民众的支持并威胁到伊萨戈拉斯的权力。后者重新召唤斯巴达,斯巴达人再次入侵雅典,克里斯梯尼被驱逐。但是不久民众起义把伊萨戈拉斯赶下台,克里斯梯尼执掌了政权。从公元前 508 年起,克里斯梯尼进行了一系列导致雅典民主政治的改革。他授予居住在雅典和阿提卡的所有自由人以公民身份;确立

了一个议事会,作为政府的主要权力机构,掌控行政和立法大权;凡是三十岁以上的公民都有资格进入议事会,议事会的成员每年都需经过抽签选举;包括所有男性市民的公民大会,可以否决议事会的任何提案,而且是唯一可以宣战的政府机构。公元前487年,雅典人添加上了雅典民主制度的最后一环:陶片放逐法(Ostracism)。公民大会可以投票(用陶瓷碎片来投票)决定驱逐某个公民出境10年。这种方法可以保证把那些试图掌握权力的人在得到权力之前就被清除。

克里斯提尼时期,雅典已经基本上确立了其文化和政治结构。但使雅典迅速成为希腊世界中心的事件,是公元前490年以后的波斯入侵。

同特洛伊战争一样,希波战争也是希腊历史上一个具有划时代意义的事件。公元前6世纪中叶,沿着小亚细亚沿岸的希腊城市国家处于吕底亚(Lydians)国王克利萨斯(Croesus)统治之下。然而,当波斯在公元前545年征服了吕底亚后,臣属于吕底亚的所有国家都臣服于波斯。波斯对新臣属的国家控制极为严密,要求市民们在波斯军队中服役,并支付不合理的税收。深受这些新的负担之痛,加上渴望独立,米利都(Miletus)的暴君阿里斯塔戈拉斯(Aristagoras)在公元前499年发动了叛乱。阿里斯塔戈拉斯鼓动民众反对波斯并到希腊求援。雅典答应给他们20艘战船。公元前498年,雅典人征服并焚毁了吕底亚的首都萨迪斯(Sardis),小亚细亚的所有希腊城市都参加了反抗。然而,到公元前495年,波斯人在大流士一世(Darius I)的带领下,重新控制了反叛的希腊城市。波斯人决定对希腊人参与毁灭萨迪斯的行为进行惩罚。公元前490年,波斯发动了对雅典的远征。两军首先在阿提卡的马拉松相遇,雅典军队全面打败了入侵的军队。这场战争即马拉松战役,是希腊历史上最重要的战役之一。

然而波斯人并没有善罢甘休,薛西斯(Xerxes,公元前486—前465年在位)成为国王后,重新开始对雅典的惩罚性远征。公元前481年,薛西斯征集了15万人和600艘军舰的大军,决意征服整个希腊。但是雅典人也做好了准备。双方在萨拉米斯岛(Island of Salamis)进行了海上决战,结果雅典以少胜多,再次打败了波斯的军队。这场胜利使雅典有了爱琴海上最强大的舰队。

当波斯军队从希腊撤离之后,小亚细亚的所有希腊城市都在波斯入侵和报复的直接威胁之下,而斯巴达是以陆地为基地的军事力量,不可能帮助这些城邦。所以这些城市以及爱琴海岛屿上的城邦都转向了雅典和它强大的海军,希腊南部的城邦以及北部的一些城邦则转向了斯巴达,因此希腊形成了两大对峙的集团。

公元前478年波斯失败一年后,小亚细亚沿爱琴海的希腊城邦汇集到提洛岛,讨论与雅典人结盟。他们发誓相互结盟并与雅典结盟,于是形成了提洛同盟(Delian League)。这个同盟除了防卫之外,还有几个目的。其中之一是发动对波斯的战争,解放仍然被波斯所控制的希腊城市。虽然雅典是该同盟的首领,但每一个城市国家都有一票的投票权,因此同盟是具有平等地位的民主结盟。这个同盟忙于发动对波斯的战争,解放了一个又一个城市,到公元前467年取得了对波斯的决定性胜利。

提洛同盟的决议中要求同盟的其他成员向雅典付税以维持舰队,但是雅典并没有把这笔钱完全用于舰队建设,而是用这些财富投资大型建筑、戏剧和艺术。随着提洛同盟的兴盛,雅典获得了大量财富和权力,俨然成为世界的中心,雅典文化也随之达到繁荣。但是雅典的做法也遇到了挑战。提洛同盟成员中有一个小岛上的城市萨索斯(Thasos),由于对同盟以及付费不满开始反抗同盟。虽然西门迅速镇压了这次反抗,但在自己国家里也失去了民众的支持。伯利克里(Pericles,约公元前495—前429年)领导的更激进的民主运动,开始挑战西门的权力。

伯利克里出身于一个古老的贵族家庭,他领导雅典人反对西门独裁的企图。伯利克里掌握权力后,很快就出台了法律:不管出身和财富,任何人都可以成为执政官(国家的九个中心领导人之一)。民众大会成为国家的中心权力机构,由雅典所有出身自由的男性公民组成,公民大会拥有对每一项国家决定唯一的赞成或否决权,公民大会在选举官员方面被赋予了至高

伯利克里

无上的权力。公民大会不是代议制政府,而是涵盖所有的男性市民。伯利克里也改变了市民权的规则,在伯利克里上台之前,父母一方为雅典人的人都是雅典公民,伯利克里的法律要求父母双方都是雅典的人才是公民,所以实际上,伯利克里时代雅典的民主只限于居住在雅典的一小部分人。尽管如此,它仍然是人类文明中最接近纯粹民主的形式。另外,公民大会作为一种法庭,要聆听重要的案件,任何在法庭上做出的决定都可以诉诸公民大会。而且为了鼓励民众积极参与政治生活,他实行了津贴制,使那些为生计所迫的人也可以前来参与公民政治。

伯利克里将自梭伦以来的民主政治推向了极致,而且他也在理论上对民主政治的内涵进行了总结。他在阵亡将士葬礼上的演说中说:

我要说,我们的政治制度,不是从邻人的制度中模仿得来的。我们的制度是别人的模范,而不是我们模仿任何其他人的。我们的制度之所以被称为民主政治,因为政权是在全体公民手中,而不是在少数人手中。解决私人争执的时候,每个人在法律上都是平等的;让一个人负担公职优先于他人的时候,所考虑的不是某一个特殊阶级的成员,而是他们有的真正才能。任何人,只要他能够对国家有所贡献,绝对不会因为贫穷而在政治上湮没无闻。

以此为起点,一直到公元前404年雅典被斯巴达打败,这一时期被称为雅典时代、古典时代或者伯利克里时代。大量戏剧都创作于这一时期,许多纪念性建筑也都建造于这个时代。然而与此同时,斯巴达对雅典的繁荣越来越有戒心,并最终导向了另一次战争。

现在我们回过头来考察另一个在希腊举足轻重的城邦斯巴达。

斯巴达历史中一个重要的事件是迈森尼亚战争(Messenean War)。公元前 8 世纪,斯巴达同周围的所有邻邦一样,是一个有限寡头的君主政体。公元前 725 年,由于需要土地供养越来越多的人口,斯巴达越过泰噶托士山地(Taygetus),吞并了他们的邻邦迈森尼亚。斯巴达人通过征服不但获得了足够的土地,也获得了新居民。但是,同所有被征服的民族一样,迈森尼亚人并不认同自己失去独立,在阿戈斯(Argos)城邦的帮助下,迈森尼亚人在公元前 640 年发动了起义,差一点把斯巴达毁灭。正是在这样的形势下,斯巴达发明了一种新的政治制度,开始把自己的国家变成一个军事国家。这种制度和雅典的民主制度同样具有革命性。

在新制度下,迈森尼亚人变成被称作希洛(Helots)的农业奴隶,希洛的生活毫无疑问是很悲惨的,不但工作时间很长,而且经常生活在饥饿的边缘。

斯巴达社会本身也发生了变化,军事和城邦成为斯巴达生活的中心。在这种制度下,由国家判断孩子生下来是否强壮,孱弱的孩子被抛在山间任其死亡。针对这种婴儿检查制度,普鲁塔克进行了描绘:

> 父亲不能按照自己的意愿抚育后代。做父亲的得将他送到一个叫做勒斯克的地方去,部族里的长者在那里代表国家监察婴儿。如果孩子匀壮结实,他们就命令父亲抚养他,并将九千份土地里的一份分给那个婴儿;若干孩子瘦弱畸形,他们就把他丢在所谓的阿波特泰去,即泰格托斯山脚下一个峡谷似的地方。他们深信,倘若造物主一开始就没有把健康和力量赋予这条生命,它的存在于己于国都是毫无裨益的。

孩子 7 岁时,都要被送到军事和体育学校,培养坚韧、守纪和忍受痛苦的能力以及各种生存技巧。经过 13 年的教育到了 20 岁时成为一名真正的士兵。斯巴达士兵与同伴一起生活,即使结婚后,也不与自己的妻子住在一

起。只有到了 30 岁时,斯巴达人才获准与家人住在自己家里。每个人的军事义务要到 60 岁时才结束。在当时,斯巴达人以军事为业,每个士兵都可以分配到一块土地,由希洛人来耕种。

为了打击奢侈风气,铲除欲念,斯巴达实行共餐制。对此普鲁塔克也进行了描绘:

> 为了更进一步打击奢侈风尚和铲除致富的欲念,他(吕库古)采用了第三个,同时也是最为精心构思的政治措施,即公共食堂的制度。这样,人们可以相互结伴,共同进餐,饮用同样的、制定的食物,而不是在家里,倚靠着华贵的睡椅,坐在华贵的桌前,让仆人和厨子侍候自己,像贪婪的动物一样,在昏暗中吃得脑满肠肥,屈服于每一种贪欲和各种饕餮之徒的恶习,并且需要长时间的睡眠、热水浴、充裕的休息以及可以说是日常的护理和照料,这一切不仅毁了他们的性格,而且也败坏了他们的身体。

有意思的是,在这个以军事为中心的国家,妇女的地位却是最自由的。当时希腊的多数城邦都要求妇女呆在家里。但是斯巴达妇女可以自由活动,在家庭中也有相对于丈夫的自由。同时,斯巴达是希腊唯一严肃对待妇女教育的城邦,而且将妇女教育设为国家政策。尽管妇女不能进行军事训练,但是要接受体操训练,也被教育一生为国家服务。如果被判定身体虚弱,女婴同样被抛弃致死。

斯巴达社会分成三个等级,最高的是斯巴达人,他们的谱系可以推溯到最初的城市居民。斯巴达人从事军事,而且是唯一享有完全政治和法律权利的阶层。在斯巴达人之下的是"周围的居民",这些人是处于斯巴达人和希洛人中间的外国居民,也被赋予相当的自由,大都从事商业和贸易。最底层是希洛人。

斯巴达的政府是比较奇特的,政府的最上层是两名君主,君主之下是议事会,议事会包括两位国王和二十八位贵族,成员都超过 60 岁,是退役军人。议事会讨论和确立法律和对外政策,是最高刑事法庭。在议事会之下是所有斯巴达男性公民组成的公民大会,负责选举议事会,赞同或否决议事会的决议。在所有这些统治机构之上是一个五人长官(Ephorate),即监察官,负责监督议事会,管理军事和教育体制,负责婴儿检查制度,对议事会或者公民大会的所有方案都有否决权,甚至有权罢黜君主。然而,他们需要用咒语或者神谕来实行自己的权力。所以斯巴达的政府是一种民主的、荣誉至上的君主寡头政治。

与希洛人的这种紧张状态,导致斯巴达人疑心很重,甚至怀疑自己的邻邦。所以从公元前6世纪起,斯巴达人开始对邻近国家采取军事行动。但斯巴达人征服了邻邦之后,不是吞并后者的土地和人民,而是实行休战,与被征服地区建立联盟。后者则保证在外交、战争等方面都追随斯巴达,并为斯巴达提供一定数量的士兵和装备,作为交换,后者保持为独立的国家。用这样的方法,斯巴达人很快便与南部希腊的大多数国家都结成了同盟,在波斯入侵时成为主要的抗敌力量,甚至使雅典都相形见绌。

斯巴达和雅典这两个成熟的对手,各自是一个集团的首领,注定要在一场大战中决出胜负。这场战争就是伯罗奔尼撒战争(The Peloponnesian War,公元前431—前404年)。

4 伯罗奔尼撒战争

伯罗奔尼撒战争开始于公元前431年,战争的双方是雅典帝国(或提洛同盟)和伯罗奔尼撒同盟(包括斯巴达和科林斯等强大的城邦)。一位雅典的将军和历史学家亲历了这场战争,并做了忠实记录,这就是修昔底德(Thucydides,约前460—前400年)和他的名作《伯罗奔尼撒战争史》。

按照修昔底德的判断,这场战争的深层原因,是斯巴达等城邦对雅典力量不断增强产生了恐惧。在希腊城邦联盟挫败波斯帝国入侵希腊本土的企图之后,其中的一些国家在公元前478年组成了提洛同盟。

提洛同盟以爱奥尼亚和爱琴海周围为基地,最初依靠舰队保护进行贸

修昔底德

易、拦截海盗和波斯的舰队。随着同盟逐渐变成雅典帝国,成员国每年都要将船只作为贡品送给雅典,所以后者渐渐失去对自己船只的控制,而雅典则逐渐积聚起一支强大的海军,强大到足以挑战斯巴达。而斯巴达作为伯罗奔尼撒同盟的领导者,长期以来都是唯一能够对抗希腊的军事力量。

战争的直接原因是雅典的几次具体行动,这些行动影响了斯巴达的同盟国,尤其是科林斯。

其中,雅典海军介入了科林斯和科西拉(Corcyra,在今希腊科孚岛)的纷争。雅典出面阻止科林斯在西波塔战争(Battle of Sybota)中入侵科西拉,而且开始围攻科林斯的一个殖民地波提亚德。雅典帝国还对斯巴达的一个同盟国麦加拉(Megara)下达了经济制裁令,史称"麦加拉法令"(The Megarian Decree)。该法令禁止麦加拉与繁荣的雅典帝国进行贸易,这给麦加拉以致命的打击。正是这一法令成为伯罗奔尼撒战争的最大催化剂。公元前432年伯罗奔尼撒同盟通过决议,对雅典宣战。次年,伯罗奔尼撒联军侵入阿提卡,战争正式爆发。

战争初期双方的实力不相上下。斯巴达和它的盟国,除了科林斯之外,几乎都是内陆强国,可以召集大量陆军,几乎不可战胜。雅典帝国虽然以阿提卡半岛为基地,但是它的势力延伸到爱琴海的岛屿,从这些岛屿的进贡中雅典获得了大量财富。斯巴达在战争初期的战略是入侵阿提卡,占领雅典周围的地区。由于指挥斯巴达军队的是斯巴达国王阿基达摩斯二世,因此这场战争便以他的名字而被称为"阿基达摩斯战争"(Archidamian War)。

这次入侵尽管占领了雅典城周围的生产用地,但是雅典能够维持通向海洋的通道,所以没有给雅典造成多大的损害。阿提卡的许多公民都放弃了农场,转移到长墙之内,这条长墙连接雅典和比雷埃夫斯港口。另外,斯巴达不可能将大军长期驻守在阿提卡,因为斯巴达的奴隶希洛人不能长时间无人监视。所以,在公元前430年斯巴达最长的一次入侵也仅仅持续了40天。雅典的作战策略最初是由雅典将军伯利克里倡导的,他建议雅典人避免和人数众多且训练有素的斯巴达重装步兵正面作战,反过来依靠明显占有优势的海军舰队发动进攻。在瑙巴克塔斯(Naupactus)附近雅典舰队获得了胜利。

然而,公元前430年雅典爆发了瘟疫。瘟疫重创了人口密集的雅典城,夺去了30 000多居民的生命,几乎相当于雅典人口的四分之一,其中有水手和士兵,连伯利克里和他的儿子们也未能幸免。瘟疫所造成的灾难几乎无法恢复,雅典的人口急剧减少,甚至外国雇佣军也拒绝前往这个发生瘟疫的城市。出于对瘟疫的恐惧,斯巴达也放弃了对阿提卡的入侵。

伯利克里死后,雅典人开始反对伯利克里保守的防守策略,而转向更具进攻性的方针,力图将战火烧到斯巴达和他的同盟国。此时雅典民主制度中的强硬派人物克利昂(Cleon)占了上风,雅典军队开始主动出击。在新将军德谟斯梯尼(与后来的雅典著名的雄辩家同名)的领导下,雅典人利用海军进攻伯罗奔尼撒,将军事行动延伸到皮奥夏和埃托利亚,并开始在伯罗奔尼撒周围构筑要塞,其中一个要塞靠近皮洛斯。皮洛斯要塞的存在给斯巴达带来了很大的麻烦,因为在这个地区斯巴达主要依赖希洛人,但雅典军营此时开始吸引希洛人逃亡。对斯巴达人而言,糟糕的不仅是失去该地区的奴隶,更糟糕的是,雅典人的存在有可能引发希洛人的全面反抗。正是这种担心促使斯巴达采取了行动。双方通过交战,雅典人俘获了300—400名斯巴达的重装步兵。这些人质的存在为雅典提供了讨价还价的筹码。在这次战争后,斯巴达将军布拉西达斯率领一支同盟军队和希洛人占领了雅典的安菲波利斯。这一地方正好控制着附近的几个银矿,是雅典支撑战争的资

源地之一。在后来的战斗中，布拉西达斯和克利昂都阵亡了，于是双方开始议和。斯巴达和雅典都同意用布拉西达斯占领的城市来交换人质，并签署了停战协定《尼西亚斯和约》。

《尼西亚斯和约》维持了将近6年，公元前418年，双方进行了伯罗奔尼撒战争中最大的一次战争曼提尼亚战争。斯巴达在他的邻国特吉亚（Tegeans）的帮助下，对抗由阿戈斯、雅典、曼提尼亚和阿卡狄亚组成的联军，结果斯巴达人打败了雅典联军。尽管这场战争在雅典和伯罗奔尼撒的冲突中并无决定性的意义，但斯巴达人通过打败阿戈斯，保证了对伯罗奔尼撒的绝对统治权。

亚西比德

战争进行到第17年，中心转移到了西西里。这一年雅典人得到消息，说远在西西里的一个盟国遭到叙拉古的进攻，雅典人觉得有义务帮助自己的盟国，并希望通过这一机会征服整个西西里，为雅典带来巨大资源。在整装待发的最后阶段，雅典发生了毁坏宗教雕像的事件，负责远征的雅典将军亚西比德（Alcibiades，公元前450—前404年）被指控犯有宗教罪。由于害怕受到不公正的惩罚，亚西比德逃到斯巴达，尼希阿斯（Nicias，公元前470—前413年）承担起远征西西里的使命。亚西比德告诉斯巴达人雅典已经准备将西西里作为跳板征服整个意大利，然后征服整个伯罗奔尼撒。

当时雅典的军队由100多艘战舰和5 000多名步兵组成，刚刚在西西里登陆，就有几个城市加入到雅典的阵营中。但是尼希阿斯没有马上进攻，而是拖延了时机，没有给叙拉古造成致命打击。随着冬天的临近，雅典人被迫撤回到自己的地盘,这种拖延也使叙拉古有足够的时间向斯巴达求援。斯巴达派遣基利普斯(Gylippus)带领援军前去西西里。斯巴达军队到达以后,解救了叙拉古,并在一系列的战争中击败了雅典军队。斯巴达不满足于仅仅援助西西里,同时决定把战争烧到雅典。在亚西比德的建议下,他们在靠近雅典的德西里亚(Decelea)设立了防线,阻止雅典人利用自己的土地,也阻止海上船只所供应的货物由陆路进入雅典,这样迫使雅典所需要的所有供应物都必须花代价从海上转运进来。除了斯巴达之外,科林斯和伯罗奔尼撒同盟的其他国家都向叙拉古派去了援军,希望把雅典人赶出去。但是雅典人并没有撤退,反而向西西里派出了另外一百艘战舰和5 000名士兵。但在基利普斯将军的指挥下,叙拉古和他们的盟军决定性地在陆地上打败了雅典人。而且基利普斯鼓励叙拉古建立海军,以便在雅典海军试图撤退时打败雅典的舰队。远征西西里的结果是雅典的舰队全军覆没,整个雅典的军队被变卖为奴。

西西里远征失败之后,人们普遍相信雅典帝国的末日就在眼前。它的宝库差不多都空了,年轻人不是死了就是被囚禁在异乡。斯巴达鼓励向雅典进贡的盟国进行反抗,爱奥尼亚也确实出现了反抗雅典的起义。叙拉古人派出他们的舰队前往伯罗奔尼撒,而且波斯人决定在资金和舰只方面给予支持。反叛和内讧威胁着雅典本身,但是雅典顽强地生存了下来。究其原因,有以下几个方面。首先他们的敌人缺乏活力。科林斯和叙拉古开往爱琴海的舰队非常缓慢,斯巴达的其他同盟在资助军队和舰队方面也不及时。其次,造反的爱奥尼亚国家指望得到保护,通常会再次加入到雅典这一边。另外,波斯人也拖延所答应的资助和舰只。这一切破坏了原本的战争计划。而雅典,在战争开始的时候,谨慎地雪藏了一些资金和100艘舰只,准备在最后关头使用,现在这些舰只成为雅典的主力。尽管此时雅典发生了贵族寡头革命,其中400寡头掌握了政权,与斯巴达实现和平已经可能,但是雅典的舰队现在依托萨摩斯岛,拒绝接受这种政治上的变革。公元前411年,雅典的舰队与斯巴达发生了塞姆战争。此时,先后投奔斯巴达和波

斯的亚西比德又投奔萨摩斯岛驻军,并获得信任,舰队任命亚西比德作为他们的首领,继续以雅典的名义进行战斗。亚西比德虽然被谴责为叛徒,但他也是一个有强烈个性的人,他阻止雅典舰队进攻政变后的雅典。在公元前410年,他劝说雅典舰队在库齐库斯战役中进攻斯巴达。在公元前410—前406年间,雅典获得一个又一个的胜利,而且恢复了帝国的大部分。

但是,由于在诺提乌姆海战中失利,亚西比德没有再被选为将军,他离开了雅典。这给斯巴达的将军来山德(Lysander)提供了极好的机会。机会出现在阿吉纽西(Arginusae)海战之后。这场海战使雅典损失了12艘舰只,由于天气恶劣不可能营救船员。这一事件引起雅典人的不满,他们选择将所有高级海军指挥官全部处死,这大大挫伤了海军的士气。来山德抓住这个机会,一下子将舰队航行到赫勒斯滂海峡,在伊哥斯波塔米(Aegospotam)海战中彻底击败雅典舰队。雅典在公元前404年宣布投降,他的盟国也很快相继投降。雅典失败后斯巴达在雅典确立了"三十僭主政治",但只维持了九个多月,雅典又恢复了民主制度。

伯罗奔尼撒战争后,希腊世界进入了混乱时期,而北部马其顿的菲利普二世则开始崛起,最终成为希腊的主人,结束了希腊的古典时代。

5 亚历山大大帝

伯罗奔尼撒战争后,斯巴达成为希腊霸主,但这并没有消弭希腊内部的矛盾。一方面是因为失败的雅典和原提洛同盟各邦的不满和伯罗奔尼撒同盟内科林斯、底比斯等大邦对斯巴达独断专横的抵制,另一方面则是波斯的从中利用,挑拨离间。原来波斯在伯罗奔尼撒战争中支持斯巴达对抗雅典,但此时斯巴达过于强大,它又想遏制斯巴达以求对希腊有操纵之利。于是在公元前395—前387年间爆发了科林斯战争(Corinthian War),雅典、科林斯、底比斯、麦加拉等在波斯暗地支持下联合向斯巴达宣战。此战使斯巴达穷于应付,遂向波斯请和,由波斯出面拢合双方缔结和约。雅典趁机恢复了海军,在衰败中渐有起色,但波斯的插手却使小亚细亚各地的希腊城邦又接受了波斯的统治,小亚细亚的希腊人在希波战争中的胜利成果丧失殆尽。斯巴达是以出卖小亚细亚各邦讨好波斯才得以苟延其霸权,因此遭到各邦唾弃,但它的干涉却并不见减弱,反而变本加厉,终于引起底比斯的再度反对。此时底比斯民主派领袖佩罗庇达(Pelopidas)和伊帕密南达(Apaminon-das)相继执政,渐趋强盛,并恢复了以它为首的彼奥提亚同盟。公元前371年,底比斯在留克特拉一役(Battle of Leuctra.)痛歼斯巴达军,次年冲入伯罗奔尼撒,解散其同盟,斯巴达虽未亡国,却已失去一切强权地位。

但底比斯的霸权未能长久,当时趁机组成第二次海上同盟(Second Athenian Confederation)的雅典又对底比斯的强大深感不安,反而和斯巴达联络以抵制底比斯。公元前362年的曼丁尼亚战役,底比斯主将伊帕密南达阵亡,底比斯的霸权迅速瓦解。接着,雅典又重蹈覆辙,对第二次海上同盟的盟邦摆出霸主架势,引起同盟战争(公元前357—前355年),雅典失败,第二次海上同盟亦告解体。

这几十年中,各邦的混战和同盟的分合层出不穷,始终未能找出摆脱战乱和危机之路,可见城邦体制的生命力已濒枯竭,而城邦危机却为马其顿王国的兴起及控制希腊提供了方便。从此希腊进入了希腊化时期(Hellenistic Age)。

在希腊城邦时期马其顿处于尴尬的状态,它虽然算是一个希腊王国,但却坐落在希腊本土的东北部和小亚细亚的西北部;马其顿人虽然也算是希腊人,但不得不与所有的欧洲蛮族部落进行争斗,马其顿实质上成为希腊和北部蛮邦的缓冲地带。正因为如此,希腊人并不把马其顿人放在眼里。希腊发生政治危机的时候,马其顿出现了一个强有力的国王,他统一了整个马其顿地域,并将眼光投向整个希腊世界,这个国王就是菲利普(Philip,公元前382—前336年)。

菲利普在其生命的最后二十年登上王位。当时他年幼的侄子担任国王,他作为摄政王进行统治,在公元前359年他推翻了自己的侄子而当上国

马其顿国王菲利普

王。菲利普在担任国王之前曾经在底比斯做人质,学习了希腊的政治和军事策略,所以他认为自己是一个希腊人而不是马其顿人。当上国王之后,他迅速与北部欧洲部落建立了和平,通过征服南部的城市获得了金银矿产,开始着手建立新城市和庞大的常备军。公元前349年他开始把眼光投向南部,有计划地征服所有的希腊城市。公元前338年在取得了对雅典及其同盟的一系列胜利之后,他控制了除斯巴达之外的整个希腊。菲利普迅速着手巩固自己在希腊的权力,在科林斯、底比斯、卡尔吉斯建立了军事要塞。公元前338年他建立了科林斯联盟。公元前337年,菲利普向同盟宣布将要进攻波斯以雪耻复仇。公元前336年他正式宣布进攻波斯帝国,但是这时候他被暗杀了,他21岁的长子亚历山大步其父亲的后尘,成为世界的征服者。

亚历山大(Alexander the Great,公元前356—前323年)俊美、强壮、勇敢并富有才气,曾经以亚里士多德为师。他继续父亲的事业,并以惊人的速度将其完成。公元前334年,亚历山大渡海前往小亚细亚,开始了征服波斯的历程。亚历山大的军队只有3万步兵和5千骑兵,没有海军,也没有给养。他采取的策略非常简单实用:快速移动,然后打几次有把握之仗,就地获得钱财和给养。他首先集中在沿海城市进攻,全面控制港口,使波斯海军没有地方登陆。然后攻打对方军队的主力。

在占领了所有沿海城市后,他于公元前333年转向内陆进攻叙利亚。在以苏斯(Issus),他与波斯国王大流士率领下的主力部队相遇,亚历山大的骑兵冲破了波斯的军队,大流士和他的大部分军队沿着内陆逃到两河流

域,任由亚历山大向南长驱直入。亚
历山大夺取了沿腓尼基和巴勒斯坦的
沿海城市。在进入耶路撒冷时,他被
称作伟大的解放者。他继续向南征服
了埃及,几乎没有受到任何抵抗。埃
及人称他是国王和拉神之子。

亚历山大沿着腓尼基海岸前进,
试图征服提尔城(Tyre),而这里是波
斯海军运作的枢纽。这时,大流士意
识到形势已经无法控制,知道自己不
可能再恢复小亚细亚、腓尼基和巴勒
斯坦,所以派人去求和。大流士国王
表示,如果亚历山大愿意停战,他将把

亚历山大

幼发拉底河以西的整个波斯帝国献给亚历山大,而波斯保留两河流域、波斯
和北部。但是亚历山大不予理睬,在公元前331年渡过了幼发拉底河。大
流士与亚历山大在古代亚述城市尼尼微相遇,这是大流士与亚历山大之间
的最后一次决战。亚历山大又一次使数量占优的波斯军队失败逃跑,大流
士也开始逃亡。公元前330年,亚历山大进入了巴比伦。他征服了两河流
域,并控制了最大和最富裕的城市。

与此同时,大流士也死于一场阴谋。在巴克特里亚总督伯萨斯
(Bessus)领导下,贵族们杀死了大流士,把大流士的尸体留给亚历山大。然
而,亚历山大并没有停止脚步,而是继续前进,寻找伯萨斯并将其杀死,波斯
帝国正式结束。

亚历山大还是没有停住脚步,他出于好奇想要知道向外伸展的世界是
什么样子,也渴望征服未知的整个世界。他将军队向东推进,经过北部伊
朗,进入到今天的巴基斯坦和印度。他在喜马拉雅山脚征服了巴克特里亚,
获得了大量巴克特里亚军队,娶了巴克特里亚公主。但是当他试图经过巴

基斯坦继续推进部队时,他的部队厌战了,公元前327年,亚历山大放弃了向东的征服计划。公元前324年,亚历山大回到巴比伦。他开始制定巩固自己帝国的策略,其中包括规划城市,建造工程,进行新的征服,甚至考虑神化自己。但是公元前323年,33岁的亚历山大因发烧而去世。

亚历山大创造了亚历山大帝国,为世界文化打上了深深的希腊烙印。他是一个有才气和无私的人,是人类历史上最有才气的军事领导人之一。他带领一小股部队,几乎没有什么粮草,却征服了世界上最大、最富裕和最强大的帝国。但在他完成对世界的征服后仅仅一年,他的帝国便瓦解了。

亚历山大死的时候,并没有指定继承人。他娶了巴克特里亚的公主,但他死的时候后代还没有来得及诞生。亚历山大有一个弟弟,但他虚弱又缺乏才智,所以扶助他的将领借口为亚历山大未出生的孩子保住帝国而将帝国分割。很快,这些将领之间便陷入了相互的争夺之中。经过了几十年的内战,几个最早期的将领,连同亚历山大的儿子和弟弟都一起被杀了。到公元前300年,亚历山大帝国分成了四个小帝国,分别由一个军事将领控制,都宣称自己是国王。希腊和马其顿由安提柯(Antigonus,公元前382—前301年)控制,他建立了希腊的安提柯王朝。最初小亚细亚控制在阿塔利德(Aattalid)王朝手里,后来并入安提柯王朝。两河流域和中东控制在赛琉古(Seleucus,公元前358—前281年)手里,他称自己为赛琉古一世,开始了赛琉古王朝。埃及落入了托勒密(Ptolemy,公元前367—前282年)手里,开始了托勒密王朝。托勒密保持希腊文化,但是接受了某些埃及习俗。这些帝国定期互相开战,因为每个国王都不完全接受帝国分为三部分的现实,每个人都相信自己是亚历山大帝国最合法的继承人。犹太等国家则在这三个国家的势力消长中不断变换自己的归属。

尽管冲突不断,但是希腊化世界还是一个繁荣的世界。亚历山大和他的继承人从波斯帝国获得了大量的财富,使人们的生活水平大幅度提高。每个帝国都开始大兴土木,鼓励学术,庇护艺术、文学和哲学。托勒密在亚历山大里亚建造了庞大的图书馆,而且资助把宗教和文学著作翻译成希腊文。这一时期真正体现了西方世界、中东和北非历史上的国际文化时期。希腊人将其文化向所知的文明地区广泛传播,大大改变了地中海的文化和宗教。这种文化的流动也从相反的方向进行,非希腊的观念也进入了希腊。东方的宗教等等开始深入希腊城邦,其中包括琐罗亚斯德教(Zoroastrianism)和密特拉教(Mithraism)。这种国际化的环境为以后另一个东方宗教基督教的传播提供了舞台。这个强大的希腊帝国掌握这个庞大地域达三个世纪之久,希腊文化广泛传播到了意大利、印度、马其顿和埃及。然而,一个新的力量在西方正逐步兴起,开始建立自己的帝国。到了公元之初,强大的希腊帝国为拉丁民族所建立的帝国所取代,并被其全部吞并。

⑥ 希腊人的智慧

希腊只是一个小国,但就是这样一个小国,不但为西方提供了民主制度的样板,同时也焕发出独特的文化力量。

希腊文化的示范作用是多方面的。其中包括哲学、文学、历史、艺术和科学等诸多领域。就哲学而言,希腊向后人们昭示了对世界本原的思考,以及唯心和唯物的双重眼光,也向人们揭示了禁欲与放纵的双重生活态度。最初出现的哲学为早期自然哲学。早在公元前7—前6世纪,在小亚细亚沿岸就产生了米利都学派和以弗所学派。米利都学派的奠基人泰勒斯(Thales,公元前624—前547年)认为"水"是世界万物的本原,万物从"水"而来,又复归于水。其继承者阿那克西曼德(Anaximandros,约公元前610—前546年)则把"无限"定为世界的本原,认为万物从"无限"而来,又复归于"无限"。而以弗所学派的著名哲学家赫拉克里特(Heraclitos,约公元前540—前480年)认为世界万物的本原是"火",万物都从火中产生,也复归于火。他说:

> 宇宙既不是任何神,也不是任何人所创造的,它过去是、现在是、将来也是一团永恒的火,按照一定的分寸燃烧,按照一定的分寸熄灭。

　　赫拉克利特更认识到事物运动变化的普遍性,认为一切皆流,无物常驻,提出了人不能两次踏进同一条河流的名言。上述的哲学流派均带有朴素的唯物主义思想。与此相对,毕达哥拉斯学派和埃利亚学派则带有唯心主义倾向。其中毕达哥拉斯学派认为万物的本原是"数",把抽象的"数"看作是独立存在。埃利亚学派的代表人物巴门尼德(Parmenides,约公元前570—前480年)和芝诺(Zeno,约公元前495—前430年)则把一种抽象的"存在",看作是唯一永恒不变的,同时芝诺还提出了"飞箭不动"的理论,强调万事万物的性质是绝对静止。

　　公元前5—前4世纪,是希腊古典时代的盛期,哲学得到了进一步发展。这时期出现了一个唯物主义的代表人物德谟克里特(Democritus,约公元前460—前370年),他天才地提出了原子论学说。认为世界万物都是由最小的不可再分的物质粒子——原子构成的,各个原子只有形状、大小和次序的不同,没有质的区别。"虚空"是没有充满原子的无限空间,是原子运动的场所。无限多的原子在虚空中运动,相互结合而构成具体事物,它们的分离便造成事物的死亡。他还认为感觉和思想是由透入我们之中的影像产生的。但此时更具优势的是唯心主义思想,出现了庞大复杂的唯心主义思想体系,代表人物是苏格拉底(Socrate,公元前469—前399年)和柏拉图(Plato,公元前427—前347年)。苏格拉底认为世界万物的本原是神,整个客观世界都是出于神有目的的安排,在哲学史上称为神学目的论。苏格拉底没有留下什么著作,但是他的学生柏拉图则编写了大量著作,成为希腊唯心主义哲学的集大成者。柏拉图的哲学核心是"理念论",认为存在着两个世界,即理念世界和现实世界。理念世界是永恒的,不变的,现实世界是变幻无常的。理念世界是现实世界的原型,现实世界是由理念世界派生出的。在认识论上,他提出了"回忆说",认为人的灵魂在进入肉体之前就已经有了"理念"知识,进入肉体之后由于种种干扰,理念知识暂时被忘却了,以后由于经验的刺激,理念知识又被回忆起来。在政治领域,他提出了"理想国"的主张,在《理想国》一书中,他把人分成三个等级:第一等级是哲学家,富有智慧的品德，是国家的统治者；第二等级是武士，具有勇敢的品德，是国家的保卫者；第三等级是农民和手工业者，具有节制的美德，是国家的劳动者和供养者。他认为只要这三个等级各守其位，各尽其职，就可达到正义，实现理想国。柏拉图的学生亚里士多德（Aristotle，公元前384—前322年），承认物质世界是客观存在的，并批判柏拉图的理念论，但他又认为任何物体都是由质料和形式构成的，质料是不完备的、被动的、没有自己特征的，形式是积极的、主动的，能够使质料成为有特征的现实事物。形式是第一性的，质料是第二性的。亚里士多德一生勤奋，涉猎广泛，在逻辑学、修辞学、物理学、生物学、教育学、心理学、政治学、经济学和美学等方面均有所建树，他的著作卷帙浩繁，代表作品有《工具论》《形而上学》《物理学》《伦理学》《政治学》《诗学》等。他的思想对后世影响深远，尤其是他创立的形式逻辑学，对哲学和科学的发展意义重大。

后期希腊时期在哲学上更加注重伦理层面。其中伊壁鸠鲁（Epicurus，公元前341—前270年）继承了德谟克里特的原子论学说，在认识论上他继承了德谟克里特的反映论，认为理性认识是在感性认识的基础上多次重复的结果。在伦理学上，他是一个快乐主义者，认为一生应避免痛苦，要通过个人修养，求得心灵安宁。相反斯多葛派虽然承认赫拉克里特所说的世界由火而生，由火而灭，但却把他的"逻各斯"说成是"世界理性"，认为世界理性决定事物的发展变化，世界理性就是神性。斯多噶派晚期的哲学家爱比克泰德认为：

> 如果你抓住了你所具有的理性，知道它来自神或者整个自然的法则，并且学会运用到它所适用的范围，你就会看到自己是完全有权能的，你也就有了自由。它是任何人都不能剥夺的，连神也不能剥夺，因为神也是按照自然规律的，他给予你以理性的权能时，已经给予你不可剥夺的自由。

在伦理学上，他们把恬淡寡欲、刻苦地生活作为最高道德目标。在此阶段，还出现了犬儒学派和怀疑论派等学说，反映了希腊化时期带给人们的困惑。

就文学而言,希腊人开创了喜剧和悲剧的源头,以两种不同的风格揭示了社会、心理和命运。希腊喜剧起源于祭祀酒神的狂欢歌舞和民间滑稽戏,公元前487年雅典正式确定在春季酒神节庆中增加喜剧竞赛项目。希腊喜剧大半是政治讽刺剧和社会讽刺剧。公元前5世纪,雅典产生了三大喜剧诗人,第一个是克剌提诺斯(Cratinus,公元前520—前423年),第二个是欧波利斯(Eupolis,公元前446—前411年),第三个是阿里斯托芬(Aristophanes,公元前448—前385年)。只有阿里斯托芬留下一些完整的作品,其最著名的喜剧是《阿卡奈人》《鸟》等。《阿卡奈人》以伯罗奔尼撒战争为背景,讨论了和平还是战争的问题,讽刺了主战派的鲁莽以及和平会给人带来的好处。《鸟》则是以神话幻想为题材的喜剧,描绘两个雅典人和一群鸟一起在天和地之间建立了一个"云中鹁鸪国"。这个国家没有贫富之分,没有剥削,劳动是唯一的生存条件。这部喜剧以空想社会主义的理想,讽刺雅典城市中的寄生生活。

悲剧的出现要早于喜剧,起源于祭祀酒神狄奥尼索斯的合唱表演。埃斯库罗斯(Aischulos,约公元前525—前456年)、索福克勒斯(Sophocles,公元前496—前406年)和欧里庇得斯(Euripides,公元前480—前406年)是希腊的三大悲剧作家。

埃斯库罗斯是雅典奴隶制民主政治早期的悲剧作家,一生中共写过70多部悲剧,最著名的是《被缚的普罗米修斯》。描绘人类的恩神普罗米修斯盗取了天火给人类,触怒了天神宙斯,因而被锁在高加索山的悬崖上受苦,但他受尽苦难而不屈服,成为一个为了人类幸福不畏强暴,不怕牺牲,敢于用暴力进行斗争的英雄形象。埃斯库罗斯是古希腊悲剧的真正创立者,他被称为"悲剧之父"。索福克里斯是雅典民主全盛时期的悲剧作家。他一生大约写了130多部悲剧,其中《俄狄浦斯王》是他的代表作。俄狄浦斯原为底比斯国王的儿子,神示预言他将来要犯"杀父娶母"的罪。出生后,父母就把他遗弃山间,但为科林斯王的牧羊人捡拾并交给科林斯王,后者将他收养为子。俄狄浦斯长大后,也从神那里得知自己要犯的错误,为了躲避而离家出走,但在前往底比斯的路上杀死了自己的生父底比斯王,又依惯例娶了自己的生母为妻。后来俄狄浦斯王发现自己杀害了自己的父亲并作了乱伦之事,悲愤欲绝,刺瞎了自己的眼睛,自愿被流放赎取自己的罪恶。欧里庇得斯是雅典奴隶制城邦危机时期的悲剧作家,写过93部剧本。他的代表作是《美狄亚》,描写科尔喀斯城的公主美狄亚为了和伊阿宋的爱情,背井离乡来到希腊,并给伊阿宋生了两个孩子。但伊阿宋却为了个人的前途和享受而抛弃了她,另娶了科林斯美貌的公主为妻。美狄亚在走投无路、忍无可忍的情况下,毒杀了伊阿宋的妻子以及自己亲生的两个孩子,作为对伊阿宋的报复。剧本赞扬了美狄亚的反抗精神,但也反映了雅典社会道德堕落的现实。

在史学方面,希腊开创了历史著作的源头,出现了希罗多德(Herodotus,公元前484—前425年)和修昔底德两个伟大的历史学家,开创了历史叙述体和编年史的先河。希罗多德最著名的史学著作是《历史》,又称希波战争史,共九卷,其中前四卷叙述埃及、巴比伦、波斯、印度和黑海北岸的历史状况,后五卷叙述希波战争的历史。这部著作是西方第一部系统叙述历史的著作。他所开创的历史叙述体的史学写作方法一直是著述历史的通用体裁。修昔底德是雅典人,出生于雅典在色雷斯的殖民地,伯罗奔尼撒战争前期,他曾任雅典将军,后因作战失败被革职,并被放逐多年,战后回雅典,著《伯罗奔尼撒战争史》(八卷)。这部著作基本上用编年体裁写成,除详尽叙述战争过程外,也记载了战争过程中不同政治集团、不通阶层之间的斗争,保留了公元前5世纪后半期有关希腊历史的大量珍贵资料。他被认为是西方史学中第一位真正具有批判精神和求实态度的史学家。

在艺术方面,希腊人更是开创了西方古典艺术的先河,他们追求理性的真实,追求黄金比例,追求典雅,为以后的古典艺术设立了范式。古希腊的艺术主要体现在建筑和雕刻上。建筑艺术主要集中表现在神庙建筑上,其最有特色的是神殿周围的圆形柱廊。公元前7世纪后期,希腊先后形成两

种圆柱形式,即多利亚式和爱奥尼亚式。多利亚式,柱身粗壮并刻有沟纹,石柱下没有柱础,柱头是简单的圆盘状,其风格显得朴素、雄浑。雅典卫城里的帕特农神庙是这种柱式的典范。爱奥尼亚式,柱身稍稍纤细,柱下有柱础,柱头有涡卷状装饰,风格较多利亚式轻灵秀巧。公元前4世纪又出现了科林斯式,与爱奥尼亚式大致相同,但柱头有卷叶状装饰,风格更为精巧秀丽。公元前5世纪中期建造的雅典卫城,是古典时代希腊建筑艺术的综合体现。卫城建筑群包括门厅,一系列大小神庙和独立神像。其中最大、最主要的建筑物是耸立在卫城最高处的帕特农神庙。它气势雄伟壮观,与其他建筑物结合成错落有致的建筑群,在布局上克服了早期建筑追求对称而造成的呆板风格。后期希腊的建筑,由以神庙建筑为主转为以公共建筑为主,出现了露天剧场、竞技场、议事厅等。

雅典卫城

　　希腊的雕刻以表现人物为主,早期的人像和神像,一般都体魄匀称,精神平和,但还没有摆脱东方呆板风格的影响。公元前5世纪,希腊雕刻艺术进入发展和高峰时期,先后出现米隆(Myron,公元前480—前440年)、菲狄亚斯(Phidias,约公元前500—前432年)和波利克里特(Polyclitus,生卒年代不详)等著名雕刻家。米隆的代表作是“掷铁饼者”,刻画运动员掷出铁饼前最紧张瞬间的全身姿态,把优秀运动员的健美和青春力量表现得尽善尽美,是希腊古典时代雕刻艺术的一个现实主义杰作。波里克利特是善于刻画人体美的杰出雕刻家,他的代表作是“持矛者”,描绘一个运动员手持长矛,迈着有力的步伐走入运动场的姿态,是古典时代另一现实主义杰作,长期以来被誉为人体雕塑的样板。菲狄亚斯是古典时代极盛时期伟大的雕刻家,他的代表作是帕特农神庙神殿大厅的雅典娜雕像。雕像高12米,用木头雕刻而成,表面镶嵌着黄金和象牙。雅典娜头戴战盔,金衣垂地,左手扶盾牌,右手托胜利女神尼克像,庄严而又肃穆。古典时代晚期,雕刻艺术开始注重描写人物心理矛盾,具有更加成熟的写实能力,罗德斯岛的“太阳神像”和罗德斯岛几位雕刻家的杰作“拉奥孔群像”都是具有高度写实技巧的杰出作品。

　　在科学方面,我们只要提到欧几里得(Euclid,约公元前330—前275年)、毕达哥拉斯(Pythagoras,约公元前580—前500年)、阿基米得(Archimedes,约公元前287—前212年)的名字,就会了解他们对以后科学的发展做出了怎样的贡献。在天文学方面,阿里斯塔克认为,太阳和恒星都是不动的,地球和行星都环绕太阳旋转,地球又绕自己的轴每天自转一周。他的学说为后来哥白尼的太阳中心说奠定了初步的理论基础。希帕卡斯(Hipparchus,公元前190—前120年)则提出了地球中心说,这个学说为后来的托勒密所继承和发展,在西方流传了14个世纪。在数学方面毕达哥拉斯及其学派则证明了勾股定理。著名数学家的作品有欧几里得的《几何原本》、阿基米得的《论星图》、《论球体和圆柱体》等等。在物理学方面,古希腊人也取得一些成就。亚里士多德著有《物理学》,阿基米得曾发现了以“阿基米得

原理"命名的比重原理,论证和发展了机械学的基本原理,特别是杠杆原理,并发明了杠杆、滑轮和螺旋装置。在医学方面,毕达哥拉斯派的阿尔克芒被称为"医学之父"。古希腊后期,在亚历山大里亚形成一个著名的医学学派,其创始人赫罗菲拉斯是一位著名的医生和解剖学家。

　　无疑,所有这些文化成就不仅是希腊的,而且是全欧洲的,欧洲文明就是在希腊文化的基础上建立起来的,每当欧洲的文化面临困惑的时候,都会回望希腊找到文化统一的基础。

罗马:称霸世界的帝国

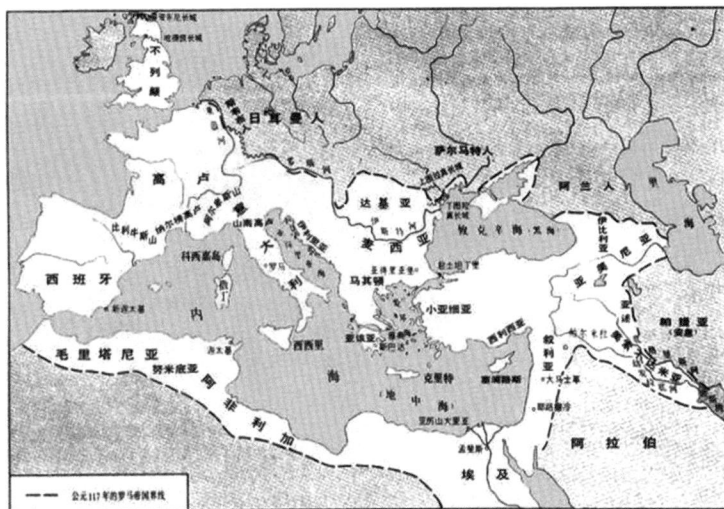

公元 117 年的罗马帝国

1罗马共和国的扩张

尽管后人推测罗马建立于公元前753年4月21日,但罗马建城纯粹基于神话传说。据说,意大利当地国王努米托尔的王位被他的弟弟所篡夺,努米托尔之女西尔维亚也被迫当女祭司而不得婚配。但西尔维亚与战神马尔斯结合后,生下了双胞胎罗慕路斯(Romulus)和勒摩斯(Remus)。但篡位者发现两个孩子后,将其投到台伯河中任其漂流,结果被一头母狼相救并抚养长大。长大后两人杀死篡位者,但在建立新城时发生了争执,罗慕路斯杀死了勒摩斯,在台伯河东岸建立了罗马方城(Roma Quadrata),并用锄头在帕拉丁山上划界,由此而建成了以他的名字命名的罗马城。以此传说为起点,罗马开始成为古代西方世界最重要的城市,并最终发展成为当时最强大的帝国。

罗马母狼青铜像

罗马最早到来的是"王政时代",该时代实行君主政体,国王既是立法者、军队首脑也是最高审判官和最高祭司。但是当时的君主制度是家长式的,君主和臣民之间有相互的义务,君主的绝对权力为民众、战争和习俗所制约。君主之外,还有元老院和公民大会。元老院由各个氏族的长老组成,有权选举国王,也有权评判立法和国王的行为是否合法和符合传统习俗,负责批准国王所决定的事项。公民大会由罗马所有男性公民组成,主要功能是把经过元老院批准的权力赋予国王。

随着罗马的力量日增和影响越来越大,财富开始聚集到一些人手里,社会分化为贵族和平民。罗马的日益强大,也引起了北方强大的伊达鲁里亚的注意,后者在公元前6世纪中叶统治了罗马,罗马的君主成了伊达鲁里亚人,罗马人对此非常愤懑。最后,当伊达鲁里亚的一位君主塔克文(Tarquins)的儿子强奸了一位贵族妇女鲁克丽霞(Lucretia)后,罗马起来反抗,在公元前509年推翻了塔克文的统治。从此以后,罗马人彻底放弃了君主制度,建立了共和国,开始了地域拓展和文明扩张。

共和国时期主要由元老院和公民大会进行统治,但仍然保留了王政时代君主的传统,赋予官员很大的权力。其中共和国有两名执政官,分别由两个被选出的贵族担任,任期一年。执政官起草立法,担任军事和司法长官及国家的最高祭司。但是执政官的权力受到很大的限制,他们不但任期很短,同时由于退职后要进入元老院,所以必须与元老们合作。在执政官之下还演变出两名财政官、一名司法官、监察官等。很明显共和国的统治权完全操纵在贵族手里。贵族的专权很快引起平民的不满,两个阶层的矛盾日趋激烈。公元前494年平民退出罗马并占领了圣山(Sacred Mount),另立政府,组成了部落公民大会,由保民官(Tribune)领导,并宣布保民官可以否决罗马政府做出的任何决定,并能否决元老院的任何立法。面对平民的撤离运动,贵族被迫让步,公元前471年认可了他们的保民官和公民大会。贵族和平民斗争的另一个结果,是在公元前450年制定了《十二铜表法》(Law of the Twelve Tables),将过去不成文的法规、条例和习俗法典化。公元前445年平民获得了与贵族通婚的权利,公元前367年还获得了担任执政官的权利。其中,李锡尼—塞克图斯法案(The Licinian-Sextian Laws)要求执政官中必须有一名平民。到了公元前300年,平民已经可以担任政府的各级职务。公元前287年,平民会议所作出的决议开始对所有的罗马公民具有法律效力。

罗马共和国在改革政府的同时,也开始了征服事业。罗马的最初征服并没有什么计划和目的,主要是出于防御。罗马驱逐塔克文招致伊达鲁里

亚人及其联盟的进攻,罗马为了消除外部进攻的威胁,开始寻求控制邻近的地区。

罗马的第一个目标是伊达鲁里亚人。罗马人与其他拉丁人和希腊人联合,很快就将伊达鲁里亚人赶出了意大利半岛,伊达鲁里亚文明就此结束。在公元前5—前4世纪,罗马人征服了伊达鲁里亚人的所有地盘。但是罗马人的征服活动,为高卢人的入侵所阻遏。高卢人是凯尔特人,是好战的游牧民族。在公元前387年,他们进入意大利,很快将罗马军队打败,占领并焚烧了罗马。但是他们并不想在意大利定居下来,而只是想掠夺财富。在劫掠了财富和接受了贡金后,他们便返回了家乡。经历了这场入侵后罗马变得很虚弱,原来被罗马征服的民族也开始进攻罗马。但是到公元前350年罗马成功地稳固了自己的统治。面对罗马同盟的反叛,罗马将他们夷为平地,面对要求独立的拉丁人城市,罗马人用了两年的时间进行镇压,在公元前338年,罗马摧毁了拉丁同盟,控制了整个拉丁姆地区(Latium)。

公元前295年罗马开始与居住在亚平宁山脉中的拉丁民族萨莫奈(Samnites)人作战,当时与后者结盟的有残存的伊达鲁里亚城市、高卢部落和反叛的意大利城市,结果在公元前280年,罗马控制了整个中部意大利。然后罗马将眼光转向南部的希腊城市,很快将后者制服。到公元前3世纪中叶,罗马控制了整个意大利半岛。

古代历史上最司空见惯的是征服者难以保住所征服的土地,罗马人似乎找到了利用宽大政策和武力镇压控制所征服土地的办法。罗马并不毁坏所征服的城市,而是给予它们某些权力,有些城市甚至可以获得完全的罗马公民权,同时,罗马还将士兵安置在所征服的土地上作为服役的报酬。为了巩固这种殖民,罗马人开始了庞大的筑路工程,方便把士兵和供应及时送达叛乱地区。这些措施保证了罗马在意大利半岛创建一个持久和平的帝国。

然而,在征服了整个意大利之后,罗马开始面对地中海对岸的另外一个强大国家迦太基(Carthage),接下来的历史就是这两个强大国家之间的冲

突。双方进行了三次布匿战争（The
Punic Wars），其中在第二次布匿战争
中，迦太基的汉尼拔（Hannibal，公元
前247—前183年）曾一度令罗马岌
岌可危。但最后迦太基失败了，罗马
成了整个地中海的主人。

罗马的扩张也必然同东方另一个
强大帝国希腊发生冲突。罗马长期以
来并没有把希腊看成自己的威胁，但
是在第二次布匿战争中，马其顿王国
的国王菲利普五世与迦太基结盟，希
腊因此成为罗马实在的威胁，双方的

汉尼拔

冲突和战争也在所难免。从公元前215年到公元前168年，双方进行了三
次马其顿战争（Macedonian War）。最终，罗马胜利并控制了希腊及其联盟。

长期的战争为罗马带来了大量土地，使罗马从一个小城邦发展成为一
个大国。但是战争也给罗马带来很多国内问题。战争迫使很多农民抛弃土
地，逃亡到城市，结果造成小农大量破产，土地落入大地产主阶层手中；战争
使大量奴隶进入罗马，经济转变成了奴隶制经济。到公元前2世纪末，意大
利的大多数人口都是奴隶，反而造成了大量罗马穷人出现。穷人和富人之
间的矛盾又趋尖锐，并在公元前133年酿成了内战。这一年提比留·格拉
古（Tiberius Gracchus，公元前163—前133年）被选为保民官，他试图将地主
的土地数量限定为640亩，超过部分由国家没收分给穷人。他的政策遭到
元老和富人的反对，他在争取第二次连任保民官时被暗杀。提比留改革虽
然失败了，但公元前123年，盖尤斯·格拉古（Gauis Gracchus，公元前154—
前121年）当选为保民官，继续进行改革。他一方面对谷物的价格进行限
制，一方面拟将公民权授予所有意大利人。他的政策同样遭到元老的反对，
甚至也遭到罗马公民的反对，公元前121年，元老院命令执政官宣布盖尤

斯·格拉古为国家公敌,盖尤斯被迫自杀。格拉古兄弟改革最终以失败告终。

此后不久罗马开始发动与努米底亚国王朱古达(Jugurtha)的战争,历史上称为"朱古达战争"。但在这次战争中军队毫无士气,罗马人民对元老院产生了质疑。公元前107年,盖尤斯·马略(Gaius Marius,公元前157—前86年)当选为执政官,并被派往努米底亚。马略富有智谋,很快就打败了朱古达。针对当时的军队状况,马略进行了军事改革。他通过招募志愿者,并由国家出资装备武器和发放军饷的政策,改变了军队的基本构成,使大量穷人进入军队之中。这些士兵不仅对国家忠诚,而且对作为庇护人的将军充满感激。马略的改革解决了兵源的不足,并提高了军队的战斗力。但是公民兵的职业化,也造成了军人和将军的专横。马略通过改革,获得了极高的威望,成为出身贫困而身居高位的"新人",颇受民主派拥戴。

公元前90年代末,意大利同盟者因为公民权问题而爆发了"同盟战争",这场战争造就了苏拉(Sulla,约公元前138—前78年),他在公元前88年当选为执政官。苏拉坚决站在贵族一边,并与马略发生了矛盾。他改革了政府,恢复了元老院的权力,取消了公民会议,并利用自己的军队镇压反对者。在这场内争中,马略失败而逃往北非。苏拉的改革招致了强烈反抗。在苏拉死后,元老院面临着武装反叛。公元前73—前71年,爆发了大规模的斯巴达克起义。起义被镇压后,出现了两个非常有野心的人物,即克拉苏(Crassus,公元前115—前53年)和庞培(Pompey,公元前106—前48年)。他们当选为执政官,与保民官和已没有影响的公民大会联手对抗元老院和贵族。最终三个最有权势的人物恺撒(Gaius Julius Caesar,公元前102—前44年)、克拉苏和庞培结成了"前三头同盟"(The First Triumvirate),控制了罗马政府。由此开始,罗马进入了恺撒独裁和屋大维(Octavianus,公元前53—前14年)建立元首制的时期,罗马共和国逐步走向灭亡。

2 恺撒和屋大维

恺撒和屋大维是罗马从共和国向帝国转折时期的两个重要人物,他们的经历反映了罗马盛期的社会现实。

虽然恺撒出生在罗马最古老的贵族家庭之一朱利安家族,但他始终是民主派的成员,得到了他的姑父马略的庇护。公元前82年,恺撒得罪了独裁的苏拉后被发配,接着逃离了罗马。苏拉死后,恺撒回到罗马,开始他的政治生涯,很快就得到民主派的欢迎并获得了演说家的名声。公元前74年,他前往亚洲击退卡帕多西亚人的军队。返回后,他鼓动沿着民主的路线进行政府改革,并帮助庞培提高自己的位置,成为民主派实际上的首脑。

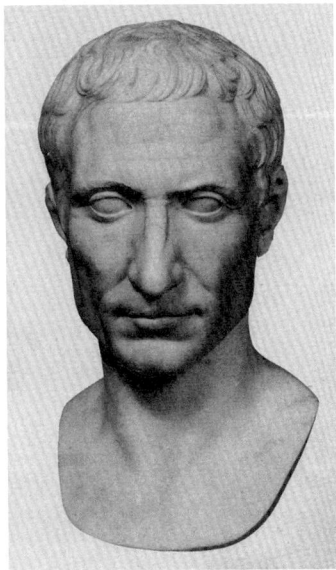

恺　撒

公元前70年,恺撒被任命为军事保民官(Military Tribune),公元前69年担任了西班牙的财政官,并帮助庞培获得东部地区军队最高指挥官的位置。在庞培不在的情况下,公元前68年,他成了被认可的民主派领袖。他对马略和秦纳(Cinna)的赞扬赢得人们的支持,但是遭到元老的仇恨。公元前63年,据说他通过贿赂当选为高等祭司,在位期间他改革了历法。公元前63年,他主张对阴谋者喀提林(Catiline)宽容,因此进一步增加了元老派及其领导人小加图(Cato the Younger,公元前95—前46年)和卡图卢斯(Catulus)的敌意。

公元前61年恺撒担任了西班牙的地方总督,公元前60年返回罗马当

上执政官。为了对付元老的反对,他很聪明地组织了"前三头同盟"。公元前59年,在元老同僚毕布鲁斯反对的情况下,恺撒力促通过了土地法,给予两万名贫穷市民和退伍老兵坎帕尼亚的土地。恺撒也通过缩减富裕骑士阶层在亚洲的税收额,获得这一阶层的支持。

恺撒获得了山南高卢和山北高卢以及伊里利亚五年的统治权,手下控制着四个军团。尽管庞培和克拉苏的矛盾不断增加,但通过恺撒的不断调解,三方最终达成了协议:庞培和克拉苏担任公元前55年的执政官,并各自统治西班牙和叙利亚。通过这种安排,他可以把统治高卢的时间延长到公元前49年。公元前58年到前49年间,他在高卢战争中确立了自己的名声。公元前55年,恺撒拓展到不列颠,并在公元前54年,打败了不列颠人。公元前52年,高卢的威辛格托里克斯发动了严重的叛乱,同样为恺撒所击败。战争结束后,恺撒控制了整个高卢。

公元前54年,恺撒的女儿,从公元前59年成为庞培妻子的朱丽亚去世,恺撒和庞培之间失去了主要的联系纽带。同时,恺撒在高卢期间的这些年里,庞培逐渐倾向于元老派,而且恺撒的军事胜利也引起庞培的嫉妒。公元前53年,克拉苏在帕提亚死亡,结束了三头政治,并形成庞培和恺撒的直接对立。前三头同盟结束后,元老支持庞培成为公元前52年的唯一执政官。同时,元老们害怕恺撒,要求他放弃自己的军队。公元前50年12月,恺撒给元老写信表明如果庞培放弃自己的军队,自己也愿意放弃。元老们看到这封信非常愤怒,要求恺撒立即解散军队,否则就要被宣布为人民公敌。

恺撒因此召集并呼吁军队支持他对抗元老院,军队响应了他的行动。公元前49年1月19日,恺撒渡过卢比孔河,进入意大利,以迅雷不及掩耳之势直扑罗马,内战由此开始。

恺撒进军势如破竹,庞培和元老贵族措手不及,无力抵抗,仓皇逃往希腊。攻占罗马后,恺撒决定歼灭庞培留在西班牙的主力(7个军团),以保障后方安全和掌握战略主动权。他率领6个军团进军西班牙,失去首领的庞培军团未作认真抵抗即缴械投降，恺撒占领了整个西班牙。

为准备决战，恺撒推行各省居民和罗马人权利平等的政策，扩大了自己的社会基础。他的军队猛增至 18 个军团，而庞培在希腊总共只有 9 个军团。但是拥有东方广大地盘的庞培在兵员数量和军需储备上仍居优势，并且掌握着制海权。公元前 49 年 11 月，恺撒率领 7 个军团出其不意地在希腊登陆，开始东征。双方于公元前 48 年 8 月在法塞拉斯进行了一场决战。庞培督师不力，终于一败涂地。庞培兵败逃往埃及，不久被人杀死。庞培死后 3 天，恺撒追击庞培军团在埃及登陆，卷入了埃及内讧，打败了托勒密国王的部队，立克里奥帕特拉（Cleopatra，公元前 51—前 30 年在位）王后为国王。历史上留下了他那句"我来了，我看见了，我征服了"的名言。

公元前 46 年，恺撒再次在非洲登陆，并在塔普苏斯城附近击溃元老派军队。接着他又挥师西班牙，在公元前 45 年孟达一战中击败庞培两个儿子的部队，从而胜利结束了内战。

战争的结果是恺撒建立了个人军事独裁政权。他不仅被选为终身独裁官，而且还拥有统帅、大教长和祖国之父等尊号，集一切大权尊荣于一身，是名副其实的军事独裁者，或者说是罗马历史上第一个皇帝。然而他的独裁未能完全消除共和传统的习惯势力，他未料到元老院的旧元老已经利用这种传统势力把他的一些亲信转变为共和派，并在反对独裁、恢复共和的旗帜下密谋将其杀害，公元前 44 年 3 月 15 日，恺撒的一位亲信布鲁图斯与同伙卡西乌斯在元老院会议厅将恺撒刺死。

恺撒死后，安东尼（Mark Antony，公元前 83—前 30 年）成为恺撒派的主要头目，他出兵镇压了因恺撒葬礼而引发的平民和奴隶暴动。由于安东尼领导下的恺撒派缺乏对夺权斗争的统一筹划，以"罗马散文泰斗"西塞罗（Marcus Tullius Cicero，公元前 106—前 43 年）为首的元老院地位有所增强。加之这时恺撒的养子屋大维、一位年仅 18 岁的青年突然步入罗马政坛，也给元老院以可乘之机。屋大维是恺撒的甥孙（其姊之孙），在恺撒遗嘱中被定为继承人，得其遗产四分之三。安东尼和恺撒派的将领对这个从外地闻

屋大维

讯赶来奔丧的青年人相当轻视,然而屋大维却非同凡响,他知道恺撒的声望和财产已成为自己的有力武器,遂大加利用。

公元前43年春,安东尼在出任高卢总督的要求遭元老院拒绝后,马上诉诸武力,派兵抢印夺权,将原高卢总督围于穆提那城。元老院和屋大维一起出兵解围,安东尼败退出北高卢,和恺撒派另一重要将领雷必达联合。屋大维得胜后受到元老院排挤,多次要求担任执政官皆遭拒绝,只好兵临罗马强行当上执政官。在这种情况下,屋大维、安东尼和雷必达(Marcus Aemilius Lepidus,公元前90—前13年)终于在公元前43年秋结成"后三头同盟"。三方协议分治天下5年:安东尼统治高卢,屋大维控制非洲、西西里和撒丁尼亚,雷必达得西班牙,意大利和罗马由3人共治,布鲁图斯控制的东方归安东尼和屋大维处置。这一分治协议由罗马公民大会予以批准,他们获得"建设国家的三头"之衔,在5年内有处理国务的全权,可见共和制已名存实亡。后三头当权后立即对共和派展开大屠杀和清洗,以西塞罗为首的元老贵族几乎被斩尽杀绝。公元前42年,安东尼和屋大维进军希腊,与布鲁图斯在腓力庇展开决战,布鲁图斯不敌自杀身亡,共和派从此永远退出了罗马政坛。

公元前40年,后三头再次划分势力范围:安东尼统治东部,屋大维统治意大利和高卢,雷必达统治北非。屋大维坐镇罗马,有近水楼台之利,逐渐和元老、骑士等上层分子取得妥协,又以公民领袖自居,渐渐积累了雄厚的实力。公元前36年,屋大维肃清了庞培之子小庞培在西西里和撒丁尼亚的势力，又解除了雷必达的军权，只为他保留大教长的虚衔，三头鼎立遂变成两雄对峙。安东尼在东方正式与克里奥帕特拉结婚，迷恋姿色，宣称要把他治下的领土赐予克里奥帕特拉之子，这些丑闻为屋大维反对安东尼提供了最好的借口。屋大维让元老院和公民大会宣布安东尼为"祖国之敌"，向埃及女王宣战。罗马内战的第二阶段正式开始。

公元前31年9月，屋大维与安东尼大战于希腊的阿克兴海角。此役双方旗鼓相当，交战初期胜负难分，但督战的克里奥帕特拉却在战斗最激烈时率埃及舰队撤退回国，安东尼跟踪而去，全军遂告瓦解。公元前30年夏，屋大维进军埃及，包围亚历山大里亚，安东尼伏剑自刎，克里奥帕特拉被俘后仍想施展故伎迷惑屋大维，但屋大维作为恺撒的继承人并未效仿恺撒迷恋美色，克里奥帕特拉自杀。托勒密王朝灭亡，埃及被并入罗马。从此，罗马帝国的诞生结束了晚期罗马共和国的内战。

屋大维掌握国家大权后，曾获得终身保民官（公元前30年）、大元帅（公元前29年）、元首（公元前28年）等头衔。公元前27年1月13日，屋大维在元老院发表精彩演说，表示要辞退总揽的一切大权，恢复共和国：

> 我屋大维，是罗马人民的儿子，也是祖国的儿子，我要遵循罗马的民主共和制，永远不改变它的一切。为了表示我的诚意，今天我宣布辞去我的一切职务，把我自己所有的监察官、保民官，以及大祭司长等职务统统交出去！我宣布停止征伐，我要让罗马人民永远过上和平生活！

但他不仅没有辞掉，反而又加了一个"奥古斯都"（至尊至圣）的头衔，名正言顺地登上了帝国权力的顶峰，以后，他又获得"大祭司"、"祖国之父"等尊号，这样，屋大维实际上就是罗马的皇帝。

屋大维统治时期，共和制的各种机构和官职虽然都存在，但形同虚设，因为屋大维可以批准或否定元老院和公民大会的决议，加上他享有崇高威望，又掌握着军队领导权，所以他掌管着国家事务的最高决定权。同时，屋大维开始创立新的中央集权的官僚制度，设立了由其亲属和执政官以及15名效忠他的元老组成的"元首顾问会"，这是重要的咨询决策机构。他建立了元首金库,直接控制和调节全国财政收支。在行省统治方面,表面上是元老院和元首分治制度,即把行省分成两类:一类由元老院管理业已安定的行省,一类由元首直辖(高卢、西班牙、叙利亚),埃及则属元首的私产。显然,元首的行省物产丰富,战略地位也重要;此外,元老院管理的行省对元首有各种义务,并不是元老院与元首平分秋色的二元政治。屋大维的元首政治是披着共和外衣的帝制,是隐蔽的专制君主制。在统治政策方面,屋大维首先特别注意提高元老阶层的政治地位和社会荣誉,扩大他们的特权,他通过五次清洗元老阶层后,明确规定了元老的人数、财产资格和可担任的各种高级要职,从而使元老阶层既失去了实际权限,又成为他的亲信。其次,屋大维特别注意给骑士阶层各种好处,规定了骑士阶层的财产资格、可担任的各种官职,并允许骑士候补元老,这样,骑士也非常感激屋大维,成了效忠屋大维元首政治的重要统治工具。对于平民,屋大维采取又镇压又笼络的两手政策。一方面镇压他们的反政府暴动,一方面用所谓的"面包和竞技场"来安抚他们。军队是元首政治的重要支柱,屋大维对军队进行了整编,把原有的60个军团缩编为28个精锐军团,每个军团有5 500名步兵和120名骑兵,从罗马公民中招募,组成正规军团。此外,还有辅助部队、禁卫军、海军舰队,辅助部队约有15万人。在对外政策方面,屋大维继续推行侵略扩张政策,他先后出兵西班牙、多瑙河、莱茵河、易北河等地,进一步扩大了帝国的领土。最后,为了扩大统治基础,屋大维还给行省上层分子授予罗马公民权,使其效忠元首统治。屋大维颁布了一系列有助于帝国风尚的法令,如健全家庭关系、奖励生育、提倡节俭;还搞了一些公共工程,如兴建神庙、剧场、水道、浴池,使罗马城的面貌焕然一新。他曾自豪地说:"我接受的是一座砖造的罗马城,却留下了一座大理石的城市。"

屋大维是杰出的政治家,在他长达40年的统治中,罗马呈现出安定和平局面。公元14年8月18日,屋大维病逝。

屋大维开创的罗马帝国在公元3世纪开始衰落,出现种种危机。284年,近卫军首领戴克里先(Diocletian,284—305年在位)当了皇帝,把元首的称号正式改为君主。305年，经过一番争夺，君士坦丁（Constantine the Great，306—337年在位）当了皇帝。面对西部的日益衰落，他在富裕的东方希腊旧城拜占庭建立了新都，定名为君士坦丁堡，并迁都于此。正当罗马帝国日益衰落的时候，散布在它北部疆界外的日耳曼人不断地侵犯罗马边境，395年帝国正式分裂为东西两部分，分别定都君士坦丁堡和罗马。5世纪初，日耳曼人像潮水一般涌向罗马。476年，日耳曼雇佣军的将领奥多亚克废除了西罗马的最后一个皇帝罗慕洛（Romulus Augustulus，475—476年在位），西罗马帝国正式灭亡。

3 基督教的兴起

基督教的产生同犹太教有密切的联系，同时也与罗马帝国密不可分。

基督教于公元1世纪初兴起于巴勒斯坦，是在犹太教的基础上产生的。地处亚、非、欧三洲交通要道上的巴勒斯坦，长期以来是强邻争夺的地方，饱经残杀、俘虏和放逐之苦。人们在绝望中盼望有一位"救世主"能够降临人间，拯救他们的苦难。一些"先知"开始在民间宣传"救世主"的降临。救世主的思想成为犹太教的中心信仰。

公元前63年，巴勒斯坦在庞培东征时沦为罗马属国，在强大的敌人面前，他们感到没有出路，就把希望寄托在"救世主"的降临上。

公元1世纪时候，在巴勒斯坦和散居小亚细亚的犹太人中间出现了传道者，宣传上帝之子耶稣在巴勒斯坦传道，教人忍受苦难，受苦的人可以升入天堂，可是富人进入天堂却非常困难。传道者还说，耶稣后来被巴勒斯坦犹太贵族勾结罗马总督逮捕，钉死在十字架上，过了3天他又复活了，然后升天，以后还要降临人间，在世上建立"千年王国"。

这种说教反映劳动人民对统治阶级的仇恨以及摆脱困境的愿望，能使人们在幻想中获得精神安慰，因此在奴隶、被释奴隶、劳苦人民当中获得许多信徒。由于每个人只要信奉耶稣、遵守教规都可以入教，因此这种信仰很

快就由西亚传入埃及、希腊、罗马等地。希腊语称"救世主"为基督,这种宗教因而被称为基督教。

基督教是在罗马统治了犹太人王国的基础上产生的,因此它最初的主张有仇恨罗马的内容,同时这样一个宗教的兴起也威胁着罗马本身的宗教体系,因此,罗马对其曾长期迫害和镇压。

罗马帝国自从其建立的那一天起,就认为自己是尊奉宗教的。它的第二位国王努马于公元前716年登上王位后,把人们对神的敬畏视为统治城市生活的主要原则,市民们也相信城市的命运依赖神的恩惠。但是,随着基督教开始传播到地中海区域,罗马人听到了一个与自己的传统完全不同的信仰体系。基督教的神并不要求牺牲,因为耶稣已经提供了最后的牺牲,信仰者们相信他们是通过信仰而被神单独拣选的子民。这些新来的人,拒绝吃牺牲的肉,甚至拒绝在罗马的神庙中进行祭拜。基督教信仰与罗马以献祭为主的信仰体系发生了直接的碰撞,因为如果人人都皈依基督教,那么就要完全停止向诸神献祭。罗马对基督教的排斥是自然而然的。

罗马的统治者往往会在帝国发生灾难或出现困难时谴责基督教。罗马于公元64年发生大火的时候,尼禄皇帝便对基督教进行谴责。在公元81—96年期间,图密善(Domitian,81—96年在位)皇帝继续迫害基督徒的活动。在这一时期还出现了对基督徒的"测验":罗马人把皇帝的雕像、罗马神朱比特、朱诺和米涅瓦放在可疑的基督徒面前,如果这位嫌疑人否认自己的信仰,那么,官员们就不断地要求他重复献给罗马诸神的祷文,然后向皇帝的雕像奉献酒和熏香,最后,要求嫌疑犯辱骂基督的名字。那些承认基督信仰而拒绝此类测验的人要被处以死刑。图密善之后,罗马进入了一个相对宽容的时期,这一时期称为"五个好皇帝"时期,时间大致在公元96—180年间。但是,尽管这个时候迫害的规模不大,但是对基督徒的迫害并没有停止。

在接下来的一个世纪里,整个帝国都盛行迫害基督徒之风,尤其是在马克希米努斯·特拉克斯(Maximinus Thrax)、德西乌斯(Decius)和戴克里先

(Diocletian)时期,时间大致在 235—
284 年间。此时因为内部王位之争,
外部哥特人、汪达尔人、西哥特人的
威胁以及银币贬值的压力,罗马帝国
几近崩溃。公元 250 年,德西乌斯颁
布了镇压基督徒的法令,要求教士们
向皇帝献祭。从 251 年到 266 年底
发生了一场瘟疫,一天就夺走了
5 000 人的生命,罗马人再次谴责犹
太人,说是他们招致了神的愤怒才降
下这样的灾难。戴克里先在 302 年
决心"捣毁教堂,焚烧《圣经》"。303
年,戴克里先接连颁发了攻击基督教

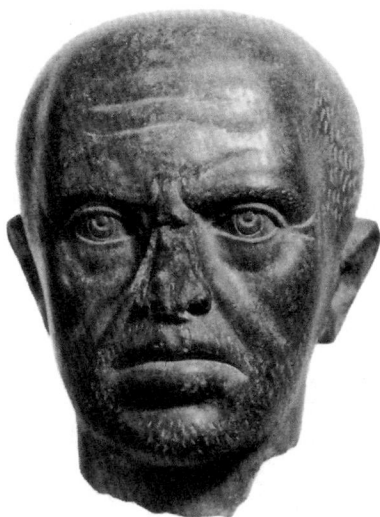

戴克里先皇帝

徒的法令。一则法令禁止基督徒担任政府官员,并呼吁毁坏圣书。另一则
法令要求如果教会的领头人拒绝向皇帝献祭,则将他们囚禁起来进行折磨。
最后,戴克里先命令将帝国境内所有的基督徒囚禁起来进行折磨,直到他们
献祭为止。这一时期出现了大规模屠杀信徒的情况。

　　但令人惊讶的是,在不断地囚禁、强迫惩役、没收财产和殉难中,基督教
不仅存活下来,而且茁壮成长。正如基督教护教者德图良在 197 年写给罗
马统治者的信中所说:

　　　你们越是割除基督徒,基督徒的数目就越增加;基督徒的鲜血就是
　　种子。

　　因为基督教徒在受到迫害时的行为表现,比口头的说教更加有效。信
教者在受到折磨时拒绝否认自己的信仰,促使罗马人进一步探究基督教
教义。

　　到 311 年,甚至罗马的统治者也承认戴克里先的压制性法令反而鼓励
了人们皈依基督教。因此,在戴克里先之后,三个摄政的皇帝加莱里乌斯

（Galerius）、卢库卢斯（Lucullus）和君士坦提努斯，开始放弃压制基督教的做法，联合颁布了"加莱里乌斯法令"，第一次允许基督教自由崇拜，反过来，基督徒也被要求要为皇帝和国家祈祷。法令明确表示：

> 因为这一宽容，他们必须为了我们和共和国的安宁向他们的上帝祈祷，共和国则不继续对他们进行任何伤害，他们可以在自己的家里平安地生活。

罗马对基督教的宽容，也表明基督教徒的成分和宣传的主张发生了变化，同时说明罗马社会本身发生了变动。基督教开始兴起时，信徒主要是农民、奴隶、手工业者和破产的小奴隶主等。最初，它在犹太会堂中活动，随后犹太教与基督教发生冲突，犹太教上层将基督教徒赶出会堂。基督教与犹太教逐渐分离，就需要有自己的活动场所，还需要有人供养，进行组织和宣传活动。而当时，奴隶处于极其分散、政治上毫无自由、经济上一无所有的状况，当然不可能为基督徒的活动提供任何物质条件。与此同时，罗马帝国奴隶制社会趋于瓦解过程中，社会各阶层普遍感到没有出路，也向宗教寻求安慰，在教会中出现了许多尊贵的或富裕的教徒。这些富裕教徒所拥有的钱财变成了掌握教会的阶梯。富有的教徒不但可以掌握教会，而且还可以自立教会，宣传一套适合自己口味的教义主张。这样，基督教无论在社会成分上还是在思想和组织上都发生了明显的变化。起初基督教那种敌视富人、反对罗马的精神逐渐消失了，代之而起的是忍耐服从、爱仇如己、希冀来世的思想。

君士坦丁

312 年加莱里乌斯去世，戴克里先的四帝共制治崩溃，罗马出现了混乱。一位将军马克森提乌斯与君士坦丁争夺王位。战争不可避免地爆发了。相传，君士坦丁在战斗中看到了幻象，决定对

基督教进一步宽容。312 年 10 月下旬的某日下午,君士坦丁率领军队准备和马克森提乌斯的叛军作战,他望向天空时出现幻觉,发现天空中有一十字架,并且听到一声音对他说:"看见这个标志,你会胜利!"君士坦丁皇帝清醒之后,随即下令将此标志刻在盾牌和军旗上面。第二日,君士坦丁的军队果然在米尔维桥(Milvian Bridge)附近击败马克森提乌斯的叛军。君士坦丁取得胜利,而马克森提乌斯则死于这次战斗。

第二年,君士坦丁和共治的皇帝李锡尼(Licinius)联合在米兰发布了《宽容敕令》,授权许可宗教自由。

> 你们应该知道,我们已经授予那些基督徒自由和不受限制的宗教崇拜的机会。当你们看到我们已经给予他们这一权利后,你们应该知道,为了我们时代的安宁,我们同时授予其他宗教公开和自由崇拜他们宗教的权利,每个人都完全具有选择自己所喜欢的宗教的机会。我们制定了规则,不得贬损任何尊严或任何宗教。

获得这一宽容敕令后,基督教徒开始庆祝基督徒囚犯被释放,开始重建教堂和恢复财产。

其实,君士坦丁支持基督教同当时的形势是有关的。4 世纪初,罗马帝国统治集团内部分裂,旧皇族所代表的旧奴隶主贵族统治,陷入重重危机,各项政策都已经破产,君士坦丁在西部争夺王位,所依靠的是一批新奴隶主阶层,罗马国教长期以来是旧奴隶主贵族统治的工具。新起的奴隶主贵族要推翻旧奴隶主贵族统治,就必然要对罗马国教采取贬抑的方针,为此就要利用扶植另一种能适应新奴隶主政治需要的宗教。在君士坦丁成为皇帝以后,大力收买和支持基督教,广泛修建教堂。他还颁布一系列法令,规定教会可以接受遗产,释放奴隶要向教会备案,犹太人如迫害基督徒则处以火刑,教会经营的工商业享受免税特权等。

这样,罗马皇帝变成了基督徒,但君士坦丁是否真心实意皈依基督教值得人们怀疑。在这以前,君士坦丁曾经担任过帝国异教仪式的大祭司。在皈依之后,君士坦丁仍然承认太阳神,甚至基督徒也被要求把太阳神放在圣彼得教堂的台阶上。在君士坦丁的铸币上仍然有太阳神的形象,同时,君士坦丁还把耶稣加入到罗马多神的万神殿中。

在这种多元文化并存的时代,基督教会也对教义本身产生了争论。北非的神学家阿里乌斯(Arius)认为基督是用与圣父类似的材料创造的,但是两者并不相同。这与约翰福音不一致,并因此导致了主教之间的冲突。君士坦丁召集了有代表性的主教和教会上层人士召开了第一次全教会会议,即尼西亚宗教会议。这次会议寻求在四福音书和使徒书的内容方面达成一致,并因此消弭阿里乌斯派的争论。根据记录,这次会议就福音书和使徒书内容方面达成了广泛一致,会议通过投票而达成的《尼西亚信经》,否定了阿里乌斯和他的支持者,确立了三位一体的教义。

君士坦丁之后的历代罗马皇帝,继续支持、控制、利用基督教。375 年,革拉先(Gratian,375—383 年在位)任西部帝国皇帝,开始禁止向罗马神庙献祭,皇帝也不再担任罗马神庙的"最高祭司",至此为止,皇帝放弃了"最高祭司"的称号。狄奥多西一世(Theodosius Ⅰ,379—395 年任东部帝国皇帝)于 380 年和 381 年连续颁布法令支持正统教会,禁止各种异端教派的活动,规定异端分子不准集会,并被逐出城市。391 年和 392 年,狄奥多西又颁布法律,禁止在任何场所献祭,异教神庙一律关闭,违令献祭的,一经检举,罚款黄金 25 镑,进行献祭活动的房屋、土地没收,知情不报的被科以同罪。通常以狄奥多西 392 年的法令作为基督教被定为罗马国教的一年。这样基督教终于成为罗马帝国的唯一合法宗教。

4 罗马法

罗马不但用军事征服了世界,同时也注重依法治国,给后人留下了宝贵的法律遗产,奠定了现代欧洲法律的基础。

罗马法的历史贯穿古代罗马的各个发展时期。按照罗马政治制度演进的历史,我们可以把罗马法的发展分为四个阶段。第一个阶段是从罗马城

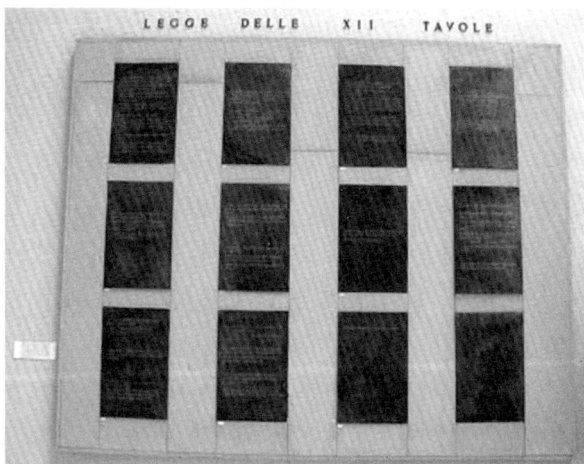

十二铜表法

建立到《十二铜表法》(*Law of the Twelve Tables*)的颁布,第二阶段是从《十二铜表法》到阿克兴之战,第三个阶段是从阿克兴之战到戴克里先继位,第四个阶段是从戴克里先到查士丁尼去世(565年)。这四个阶段可以分别比作罗马法律的婴儿期、青年期、成熟期和衰落期。关于第一阶段的法律状况,主要是根据后来的文献所推测的。罗马的历史开始于神话传说和寓言,然后经历了一个夹杂着神话和历史事实的时期,此后开始有了真正的历史。罗马法的历史,与那些小的部落团体和一些位于从属地位的民族并没有多大关系,这些团体最终都被吸收进拉丁人、萨宾人和伊达鲁里亚人之中,正是随着这三个民族的不断发展,罗马开始了其法律的历史进程。在这三个民族中伊达鲁里亚人拥有更高的文明,有明确的宗教和政治机构。从所流传下来的伊达鲁里亚的神谕中,我们了解到他们已经承认财产权,并通过神的发怒和惩罚对财产权利进行保护。早期的历史时期存在着某种法律,比如严格的父权观念以及债权人对借贷者的强势权利等,但在最初的时期习惯法是唯一的法律。公元3世纪的罗马法学家庞波尼乌斯(Pomponius)就曾说过:在罗马城建立之初,人们在没有固定法律和固定权利的情况下生

活,所有的事情都由国王说了算。由于缺乏对权利的精确界定,进入共和国之后,平民往往受到很大的伤害。因此在公元前461年左右,执政官特伦提留斯·阿萨(Terentilius Arsa)提议任命负责法律的官员,编写成文法。在罗马城建立303年后,即公元前450年左右罗马成立了十人委员会(Decemvirs),成立后的第一年里委员会便就十表的法律内容达成了一致,第二年又加上了两表的内容,从而形成了《十二铜表法》。《十二铜表法》的第一二表主要是关于诉讼的程序和法庭的规则;第三表关于债务;第四表关于父权;第五表关于监护和遗嘱;第六表关于契约;第七表关于土地;第八表关于伤害;第九表关于公法;第十表关于神圣法;第十一表关于婚姻法;第十二表关于诉讼的补充规定。尽管平民试图将所有的阶层融合为一个阶级的政治目标并没有达成,但是他们的私人权利有了法律的保证。《十二铜表法》所提出一些基本法律内容,构成了未来私法体系的基础。

　　罗马法发展的第二个阶段是从《十二铜表法》到阿克兴战役,这段时期是罗马共和国的扩张时期。随着罗马地盘的不断扩大和文明的发展,罗马法也在不断丰富。但是这一时期法学家还没有通过立法来发展法律的权利,法律的不断丰富源于对《十二铜表法》的不断解释。法学家们解释《十二铜表法》的活动,是丰富私法的最重要的要素,他们的劳动成果也以指称《十二铜表法》的名词"市民法"(Jus Civile)来表示。那些真正拥有司法权力的行政长官,尽管最初很谨慎地使用法律权力,但最后也开始在某些案例中通过补充市民法中没有涉及的内容,实施公正平衡的裁判。这些长官谨慎从事,以理性为基础,不致因在某个特定案例中变动法律而引起混乱。公元前367年,罗马设立了裁判官(praetor),以接替执政官审判权中民事司法权的部分,负责处理罗马市民的民事纠纷。裁判官有权力发布告示,而且所颁布的告示也变得越来越重要,逐渐发展成一个体系。裁判官的告示和罗马的其他高级官吏或长官(magistrae)如执政官、监察官、市政官和总督颁布的告示积累而形成的法规,总称"长官法"或"荣誉法"(Jus Honorarium)。但执政官的谕令多属政治性的,只有裁判官的告示构成罗马私法的重要渊源。裁判官也非常谦恭地对待《十二铜表法》,然而由于他有在起草政令时不受市民法约束的权力,因此,裁判官有力量将来自"万民法"(Jus Gentium)的新观念和新原则灌输到罗马法中。随着罗马的不断征服,罗马国家的人口构成发生了很大变化,在罗马有许多非公民身份的人,还有许多非罗马的人。为了更好地处理这些关系,公元前242年又设立外事裁判官(Praetor Peregrinus),这样原来的裁判官便被称作内事裁判官(Praetor Urbanus)。外事裁判官处理问题基于一系列对所有人都一致的原则。这些原则具有所有人都认可的合理性和公正性,故而被称作"万民法"。"万民法"与"市民法"有很大的不同,由此开始法律观念逐步拓宽,罗马法也摆脱束缚,变得更加自由。但是在这一时期"万民法"的影响还没有超过"市民法"。

第三个阶段是罗马法的兴盛时期,也称罗马法的"古典时代",法律科学渐臻完美。这个时期真正的立法很少,通常是公共政策措施,附带一些私法的内容。立法措施主要针对婚姻和奴隶的解放。相反,元老院决议(Senatus-consulta)变得越来越重要,尽管最初这些决议的法律性受到质疑,但是后来被完全认可为法律。法律的其他来源是皇帝敕令,通常是文告、命令、政令、诏书等。此时,由于裁判官和行政长官们的长官谕令浩如烟海,而且其中很多告示已经与变化了的法律和形势不再协调,所以哈德良(Hadrianus,公元117—138年在位)皇帝任命大法学家优利安努斯(Salvius Julianus,公元100—169年)对此进行修正和编集。在这些修订中,许多法学家都加进了自己的评论。奥古斯都授予最杰出的法学家以权力,使他们可以给出在法律上约束法官的法律意见,这些意见在传达给法官之前,以书面的形式写就,并密封起来。在当时杰出的法学家中,卡皮托(Capito)和拉比奥(Labeo)各自自立门户,相互争论。其他法学家包括优利安努斯、塞克图斯·庞泼姆斯(Sextus Pompomus)等。他们丰富的法学内容,大都被收录到后来的《法学汇纂》(Pandects)中。在2世纪出现了著名法学家盖尤斯(Gaius),他编纂了《法学阶梯》(Institutes),查士丁尼时代的《法学阶梯》基本上是对盖尤斯著作的修订。3世纪的"法学之王"帕比尼安(Papinian)、乌

尔比安(Ulpian)和鲍卢斯(Paulus)都是最伟大的法学家。后来的《学说汇纂》中将近有六分之一的内容来自乌尔比安,鲍卢斯的法学也被收录了2 000多个片断。最后一位是莫德斯蒂努斯(Modestinus)。这些人的著作手稿有些保留了下来,有些被收录进查士丁尼的《学说汇纂》中。

　　第四个阶段是从戴克里先到查士丁尼(Justinian,526—565年在位)。这一时期罗马君主的宝座从罗马转移到了君士坦丁堡,帝国分裂成东西两个部分。这一时期建设性的法学已经寥寥无几,法律被埋没在君主的意志之中。私法经过长时期的积累,已经变得非常庞大和复杂,早已失去了进一步发展的动力。那些由古代的法学家们解释《十二铜表法》而形成的市民法,出自各类行政长官的荣誉法,早期帝国的公共法案,大量的皇帝敕令以及古典法学们的作品,形成了庞杂的法律素材,呼唤着系统法学的诞生。在5世纪早期帝国已经开始尝试构建能够有效使用的法律体系,通过颁布《引证法》(Law of Citation),以法律的形式认可了古典法学家们的权威。盖尤斯、鲍卢斯、乌尔比安、帕比尼安和莫德斯蒂努斯被公认为最具权威的五大法学家,只有在他们同意的情况下才能引证其他法学家们的法学解释。在这期间也开始编辑皇帝敕令,编辑的成果分别命名为《格里哥安法典》和《狄奥多西法典》。最后,为了简化困难的法律状况,东西方的皇帝同意相互沟通自己的法律设计,在两个帝国同时刊布,这些未来的法律设计后来成为《新律》(Novellae Constitutiones)的主要内容。

　　东罗马帝国的查士丁尼皇帝统治时期,主要有两大法律来源,一是皇帝的敕令,一是通过引证法而运作的古典法学。在查士丁尼看来,法律的状态仍然是比较混乱的,因此着手使这

查士丁尼皇帝

些庞大的法律素材变得更加容易利用,更加适合帝国的实际需要。他任命了以特里波尼安(Tribonian)为首的委员会,第一项任务就是编辑皇帝的敕令,以《查士丁尼法典》的名字刊行。然后查士丁尼指导把过去的法律片断和古典法律作品汇编成大全,命名为《学说汇纂》。在完成《学说汇纂》后,查士丁尼也对法律教育感兴趣,命令删减《学说汇纂》形成教育读本,其编纂方式完全效仿帝国早期盖尤斯的同名著作。这两本《法学阶梯》直到今天都是最基本的法律入门书籍。法典的初稿完成后又进行过修订,在修订稿刊行后,查士丁尼宣布任何新的帝国法令都成为新律,其中他自己也颁布了大量的法律。查士丁尼时代所编纂的所有法典统称为《民法大全》(Corpus Juris Civilis),其中《法学阶梯》4卷,《学说汇纂》50卷,《查士丁尼法典》12卷,还包括大量的《新律》。

至此罗马法自身的发展告一段落。罗马法从习惯法开始,经过简单的成文法典而最终成为系统完备、内容丰富的法律体系。罗马法的发展反映了罗马依法治国的观念,反映出罗马人崇尚法治的意识以及罗马人变通务实的精神。罗马法不但在治理古代罗马、协调各种社会关系方面发挥了重大作用,而且罗马法确立的一些基本原则,在不同程度上为近代资产阶级国家所接受和承袭,对现代社会产生了重大的影响。

5 罗马文化名人

共和国末期屋大维统治时期被称为罗马文学的"黄金时代"。出现了许多文化名人,这些人或者直接身处政治斗争的漩涡之中,运用自己的才能影响着政治的进程;或者从一个学者的角度对政治现实进行观察和思考。他们留下的著作对后世产生了极大的影响。

首先我们要提到的是西塞罗。共和国末期,政治斗争,尤其是贵族派和平民派之间的斗争异常激烈,这些因素促成了雄辩术的发达,正是西塞罗把古代雄辩术推到了高峰。西塞罗是罗马著名的政治家和演说家,被人们推

西塞罗

崇为最伟大的拉丁演说家和散文家。他一生都身处政治高位,他的诸多著作都是在政坛起起伏伏的过程中完成的。

他于公元前106年出生于阿尔皮努姆(Arpinum),根据普鲁塔克的记载,他早年非常聪颖,良好的学识曾经引起整个罗马的关注。他尤其喜欢诗歌。在公元前89—前88年,他曾经在执政官斯特拉波(Gnaeus Pompeius Strabo)和苏拉(Lucius Cornelius Sulla)的军队中服役,但他并不怎么喜欢战争。他对希腊情有独钟,甚至在遗嘱中表明自己希望被埋葬在希腊。他离开军队后,积极参加各种诉讼、集会和研究,充分发挥自己的雄辩才能。公元前81年,西塞罗开始了律师生涯,并在一些案件中崭露头角。公元前79年,他离开罗马前往希腊,在那里聆听了著名希腊哲学家以及雄辩术大师的课程,结识了一些著名的哲学家和雄辩家,使自己的演说风格更加完善。公元前76年,西塞罗当选为行政官,并在公元前75年被派到西西里的西部地区担任财政官。任职期满后他离开西西里回到罗马,进入了元老院,一方面重操律师旧业,一方面广泛结交上层社会名流,从此在政坛上平步青云。公元前66年,他当选为大法官,公元前63年当选为执政官。

他当选为执政官后,在政坛上发生了一件重大的事件。最初在竞选执政官时,有一位竞争者喀提林,因为最后竞选失败而心怀不满,便纠集一帮党羽试图通过武力夺取权力。西塞罗发现了这一阴谋便向元老院揭露,连续发表了四篇揭露喀提林阴谋的演讲,最终促成喀提林被驱逐出罗马,这些演说成为西塞罗演说辞的名篇。但是留在罗马的喀提林的死党继续活动,试图在内部进行叛乱,配合喀提林在外部的武力进攻。最终西塞罗派人伏击了叛乱者派往高卢部落的使团,让这些叛乱者在元老院坦白了自己的罪行。元老院商讨了对这些叛乱者的惩罚,但是由于元老院是行政机构而不是司法机构,所以这方面的权力有限。西塞罗害怕单纯的软禁或流放并不能排除对国家的威胁,最终促使元老院做出了对叛乱者施以极刑的决定,叛乱者被绞死。由于成功镇压了叛乱的阴谋,所以西塞罗获得了"祖国之父"的尊号。但是这种未经审判便将叛乱者处死的做法,也为西塞罗以后遭到厄运埋下了伏笔。

在"前三头"同盟缔结之后,由于西塞罗拒绝加入这一同盟而得罪了恺撒,恺撒便在公元前58年指使保民官克劳狄乌斯(Publius Clodius Pulcher)通过了一个法律,宣布将未经审判而处死罗马公民的人予以流放,矛头直指西塞罗。西塞罗寻求不到支持,被迫离开意大利,在被流放期间他着手将自己的演讲词整理成文。在给他的朋友阿提库斯的信件中,西塞罗始终认为元老院由于嫉妒他的成就而不愿从流放中解救他。几个月后西塞罗从流放中归来。他支持保民官米洛(Milo)与克劳狄乌斯作对。后来,克劳狄乌斯被米洛的格斗士杀死。米洛因谋杀罪而受到审判,西塞罗为米洛作了强有力的辩护,但是最终失败,米洛被流放。随着庞培和恺撒之间的斗争日趋激烈,西塞罗站在庞培一边,但避免使恺撒成为永久的敌人。当恺撒在公元前49年攻入罗马后,西塞罗逃出罗马。公元前48年,西塞罗回到罗马,他开始在政治上保持沉默,将大部分精力用在著述上。

公元前44年,恺撒遇刺身亡。西塞罗又开始在政坛活跃,与恺撒的下属安东尼一起成为罗马的主要领导人。西塞罗作为元老院的发言人,而安东尼担任执政官和恺撒遗嘱的执行人。但是两人的关系很快交恶。当恺撒的继承人屋大维于4月到达意大利后,西塞罗制定了反对安东尼的计划。在9月他发表了一系列的演讲攻击安东尼,这些演讲被称作《反腓力辞》(*Philippics*),同样是他的演说名篇。西塞罗赞扬屋大维,联合元老院攻击安东尼。这时期西塞罗成为毫无争议的民众领袖。但是在与安东尼激烈的斗争中,西塞罗最后落败,在逃亡中被安东尼派去的刽子手抓获并杀害,他的头和双手被割下来,钉在罗马广场上进行展示。

西塞罗是罗马历史上著名的政治家,也是多产的作家。一类著作是他大量的书信,其中包括给他的好朋友阿提库斯、他的弟弟昆图斯、同谋者布鲁图斯以及形形色色的人的书信。这些书信反映了罗马的生活和政治模式。他也写过许多关于哲学和伦理学的著作,其中包括《论责任》《论老年》《论友谊》《论目的》《论神的本性》等著作。在这些著作中,他对人生中一些重大的问题作了非常透彻和系统的分析,语言华丽清新,是罗马散文的典范之作。代表他政治思想的著作是《论国家》《论法律》等。在这些著作中,西塞罗肯定了共和国是大多数人利益所系,是避免沦为暴政的理想政体。同时在《论法律》中,他依据斯多噶派的观点,强调了理性和自然法,提出了在法律面前人人平等以及法律不受任何外力影响的观点,对后世的政治和法律思想有很大影响。西塞罗的修辞学著作包括《论演说家》《布鲁图斯》等

维吉尔

等。他最著名的作品是他的演说,如反对喀提林的演说,以及反对安东尼的《反腓力辞》等等。他的演说按照修辞程式组织材料,词汇丰富,句法考究,在句尾特别注意音调的抑扬顿挫,被称为西塞罗式的句法。

屋大维时期另一重要文化人是维吉尔(Publius Vergilius Maro,公元前70—前17年)。他是古代罗马最著名诗人之一,一生中创作了《牧歌》(Eclogues)《农事诗》(Georgics)和《埃涅阿斯记》(Aeneid)等著名的诗歌,其中12卷本的英雄

史诗《埃涅阿斯记》成为罗马帝国的民族史诗。

维吉尔生于阿尔卑斯山南高卢曼图亚附近的安得斯村。他的祖先并不是意大利人。维吉尔从5岁开始在家乡接受早期教育，然后前往罗马学习修辞学、医学和天文学，但不久他放弃了这些科目而转向哲学，在一个伊壁鸠鲁学派团体中学习。

公元前42年，在镇压了刺杀恺撒的布鲁图斯和卡西厄斯之后，复员的士兵们便定居在没收的土地上，其中维吉尔家乡的领地也被没收，对此维吉尔一直耿耿于怀，他在《牧歌》中多次表达了这种情绪。《牧歌》是在希腊田园诗影响下写成的，由十首短歌组成，采用牧羊人对歌或独歌的形式。很快，维吉尔便成为梅塞纳斯（Maecenas）圈子里的人，后者是屋大维的外交官和顾问，致力于吸引罗马的文人站到屋大维一边，而减少对安东尼的同情。在这一时期，维吉尔与罗马的其他著名文人有了广泛的联系，其中包括贺拉斯（Horace）和瓦留斯（Varius Rufus）。在完成了《牧歌》之后，维吉尔在公元前37年至公元前29年，受梅塞纳斯之命，完成了《农事诗》。《农事诗》四卷，每卷500余行，分别写种谷物、橄榄、畜牧、养蜂等农事，目的是吸引农民回到农村。诗人同情并肯定劳动，描写了一年四季的自然景色和动植物的习性，保存了一些当时的农业知识。屋大维在公元前31年的阿克兴战役中打败了安东尼，而且4年后元老院授予屋大维"奥古斯都"的称号。屋大维授意维吉尔创作一部史诗来歌颂他的统治。

维吉尔在他生命的最后10年撰写了英雄史诗《埃涅阿斯记》。这部史诗的前6卷讲述特洛伊的英雄埃涅阿斯从特洛伊的陷落中脱身，踏上了前往意大利的行程。但在途中，暴风雨将他带到了迦太基。在那里，女王狄多热情招待了他，而且在神的影响下陷入了与女王的爱情之中。然而，朱比特神召唤埃涅阿斯履行自己的使命，他离开了迦太基，导致狄多女王自杀。到达意大利的库迈（Gumae）后，他请教库迈的女巫，后者引导他进入了冥府，父亲向他揭示了他将来的命运：埃涅阿斯将成为罗马帝国的创立者。这部史诗的前6卷以《荷马史诗》的《奥德赛》为原型，后6卷则是回应《伊利亚特》。后 6 卷描述埃涅阿斯与拉丁努斯国王的女儿拉维尼亚订婚,但后者已经许配给了当地部落的首领图尔努斯。于是图尔努斯发动了战争,埃涅阿斯和图尔努斯进行了决斗,最后埃涅阿斯将图尔努斯杀死。

在创作尚未完成时,维吉尔与奥古斯都一起前往希腊,患上高烧,返程途中病逝于意大利的布伦迪西姆港口。他死的时候曾经希望将自己的诗歌全部烧毁,但是奥古斯都命令维吉尔的遗嘱执行人瓦留斯和图卡将其手稿修改后出版。尽管《埃涅阿斯记》没有完成,它很快被公认为是一部杰作。其中描绘了罗马帝国的使命,描绘了为罗马帝国的建立而受难的人,描绘了埃涅阿斯作为英雄的美德和虔诚,也描绘了埃涅阿斯作为一个人所有的内心矛盾。维吉尔虽然是罗马时期的诗人,但是他的名声远远超越了罗马帝国。

第三个应该介绍的是奥古斯都时期的伟大史学家提图斯·李维(Titus Livius,公元前 59—公元 17 年)。他是北部意大利帕多瓦地方的人。生活在屋大维建立帝制、罗马统一之后。李维生活的时代是个激变的时代,他亲眼看到罗马由分裂走向统一,整个地中海世界都屈服在罗马的武力之下以及共和制的灭亡。自公元前 29 年起,李维开始写他的历史著作,穷毕生之精力,写成一部具有通史规模的《罗马史》,自神话中的埃涅阿斯起,止于奥古斯都时代的晚期。此书共有 142 卷,叙述了罗马城的建立,罗马早期的扩张,第一、第二、第三次布匿战争的经过,庞培的"武功",前三头、后三头以及奥古斯都的活动。李维的著作虽然大部分都完成于奥古斯都时期,但是他认同罗马共和国,并希望恢复

李 维

共和国。只是他的观点究竟如何,还很难定论,因为他讨论共和国灭亡和奥古斯都兴起的部分现在没有留存下来。李维的这部著作最初一直保存到公元 7 世纪都没有残缺,但 7 世纪以后,由于兵祸和其他的原因,散失很多,目前仅存 35 卷以及陆续发现的少数残篇。从李维开始,西方才开始真正有了通史的体例。

第三编　中世纪的"黑暗"

诸文明的融合

I 蛮族的世界

公元前 1 世纪,在欧洲中部日耳曼尼亚广阔的土地上居住着语言、文化类似的部落,希腊罗马称之为日耳曼人。日耳曼人主要包括盎格鲁·撒克逊人(Anglo Saxons)、法兰克人(Franks)、哥特人(Goths)、汪达尔人(Vandals)、伦巴底人(Lombards)等。这些人来自斯堪的那维亚南部和日德兰半岛,从北海和波罗的海南岸逐渐扩展到威悉河和奥德河流域,南达多瑙河,西至莱茵河。

现在留存的关于日耳曼人的材料不多,最早提到日耳曼人的是希腊旅行家皮提亚斯,他约在公元前 325 年由海路到达欧洲北部海岸,说在波罗的海沿岸聚居着条顿人,条顿人即日耳曼人的一支。但比较详细记载日耳曼人的书籍主要有两本,一本是恺撒的《高卢战记》,一本是历史学家塔西佗(Tacitus,约公元 55—120 年)的《日耳曼尼亚志》。从他们的记述中大致可以勾勒出日耳曼人的社会和生活状况。

恺撒在远征高卢时,曾与日耳曼人有过接触,因而在《高卢战记》中记载了当时日耳曼人的情况。根据恺撒的记载,当时日耳曼人还生活在原始社会氏族部落阶段,农业极不发达:

> 他们对农耕不怎么热心,他们的食物中间,大部分是乳、酪和肉类,也没有一个私人拥有数量明确、疆界分明的土地,官员和首领们每年都把他们认为大小适当、地点合宜的田地,分配给集居一起的氏族和亲属,一年之后,又强逼他们迁到别处去。

这说明,当时日耳曼人还未完全定居,经常到处迁徙,农业还不是他们的主业。日耳曼人当时主张财产平等,没有受人剥削的奴隶,几乎没有什么交换。

同时,根据恺撒的记载,他们比较好战,但并没有真正的国家组织,只是有了原始部落社会解体的征兆:

> 他们的各邦,认为能蹂躏自己的边境,使本国外围有一圈愈大愈好的荒地包围着,是一件最最光荣的事情。他们以为邻人被逐出自己的土地,再也没人敢靠近他们居住,是勇敢的表示。同时,他们也相信,这样他们便从此高枕无忧,再没有遭到突然袭击的可能。一个国家遇到战争,不管是别人对他们进犯,还是他们把战争加诸别人,总是选出握有生杀大权的首领来指挥战争,和平时期,他们就没有这种掌握全面的领袖,只有个地区和部落的头头,在他们中间主持公道,解决纠纷。

继恺撒之后约一个世纪,塔西佗在公元 98 年写下了《日耳曼尼亚志》,详细描绘了日耳曼人的社会、文化特征。塔西佗时代,日耳曼人已经不再流动,开始了定居生活,农业开始逐步发展,但畜牧业仍然是主要生产部门。当时,日耳曼人仍然非常尚武和善于掠夺。他描绘说,日耳曼人认为可以用流血的方式获取的东西,如果用流汗的方式得之,未免太文弱无能了。就当时的耕作方法而言,起初似乎经常使用一块地作为牧场,另一块地作为耕地。然而,他们渐渐发现了下列现象,把同样一块土地继续耕种,会引起地力枯竭。因此,经过很多年的经验积累,他们采取了每年让一半耕地休耕以及每季轮换耕地和休耕地的办法,这就是所谓的田—草制度,即交换的耕作制度。

在日耳曼人的社会,没有一个村落是居住在城郭内的,就是个别的住宅也不容许彼此毗连,而是零星散落地逐水草、草地或树林而居。后来,在原始的日耳曼人中间创立了居住在村庄的制度。村庄相互接近,一般位于同一块土地上。从村庄向外,形成星形的道路系统,从作为中心的村庄放射到周围田地中去,再从干路分出小路到各块条地去。这种式样到中世纪庄园时代一直保留着。

日耳曼人的土地仍然是共有的。公社土地的多少,以耕者的口数为准,公社之内,再按贵贱分给个人。每个日耳曼的村庄,包括几类土地,分别是耕种的田地、草地、森林和荒地。荒地也就是所谓的公地,即开放给大家而没有开垦的土地。但是,社会也出现了分化,富人们往往占有较多的土地,而且是好地;普通人和一般战士,则占地较少,而且多是贫瘠的土地。日耳曼人内部开始出现了阶级分化。

当时,日耳曼人仍然非常尚武和善于掠夺,对此,作者进行了精彩的描绘:

> 在战场上,酋帅的勇敢不如他人,是他的耻辱;侍从们的勇敢不如酋帅,也是他们的耻辱。假使自己的酋帅战死,而自己却从战场上生还,这就是毕生的羞辱了。保卫酋帅,甚至将自己的军功献归酋帅的名下,这才是精忠的表现。酋帅们为胜利而战斗,侍从们则为酋帅而战斗……筵席饮宴是他们唯一的报酬,饮食虽然粗陋,但供设却甚为丰富。这些恩典的财源都是从战争和劫掠中得来的。要想劝他们像向敌人挑战和赢得创伤那样去耕种土地和等待一年的收成,那是很困难的。而且他们还觉得:可以用流血的方式获得的东西,如果以流汗的方式得之,未免太文弱无能了。

日耳曼社会已经开始有奴隶,但一般的奴隶并不像罗马的奴隶那样被分派以各种不同的家务,他们每人都有家庭和一所自己的房屋。如同罗马人对待佃农一样,主人只从奴隶那儿索取一定数量的谷物、牛和衣服,奴隶的属从关系仅此而已。鞭笞奴隶、囚禁奴隶或罚奴隶做苦工的事情是很少遇到的。他们也会杀死奴隶,但并不是为了整肃纪律,而只是由于一时的暴怒,就犹如杀死一个仇人似的。不过,杀死奴隶并不受到处罚。免奴的地位并不比奴隶高多少,在家庭中也没有什么地位,在政治方面更毫无权利。因此,日耳曼人已经开始从原始社会走向奴隶社会,但是它的奴隶制度还比较原始。鉴于当时的社会发展情况,奴隶制作为主体已经处于衰亡阶段,因此它萌芽的奴隶制并不典型,也没有进一步发展的余地。史学家一般把日耳曼人看作是从原始社会直接过渡到封建社会的民族。

日耳曼人同罗马帝国最初的接触是通过贸易进行的。从远古以来,日耳曼人和波罗的海地区的人民以及地中海各国人民之间已经存在着贸易关系。地中海地区的人主要从北部获得在当时认为非常珍贵的琥珀和毛皮。其中,日耳曼人很早就同高卢的凯尔特人之间进行贸易,主要以琥珀、毛皮、奴隶以及战俘来交换马匹。当恺撒完成对高卢的征服以后,罗马的商人们便进入了日耳曼人的地区。日耳曼人的毛皮制成的衣服一度成为罗马人的时髦物品,成为纨绔子弟的标志。罗马的文化和罗马的行政制度已经同日耳曼的社会发生了碰撞和融合。

日耳曼人进入罗马并不是在蛮族大规模入侵时期开始的,他们很早就开始断断续续地和平进入罗马。当时,和平进入罗马帝国境内主要通过几种方式。一种是通过参加军队而进入罗马帝国境内。日耳曼人是非常优良的士兵,罗马帝国时期经常招募日耳曼人加入军队,驻守在边境地区,也有人驻扎在罗马帝国内部。许多皇帝都非常喜欢日耳曼士兵,甚至皇帝的卫队也是日耳曼人组成的。到了4世纪,罗马帝国军队中很多统帅都是日耳曼人。第二种是以"同盟者"的身份居住在罗马帝国的边境省份内。他们在战争时以服军役为条件,领取所赠予的土地来耕种。在这些地区,他们虽然深受罗马生活方式的影响,但他们基本上保留了自己的生活方式和耕作方法。另一种和平进入罗马的日耳曼移民是"隶农"。他们迁移到罗马帝国内无法定主人的荒地上,由罗马人给予田地,甚至谷物种子和牲畜进行耕种。这些移民主要是战争中的俘虏。通过这种和平的渗透,日耳曼和罗马人之间形成了既不是仇敌也不是陌生人的关系。几百年的相互混杂,使罗马人更加蛮族化了,而蛮族更加文明化了。

这种零零星星的渗透,最终变成了整个蛮族世界的大漫游,其行进的方向便是罗马帝国。蛮族的这种社会大游动出于以下几个原因:其一,日耳曼人的社会生产力十分低下,但人口增长迅速。他们简陋的农业制度以及粮食生产水平不能满足人口增长的需要,加上他们爱好掠夺的品性,因此常常会把自己的地方抛弃而向外扩展。其二,此时亚洲的游牧民族匈奴大规模西侵。匈奴人比日耳曼人还要落后,人们这样来描述他们:

> 该族中的每一个人都日日夜夜生活在马背上,其中没有一个人耕种过田地,他们也没有固定的居住地。他们的大部分生活费用是靠从希腊、罗马和日耳曼人那里勒索得来的。

4世纪以后,凶悍的匈奴人进入欧洲,连续征服日耳曼部落,迫使日耳曼部落为了生存或避难而向罗马帝国境内移动。其三,移民运动在很长的时期里一直继续着,只不过他们的移动一直被强大的罗马帝国阻挡在边境之外,因为当时边境上的罗马军队有足够的力量来捍卫边境地区,但是到了5世纪,罗马政府已经没有力量来对付日耳曼人的移民。其四,日耳曼人并不是以恐怖的武力手段突然进入的,而是作为殖民者和移民进来的,他们只是在入境被阻拦的时候才使用武力。

公元372年,来自东方的匈奴人开始攻击居住在乌克兰境内的东哥特人(Ostrogoths),东哥特人被打败,匈奴人接着开始攻击位于黑海北岸的西哥特人(Visigoths),西哥特人同样不敌。西哥特人的残余部分请求在多瑙河地区的罗马当局,准许他们渡河,在色雷斯一带定居。当时的罗马皇帝瓦伦斯(Valens,364—378年在位)以他们放下武器和以年轻人做人质为条件,准许他们进入。但罗马人并没有善待西哥特人,不但抢劫他们,把他们变为奴隶,且以高价卖给他们食物。在西哥特人有叛乱迹象时,他们又企图诱杀西哥特人的头领。378年,西哥特人发动暴动,杀人放火,把色雷斯变为废墟。瓦伦斯皇帝率军镇压。378年,双方进行了阿德里亚堡战役,罗马军队大败,三分之二的人被杀,瓦伦斯皇帝负重伤藏在茅草屋中,被西哥特人放火烧死。该缺口被打开后,东哥特人也趁机进入了巴尔干半岛。由此开始日耳曼各部族武力涌入的狂潮。

401年,西哥特人在首领阿拉里克(Alaric)率领下侵入意大利,408年直抵罗马城门,并围困罗马城。罗马人派代表团会见阿拉里克,称罗马城中100万人准备抵抗到底,阿拉里克说:"草越浓密,越容易铲除。"无奈,罗马付出高昂的代价让阿拉里克暂时放弃对罗马的进攻,献出黄金5 000磅、白银30 000磅、丝袍4 000件、皮衣3 000件、辣椒3 000磅。但很快西哥特人以罗马人背信弃义为名进攻罗马城,410年攻占罗马,大肆抢劫三日离去,继续向西部进发,419年在高卢南部和西班牙地区,以土鲁斯为中心建立了第一个蛮族王国。该王国在714年为阿拉伯人所灭亡。汪达尔人(Vandals)经由高卢进入西班牙,由于西哥特人的逼迫,在首领该萨里克(Gaiseric)的率领下,渡海于439年占领北非迦太基城,建立了汪达尔王国。

西哥特人攻占罗马图

　　勃艮第人(Burgundian)向南进攻,457 年建立勃艮第王国,定居里昂,522 年为法兰克人(Franks)征服,613 年并入法兰克王国。451 年匈奴人进攻高卢,遭罗马人、西哥特人、勃艮第人和法兰克人联合抵抗,战败后进入意大利,因军中发生瘟疫而撤军。453 年,首领阿提拉(Attila)病死,匈奴联盟瓦解。455 年,汪达尔人从北非入侵罗马,大肆抢劫,使罗马帝国更加虚弱。476 年日耳曼雇佣军将领奥多亚克废黜了最后一个罗马皇帝罗慕洛,西罗马帝国正式灭亡。东罗马帝国为此感到震惊,唆使东哥特人进攻意大利。东哥特国王狄奥多里克(Theodoric, 454—526 年)493 年以谈判为名,诱杀奥多亚克,统治了意大利,555 年为拜占庭所灭。486 年,法兰克王国建立,克洛维以苏瓦松为首都建立了自己的统治。5 世纪中叶,盎格鲁·撒克逊(Anglo Saxons)侵入不列颠,建立一系列小国,9 世纪上半叶形成统一国家。586 年,伦巴底人(Lombards)在国王阿尔波因率领下侵入意大利,建立伦巴底王国,但很快分裂,774 年为法兰克王国灭亡。蛮族入侵的结果是在西罗马帝国的废墟上兴建了一系列蛮族国家,蛮族国家和罗马残留的文化以及存留下来的基督教会,共同构筑了一个中世纪社会。

2 东罗马的幸存

　　东罗马帝国又称拜占庭帝国,是在希腊移民城市拜占庭的基础上建立的。公元前 8 世纪由于希腊人口过多,一些城邦开始在地中海盆地开辟殖民地。公元前 667 年,传说中来自迈加拉(Megara)的拜萨斯(Byzas)在德尔斐询问了阿波罗的神谕后,在黑海的入口建造了拜占庭港口。公元前 4 世纪后半叶,马其顿的菲利普国王和他的儿子亚历山大统治了拜占庭。亚历山大死后,亚历山大的将军们瓜分了他征服的帝国。到公元前 1 世纪,这些国家都被纳入了古代罗马帝国版图。

　　拜占庭在罗马历史上开始辉煌,源于第一个基督教罗马皇帝君士坦丁大帝,正是他把首都从罗马迁到希腊的城市拜占庭,并以他的名字将其命名

为君士坦丁堡。因此这里实行的是罗马法律和罗马的政治体制,上层官方使用的语言是拉丁语,而一般的老百姓则讲希腊语。在学校里,学生们学习希腊古典文学、哲学、科学、医学和修辞学。教会发展了自己的文学和哲学,但也非常尊重古典知识传统。君士坦丁新首都的优势在于它处于一个特别容易防卫的半岛,尽管比罗马更接近危险的边境,但是帝国的军队能够更加快速地应对危机。这个城市的战略地位,使帝国商人能够通过控制东西方商路和连接黑海、地中海的通道而变得非常富裕。君士坦丁时代,这里集中出现了学校、剧场、浴室、法庭、教会和宫殿。

东罗马帝国之所以能够躲过西方所面临的危机,主要是因为拜占庭的城市文化发展得比较好。在整个 5 世纪,蛮族各个部落的入侵征服了罗马帝国的西部,而东部只是向蛮族入侵者交纳贡金。狄奥多西二世(Theodosius Ⅱ,408—450 年在位)时期加固了君士坦丁堡的城墙,使城市固若金汤。为了避免阿提拉率领的匈奴人的攻击,狄奥多西送给他们大量黄金,并且优待君士坦丁堡城中与蛮族人做生意的商人们。随着阿提拉的死亡,拜占庭摆脱了匈奴人的威胁,残存的匈奴人反而在后面的几个世纪里一直充当拜占庭的雇佣军。在西罗马帝国灭亡后,东罗马帝国幸存下来,成为与中世纪西欧并行发展的文明。

公元 527 年,查士丁尼一世继位后,东罗马进入了一个辉煌的时期。为了实现重建罗马帝国统治地中海世界的理想,他改革了行政和法律,并在内政外交方面进行了一系列准备。公元 532 年,为保证东罗马帝国在东部边境的和平,通过每年缴纳大量黄金贡品的方式,查士丁尼与萨珊波斯签署了"永久的和平"。同年国内爆发了"尼卡暴动"(Nika Riots),暴动在君士坦丁堡持续了一周,使整个城市一半被烧毁或被破坏,但最后查士丁尼成功度过了国内的危机。接着,在著名将领贝利撒留(Belisarius,约 505—565 年)等的帮助下,开始对昔日罗马帝国失去的西部省份进行大规模征服。

查士丁尼的征服开始于 533 年,首先派贝利撒留带领一支主要由雇佣军组成的 1.5 万人的小股部队,进攻北非。这次进攻大获全胜,仅经过几场战斗,北非的汪达尔军队就向贝利撒留投降。贝利撒留胜利凯旋,汪达尔最后的国王盖里默(Gelimer)成为他的囚徒。但是,接下来对北非的征服就不是那么顺利,征服活动持续到 548 年,才使当地主要的独立部落完全屈服。在 535 年,查士丁尼发动了更雄心勃勃的战役,即重新征服意大利。当时,意大利仍然为东哥特人统治。他派遣了一支部队从陆路向意大利进发,同时主力部队乘船前往,这次战役的指挥者仍然是贝利撒留。主力部队在西西里登陆后,不费吹灰之力就占领了该岛。在意大利本土的进展最初也非常顺利,包括那不勒斯、罗马和拉文那在内的主要城市都相继陷落。哥特人看起来不堪一击,于是 541 年查士丁尼将贝利撒留召回君士坦丁堡,贝利撒留将东哥特国王维蒂吉斯(Vitiges)用铁链拴着带回君士坦丁堡。然而,东哥特人和他们的支持者很快在著名统帅托提拉(Totila)领导下重新结合起来。接下来的战争变成了一场拉锯战,几乎耗尽了双方的所有财政资源,乡村也变得贫瘠了。查士丁尼又派遣了贝利撒留,但由于嫉妒贝利撒留的名声,并没有给他多少部队。尽管贝利撒留依靠自己的智谋和顽强取得了不少胜利,但是也疲于奔命。自知不能得到查士丁尼信任的贝利撒留在 548 年选择了辞职,获准后回到了君士坦丁堡。552 年夏天,查士丁尼集中了 3.5 万人的部队,在纳尔塞斯(Narses,478—573 年)的率领下攻击意大利。这一次托提拉被打败并死于战场。托提拉的后继者同样也被打败。尽管有些零星的军营仍然坚持抵抗,但随着法兰克人和阿拉曼尼人的入侵,意大利征服战争宣告结束。554 年,查士丁尼又派出军队前往西班牙,从西哥特人手里夺取地盘,并占领了地中海的所有重要岛屿。

查士丁尼时代的辉煌不仅在于进行了大规模的征服战争,几乎实现了恢复昔日罗马的梦想,还在于他在位时期文化的繁荣。查士丁尼汇编了罗马的法典,形成了《民法大全》,这一点我们在第五讲罗马法一节中已经详细叙述,在此不再赘述。查士丁尼时代的另一项文化贡献,就是建

圣索菲亚大教堂

造了圣索菲亚大教堂。这个教堂所在的地方最初是由君士坦提努斯二世（Constantius Ⅱ，337—340 年在位）于 360 年建造的长方形廊柱教堂，但是这座教堂在 404 年被烧毁了。415 年狄奥多西在此重新建造，但是在 532 年又一次被大火烧毁。查士丁尼时代又进行了大规模的重建。这个新教堂在 563 年建造完成，成为拜占庭最伟大的建筑，其内部的镶嵌画、大理石柱等等，都代表着当时最高的艺术成就。当时的史家普罗可比曾经对此作了这样的描绘：

> 整座教堂在那时化为一片灰烬。但是查士丁尼皇帝不久就建造了一座设计完美的教堂。如果有人在教堂被焚之前，向基督教徒们展示我们现在看到的这座建筑的模型，并询问他们是否希望那座教堂毁掉，从而让一座像这样的教堂取而代之，在我看来，他们会祈祷让他们看到自己的教堂快点毁掉，以便那座建筑变成现在的模样。

教堂的富丽堂皇令查士丁尼非常高兴，他曾经宣称："所罗门，我超过你了。"

6 世纪也是一个文化繁荣的时期，尽管查士丁尼下令关闭了雅典的学院，古典学问的研究被基督教所取代，但是在查士丁尼时期还是产生了一些非常著名的人物，如诗人诺努斯（Nonnus）和历史学家普罗可比（Procopius，500—565 年）等。后者曾经跟随贝利撒留一起出征，担任他的幕僚，后来成为帝国海军的统领并在 562 年担任了君士坦丁堡的行政长官。良好的教育、广泛的交往和担任行政官员的经历，使他掌握了大量的第一手资料。他写过《战争史》，描绘查士丁尼时代对汪达尔、哥特人和波斯人的征伐；写过

《秘史》,对宫廷丑闻和倾轧进行了描绘;还写过《论建筑》,主要描绘查士丁尼时代帝国各地的建筑。他优美的写作风格颇具古典希腊时期的遗风,他对蛮族宗教和社会习俗的描绘也非常具有价值。

查士丁尼把军事力量主要集中于对西部的征服,自然使帝国其他地方防卫吃紧。波斯人早在540年便撕毁了和查士丁尼订立的条约而劫掠了安条克。查士丁尼所能采取的唯一办法就是每年增加纳贡金银的数量。斯拉夫人、保加利亚人相继进攻巴尔干,并屡次威胁到君士坦丁堡。565年,在查士丁尼死后,伦巴第人入侵了意大利,占领意大利的大部分地区。西哥特人征服了拜占庭在西班牙的主要城市科尔多瓦。20年后拜占庭失去了在西班牙的最后一个据点。这时,土耳其人也出现在克里米亚,东罗马帝国在多瑙河最重要的城市舍米安(Sirmium)也在582年失去了。皇后狄奥多拉和她的扈从以及查士丁尼的继承人查士丁尼二世开始拒绝向萨珊波斯纳贡。结果双方又进行了漫长而又艰苦的战争。

查士丁尼死后,他辛辛苦苦建立起的帝国很快就烟消云散了。东罗马帝国随着西方进入了中世纪。在之后的发展过程中始终充满着动荡和不安。7世纪初的希拉克略王朝是在镇压了福卡斯的叛乱后由非洲总督所建立的。为了应付内忧外患,新的王朝把军事摆在头等重要的位置,用军区制取代了过去的行省制度。8世纪初,小亚细亚军区长官利奥,凭借自己抵抗阿拉伯人的战功,逼迫皇帝退位,自己担任皇帝,称利奥三世,建立了伊苏里亚王朝。在这个王朝时期,发生了一件非常重要的事件,即"圣像破坏运动"。利奥三世上台后,便发布了废除圣像崇拜的命令,继后的君士坦丁五世继续颁布同样的命令。于是,在君士坦丁堡爆发了大规模的圣像破坏运动。大量的圣像被毁坏,大批的修道院被强夺,教会的大量土地和财富落入军事贵族手中,甚至许多西方教会的土地也被牵涉其中。这场运动几经反复,一直到843年才宣告结束。867年建立的马其顿王朝相对稳定和平,被称为拜占庭的"第二个黄金时代"。1081年,大军事贵族科穆宁通过政变建立了科穆宁王朝,并实行了一系列改革,但是该王朝很快就陷入分裂,加上十字军对君士坦丁堡的进攻,该王朝不可避免地走向衰落。尽管1261年建立的巴列奥略王朝重新恢复了拜占庭帝国的统治,但国家已经非常虚弱。与此同时,外部奥斯曼土耳其的力量越来越强大,不断对拜占庭施加压力。1453年,奄奄一息的拜占庭遭到了土耳其人的最后一击,君士坦丁堡失手,拜占庭的皇帝战死。这样,在西罗马帝国灭亡将近1 000年后,东罗马的历史也走到了尽头。

3 基督教融入蛮族王国

　　基督教与罗马帝国的蜜月并没有维持多久,公元4世纪罗马就陷入了危机。随着4世纪罗马帝国的岌岌可危,基督教会也对自身的未来产生了忧虑。在从乐观转向悲观的同时,他们开始发展自己的独立意识,对自身的性质和使命等一系列问题进行思考。

　　这种思考主要反映在奥古斯丁(Augustinus Auelius,354—430年)的一系列理论中。奥古斯丁生活的时代是罗马帝国陷入混乱和危险的时期,也是基督教经常为人所诟病的时期,时人经常把罗马帝国的危机归罪于基督教的流行。因此,奥古斯丁开始思考基督教会如何超越罗马,适应变动的社会局势发挥关键的作用。他认为,人类追求的最终理想是"上帝之城",而不是地上王国。在上帝之城面前,地上的任何王国和政府形态都没有本质的区别。所以基督教会并不会因为罗马的衰亡和日耳曼人的到来而削弱,它会比任何地上的王国都更长久和永恒。最后,奥古斯丁抛弃了古典时期的历史循环论,发展了直线发展的历史观。在这样的历史观下,"上帝之城"作为最终的理想,一切的活动都会以此为目标;在这一历史进程中,基督教负有重要的使命;基督教会不是"上帝之城",而是通路上的一个驿站,它的任务是教化和引导世俗向预定的方向发展。基督教会必须积极涉足世俗社会,必须适应社会变动的现实。正因为有了这样的理论准备,基督教没有随罗马的灭亡而失去活力,而是很快就适应了新的社会形势,承担起教化蛮族和推广基督教的职责。

蛮族闯入罗马帝国的地盘后,建立了许多蛮族国家,但是这些国家大都是昙花一现,并没有对中世纪文明的形成造成多大的影响。倒是一个起初默默无闻的部族法兰克人,最终建立了最为持久的国家,真正与天主教达成了一致,成为中世纪文明形成的基地,并确立了以后中世纪文明最初的要素。

法兰克墨洛温王朝的缔造者是克洛维(Clovis,481—511 年在位),正是以他为开端,开启了基督教会与蛮族结合的序幕。克洛维生性残暴,善于要阴谋诡计,到了六亲不认的地步;又善于利用种种对自己有利的形势,开创了法兰克墨洛温王朝的基业。他不断成功地征服其他蛮邦,拓展法兰克的领土;同时顺应时势,率领部族皈依了基督教,开启了蛮族国王与基督教会结合的先河。496 年,他带领自己的亲兵在兰斯大教堂接受了洗礼,从此以后,当克洛维召集部下进攻高卢地区其他部落时,往往把消灭其他教派尤其是阿里乌斯教派作为进攻的理由。507 年,克洛维在伏伊耶原野打败西哥特国王阿拉里克以后,更是接到了东罗马皇帝的任命书,任命他担任执政官。格雷戈里在《法兰克人史》中对此进行了详细描绘:

> 克洛维接到阿纳斯塔西乌斯的敕书,受任执政官职务。在圣马丁教堂里,他身上穿起紫色袍服,头上戴起王冠,然后跨上坐骑,从圣马丁教堂的前庭入口直到城里的教堂,一路上慷慨大方地把金银钱币亲手赠送给沿途的人。从那天起,人们向他欢呼时称他为执政官或奥古斯都。他离开都尔,来到巴黎,把他的政府设在这里。

此后经过一系列的征战,克洛维奠定了一个统一的法兰克王国的格局。511 年,克洛维在巴黎去世,在位 30 年,终年 45 岁。克洛维去世后,随着王国不断被分割,没有一个国王能够真正统治整个国家,而且各个地区之间矛盾不断,墨洛温王朝逐渐陷入分裂和虚弱之中。

墨洛温王朝到洛塔尔二世和他的儿子达戈伯特(Dagobert Ⅰ,629—634年在位)时期,维持了对王国的控制。但是达戈伯特的后继者们大都有名无实。真正的权力掌握在贵族出身的"宫相"(Mayors of the Palace)手里。687年以后,帝国为来自加洛林家族的宫相所操纵。这一年,该家族的奥斯特拉西亚(Austrasia)宫相赫斯塔尔·丕平战胜了纽斯特里亚(Neustria)宫相,独揽了全法兰克的大权,并于714年去世时把权力移交给他的儿子查理·马特(Charles Martel,688—741年)。这时教会与拜占庭隔阂日深,在意大利又不断受到伦巴第人的侵袭,因此教皇希望势力日盛的加洛林家族成为自己的盟友。739年,教皇格里高利三世(Gregory Ⅲ,731—741年在位)曾致信查理·马特,希望他能够出兵帮助自己抵御伦巴第人的侵袭。在信中,格里高利三世称查理·马特为"圣彼得的亲爱的儿子",但查理·马特并没有接受教皇抛来的橄榄枝,和教皇结盟的任务是由他的儿子矮子丕平(Pepin the Short,714—768年在位)完成的。

查理·马特死于741年,同样把法兰克的统治权在两个儿子之间平分:长子卡罗曼(Carloman)统治奥斯特拉西亚,次子丕平则统治纽斯特里亚。747年卡罗曼削发为僧,主动退出权力中心,使统治整个法兰克的大权落到

丕平接受王冠图

丕平一人手里。丕平大权在握,便开始主动和教皇接近,指望教皇承认他为国王。在教皇的支持下,丕平成为名副其实的国王,并建立了新的加洛林王朝,开创了教皇任命国王的先例。

同样,在丕平的帮助下,教会拥有了拉文那总督区和罗马诸城的大片土地,并在这片土地上建立了教会所拥有的国家。由此,"教皇国"在意大利中部建立起来,教会真正拥有了自己的统治中心。丕平成为合法的国王以及教会建立"教皇国",标志着法兰克和教会紧密联盟的形成。

矮子丕平即位之后统治了 17 年,因水肿病死在巴黎,留下两个儿子查理(即查理曼——查理大帝,Charlemagne,768—814 年在位)和卡洛曼。两人平分了国土,查理主要继承丕平所掌握的地方,卡洛曼则接受了他的叔父曾经统治的地方。但 3 年之后,卡洛曼病死,查理因此而成为全法兰克唯一的国王,也为他实现霸业提供了必要的前提。

查理独掌政权后,便开始了大规模拓展疆界的战争。他首先进攻阿奎丹,把阿奎丹和加斯贡尼纳入法兰克版图。接着,接受罗马城主教哈德良的恳求,进攻并彻底击败了伦巴第人,把他们赶出了意大利。此后查理与北部的萨克森人进行了旷日持久的战争。这场战争延续了 30 年,其间萨克森人屡次降服,又屡次叛乱。但查理最后还是制服了萨克森人,迫使他们接受基督教,并同法兰克人融为一族。

为了保证征战,查理曼专门颁布了《萨克森法令》(Capitulary for Saxony)。这部法令宣布要在萨克森地区建立许多"辉煌的教会",对那些施暴、偷盗或焚毁教堂者,对蔑视基督教、不遵循斋戒规定者,对杀害教士或执事者,对拒不接受洗礼者,对阴谋反对基督徒者都判处死刑;当地人都有义务向教会提供房屋、土地和仆人,并缴纳相应的十一税;同时还规定当地人对国王的忠诚以及对贵族的尊重,否则也要被判处死刑。

在对萨克森人作战的间隙,778 年查理召集庞大的远征军去进攻西班牙,占领了不少城镇和要塞,但在班师回朝时,巴斯克人伏击了他的后卫部队和辎重部队,导致后者全军覆没,不列颠边区的长官罗兰也死于这场伏击,著名的史诗《罗兰之歌》就是以这段史实为背景。他还率领远征军进攻不列颠人,迫使他们臣服。787年,查理带兵进入意大利,迫使意大利半岛南部的本内文图姆公国降服。此后爆发了巴伐利亚战争,巴伐利亚公爵联合匈奴人对抗查理国王。查理亲率军队讨伐,慑于国王的威力,洛西塔公爵很快就宣誓效忠。接着查理与斯拉夫人作战。很快征服了他们。随后查理发动了对匈奴人和阿瓦尔人的战争,战争持续了8年,异常残酷。查理所进行的最后战争是对北欧人的战争,这场战争因为丹麦国王戈多夫里德的猝死而结束。经过这些战争,法兰克王国的领土大大拓展。征战的成功为查理赢得了威望,所占领的地方对他俯首称臣,东方的阿拉伯人也对他表示友好,就连对他猜疑甚重的拜占庭也提议与他建立友好同盟关系。

查理在对外征战的同时,也加强了国内的统治。他把全国划分为98个州郡,委任伯爵进行统治,并在边区设立马克,任命边侯进行治理。他还着手修改法律,将其编纂成文。原来法兰克人有两套法律体系,差别甚多。查理发布命令,凡属他领域之内一切部族的法律和规章之尚未成文者,应当收集起来,并且写成文字。在委任伯爵、边侯分别治理一方之同时,他非常警惕这些地方官因位高权重而出现离心倾向。为了显示中央的权威,查理最重要的措施是建立巡按使制度,巡按使代表皇帝巡游各地,监督法律和寻求公正。为此,查理专门颁布了关于巡按使的法令(*General Capitulary of the Missi*),对巡按使团的构成、职责、权力等做出了规定:

> 任何人不得以某种原因,在理由不充分的情况下,因为希望有所得而在法庭上不公正地袒护另一个人,或是在理由不充分的情况下,因为自己善于理论或是渴望压制别人而妨碍司法公正。……在任何案件中,都要根据正义和法律这样做。任何人都没有权力用贿赂、酬金和任何罪恶的阿谀奉承,或者碍于关系而妨碍正义。任何人都不能在任何事情上不公正地赞同另一个人,而是要满怀热情和良好愿望准备实施正义。

此外,该法令还详细规定,所有12岁以上的人都应当公开宣誓效忠皇帝,任何人不得袭击或伤害教会、寡妇、孤儿和朝圣者,不得毁坏皇帝的采邑,不得忽视服兵役的义务,任何人不得逃避缴纳捐税。通过巡按史制度,来自国王的政令可以得到有效执行,也对地方官员进行了有效管理和监督。

在与教会建立密切关系方面,查理遵循了丕平以来的方针。查理与教皇关系密切的重要标志是他出兵援救教皇并因此被授予皇帝称号。799年,罗马人残酷地迫害利奥教皇,把他的眼睛挖出,舌头割掉,逼得他向国王寻求保护。查理亲自前往罗马,使惨遭破坏的教会秩序得到恢复,并整个冬天都住在那里。为了报答查理,当时的教皇利奥三世在800年的圣诞节,为查理国王举行了加冕礼,并授予他皇帝和奥古斯都的称号。这一称号的授予使法兰克王国成为帝国,也标志着西方基督教开始摆脱拜占庭的影响,而把西欧的国王确定为自己的保护人。尽管查理对基督教非常虔诚和慷慨,但是,他还是力求树立起皇帝对教会的权威。他在世期间,大量的宗教会议都由他亲自主持,法兰克的主教都是他来指定的。而且他注意圣曲的演唱规则,对于那些不安分守己和野心勃勃的主教则毫不留情地予以训斥。这说明在查理大帝时期,国王作为教会的保护者有很高的地位,教会还没有强大到凌驾于国王之上的地步。

查理曼帝国的建立把蛮族入侵以来的日耳曼王国和自克洛维皈依以来的政教联盟推向一个新的顶点,同时把纷杂无序和不断冲突的各种文化因素调整为一种新的文化。查理的辉煌也预示着中古文明的结束和新的中世纪文明的开始,从此,欧洲的历史进入了一个基督教会一统欧洲、王权虚弱和地方割据为特征的时期。

4 伊斯兰的崛起

伊斯兰教创立之前,阿拉伯半岛还没有形成统一的国家,仍然是以氏族和部落为主体的组织模式,大多数人以游牧为生,但也有一些人开始了定居生活。当时的生活还处于非常原始的状态,并没有真正意义上的宗教,各个部落所崇拜的神基本上都是可以观察得到的自然现象。但这时阿拉伯人也已经受到外来宗教,主要是犹太教和基督教的影响。外来宗教的宣传对阿拉伯产生了重要的影响,并为后来伊斯兰教的创立提供了许多启示。

6世纪对阿拉伯半岛来说是一个变动的时期,阿拉伯的商业以及因商业而兴起的城市得到了长足的发展。阿拉伯的商业主要是利用得天独厚的地理位置从事转运贸易,培育了不少富裕贵族。同时,转运贸易的发达也为沿途商业城市的兴起提供了契机,其中最著名的就是麦加城。麦加位于从巴勒斯坦到也门的南北通道,以及连接红海和埃塞俄比亚与波斯湾的东西通道的交汇处。而且这里有著名的渗渗泉(Zamzam)和历史悠久的克尔伯(Ka'ba)神庙。该神庙类似一座小房子,呈正方箱体形,所崇拜的物体是一块黑色陨石。到6世纪末左右,麦加在商业上占据了主导地位。生活方式的改变以及不同商人队伍在同一地点的聚居,对原始的部落结构形成了冲击,而贫富差距的加大也使得社会矛盾逐渐复杂化。同时,在6—7世纪之间,阿拉伯,尤其是麦加,面临着严重的社会危机。一方面是波斯人和埃塞

克尔伯神庙

俄比亚人入侵阿拉伯,一方面是波斯和拜占庭进行了长期的战争,同时麦加附近发生了大规模的部落战争。外族入侵和战争对阿拉伯的商业造成了极大的影响,也使得社会动荡不安。正是在这样的背景下,要求打破部落藩篱、建立统一国家和社会改革的思想开始萌生,伊斯兰教应运而生。

伊斯兰教的创始人为穆罕默德(Muhammadan,570—632年),生于麦加,属于强大的古莱氏部落的哈西姆族,但是他的家庭贫困,童年也是非常不幸的。少年时曾经替人放牧,稍长则跟着骆驼队去经商,没有时间学习阅读和书写。由于家境贫寒,穆罕默德独身一人的时间比普通人长。但是生活的磨炼使他具备了强壮的体格和聪明、安静、自信、沉稳的性格以及善于思考的习惯,正是他的这些特点赢得了一位富有的寡妇海蒂彻(Khadija)的信任,穆罕默德同她缔结了姻缘。这次婚姻是穆罕默德一生的转折点,也为他的光明前途开启了门扉。由于婚后衣食无忧,生活安定,因而有了闲暇和精力去思考一些感兴趣的问题。他经常前往麦加郊区的一个希拉山洞里独自进行思考,在经过长时期的思考和神秘的体验之后,成为伊斯兰教的创始人。

穆罕默德最初的传教活动比较顺利。一方面因为他是秘密传教,主要的传教对象是自己的家人和朋友,因而传播的范围比较小;另一方面他传播的教义比较简单,主要集中在要求人们抛弃偶像崇拜、信仰唯一的安拉以及承认穆罕默德是安拉的使者上,并没有触及社会问题。但是当穆罕默德公开传教,提出社会贫富不均的问题,并公开与自己的部落神决裂,指出上帝和分立的部落是不相容的观点时,遭到了麦加贵族的反对。穆罕默德在城内待不下去,便带领部分信徒到了麦加郊区阿格白地方继续传教。正是在这里,另一个城市叶斯里卡的部族前来与穆罕默德联系,表示愿意接受伊斯兰教,并分别于621年和622年与穆罕默德订立了"第一次阿格白盟约"和"第二次阿格白盟约",表示正式承认伊斯兰教,确认穆罕默德的领导地位。于是,622年7月16日,穆罕默德离开麦加向叶斯里卡转移,并于9月20日到达。在伊斯兰历史上,穆罕默德出走叶斯里卡被称为希吉来(Hegira),这

一年后来也被定为伊斯兰历纪元年。穆罕默德在叶斯里卡受到欢迎,成为该地各分散或对立部族都承认的首领。他把叶斯里卡改名为"麦地那",意即"先知之城",并着手建立政教合一的国家。在这里,穆罕默德规定了清真寺的基本格局,并确定以耶路撒冷作为信徒朝拜的方向,规定了宣礼制。这样清真寺成为宗教中心和政治、军事以及公共聚会的场所。穆罕默德提出了"一切穆斯林都是兄弟"的号召,呼吁所有人打破过去部落、氏族的界限,放弃仇视,在宗教的前提下团结为一个整体。他颁布麦地那宪章,用法律形式确立一个打破部落、地域甚至种族的公社,所有公社的成员都按照法律规定行事,禁止血亲复仇,并一致对外,保卫家园。同时他还确立了圣战的原则,当时主要是要发动对麦加的圣战,消灭麦加的拜物教,使之成为伊斯兰教的圣地。随着在麦地那建立了伊斯兰政权,穆罕默德厉兵秣马,组织军队,精心准备对麦加的圣战。双方经过数次较量,麦地那取得了对麦加的胜利。630 年,穆罕默德亲自率领 1 万大军进入麦加,双方达成妥协:麦加承认伊斯兰教,穆罕默德也承认克尔伯神庙为伊斯兰教的圣地,并把克尔伯神庙规定为穆斯林朝拜的方向。穆罕默德占领麦加之后,许多其他部落纷纷皈依伊斯兰教,阿拉伯半岛走向统一。632 年 3 月,穆罕默德亲自领导众信徒在麦加进行了一次正式朝圣活动,为以后穆斯林的朝圣设定了一套基本程序。这也是他最后一次进行这样的朝圣活动,为此他在阿拉法特山下进行了"辞朝演说"。再次向人们重申了伊斯兰教的基本原则:

> 安拉引上正道的人,谁也不能使其迷误;安拉不引领的人,谁也不能引其正道。我作证:除安拉外,绝无应受崇拜的,安拉是独一无偶的。他掌管宇宙万物,一切赞颂全归他。他掌握生死,统辖一切。除安拉外,绝无应受崇拜的,他是独一的主。

同年 6 月 8 日,穆罕默德在麦地那病逝。

穆罕默德所确立的伊斯兰教的基本内容主要体现在《古兰经》之中,概括起来是"五信与五功"。五信分别是信安拉、信天使、信经典、信先知、信前定和末日。五信是要求一个伊斯兰教徒,必须有坚定的信仰,同时为了体现这种信仰,必须举行一定的宗教仪式,即五项"天命",或称"五功"。分别是念证言、礼拜、斋戒、天课和朝觐。

穆罕默德死后,阿拉伯开始了哈里发统治时期。历任哈里发在圣战的旗帜下不断对外扩张,使阿拉伯成为一个横跨亚洲、非洲和欧洲的大帝国,也使伊斯兰教成为世界性的宗教。阿拉伯帝国的形成和发展大致可以划分为三个阶段。第一个阶段是"四大哈里发"时期。由于穆罕默德生前并没有指定继承人,也没有确定继承的原则,因而谁应当成为穆罕默德的继承人经过了一番争论,最后沿袭部落社会大众推举的习惯做法,艾布·伯克尔(Abu Bakral-Siddiq, 632—634 年在位)成为第一任"哈里发",即穆罕默德的继承人。艾布·伯克尔是穆罕默德在麦加时的早期追随者,属古莱氏部落,是穆罕默德的密友,也是他的岳父,德高望重,受人爱戴。但是伯克尔只在位两年便去世了,其间他镇压了拒绝缴纳天课的叛乱部落,保持了阿拉伯半岛的统一,并已经开始派兵进攻伊拉克和叙利亚。第二任哈里发为欧麦尔(Umar ibn al-Khattab, 634—644 年在位)。欧麦尔同样属古莱氏部落,也是穆罕默德的早期追随者。从欧麦尔开始,阿拉伯大规模对外扩张,并取得了决定性的胜利。他打败拜占庭军队,占领了大马士革。637 年又迅速向另一个大国波斯进攻,并占领了它的首都。第二年,巴勒斯坦也为穆斯林所占有。在北线取得决定性胜利的同时,伊斯兰军队向埃及进军,并于 642 年攻占了亚历山大里亚。就这样,在欧麦尔时期,阿拉伯已经初步具备了大帝国的雏形。欧麦尔死后,奥斯曼(Osman, 644—656 年在位)成为第三任哈里发。自此,阿拉伯对外进攻的势头锐减,内部的分裂和争斗日趋激烈。奥斯曼最终被刺身亡,穆罕默德的女婿阿里(Mohammad Ali, 656—661 年在位)继任第四任哈里发。但阿里的上台遭到奥斯曼的堂兄弟叙利亚总督摩阿维亚(Muawiyah, 661—680 年在位)的反对,双方兵戎相见。支持阿里的信徒内部又因为主战和主和发生分裂,分化成支持阿里的什叶派和离开阿里的哈瓦立及派,最终 661 年阿里为哈瓦立及派刺死,摩阿维亚成为哈里发,建立了以大马士革为首都的倭马亚王朝,结束了四大哈里发时期。

阿拉伯帝国形成的第二个阶段是倭马亚王朝时期。由于摩阿维亚属于倭马亚族,且他把哈里发改成世袭制,所以该王朝以倭马亚家族来命名。由于倭马亚人崇尚白色,又被称为"白衣大食"。倭马亚王朝在平定了国内叛乱、稳定了国内局势之后,开始新一轮的对外征服。进攻分两个方向。一个方向是进攻北非,并伺机突入欧洲。沿着这一方向,阿拉伯人先后攻占了迦太基和马格里布,并在711年渡过直布罗陀海峡进攻西班牙。713年,阿拉伯人基本上占领了西班牙,并在733年到达了法国的普瓦提埃(Poitier),与法兰克人正面相对。普瓦提埃一役,穆斯林的进攻势头被遏制,但西班牙成为穆斯林文明的一个中心。另外一支阿拉伯军队则向中亚进军,先后占领了喀布尔、布哈拉、撒马尔罕等地,甚至同中国发生了一定的冲突。通过这些征服活动,8世纪中叶最终形成了一个地跨欧、亚、非洲的阿拉伯帝国。

但是倭马亚所建立的帝国,并没有消弭国内的矛盾和不同政治派别的兴起。8世纪20年代,穆罕默德的叔父阿拔斯的后裔阿布·阿拔斯(Abu el Abbas,750—754年在位)组成阿拔斯派,与倭马亚人对抗,并利用伊朗呼罗珊地区阿布·穆苏里姆起义推翻倭马亚王朝之机,夺取政权,建立了阿拔斯王朝(750—1258年),由此开始了阿拉伯帝国发展的第三个阶段。阿拔斯王朝崇尚黑色,故被称为"黑衣大食"。阿拔斯王朝前后历经500多年的时间,先后有37代哈里发,可以分为两个阶段。第一个阶段是第一任到第九任哈里发时期,这一阶段是阿拉伯帝国的最盛期。第二个阶段是从第十任哈里发到三十七任哈里发时期,是阿拉伯帝国逐步走向衰落和分裂的时期。在第一阶段,阿拉伯帝国在政治、经济和文化方面均取得了长足的进步,涌现出许多精明干练的哈里发,其中做出过突出贡献的著名哈里发有曼苏尔(Al-Mansur,754—776年在位)、哈伦·拉希德(Harun-al-Rashid)(786—809年在位)和麦蒙(Al-Mamun,813—833年在位)。曼苏尔的最大功绩是亲自主持兴建了巴格达新都城。哈伦·拉希德时代则进一步加强中央集权,大力发展农业和手工业,同时在外交上与周围国家交好,善于吸收各种不同的文化。麦蒙于813年成为哈里发,积极资助希腊、梵文和阿拉伯学问的研究,并因此改变伊斯兰文化和思想的形象。麦蒙建立了一所大学,即"智慧宫"。在这里,通过一系列的翻译工作,希腊和印度的著作进入到伊斯兰文化中。伊斯兰把希腊世界的哲学调查方法融合进自己的文化和信仰中,使柏拉图和亚里士多德这样的哲学家的思想在阿拉伯流传了数代。这种结合也导致了基于理性调查甚至怀疑主义原则的新伊斯兰思想活动。

阿拔斯王朝在经历了早期的辉煌以后,大约在9世纪中叶开始走向分裂。哈里发的中央权力开始分崩离析,在保持了两百年左右的强势后,伊斯兰政治和文化统一的世界分化成无数独立的政治和文化单位,北非、西班牙、叙利亚、伊朗等都有了自己的王朝,由此进入了伊斯兰的中世纪时期。中世纪时期是政治和文化分裂的时期,伊斯兰文化通常因不同的民族而形成不同的团体,在中世纪后期,甚至文化和政治统一的幻象也不复存在。1055年塞尔柱·突厥人占领了巴格达,阿拔斯王朝名存实亡。1258年,蒙古人攻陷了巴格达,阿拉伯帝国灭亡。

5 加洛林文艺复兴

中世纪西欧文化是以基督教为核心,融入古典的、日耳曼的文化因素之后形成的。公元9世纪左右出现的"加洛林文艺复兴",使这三种因素的融合达到了高潮,结合而成新的基督教文化,从而奠定了西欧中世纪文化的基础。

这场文艺复兴是一场自上而下的文化运动,同查理大帝和他的宫廷密不可分。查理大帝担任法兰克王国的国王之后,通过南征北战,确立了一个庞大帝国的格局,通过整肃政治稳定了国内的统治,通过征讨异教徒及广泛建立教堂和修道院,成为一个名副其实的基督教国王和基督教会的保护者。但是,作为一个从蛮邦逐步发展起来的强大帝国,始终缺乏文化根基。在以开拓疆土为主的时期,文化缺乏尚未构成多大的障碍,但是在帝国形成需要治理时,就会带来诸多的麻烦。

查理大帝本人充分认识到法兰克的文化基础是非常薄弱的,同时他深深感到文化建设的重要性。当时,不仅许多老百姓是文盲,就连唯一的知识分子阶层僧侣和教士们也面临着文化衰落。在《致富尔达修道院长鲍高尔夫的信》(*Letter to Baugulf of Fulda*)中,查理说,他曾经接到许多来自修道院僧侣的信件,这些人具有很好的思想但表达极为笨拙。他指出:

> 我们开始担心由于写作技巧欠缺,也会出现理解《圣经》所应用的智慧的欠缺。我们深知,虽然言语的错误是危险的,理解的错误则更加危险。因此,任何渴望通过正当生活而取悦上帝的人,也不应当忽视通过正确的语言来取悦他。虽然正确的行为比知识要好,但是知识先于行为。

当时面临的情况是,在宫廷中缺乏能够担任宫廷书记员的人员,这严重影响了政府管理的正常进行。从宗教的角度而言,并不是所有的教区教士都能够阅读拉丁文《圣经》的状况,也造成了信仰的危机。另外的问题是:西罗马帝国后期的俗拉丁语开始分化为地方性的方言,各地相互之间越来越无法了解,一个地区的学者无法和另一个地区的学者沟通。

鉴于此,查理开始采取一系列措施,加强文化建设,提高整个王国的文化水平。首先,他要求国内的天主教堂及修道院开办学校,进行基础的文科教育,保存和传播古典和基督教文化的基本知识。早在 782 年,他便提出了全体臣民修习人文学科的重要性。他说:"尽管我们有改进教会状况的愿望,但我们仍怀着极大的热情,不得不承担恢复因先辈的忽视而几乎熄灭的任务,我责令所有的臣民尽可能修习人文学科,我们并为他们树立了榜样。"在 787 年和 789 年,查理大帝连续颁布通令,要求国内的天主教堂和修道院开办学校,保存并传播古典—基督教文化的基本知识,让儿童学习识字和阅读。据艾因哈德(Einhard,770—840 年)记载,在学习方面,他首先以身作则,决定让自己的儿女们全都学习他本人非常重视的文艺诸科,自己也花很多时间和精力学习修辞学、辩论术和天文学等。同时,他还努力学习书写,为此,他经常把用来写字的薄板和纸张带在身边,放在卧榻的枕头下面,以便在空闲的时候使自己习惯于写字。但是艾因哈德也承认，查理对这项陌生的工作开始得太晚了，因此几乎没有什么进展。不过，查理在国内营造了一种重视知识的氛围，不论出身如何，只要是学有所成，都会得到查理的重视。他曾经告诫那些出身富贵却耽于玩乐的学生：除非你们发愤读书，否则你们永远不会得到真理的任何恩惠。对那些出身贫困但认真读书的孩子他大为赞赏，对他们说：我将赐给你们主教管区和华丽的修道院，你们在我的眼里是永远光荣的。

查理曼所采取的第二项措施就是广纳海内外贤才，到法兰克王国境内开办学校，创造有利于教育发展的环境。许多著名学者都慕名前来，投奔查理。其中有后来为查理大帝作传的来自东法兰克的艾因哈德，比萨的副主祭彼得，意大利利蒙特卡西诺本笃会修道院的副主祭保罗，西班牙的迪奥多夫，著名英国学者阿尔昆（Alcuin，735—804 年）。他给予这些学者优厚的待遇，并让他们创办宫廷学校，或者主持某一修道院的学校，培养各种出身的男孩子们。同时他们还主持寺院生活改革，并抄录和保存了《圣经》以及许多古典文本。

在查理曼所吸引的诸多著名学者中，影响最大的莫过于阿尔昆。阿尔昆是来自英格兰约克城的学者和教师，出身贵族，父亲是圣安德鲁修道院的创建者，阿尔昆后来成为这座修道院的继承者。阿尔昆一生中长期担任教师和学者，最初在约克学校任职，后来成为查理曼的主要顾问，负责教会和教育事务。从 796 年一直到去世，他都是都尔圣马丁大修道院的

阿尔昆

院长。

约克学校不但在宗教学问方面很著名,而且也是人文学、科学等方面的中心。在约克期间,尽管有时异教徒写的诗歌也曾给他带来很大的困扰,但是他对古典诗歌一直有浓厚的兴趣。正是在约克他奠定了以后领导法兰克宫廷学校的基础。781 年,阿尔昆受国王的派遣从英格兰前往罗马,请求教皇正式承认约克的大主教区地位,并认可他们新选出的大主教。正是这次前往罗马返回的路上,阿尔昆遇到法兰克的国王查理曼。查理曼邀请他加入自己的宫廷,出于对教会的热爱和对学问的热情,阿尔昆答应了查理曼的邀请。此时在查理曼的宫廷里已经汇集了不少著名学者,形成了一个著名学者团体。查理曼不是以一个国王的身份来对待这些学者,而是与这些人成为最亲密的朋友,把他们视为自己最好的顾问。阿尔昆的到来受到了热烈的欢迎,他也很快就与国王和宫廷的其他人建立了非常亲密的关系。阿尔昆的友谊也扩大到宫廷中的女士,尤其是国王的母后和国王的女儿们。

阿尔昆成为查理曼宫廷学校的主持人。宫廷学校在查理曼之前已经建立起来,目的是教育皇家子弟,按照宫廷的方式和方法进行教学。然而,查理曼的理想是在宫廷学校中导入人文学科,并导入对宗教的研究,阿尔昆则成为他这一理想的实践者。

从 782 年到 790 年,法兰克的国王,国王的亲属,被送到宫廷学习的年轻人,以及附属于宫廷教堂的年轻教士,都成为阿尔昆的学生,阿尔昆成为宫廷学校的灵魂和生命。他开创的对话式教学方法在当时独树一帜。从《丕平与阿尔昆的对话》中我们可以看到当时热衷的知识训练的方式:

丕平:什么是作品? 阿尔昆:历史的守护者。丕平:什么是演讲?阿尔昆:精神的启示者。丕平:演讲出自哪里? 阿尔昆:出自语言。丕平:什么是语言? 阿尔昆:是空气的拍动。丕平:什么是空气? 阿尔昆:生命的守护神。丕平:什么是生命? 阿尔昆:受祝福者的欢乐,忧伤者的痛苦,是对死亡的期待。

在承担了 8 年的宫廷学校教师以后,他于 790 年回到英格兰,在那里住了一段时间。但是查理曼很快便邀请他回来,请求阿尔昆帮助他与那些持养子论(Adoptionsit)的异教徒进行论战。这一异教倾向在西班牙的托莱多以及伊斯兰控制下的基督徒城市非常流行。在794年的法兰克福宗教会议上,阿尔昆支持了正统的教义。之后他又一次回到英格兰,但是当地发生了骚乱,国王也在骚乱中丧生,这促使他彻底离开了英格兰。796年他60岁时,提出希望不再承担宫廷学校的教职,查理曼答应了他,并把都尔的圣马丁修道院赐给他。

阿尔昆将该所修道院的学校建成了最优秀的样板,大量的学生涌到这所修道院。在这里他抄写了许多手稿,给他在英格兰的朋友写了很多信件,同时也给查理曼写了很多书信。这些信件现存311封,其中大部分是他自己虔心默想的内容,但里面也包含了当时文化和思想状况的信息,成为了解加洛林时代人文学历史的权威资料。在教学工作中他留下了许多手稿,其中一本语法书以及其他关于修辞和逻辑的著作,都是用对话的方式写成的。他也写过神学论文,如《〈圣经〉评注》等等。同时还创作了大量的诗歌。阿尔昆向法兰克传输了许多在英格兰保存的拉丁文化知识,也培训了大量的修道院僧侣。

以"复活"古典文化为特征的"加洛林文艺复兴",其创造力和影响力自然与意大利文艺复兴不可同日而语,但是在对古典文化的保存与传播方面,"加洛林文艺复兴"做出了许多难以估量的贡献。像维吉尔这样的罗马作家已经为加洛林时代的学者所熟知。这一时期,书籍的价值重新得以体现。查理曼不仅从全国各地搜集图书资料,建立自己的图书馆,而且命令手下从罗马和不列颠带回书籍以供研究。各个修道院里都设立了抄写室,抄录各种图书,并在编定好的图书封面上用金银珠宝镶饰。例如:两本最老的恺撒《高卢战记》的手稿抄本成书于9世纪;卢克莱修《物性论》的两部最好的手稿均成书于9世纪,现在收藏在莱顿大学的图书馆内。如果没有9世纪抄写者们的辛劳,我们将对塔西佗的情况一无所知,其中《关于演说家的对话》《日耳曼尼亚志》和《阿古利可拉传》等,都是以9世纪或10世纪的一个

文本(现在已散失了)为基准而抄录下来的。

"加洛林文艺复兴"中,创建了一批对中世纪影响深远的图书馆。在查理曼的提倡和教会自身的努力下,公元9世纪前后,主教堂和修道院里大都建立起自己的图书馆。富尔达在这些图书馆中收藏最丰富,大约有1 000多卷书;阿尔萨斯的默巴赫修道院在870年左右有400册书;意大利的博比奥在10世纪藏书超过了600册,一些比较重要的教堂一般拥有200到300册书。

尽管在学者们看来,用"文艺复兴"这一词汇来描绘这一时期似有不妥,因为这一时期主要的变化基本上都与教士和教会有关,而且这一时期缺乏后来文艺复兴时期广泛的社会运动,同时,这一时期并不是重新开创新文化的运动,更多的是试图再现以前的罗马帝国文化。但是这场文艺复兴确实产生了非常实在的后果,不但在文学、艺术、建筑、法学、礼拜和《圣经》研究方面有了很大的发展,而且这一时期也出现了中世纪拉丁语和加洛林字体,为欧洲提供了一种共同的语言和书写风格,使欧洲的许多地区都能够交流。它对学校教育体系的恢复以及对古典知识的搜集和整理,更是对后世产生了很大的影响。

6 庄园经济模式

9世纪期间,随着查理曼帝国的瓦解和相对一统的中央集权丧失,地方势力真正掌握了权力。在这种混乱和无序中,产生出一种新的社会和政治制度,即西欧的封建制度。从政治和法律的角度来看待西欧的封建制度,其主要特征便是封君封臣制和封土制。从这种意义上而言,封建制度是一个人对另一个人在经济上臣服和在军事上效忠,封臣因为这种制度而获得了经济上的资助,而封君也因此获得了军事上的保证。这种关系的达成并不是以封臣失去人身自由为代价的,而是双方平等地达成了以权利和义务为中心的契约。这种制度最根本的基础是土地,土地的经营模式主要是以庄园的形态为特征。

从起源上讲,庄园形态的形成同罗马帝国有联系。罗马帝国时期上层贵族就占有大地产,他们在生产中既使用真正的奴隶,也使用介于奴隶和自由人之间的人,后一种人非常类似中世纪庄园的农奴,他们自由离开的权利被部分或完全剥夺,对自己所从事的劳动也没有支配权。同时,在罗马,大地产主并不居住在自己的地产中,而是居住在罗马或者行省的首都,委派小贵族或者自己的管理人来管理地产。这样,罗马的大地产中就出现了一个主人下面有诸多依附者的形态。正是这种形态经过多多少少的修正而转变成中世纪的庄园体制。庄园制度的起源也同日耳曼人有关系。日耳曼人当中也存在明显的依附关系,一方面是军事首领和武士之间的依附关系,另一方面日耳曼人中间也有依附的奴隶,这些奴隶比罗马的奴隶地位要高,非常类似于后来的农奴的地位,因而他们几乎不需要多大的改变就可以变成村落的农奴。随着日耳曼人的入侵,他们的军事首领取代罗马贵族而成为土

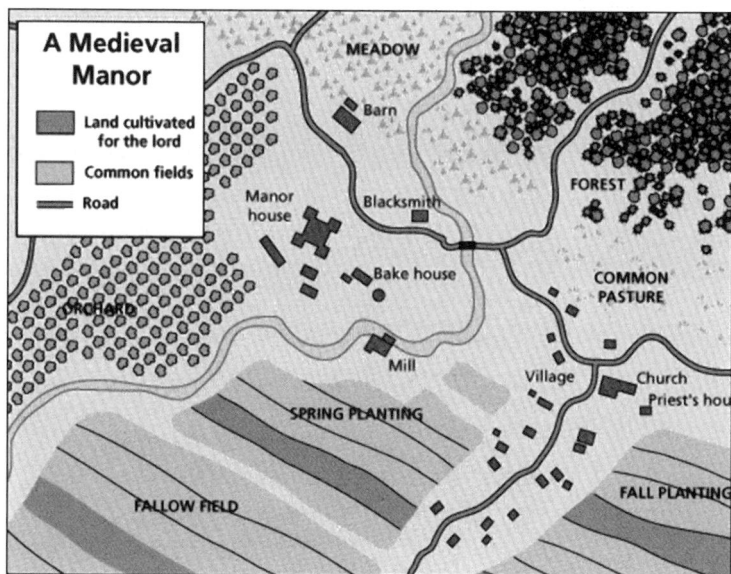

中世纪庄园

地贵族,那些被蛮族所占领的罗马贵族田庄上的农奴和奴隶很容易就成为蛮族人的农奴和奴隶。墨洛温和哥特国王没有正规的税收收入,并没有其他办法报答为他服务的人,因而,国王经常把土地,甚至把一群农奴授予他的追随者,同时,在兵荒马乱的时节,小自由民无法安全地经营自己的土地,通常会将自己的土地委托给大封建主而寻求保护。这使大地产因下层农民的委托和上层国王的转授而获得了发展,而法兰克王国实行的封君封臣制则从体制上固定了这样的土地格局。大多数的乡村地产都划分为私有领地和独立耕作者的土地,即佃户的土地。私有领地是为主人耕种的,主人从这些生产中获得产品,归入自己的农庄。租佃的土地是农民为自己耕种的土地。这种两重的大地产就是中世纪庄园的基本形态,它大致在9世纪早期已经形成。

在一个典型的庄园里,由拥挤在一起的茅草屋组成村落,在村落之外是草地和土地,再外面则是森林和荒地。最好的耕地一般都离村庄比较近,属于庄园中的封建领主,同时他的土地也同村民的土地交错在一起。村民的条形田或土地一般都距离村落半英里远。农民所领有的土地都是分散在各个不同地方的土地上的,通过这种方式,可以保证每个农民平等和平均领有贫瘠的和肥沃的土地。村民们相互协作劳动,在同一时间,有人犁地,有人播种,有人除草,尤其是在耕地方面,这种协作更为重要。由于当时耕犁短缺,必须共同使用,而且没有一个农民拥有足够的耕牛,因此集体耕作非常必要。

围绕每一个乡村的田地里,大都是种植谷类和制造面包的作物。农民一年中的生活便是围绕着春种和秋种以及收割这些作物展开的。最主要的谷物是小麦和裸麦(rye)。小麦和裸麦剥去壳,很容易磨成面粉,烘烤成面包,必须在秋天播种,在来年6—8月成熟,在贫瘠和酸性的土地上无法生长,而且很容易死于严寒。最主要的春季作物是燕麦和大麦,通常是在3月播种,是3个月成熟的作物。同小麦和裸麦相比,它们可以在贫瘠的土地上生长,但难以去壳,难于磨成面粉,而且在烘烤成面包时根本无法发酵。燕麦用来喂马，而且在大麦缺乏的时候用来发酵酿酒，在人们困顿时也可以成为食物。在中世纪最主要的经济作物是葡萄。中世纪的大多数葡萄园，都直接由他们的主人管理，同时雇用劳动者。橄榄在中世纪仍然在南欧种植，但并没有罗马时期种植得那样普遍。尽管也有橄榄油出口，但并不是什么很重要的商业项目，原因是橄榄树最容易受到战争攻击的破坏。橄榄树的成熟一般都不会低于 20 年，一旦遭到破坏，那么在动荡的年代不可能再重新种植。乡村中除了农业之外，还有部分畜牧业，但是，对大多数人而言，饲养牲畜只是一项副业。牲畜养殖最大的障碍是冬季饲料的缺乏。通常，冬季的饲料只有干草。耕牛的饲料是优先供应的，燕麦通常用来喂马，因此一些牲畜便被任意放养到林地里。牲畜的数量很少，造成庄园中肥料缺乏。中世纪的人很晚才懂得牲畜的增多会带来作物产量的增加。如果说农民牲畜很少，那么领主通常有不少数量的牲畜。在一个有点规模的庄园，一般都要拥有两组耕牛，以及主要用于繁殖的一定数量的母牛，同时还要保持数量稳定的马匹来装备骑士。但是，乡村社会并不是完全依赖土地而活，林地也是非常重要的，如果没有树木，就无法建造遮风避雨的房屋，如果没有树枝，他们就无法在冬天生火取暖，也无法烤熟面包。林地提供猪的大部分饲料，而猪反过来为人们提供一些动物蛋白质。草地也是必要的，因为草地能够提供干草。如果没有干草，耕牛和马就不可能活过冬天，草地通常是面积最小而价值最大的土地。

每一个庄园实际上都是自给自足的，生产大部分自己需要的物品。庄园中有自己的铁匠、磨坊主、制革工人以及织布匠。除了铁匠和磨坊主等要求有特殊技艺的活计由男人来从事以外，大部分手艺活都是由女人来从事。几乎每一个村落里都有磨，因为制造面包的粮食必须要磨了才能做。人们穿的衣服来自羊身上的羊毛以及大麻和亚麻。庄园里通常设有酒房，农民们到酒房去造酒，就像到磨坊里去磨谷物一样。

为了维持庄园的正常运行，一定的管理是非常必要的。庄园主当然是庄园里的最高长官，但是他往往并不亲自参与具体管理，而是委派人员进行

管理,并形成了一系列从上到下的官员,每个人都有自己的职责范围,共同维持庄园的平稳运行。

大致出现于 13 世纪晚期的一则文献《管家之书》(*The Book of the Office of Seneschal*),对庄园中各种人物的职责进行了描述,从中我们可以大致了解庄园的主要官员以及各自的职责范围。在该文献中,提到了庄园主、管家、采邑官、监守官以及犁倌、马车倌、羊倌、猪倌等。作为一个庄园主,首先要具备虔诚和公正的品德,并要善于同老成持重、阅历丰富的人进行商谈。庄园主必须委派自己的人经常进行调查,调查管家的工作以及上任以来是否有所贡献,要从采邑官和监守官那里了解损益情况,要查账看谁做得好谁做得不好,并倾听庄园中任何人对管家、采邑官等的抱怨,并因此进行奖惩。管家(seneschal)作为庄园主的全权代表,必须忠诚、谨慎和善于经营,必须了解王国的法律,保护其主人的事业,并在采邑官和监守官遇到困难时给予指导和担保。采邑官(bailiff)除了忠诚、谨慎和善于经营,还要是个好农夫。他每天早晨起来必须考察林地、谷物、草地等,看看会有什么损失,必须检查犁是否套好,从而保证每天顺利耕作。监守官(provost)是基于居民普遍同意而选举出来的最好的农夫和最受认可的人。他必须每天早晨监督所有人都起床各司其职。如果说上述人员都是真正意义上的管理阶层,那么庄园中还有一些具体事物的责任人,他们也都有着明确的职责。其中,家畜围篱管理员(hayward)类似看守人,他必须主动而机警,从早到晚四处转悠,看护林地、谷物、草地和其他东西,还要负责播种土地,监督犁耕的人、耙地的人以及有义务前来的佃农做自己应该做的事情。负责犁耕的人必须聪明,懂得如何播种、如何修理坏掉的犁耙、如何驾驭和饲养牛,而且要好好照看饲料不要被偷或被人带走。马车倌的职责是他必须了解自己的行当,知道如何控制马,使马的荷重不致对马造成伤害;而且他必须知道如何修理挽具和马车。同样,庄园里的猪倌、羊倌等均有其相应的职责和要求。

除了上述这些具体管理人员维持庄园的正常运转之外,真正能够反映庄园主权威的是庄园法庭的召开。尽管庄园主一般不住在庄园里,但是庄园主会定期不定期地到自己的领地上去,他每次到来的时候,往往就是庄园法庭召开的时候。在必要的时候,即使他不能到场也会召开,尽管主持人不是庄园主,但是法庭也是以他的名义进行的。庄园法庭并不是以武断和独裁的方式进行的,届时往往有礼仪官、治安官等维持秩序,在法庭进行中确保照顾到庄园主的收入。参加法庭的人还包括一些村民,其中有自由人,有农奴,他们充当类似起诉人的角色。在法庭上要处理一些犯错误或者犯罪的人。犯罪较重的人也许会失去自己的财产,或者被赶出村庄,或者受到体罚,但无论如何处置都要缴纳罚金,所缴纳的罚金足以使其沦为乞丐;犯罪较轻的人则只被处以罚金。除了处理犯罪者外,对那些玩忽职守、怠慢义务以及侵占邻居所得的人,法庭也要进行处置,一般是进行罚款,这些罚款最终落到庄园主手中。另外,法庭要处理诸如结婚、遗产继承等多种事务。庄园规定庄园中的男子不能娶庄园外的女子,同样庄园中的女子不能嫁到庄园之外,除非得到庄园主的特别恩准。在举行法庭的日子,就是向庄园主提出请求的时候。遇到这种请求,庄园主一般都会同意,条件是当事人必须缴纳一笔款项。如果有人去世了,后代要继承前辈的财产,也要在这样的场合进行申请,同样要向庄园主缴纳一笔钱。中世纪的一则庄园法庭记录反映了当时庄园法庭所处理案件的细碎:

> 约翰抱怨理查带着牛、马和猪经过时践踏了自己的麦田,造成24捆麦子的损失;休的牲畜在庄园主的园林里被抓住,因此接受罚款;罗格辩解自己和家人没有杀死过尼古拉斯的孔雀;7人没有前来洗庄园主的羊,要被罚款;吉尔伯特的儿子为获得娶妻资格而付费;威廉因未能很好地为庄园主耕地要被罚款;马丁伤害了佩肯,要被罚款;菜根希尔德没有获得许可而结婚要被罚款……

除了这些事务之外,法庭还要就庄园本身的问题进行讨论和规划,如是否清理新的土地,是否建立新的设施,如新的磨坊、桥梁、大坝等等,并就是否改变农作物以及轮作方式进行讨论。对这些庄园规划和发展计划,在早期的法庭中是很少讨论的,但到后期,随着庄园发生变化,法庭涉及这方面

的议题越来越多。

庄园里各种官员各司其职,保证了庄园的正常运行。庄园法庭则体现了行政权、司法权和管理权的合一:以庄园主的利益为宗旨,体现庄园主的权利并保证每个人在庄园中的位置和义务。以庄园为主的经济形态,构成了以封君封臣为特征的封建制度的基础。

第七讲

信仰的时代

I 政教斗争

  查理曼帝国解体之前，基督教会沿袭罗马时期与皇权结合的模式，但是，查理曼帝国的瓦解，使得统一王权不复存在，面对四分五裂和矛盾重重的社会现实，原来一直受到国王控制的主教开始寻求摆脱国王的控制。主教与国王矛盾的发展使得主教们有必要抬出教皇，来与世俗王权对抗，因而教皇的势力渐渐抬头。与此同时，基督教会也开始世俗化：教会不但占有大量的领地，成为名副其实的封建主，而且在国家范围内划分教区，广泛建立修道院。封建化的完成形成了政治分裂的格局，基督教会作为一个统一的力量日益显示出其重要性。但是9—11世纪，许多教会和修道院都在世俗君主的控制之下，纪律松弛，而且其世俗化妨碍它发挥应有的作用。于是一场要求摆脱世俗控制、整肃教会的运动开始出现，这就是著名的克吕尼运动。

  克吕尼修道院(Cluny)自910年成立之初，就提出了摆脱世俗控制的宗旨。他们一方面反对教会世俗化,反对神职人员结婚,主张严守戒条,过禁欲生活;另一方面,他们又反对世俗封建主控制教会,出卖教会职位,主张树立教皇的权威。该派的僧侣在随后确立教皇权威的进程中发挥了关键的作用。克吕尼派利用神圣罗马皇帝与意大利的微妙关系以及意大利诸侯之间的利益争端,找到了突破口。11世纪初,意大利诸侯派系斗争的结果是意大利同时出现了3个罗马主教,在相互争执不下的情况下,他们都要求神圣罗马皇帝亨利三世(Henry Ⅲ,1046—1056年在位)进行裁决,于是在1046年亨利三世率兵进入罗马,同时废黜了3个教皇,而委任日耳曼籍的神父担任罗马主教。在被任命者两次均遭毒杀的情况下,一位克吕尼派的僧侣终于被亨利三世扶上了教皇宝座,即利奥九世(Leo Ⅸ,1049—1054年在位)。利奥九世上台以后,立即着手改组罗马教会,改变过去枢机主教的人选限于罗马一地的传统,而扩大到整个西欧教会,这样就改变了罗马贵族控制罗马教会的局面。在此基础上,他撤换原有的高级神职人员,开始安插自己的亲信充任枢机主教,其中就包括后来在政教斗争中发挥关键作用的希尔德布兰,即格里高利七世(Gregory Ⅶ,1073—1085年在位)。同时,他在教会里推行克吕尼派的信条和戒律,并提出了教会首脑由神职人员和信众选举的原则。虽然利奥九世的改革措施并没有取得什么成果,但是却为后来树立教皇的权威以及彻底摆脱世俗的控制奠定了一定的基础。

1056年亨利三世去世,年幼的亨利四世(Henry Ⅳ,1056—1105年在位)即位。在这样一个皇帝权力相对薄弱的时候,克吕尼派开始公开争夺皇帝对主教的叙任权。1057年刚刚登上教皇职位的斯捷凡九世授意枢机主教霍姆伯特发表了《反对买卖神职三篇》的文章,公开宣称皇帝作为一个平信徒,根本无权授任神职,因此,皇帝授任的神职无效。1058年继任的教皇尼古拉二世更是正面反对皇帝的神职叙任权。他在1059年主持召开了罗马宗教会议,规定了罗马教皇选举法规,首次赋予罗马枢机主教选举和决定教皇的权力,保持教皇独立于外部的干涉。1073年,觊觎教皇宝座已久的希尔德布兰终于登上了教皇宝座。登上教皇职位以后,他连续发布了多项教皇敕令,整肃教会,宣扬教皇权力至上,把教权至上论推向一个高潮。1074 年在罗马召开的宗教会议上,他谴责了买卖圣职和教士结婚行为。在注重对教会内部进行道德整肃的同时,格里高利七世于 1075 年发布了《教皇敕令》27 条,以最直接的口气宣称教皇高于皇帝的教权至上论。其内容包括:

2. 只有罗马主教当被称为普世的。

3. 只有他拥有罢黜和恢复主教职位的权力。

12. 他可以废黜皇帝。

16. 没有他的命令,任何宗教会议都不得被称为普世。

19. 没有人有权对他实施审判。

22. 罗马教会从未犯过错误,并且由《圣经》证明,将永无谬误。

27. 教皇有权解除臣民对于不义的主人所作的效忠宣誓。

格里高利七世与德意志皇帝亨利四世的斗争揭开了中世纪教皇与德意志皇帝争夺权力的 200 年的斗争历史。亨利四世1065 年亲政,格里高利七世 1073 年登位。格里高利七世反对神职买卖和神父结婚,遭到德意志神父的反抗。他还以买卖圣职为由,将担任亨利四世咨政的 5 个主教一齐逐出教会。当格里高利客气地请亨利提名一位适当的继承者出任班柏主教的职位时,亨利不但作了提名,而且未经教皇同意就为他选定的人实行了授职礼,并当着教皇的面任命其他地方的主教,还把被教会开除的人留在自己身边。为此,格里高利致信亨利四世,指出如果他继续漠视罗马宗教会议的训令,将会被革职。此时,亨利

卡诺莎觐见图

四世亲政不久,且刚刚平定了萨克森的叛乱,士气正盛,根本没有把教皇放在眼里。面对教皇的威胁,他同样召集了全德意志的主教会议。反对教皇、拥护亨利四世的主教们谴责格里高利是用非正当手段获得了教皇职位,而且教皇选举须经日耳曼皇帝同意是历来的惯例,他们鼓励皇帝把格里高利逐出教门。对此,格里高利七世毫不相让,在 1076 年 2 月 22 日发出了开除神圣罗马皇帝亨利四世的法令。教皇的这项法令一出,立刻使亨利四世陷入非常被动的境地。许多德意志贵族和主教反对他,原来支持他的主教也纷纷离他而去。在孤立无援的情况下,亨利四世被迫向教皇屈服,专程前往阿尔卑斯山,静候前往奥格斯堡路经此地的教皇,并在教皇暂住的卡诺莎城堡外(Canossa),隆冬之日赤足披毡站立 3 天,表示悔过。此事件在历史上被称为"卡诺莎觐见"。亨利四世表面的真诚打动了教皇,使他真的认为确实征服了这位桀骜不驯的皇帝。于是在 1077 年 1 月 28 日,教皇致信德意志的诸侯们,宣布赦免亨利四世的罪恶。教皇的决定也使德意志主教和诸侯们的分裂公开化,支持亨利四世的人重新聚集在他的周围,而反对他的人则推举斯瓦比亚的公爵鲁道夫(Rudof)为皇帝,两派势力进行了争权夺利的内战。此时教皇则静观其变,在看到鲁道夫逐步占据上风后,他在 1080 年 3 月第二次把亨利四世逐出教门,废黜了他的皇位。但是亨利四世羽翼已丰,他同样在同年 6 月把格里高利废黜,推举出另一个教皇克雷门三世,与格里高利七世对峙。鲁道夫在战场上战死使得形势向着对亨利四世有利的方向逆转。于是亨利率兵进入意大利,获得克雷门三世的加冕。格里高利七世无奈之下引狼入室,邀诺曼人进入罗马,给罗马带来了深重的灾难,最后随诺曼人向南撤去,不久死去。

　　格里高利的去世并没有结束这场政教斗争。经过一系列后续的斗争,双方最终于 1122 年签订了《沃姆斯教约》(*Concordat of Worms*),暂时结束了长达 40 年的教皇与皇帝的斗争。该教约明确了教皇和皇帝在主教叙任权方面的权力,反映了双方的妥协。

　　《沃姆斯教约》的签订暂时使政教斗争告一段落,但是两者的妥协并没

有从根本上彻底消弭这场斗争。1152 年腓特烈(Federic Ⅰ, 1152—1190 年
在位)继承皇位后,又引发了新一轮的政教斗争。腓特烈即位不久便进兵
意大利,于 1159 年另立教皇维克多四世,与当时在位的亚历山大三世对峙,
并派兵把亚历山大三世赶出意大利。亚历山大三世则以法国为基地,联合
欧洲其他国家,打败了腓特烈的军队,并通过签订《威尼斯条约》,迫使腓特
烈放弃维克多。教皇英诺森三世(Innocent Ⅲ, 1198—1216 年在位)时,则
利用德意志争夺皇位的内战之机,插手德意志的皇位争夺,先是支持鄂图,
通过加冕确认他的正统,但在与鄂图反目后,继而宣布废黜鄂图,另立西西
里王国幼主腓特烈为德意志皇帝,即腓特烈二世。腓特烈二世长大成人后,
又开始加强王权,削弱教会的势力,并在意大利培养自己的力量,与教皇发
生矛盾。这场斗争最后因腓特烈二世的去世而宣告终结,并由此结束了教
皇与德意志皇帝之间长达 200 年的政教斗争,德
国从此陷入四分五裂之中。

教会的势力在英诺森三世时期达到极盛,这
时候不但从理论上确立了神权对王权的优势,而
且实际上控制了欧洲的政治。但是,教皇权力的
极盛背后潜伏着危机。英诺森三世之后,随着社
会形势的变化,以教皇为首的基督教会开始走下
坡路。其中最典型的是教皇博尼法斯八世(Boni-
face Ⅷ, 1294—1303 年在位)和法国国王腓力四
世(Philip Ⅳ, 1285—1314 年在位)的权力斗争,
随着教皇以失败而告终,结束了国王匍匐在教皇
脚下的历史。腓力四世于 1285 年登上法国国王
的宝座,即位之后便开始了消除封建割据和加强
王权的进程。这一系列的活动需要以强大的财
政作为后盾,于是开始向法国的神职人员征税。
这一行为引起了当时教皇博尼法斯八世的不满,

博尼法斯八世

教皇在 1296 年发表了《论平信徒》(*The Decree Clericis Laicos*)的教谕,针对法国国王的行为,他指出:没有罗马教皇的同意,任何教士和教会人士,都不能向世俗人士缴纳或者同意缴纳税收和财物。对教皇的教谕,腓力四世进行了反击,他宣布禁止法国的金银钱币出境,以此来打击教皇的财政收入。这项政策同时也影响了意大利银行家的业务,他们也要求教皇收回成命,不满意博尼法斯八世的人也趁机攻击教皇。教皇无奈重新发布教谕,认可法国国王向教士征税的做法。但教皇的妥协并没有彻底消弭两者的权力之争,很快因为法国国王逮捕了教皇派往法国的特使,双方的矛盾又开始尖锐。此时国王不再慑于教皇的权威,派遣副首相诺迦列(W.Nogaret)伙同教皇的政敌,武力攻入教皇的寝室把教皇抓获,对教皇进行了殴打和凌辱后释放。教皇回到罗马后几周内便在悲愤和羞愧中死去。这场斗争以教皇的彻底失败而告终。自此之后,教皇进入了长达 70 年左右的"阿维农之囚"时期。

博尼法斯八世死后,在腓力四世的压力下一位法国主教当选为教皇,称克雷门五世(Clemant V,1305—1314 年在位),他唯法王之命是从,不但宣布取消了博尼法斯八世所颁布的所有禁令,而且还把教皇的教廷从罗马迁到靠近法国边境的阿维农。自此之后,连续 7 任教皇都把教廷设在这里。教皇失去了昔日的荣耀和威权,而成为世俗国王所控制的傀儡。一直到1377 年,教皇格里高利十一世才把教廷迁回到罗马的梵蒂冈,但这次回迁并没有改变教皇权力虚弱和受法国控制的现实,反而导致了教会的大分裂。格里高利十一世死后,针对教皇的选举出现了罗马贵族和法国主教的权力之争,罗马贵族操纵意大利的主教上台,称乌尔班六世,并试图削弱枢机主教团内部法国籍主教的势力,法国籍主教对此不满,于是重新返回阿维农,并针锋相对选举日内瓦籍的主教为教皇,称克雷门七世。这样就出现了两个教皇对立的局面。在教皇对峙的局面下,教会内部的腐化更加严重,通过出售神职、典当教产、向商人举债、兜售赎罪券等各种手段进行敛财,从而使教会在人们心目中的威信更加降低,引起了反抗教会的广泛斗争。在教皇分立局面引起西欧社会动荡的时候,西欧的封建君主们开始设法消除这种局面。1409 年比萨会议召开,这次会议的主要议题之一就是要结束教皇分裂的局面,会议宣布废除两个教皇,并把他们都开除出教籍,然后选出另外一个教皇亚历山大五世。但是被废除的两个教皇并没有完全失去支持,结果形成了三个教皇对峙的局面,使得原来的分裂局面更加混乱。1414 年,德国的皇帝西吉斯孟(Sigismund,1410—1437 年在位)会同教皇约翰二十三世召开了康斯坦次宗教会议,进一步谋求结束教会的分裂局面。为了不再重蹈比萨会议的覆辙,会议真正开始之前便要求在位的三个教皇都自动引退,然后根据规定的程序,由与会代表和枢机主教团选举产生一个新的教皇,即马丁五世(Martin V,1417—1431 年在位),这样长达 40 年的教会分裂局面宣告结束。康斯坦次会议的成果不仅是结束了教皇分立的局面,而且为了避免当选教皇滥用权力,确立了宗教会议之权力高于教皇权力的原则,宣布该宗教会议的权力直接来自基督,会议所订立的任何决议都具有绝对的权威,上至教皇下至普通教士均要服从。通过这次宗教会议,教皇的权力受到很大的限制,也反映出教皇权威的丧失。为了进一步限制教皇的权力,各国的君主又迫使教皇召开巴塞尔宗教会议,要求教皇进一步让出权力。但是当时的教皇尤金四世并不想任由各国的世俗君主摆布,试图摆脱这种被动的局面,于是他公开与巴塞尔会议决裂,自行召开佛罗伦萨会议,寻求与东正教教会统一,从而加强自己的权力。但是拜占庭对他的提议进行了抵制,而巴塞尔会议也决定废除尤金四世,另选教皇菲力克斯五世。这样又出现了两个教皇对峙的局面,这一方面说明教皇已经失去了权威,成为君主控制和利用的对象,另一方面表明世俗君主由于内部的矛盾,也无法完全控制教会。尤金四世教皇利用他们之间的矛盾,通过向法国和德国让步而使巴塞尔会议失去支持,菲力克斯教皇也被迫退位,这样巴塞尔会议历经 18 年以失败告终。但是这时的教皇也已经元气大伤,随着改革的浪潮而进入了文艺复兴时期。

2 修道生活

在西欧中世纪社会,修道院和修道生活贯穿整个历史之始终,在宗教、经济和政治方面均产生了重大影响。修道生活以及修道院的出现是一个矛盾体,它一方面是对教会生活的补充,另一方面它又是对教会生活的反动。修道僧选择苦行修道的方式是基于他们对教义的理解,也是基于对教会世俗化的一种改革和抗议。

修道生活最早起源于东方,那时往往一个人到很艰苦的环境下进行独修,住在最简陋的房屋里,或者住在天然的山洞里,过着极端的禁欲苦行生活,通过抛弃世俗和祈祷沉思,而使自己的灵魂获得拯救。他们的行为和精

圣·本尼迪克

神往往感动其他人,于是有些人追随他们去过同样的生活,结果单独的修道僧汇聚而成修道团体。团体的生活不再像个人独修那样简单,需要订立某种集体认同的规则进行约束,于是修道院院规开始出现。最早的修道院院规是蓬塔斯(Pontus)的圣·巴西勒(St.Basil)所制定的。他主张苦修,赞同团体修道的修道院生活,为此他制定了《布道规程》和《日课规程》。他制定的修道院规则对东罗马的修道院影响很大,一直到8—9世纪在拜占庭帝国还应用着。

真正为西欧修道院确立规则的是圣·本尼迪克所制定的《本尼迪克院规》(Rule of St.Benedict)。他于480年生于意大利,因不满于教会的世俗化而隐居山洞中独自修行,后因追随者日众,遂建立了修道院,同

时为了有效地进行管理,他在523年制定了修道院的院规。在该院规中,本尼迪克强调修道僧要发誓赤贫,要绝对服从。修道僧的最基本的生活是体力劳动、诵读经卷和祈祷。为此,本尼迪克详细规定了修道僧每日的程序。其中在祈祷方面,院规规定每日要进行七次祈祷:

> 先知说:每天我赞美您七次。我们在早课、第一课、第三课、第六课、午课、晚课以及晚祷时尽我们的义务,我们就遵守了七这个神圣的数字。这就是使徒所说的每日七次定时的祈祷。此外,还有夜祷,使徒说:夜里我起床来赞美你。所以让我们在以下这些时间为我们的造物主的公正判决而赞美,即早课、第一课、第三课、第六课、午课、晚课和晚祷,而且让我们在夜里也起来赞美主。

本尼迪克的最大贡献是把修道规定为团体性的有严格纪律的生活,而且使得修道生活完全基督教化,这为西欧修道院的纷纷建立和发展提供了基础和方向。

5—6世纪是西欧修道院纷纷建立的时期,在法国、爱尔兰等地,都有许多修道院,基本上都以孤独、斋戒、劳作、阅读、祈祷等为原则。其中爱尔兰的修道院具有非常重要的地位。在欧洲大陆处于混乱的时候,爱尔兰因拥有和平和秩序而成为许多欧洲学者的避难所,在这里保留和哺育了文化的种子,其间,有不少爱尔兰的僧侣前往欧洲大陆建立修道院,进行传教活动。当8世纪末爱尔兰的修道院遭到诺曼人的劫掠和破坏时,许多僧侣们反过来逃往大陆,对大陆中世纪文明的形成起到了多方面的作用。欧洲许多重要的修道院都有爱尔兰的痕迹,德国科隆的修道院起源于爱尔兰,纽伦堡、维也纳和布拉格等地深受爱尔兰基督教的影响,其中哥伦班(Columban,543—615年)建立的修道院对法兰克王国修道院制度的发展发挥了重要的影响。哥伦班在大陆建立了多所修道院,吸引了很多追随者。他同本尼迪克一样,强调团体修道的重要性,强调体力劳动的作用,强调苦修和禁欲,而且他制定了比本尼迪克更加严酷的院规,他要求修道僧用自己的双手创造一切,直到站着睡着了才能上床。艰苦劳动是修行的需要,但实际的结果却

使大量沼泽地和荒地得到开垦,因此他们建立修道院的活动得到国王和权贵们的鼓励。

加洛林王朝时期,随着教会和王权结合的逐步形成,修道院与王权和教皇的联系也更加紧密,渐渐失去独立的性质。随着查理曼帝国的瓦解、蛮族入侵以及割据状态的形成,修道院逐步走向世俗化,大多成为封建贵族的私有财产,修道僧也纪律松弛,不再恪守戒律而是追求世俗生活的享受。在这种情况下,开始了对修道院改革的运动,其代表便是克吕尼修道院。克吕尼修道院是阿奎丹的伯爵威廉在 910 年建立的,其成立章程中清楚地表明了其改革的思想:

> 把所有的僧侣和上述的财产,都置于修道院长贝尔诺(Berno)的管理之下,在他在世期间,依靠自己的知识和能力进行有规则的管理。但是在他过世之后,僧侣们有权利在他们之间选举他们中意的人担任修道院长,遵从上帝的意志和圣本尼迪克所颁布的法规,任何其他的力量都不能妨碍他们进行纯粹的教会选举。任何世俗君主、伯爵、教士以及罗马教皇均不能侵吞他们的财产,不能让渡、减少或者交换这些财产,或者作为采邑给任何其他人,或者违背他们的意志而任命院长。而且应当更加严格地禁止鲁莽之人和罪恶之人做种种亵渎的事情。我恳请圣徒和世俗的君主,彼得和保罗以及教皇,以你们从上帝那里获得的法典和权威,使那些侵吞、劫掠和让渡我们心甘情愿献出的财产的人,不再有在神圣教会分享永恒生命的权利;而且出于上帝的仁慈和怜悯,做克吕尼这块地方以及居住于此的这些僧侣以及所有这些财产的保护者。

可见,建立之初伯爵威廉就要求克吕尼修道院摆脱世俗贵族的控制,只承认教皇。它的第一任院长贝尔诺力图重新以本尼迪克的院规来整肃修道院,因此他要求修道僧要绝对服从,要禁欲苦行,要劳动和祈祷。如果说贝尔诺在思想上和修道方式上奠定了克吕尼修道院的基础,那么第二任院长奥托(Odo)则进一步把克吕尼的理想发扬光大。在他的努力下,国王确认了修道院的自由地位,修士们可以自行选举自己的院长,同时教皇也确认了对他们的保护,任何主教未经邀请都不可随意进入克吕尼修道院。自此以后,克吕尼的影响开始超出自己的修道院,许多以本尼迪克教规为原则的修道院在各地建立起来。994—1049年间,奥蒂洛(Odilo)统治了克吕尼修道院,在位期间,修道院得到进一步的建设,他用大理石装饰了修道院,而且建造了辉煌的大门。同时他也开始积极涉足政治和宗教生活。他在任时期鼓励和支持了"上帝的和平"(Peace of God)运动,并在法国之外建立了多所克吕尼修道院。他的继承者于格(Hugh)更是把克吕尼修道院的势力和政治影响推向高峰。于格受到教皇的器重,成为教皇的特使,也受到皇帝的器重,受邀担任亨利四世的老师。由于他的特殊地位,他在调节亨利四世和格里高利七世教皇的斗争中发挥了重要作用,从而提高了克吕尼派在国际事务中的地位。也正是他在位期间,克吕尼派的僧侣爬上了教皇的宝座,克吕尼修道院也在权势和地位上达到了最盛期。

修道院在政治地位上的提高,带来了经济上的富裕。王公贵族的不断捐赠,使修道院拥有了大量田产和丰富的物资,修道院也因此而涉足市场。昔日修道院的宁静和简朴被喧闹和奢侈所代替,已经失去了原有的功能和风格。在这样的情况下,又开始出现改革修道院、回归其初始状态的运动。在这场运动中,西多会(Cisterian)特别具有代表性。

西多会最初是在荒山上建立的。该会的创始人为圣罗伯·摩莱斯姆(Robert de Molesme,1028—1111年),由于不满克吕尼修道院过度涉足世俗政治和经济,过于奢侈,违背了修道的本义,他首先自己到丛林中独修,并与最初的追随者一起建立了摩莱斯姆修道院。随着摩莱斯姆修道院的日渐成熟和世俗人众聚集的数量日多,他又于1098年率领21位志同道合的修道士来到西多荒山的茂密丛林,一边祈祷,一边清理寺院周围的田野和森林,通过自己的双手建立了西多修道院。该院的宗旨完全可以从它的名字体现出来,因为"西多"的意思在古法语中就是"向沼泽进军"的意思。到圣伯纳德(St.Bernard,1090—1153年)主持该修道院时,这一团体得到了迅速

发展。由于他个人的魅力,前来追随者更多,原来的修道院已经无法容纳,于是他把修士们分成许多组,每组 12 人,分别到各地去开拓荒地,建立分院。他自己也离开西多修道院,亲自带领一批人到一个荒山苦草谷去重建基地。他们砍伐森林,辟地耕种,把原来的不毛之地变成可以耕种的良田,因此将苦草谷更名为清谷,建立了清谷分院。到他去世时,清谷修道院的人数已经增加到 700 人,而从清谷派出去的修道士,则建立了 343 座分院。他们的足迹到达英国的荒地、法国比斯开湾的沼泽、荷兰的低地以及德国的沼泽地等地区。

圣伯纳德仍然以严格的标准来要求自己,他房间里一无所有,而且屋顶很低,在里面几乎无法直立,他经受许多严酷的折磨,病魔缠身,但是他死后西多会开始衰落了,主要是因为它变得越来越富裕了。由于西多会通过开垦荒地掌握了大量的地产,因而它有很好的租金收入,同时也随着商业复兴的浪潮而涉足陆上商业和海上贸易,最终走上了和克吕尼修道院同样的道路。

与此同时,由于十字军东征以及异端运动的兴起,西欧开始产生多种类型的修道团体。在城市中出现了托钵僧修会,他们反对教会垄断市场、纠缠于商业的现实,主张赤贫和慈善事业。配合十字军东征,出现了圣殿骑士团、医院骑士团等军事修会。

中世纪的修会在坚持和传播原始的基督教义,在开垦荒地、拓展西欧经济以及发展市场方面发挥了应有的作用。但随着西欧在 15 世纪后向近代的转型,修道院也渐渐失去了它存在的基础。

3 经院哲学

经院哲学通常是指一种方法和一种体系,它既指神学也指哲学,因为在中世纪所有重要的哲学家同时也是神学家,而且他们的哲学通常体现在他们的神学作品中。经院哲学区别于教父神学和绝对的神学,通常用于指称 5 世纪教父时代的结束到 1450 年近代开始之间这一段时期的哲学。

　　经院哲学的称呼源自基督教经院,基督教经院是在公元 6 世纪左右建立的,那时查士丁尼关闭了希腊哲学学派的学校,基督教的经院随之兴起。但是经院哲学并没有随着经院的建立而立即出现和发展,而是随着查理曼帝国的建立而发展起来。那时,查理曼特别注重文化教育,鼓励修道院广泛建立学校,导致经院哲学学说盛行。

　　经院哲学最基本的任务是试图调和信仰和哲学,或者信仰和理性的关系。关于信仰和理性的问题并不是经院哲学时代才开始探讨和实践的,其实在教父时代这一问题已经提出。圣·奥古斯丁为了基督教教义的理论化,已经开始借鉴希腊的哲学,尤其是柏拉图的哲学。他认为,信仰帮助理性,而反过来理性帮助信仰,但是他主要强调的是前面一层关系,而且他没有能够界定信仰和理性两者的界限,也没有明确的方法论。但是信仰和理性的关系问题一直延续着。经院哲学盛行的时候,在普遍信仰神学的基础上,人们开始试图建立认识信仰和理性的方法论,并对信仰和理性两者进行界定,于是出现了经院哲学内部的辩论,并出现各种不同的观点,各自代表了经院哲学内部的不同派别。

　　经院哲学的发展大致可以分为两个阶段,第一个阶段从 9 世纪到 12 世纪。这一时期经院哲学内部就理性和信仰的关系问题广泛争论,出现了把哲学神学化的倾向,即试图通过把哲学提高到神学的高度从而在神学上把两者统一起来;同时也出现了把神学降低到哲学的倾向,即试图在理性主义体系中把两者统一起来。这也就是所谓的唯实论(Realism)和唯名论(Nominalism)之争。在这一时期比较著名的代表人物有约翰·斯科图斯·埃里金纳(John Scotus Erigena, 810—约 877 年)、圣·安瑟伦(St.Anselm, 1033—1109 年)和阿伯拉尔(Abelard, 1079—1142 年)。埃里金纳是出生于爱尔兰的神学家和哲学家,唯实论的代表人物之一,也是当时最有学识和最杰出的思想家。他的思想基于伪狄奥尼索斯、希腊教父和圣·奥古斯丁的新柏拉图主义,认为所有的真理都是神的显现,神是万物的原因和本质,并据此建立了他的泛神论逻辑体系。他的逻辑体系认为,越是普遍则越是真实,普遍

性越小则真实性越来越差。神是普遍的,所以最真实。圣·安瑟伦是意大利人,也是唯实论的代表人物之一。他强调信仰为求知的基础,但理性也可以诠释教义令人迷惑之处,他相信启示和理性之间实质上的和谐,是第一个把亚里士多德理性辩证法成分引入神学的人。阿伯拉尔是法国人,著名的神学家和哲学家,唯名论的代表人物。他出生在一个骑士家庭,但放弃了继承权而研究哲学。1144 年,他在巴黎担任一位教士的外甥女海洛伊丝的家庭教师。两人陷入恋爱之中,并致使海洛伊丝怀孕。他们秘密举行了婚礼,但是阿伯拉尔被海洛伊丝的舅舅阉割了,之后阿伯拉尔成为一名僧侣,而海洛伊丝则成为一名修女。阿伯拉尔曾写过《神学导论》《自我认识》《是与非》等著作,认为个人是真实存在的,概念则因为个体而存在,如果脱离了个体则概念本身就失去了存在的基础。在信仰和理性的关系方面,他强调信仰必须建立在人类的理智上,理性先于信仰,只有得到理性检验的信仰才不盲目。他阐述的这些思想和正统神学思想相差甚大,因此他也常常被指控为异端。

在这场争论中,一方是提倡理性的人,一方是神秘主义的拥护者,双方形成了激烈的争论。但是,激烈争论的结果是双方在信仰一致的前提下逐渐走向妥协。结果到了 13 世纪末期,经院哲学迈出了决定性的两步。首先,在精神真理的讨论中运用理智,而且把辩证法应用于神学得到认可和接受,只是将其保持在一定的限度之内。其次,经院也开始超越教会传统的严格限制,不仅向亚里士多德学习,而且向阿拉伯人和犹太人学习,相对的宽容开始使经院哲学摆脱纯粹的争论,而步入体系建构的第二个时期。同时,由于受到阿拉伯科学思想的影响,在经院哲学内部也开始出现经验哲学的萌芽。

第二个时期的主要代表人物是托马斯·阿奎那(Thomas Aquinas, 1225—1274 年)和罗吉尔·培根(Roger Bacon, 1214—1294 年)。托马斯·阿奎那是意大利人,是当时著名的哲学家、神学家和教会博士,经院哲学最著名的代表人物,官方天主教哲学体系的创建者。托马斯·阿奎那生于意

大利的洛卡塞卡堡,5 岁时被父母送
到著名的卡西诺修道院当修童。
1239 年,托马斯进入那不勒斯大学
学习,在这里他接触到亚里士多德
的形而上学、自然哲学与逻辑学著
作,并于 1244 年加入多明我会。
1245 年,他摆脱家庭控制,被修会送
到巴黎的圣雅克修道院学习。直到
1248 年,大阿尔伯特在科隆开设大
学馆时,他才随之来到科隆继续学
习。在大阿尔伯特的推荐下,1252
年秋托马斯进入巴黎大学神学院学
习,1256 年春完成学业。此后托马
斯正式开始了教学生涯。托马斯的

托马斯·阿奎那

著作卷帙浩繁,有《箴言书注》《论存在与本质》《论自然原理》《论真理》《波
埃修〈论三位一体〉》,对亚里士多德《形而上学》《物理学》《后分析篇》《解
释篇》《政治学》《伦理学》《论感觉》《论记忆》《论灵魂》以及伪亚里士多德
的著作《论原因》做过评注。代表作为《反异教大全》《神学大全》。在《神
学大全》这部百科全书式的著作中,他调和了信仰与理性、神学和哲学,认
为两者是分立而又统一的。他承认神的世界和自然的世界是两个不同的世
界,因此信仰基于神的启示,而哲学则基于自然。但是两者又是统一的,它
们分别是一个完美世界的两个不同阶段,自然界是完美世界的初级阶段,而
信仰世界是自然界发展的最终目的。因此,理性不是与信仰相对的,理性也
是神所启示的,人们靠这种理性通过认识世界继而认识神,但神又超越世
界,因此仅仅靠理性是不够的,必须要凭借信仰"超越自然"。他曾经这
样说:

　　既然人类认识始于感觉,就像是从外面来的,那么很显然,理智的

光越强,它就越能透析最纵深的隐秘处。而我们的自然理性之光是有限度的一种美德,只能透视到有限的地方。所以人类需要超自然的光,以便透视借助自然理性之光不能触及的知识,而这种赐予人类的自然之光就叫悟性之恩。

因此,在托马斯·阿奎那看来,神学和哲学所研究的其实是同一的真理,只是两者所研究的方式和运用的手段不同,哲学依靠理智来研究神的真理,而神学通过神的启示来研究神学,神学可以通过信仰来辅助哲学,而哲学则可以通过理性的论辩来维护神学。这样,通过调和论的观点,托马斯·阿奎那消弭了信仰与哲学、教会与国家之间的争论和矛盾,从而建立了庞大的无所不包的神学体系,他也因此被称为经院哲学的集大成者。

罗吉尔·培根 1214 年生于索墨塞特郡的依尔切斯特,死于 1292 年。曾在牛津大学学习,是方济各会僧侣。后到巴黎留学,获得过神学博士学位。1250 年回到英国,在牛津大学任教。他的著作很多,著名的有《大著作》等。由于他的许多著作中的科学思想不为教会所接受,曾被囚禁 15 年。培根受到此时的阿拉伯数学的影响,而专心研究数学和自然科学。对自然科学探索的结果,使他开始厌恶经院哲学抽象的论证和形而上学的方法,而确定了实验的方法。他认为无论是迷信权威还是理性的逻辑都不是确定事物原因的途径,唯有经验才是正途。同时他强调知识的作用。他的这些主张虽然在当时不可能引起多大的反响,但是却启示了经验科学的道路。

从根本上说,经院哲学始终没有摆脱信仰的范畴,它们之间的争论也是在共同信仰范围内的争论,所以长期以来人们都把经院哲学时期的哲学看作"神学的婢女"。从真正的理性主义的标准来看待经院哲学,这种评价无疑是正确的,但是相对于基督教的神秘主义,经院哲学无疑是有所进步和发展的。神秘主义强调的是直觉和沉思,强调的是绝对依赖和接受启示,而经院哲学到底在一定程度上把理性引进到神学信仰之中。一方面经院哲学运用理性来阐释他们所认可的神学启示,使基督教信仰更加逻辑化和系统化,增强了基督教教义的说服力和生命力;另一方面,经院哲学在信仰领域引进了理性,自觉或不自觉地为理性主义提供了一定的成长空间,甚至在经院哲学和文艺复兴之间我们也能看到一丝微弱的联系。

4 异端与宗教裁判所

异端运动由来已久,基督教会初期因为教义之争,失败的一方往往被判为异端,在10世纪下半叶,南自意大利,北至德国和法兰德斯,都有异端运动。12—13世纪,异端运动在西欧达到了高潮。究其原因,一方面是教会高度世俗化和生活腐化而引发了社会的不满,同时也是城市复兴这种新现象出现的反映。另外也同十字军东征有关,十字军东征没有能够征服伊斯兰世界,反而将活跃在东方的异端引入了西方。

在当时,最有影响的异端派别有两个,一个是华尔多派(Waldensians),一个是阿尔比派(Albigenses)。对这些异端派别的记载往往是来自那些反对他们的正统派,虽然记述的口气是把他们看作罪人,但还是反映了这些人的主张。华尔多派因里昂的一位商人华尔多(Waldo)而得名。据13世纪早期的一位佚名编年史的记载,1173年,法国里昂有一位市民名叫华尔多,通过罪恶的高利贷,赚了很多钱。在一个礼拜日他遇到一位吟游诗人,后者的宣讲使他对自己的生活产生了怀疑,而一位神学院院长“如果你要完美,则去卖掉你所有的财产”的话使他坚定了信念。他把个人的一部分财产归还给他曾不公正对待的人,把最大部分的财产送给了穷人。华尔多自愿从一个富商而成为乞丐,并主张和实践赤贫的生活,与当时教会敛财和生活腐化形成了鲜明的对比,吸引了不少追随者,这些人被称为“里昂穷人派”。他的影响并未限于法国的里昂而是迅速向外传播,在意大利北部也出现了“伦巴穷人派”等。最初,里昂穷人派并没有直接攻击教皇,教皇也曾想拉拢他为自己服务,并批准他们进行活动,但很快里昂穷人派开始反对神职人员,走向教会的对立面,提出更加激进的主张,称天主教会是恶魔的教会;所有的罪恶都集中于教会;教皇是所有错误之源;所有的僧侣都是伪君子等。也正因为如此,教皇改变了最初对待他们的态度,而宣布取缔这一组织,并革除他们的教籍。之后,华尔多派的活动由公开转入地下,活动的场所由城市转入乡村,继续坚持活动。

阿尔比派的形成受到保罗派和鲍格米勒派的影响。由于十字军东征和商业交往的进行,原来在东欧传播的这些异端思想传入法国南部和意大利北部地区,并在土鲁斯的阿尔比城形成中心,因此被称作阿尔比派。从13世纪早期一则对阿尔比派的指控中我们可以大致了解它的主张和对教会的攻击:

> 他们首先认为有两个造物主,一个是看不见的,他们称之为慈善的上帝,另一个是可见的,他们称之为恶毒的上帝;他们把《新约》归结于慈善的上帝,而把《旧约》归结于恶毒的上帝,除了插入《新约》中的某些《旧约》片断之外,他们全盘否定《旧约》并谴责《旧约》作者撒谎;他们说所有的罗马教会都是贼窝,是我们阅读的启示录中的妓女;他们取消教会的圣礼,公开宣讲神圣洗礼的水同河水别无二致,代表最神圣的耶稣基督的圣饼,同普通面包没有区别,向那些单纯的人的耳朵里灌输了这样的亵渎话:即使耶稣的身体同阿尔卑斯山一样大,也早就被那些吃他的人吃完了;他们认为坚振礼(Confirmation)和忏悔完全是虚妄的和无意义的;他们宣讲神圣的婚配形同娼妓,并认为如果他们怀上孩子,其中的任何人都不会得到拯救;他们甚至否认肉体的复活。

阿尔比派的宣传吸引了众多的追随者,其势力甚至超过了当地的教会,教会和当地的伯爵对他们的活动根本无法进行压制。

对这些日益壮大的异端运动,罗马教会采取坚决镇压的态度。1179年,教皇亚历山大三世(Alexander Ⅲ,1159—1181年在位)主持召开了第三次拉特兰宗教会议,此次宗教会议决议的第二十七条是专门针对异端的:

> 由于在加斯贡尼、阿尔比地区和土鲁斯以及其他地方,讨厌的异端已经如此强大,他们不再秘密实施自己的罪恶,而是公开宣讲他们的错误,并吸引单纯的人和弱者加入他们,我们宣布他们和他们的追随者以

及接受他们的人都被逐出教门，而且禁止任何人资助他们，把他们藏在自己的家里和土地上，或者与他们进行交往，否则同样要被逐出教门；任何人带着此罪而死，不但不能享受他人能够获得的特权，而且不能享受弥撒以及葬在基督徒中间。

英诺森三世上台后在1215年主持召开了第四次拉特兰宗教会议，在会上更是全面动员教会和封建主，对异端派别进行镇压。会议所颁布的《教皇敕令》第三条是专门针对异端的。它规定：

我们要把所有起来反对前述正统天主教信仰的异端分子革除教籍，逐出教会。我们谴责所有异端，不管假托什么名称，尽管他们面目不同，但是他们是串在一起的，同样傲慢。要把那些遭谴的人交给世俗政府，或者交给法官，进行应有的惩处；教士首先要降低职位。如果遭谴者是俗人，要没收他们的财产；如果是教士，则其财产归属他们接受俸禄的教会所有。所有的世俗当局，无论司职什么，如果希望获得名声和保持虔诚，都要受到规劝或驱使，或者受教会责成发誓维护信仰，他们要竭尽全力把教会指定的所有异端都驱逐出自己的土地。在清除自己教区的异端骚动方面，任何教士疏忽怠慢或玩忽职守，都要被革除主教职务，选派合适的人来替代他，后者希望而且能够推翻异端的邪恶。

罗马教会对异端的镇压主要通过三种方式进行。一种方式是运用武力进行讨伐。1206年，英诺森三世借助法国北部贵族和骑士的力量，组成了讨伐阿尔比派的十字军。教皇对讨伐异端的十字军做出了承诺，他们可以不受任何国家法律的约束，他们的任何罪都可以获得赦免，所欠的债务可以免去利息。在教皇的鼓动下，这支十字军对阿尔比派所在的法国南部地区进行了疯狂的杀戮和抢劫。在攻到比塞埃城时，由于阿尔比成员众多，难以分辨谁是异端，谁是信徒，于是教皇的侍臣命令十字军"只管把他们统统杀光，让上帝去分辨谁是他的子民"。结果该城被攻陷后，城中居民悉数被杀，计两万多人，整个城市也被付之一炬。在野蛮镇压了4年之后，阿尔比派才被镇压下去。

第二种方式是教皇支持方济各会和多名我会修会的发展,与异端派别争夺信徒,从而在思想和组织上瓦解异端的基础。方济各会的创立者为佛朗西斯科·帕纳多内(Francesco Bernardone,1181—1226年),他于1181年出生于亚西西(Assisi)。父亲是一位商人,希望自己的儿子继承自己的行当,但是事与愿违,佛朗西斯科放荡不羁,酗酒成性。他热情地投身于社会生活和军事行动,并因此而被佩鲁甲人俘获后囚禁一年。23岁左右,他经历了逐步的转变并最后抛弃了以前的生活和父亲的财富,决定按照福音的法则去生活。渐渐地在他周围聚集了一些人,1209年人数达到12个,于是方济各会诞生了。随着信徒人数日众,他制定了方济各会的信条和规则,并开始寻求教皇的支持。1210年,他率领众信徒前往罗马,拜见当时的教皇英诺森三世。英诺森三世此时正在发动讨伐阿尔比派的十字军,认识到这样一个团体存在的重要作用,于是他批准了该修会,并派他们前往异端所在地区传道,争取信徒。他对圣方济各派的信徒说:"四处去宣讲你们的苦行吧,因为上帝激励你们。当上帝让你们人数众多而且增加了你们的荣耀之后,再回到我这里。那时我会给你们更多而且会委派你们更重要的事情。"这样,方济各会配合镇压异端的十字军到了法国南部传道,此后又配合十字军东征到埃及和叙利亚等地传道,队伍日益壮大,信条和制度日益系统化。尤其是到教皇洪诺留三世和格里高利九世时期,方济各修会更是得到大力扶植,成为在思想上瓦解异端、追随教皇的一支重要力量。

多明我会的创立者多米尼克(St.Dominic,1170—1221年),出生于西班牙卡斯提的一个贵族家庭,受过非常良好的教育,年轻时便成为奥斯马教会的执事。1203年,奥斯马的主教提挨戈(Don Diego)接受卡斯提国王阿尔方索九世的委托,前往丹麦国王处商讨联姻问题,他选择多米尼克作为随行人员。在路过土鲁斯时,目睹了因阿尔比派异端存在而造成的精神毁灭,多米尼克产生了建立一个修会与异端战斗并把福音传布到世界各个角落的想法。1204年多米尼克前往罗马,希望教皇批准他卸去主教职务而到遥远的地方去传道,而教皇英诺森三世却派他到朗格多克,加入讨伐阿尔比派的十字军。在这里,他看到西多会由于沉溺于世俗的生活方式,不可能对异端产生什么影响,于是决定采取更加严酷的生活方式,从神学理论上与异端进行争辩,并决定在普鲁伊尔建立一所女修道院,保护那些脱离异端的女教徒。经过一段时间的发展之后,1216年,多米尼克向教皇请求批准该修会并得到教皇的许可。1220年,他主持召开会议,详细规定了修会人员的修道方式、修会组织等。到他临死前,多明我会已经遍布西欧。由于多明我会的宗旨是"铲除异端,消灭邪恶,宣讲信仰,培养道德",一开始他们就把阿尔比派异端视为敌人,从思想上和行动上瓦解异端,因而对异端的破坏力更大。

异端裁判所的刑罚

镇压异端的第三种方法是建立异端裁判所(inquisition),搜捕和审判有异端嫌疑的人。异端裁判所建立于洪诺留三世和格里高利九世时期,多明我会和方济各会成为异端裁判所的创立者和领导者。该法庭是教皇的直属机构,分支遍布西欧各地,但不受地方主教管辖,有一套严酷的搜捕、审判和

折磨的程序。其中,其审讯条例规定:

> 在法庭上,被控告人不能知悉控告人、见证人的姓名;任何罪犯恶棍都可充当控告人、见证人,有两人作证,控告即成立;被控告人如不承认"罪行",就反复拷问,不仅要承认自己的罪行,还要举出同伙和可疑分子;一切有利于被控告人的证词都不能成立;任何人从事有利被告人的活动,都要予以最严厉的惩罚;任何人对被控告人给予法律援助或为他请求减刑,即予以革除出教;被告可以不经审判便予以处死;若承认异端罪行,表示悔改,则判处终身监禁;被告认罪之后,如又否认,即不再审讯,予以烧死;被判为异端的,没收全部财产。

为了能够更细致更全面地搜捕和审讯异端嫌疑分子,当时的宗教审判官还专门编有指导手册,其中多明我会的修道僧贝尔纳·居伊的最为有名。他凭自己担任宗教裁判官 25 年的经验,编写了《宗教裁判官手册》(*Inquisitor's Manual*),该手册完成于 1323—1324 年间。全书分为 5 个部分,前 3 个部分主要是关于审判程序,第 4 部分则是一系列的文献,主要是教皇的相关敕令等,第 5 个部分是最有趣的部分,分别描述当时的各种异端,其中他对每一个教派的描绘都细致有加。在这样严酷的条例下,许多人被捕,被火刑烧死者众多。异端裁判所的活动前后达 500 年之久,被判处异端者不可胜数。

教皇采取各种手段镇压异端,虽然在一定时期内能够把异端活动暂时镇压下去,但是并不能从根本上消除异端活动,这也是教会由盛转衰的征兆。

盛期的社会

I 骑士的世界

中世纪也是一个骑士的世界,骑士不但是当时的主要军事力量,构成为一个明显的社会阶层,而且代表着一种风度、一种制度和一种精神。在中世纪后期,骑士甚至成为贵族的代名词。

从起源上,骑士来源于骑兵,骑兵在日耳曼人灭亡罗马过程中发挥了重要作用。双方经过长期的较量,最终日耳曼骑兵取得了对罗马步兵的优势。从此之后,骑兵便主宰了中世纪战场。骑兵之所以能够取得这样大的成功,是因为骑兵同步兵相比有不可比拟的优越性,它移动快且攻击力强,在追击上作用特别大,优秀的骑兵甚至在难以行走的地形上也能前进。以骑兵猛追溃敌,是彻底巩固战果的唯一好办法。378 年,阿德里亚堡战役中骑兵的胜利决定了步兵衰败的命运,在这场战役中,罗马帝国的军队几乎全军覆没,皇帝也战死疆场。

但仅靠骑兵的灵活性和作战力的轻微优势还不足以

保证能取代步兵,是技术的进步大大提高了它的有效性。其中最重要的是马镫的使用,马镫使骑兵更容易保持平衡。另外长矛和长盾也出现了,长矛可以反复使用,而不像标枪那样一掷了事。骑兵骑着装有蹄铁的马能穿越险恶的地形,这在以前是力求避免的。这些发明促进了战事上的革命,使骑兵更增强了战斗力。虽然这时期的骑兵队并非就是真正意义上的骑士,但这时候确立的骑马作战的优势,为骑士阶层的产生和生存提供了丰厚的土壤。然而,随着法兰克王国社会经济制度的变动,尤其是自由民的逐步减少,骑兵这一装备负担很重的兵种出现了向一部分人集中的趋势,为骑士这一特殊阶层的出现和骑士制度的形成奠定了最终的基础。

法兰克部落原来实行马尔克制度,所有土地属公社共同所有,军队实行义务兵制。国家规定,每个自由民都有服兵役的义务。到9世纪初期,大封建主对农民份地的侵夺具有特别广泛的性质,这样,原来自由法兰克人的义务兵制遭到破坏,并非所有的自由人都能应征作战了。委身于大地主的自由人仍要服兵役,不过现在的征召者不是国王而是领主了,他们由主人供应膳食、马匹、武器以及其他装备。这样,加入骑兵作战的资格逐渐集中到一部分人手中,骑兵队在社会上具有了明显的阶层性特征,这些人也就成为最早的未被授封的骑士。

骑士与骑兵并非只是字面上的差异,两者有联系,又有着根本的不同。骑士的形成,代表着一种根本性制度的改变。在职业上,骑士是一名骑马的士兵,但他并不仅仅是新装扮下的早期骑兵,骑士只是在骑马作战时,才是一名骑兵,在和平时期,他却是土地所有者。因此,他是一个具有双重身份的角色。只有符合这两个标准,才算得上是一名真正的骑士。如果说前者是对早期骑兵传统的承袭,那么,后者则是通过采邑制与封臣制而形成的。领主要保证骑兵的忠诚和随时被征召,仅仅靠宣誓是不够的,还需要更具有实质性的联系,那就是以经济为纽带,把骑兵人员真正纳入封建制度效忠与附庸的链条之中,从而保证骑兵人员的固定性,并保证骑兵随时有效地装备自己。赫斯塔尔·丕平最先找到了一条解决的途径:他以土地而不是金钱来付给骑兵报酬,骑兵反过来履行骑马打仗的义务。其子查理·马特时实行了采邑改革,这条途径进一步制度化。714 年,查理·马特继任法兰克王国的宫相,他找到了一种有条件的新的土地占有形式——采邑——以代替墨洛温王朝所实行的完全私有的土地赐予。采邑是一种以服一定的兵役,主要是以服骑兵兵役为条件而受领的终身享有的领地。查理没收大量教产,分赠给他的军官们以确保他们提供给国王所需要的装备良好的骑兵。这些下级军官又把部分土地分给自己的下级以确保他们服兵役。凡是领有采邑的人,都有为国家服兵役的义务。通过这项改革,结果形成一个以土地为纽带的骑士贵族制度。"骑士"正式成为骑马作战人员的称号。每一骑士从领主手中领有土地,并向其直接领主效忠,履行骑马打仗的义务;每一骑士靠耕种采邑土地的农民献纳的赋税和劳动而生活。

骑士作为一个阶层在社会上出现后,具有了特殊的集团特征。这具体体现在他们社会地位的确定、成为骑士的资格以及他们的社会作用等方面。

军事上,骑士首先是一名士兵。中世纪人们之所以对一名装备精良的骑兵那样敬重,骑士作为一个阶层能够在封建统治秩序中占有一席之地,同当时人们对战争的态度是分不开的。现代人视和平为正常状态,而战争则是例外,是不道德和罪恶的。中世纪人的态度则全然不同。骑士视战争为人类的正常状态,按照骑士的观点,战争是解决争端最正常的方法。在社会没有定型、战争频繁的中世纪,社会需要骑士来维持和扩张势力,而骑士又依靠战争获得自己的经济地位和政治地位。因而,军事活动是骑士最主要的活动,他们应领主之召,驰骋疆场,攻击对手,保卫城堡;在战争之余,他们也进行比武大会,进行军事训练,也会经常参与私战。在西班牙抗击穆斯林、十字军进攻阿拉伯和西欧镇压异端的军事行动中,骑士都是重要的军事力量。

经济上,骑士是封建体制的组成部分。骑士从领主那里领有土地,反过来为领主服兵役及其他义务。领主与骑士互相宣誓,领主保护骑士,骑士对领主效忠。在封建制度的鼎盛期,骑士是这一体制的基石,尤其是在战争渐

骑士比武大会图

渐减少,骑士与贵族阶层合而为一时,骑士渐渐淡化了其武士的功能,而更像一个拥有特权、占有土地的小封建主。

骑士与教会的关系相对而言更为紧密。骑士的好战行为虽然与早期基督教的传统相悖,但后来两者出于利益需要,逐渐结合。教会可借助骑士之剑来宣扬教会的威力,同时也使自己在世俗事务中站稳脚跟,使教皇成为军队的号召者和战争的领导者,从而在世俗政治中取得统治地位。而骑士由于其经济原因也自愿加入教会的麾下。两者结合发展到最高峰导致军事修会的形成。维护宗教信仰成了骑士的天职,而教会也成为骑士培养、骑士授封和骑士军事行动过程中不可或缺的存在。

并不是所有有财产、作战能力的自由人都可授封为骑士,一般来说,要成为一名骑士,从小就要接受骑士的训练。一般六七岁时要到权势较大的领主家中充当扈从,平时照顾和侍奉女主人,男主人外出打仗时则随侍身边,负责看守盔甲。一直到21岁,才取得成为一名骑士的资格,而且要经历一次授封仪式。仪式结束后,新任骑士有时到教堂去,把他的剑放到祭坛上,标志着对神圣教会的献身。这时,全场雷动欢呼跳跃,亲朋好友围拢过来,为新骑士热烈祝贺,并把他拥至训练场,举行比武大会。这些庄严神圣、气势恢弘的仪式,洋溢着骑士道的精神,涌入青年人的大脑,浸透他们的神经,激荡他们的情怀,培育他们的忠心。此后一生他以征战为业,骑马持矛随封君作战既是他的职责,又是他的特权。骑士的技艺和训练以及军事职责使得他与其他社会阶层区别开来。

　　与骑士联系在一起并为人们广泛传颂的典雅爱情则体现着一种独特的文化,并对以后的西欧社会产生了深刻的影响。典雅爱情是指 11 世纪末以后,在西欧中世纪兴起的一种爱情方式,主要是由普罗旺斯的吟游诗人广泛传唱的。爱情的主体双方是骑士和宫廷里的贵妇人。典雅爱情的发生是以不平等为基础的。不平等一方面表现在追求者地位的低下,而被追求者地位的高贵;同时也表现在追求者热情似火,而被追求者往往冷若冰霜。在中世纪,上层社会流行着这么一种观点:爱情是一种道德思想力量,能使人变得高贵。一个低阶层的浪漫英雄爱上一个伟大的女士,他要努力奋斗以求配得上她。在这方面,他要克服的不是世俗的羁绊,不是所爱对方的丈夫,而正是她那高贵的等级。追求的过程也就是骑士升华自己的过程,因此,如果一位骑士爱上了一位女士,他就会因此而变得更加优秀。双方差距越大,骑士付出的努力就越大,从而提升自己的高度就越高。典雅爱情和婚姻无关,也不以婚姻为目的,因为骑士所追求的对象往往是有家室的贵妇人。就当时的普通婚姻而言,结婚的基础是利益而非感情,典雅爱情要达到的效果是把女人抬到一个纯洁无瑕的境界,从而把一切肉欲的污点从她们的爱情中清除出去,让爱情自由地翱翔,上达精神领域。典雅爱情始终贯穿着"效忠"的观念,这种观念是骑士在从小受训过程中被刻意灌输的。骑士们恪守典雅爱情的思想,他们对其情人永远地忠诚,反映了附庸和领主之间的关系。

　　到 16、17 世纪,随着骑士阶级的没落,在中世纪盛行一时的典雅爱情也逐渐失去了它原有的地位,但它对后世的影响是深远的。典雅爱情不仅促进了贵族礼仪制度的进步,还有助于妇女社会地位的提高,罗曼蒂克的爱情观念也通过它而被人们普遍接受。从以后文艺复兴时期一些著名的作家往往把自己的诗歌献给心目中的情人,从以后的沙龙文化中,我们都可以见到骑士典雅爱情的影子。

2 十字军东征

从1096年到1270年,西方的基督教世界发动了一场针对伊斯兰教徒的东征战争。这场战争以教皇为领导,以各国的封建领主和骑士为主力,甚至下层的农民也卷入其中。由于参与东征的部队士兵胸前都佩戴着十字架,所以被称作"十字军"。

这场战争表面的起因并不复杂,主要是西方借口塞尔柱突厥人占领了基督教徒心目中的圣地耶路撒冷,占领了主耶稣的坟墓。据说前往耶路撒冷朝圣的基督徒遭到回教徒的迫害,因而这次十字军东征的目的就是解救"主的坟墓"。这种借口看似顺理成章,但其实有点牵强附会。因为耶路撒冷早在638年就已经落入了异教徒之手,在长达几个世纪的时间里双方相安无事,并没有激起那么大的仇恨。其实,在宗教借口背后涌动着各种世俗的社会因素,这源于东西方一系列的变化。

就西方而言,十字军发动前夕,正是西欧发生剧烈变动的时期:人口不断增多,土地已经不够使用,出现了西欧内部的开拓,也出现了失去土地的人;西欧的长子继承制使贵族的次子们失去了赖以生活的依据;西欧公国和郡的力量相对均衡,使封建主们在内部没有机会进行征服;而西欧发布的禁止私战的命令使得这些破落的骑士们很难在西欧内部找到活动的空间。在这样的情况下,西欧许多人是不安定的,有进行国外冒险的内在渴望,在这种渴望背后更多的不是宗教虔诚的因素,而是非宗教的世俗因素。这种积累起来的不安和力量,只要有着合适的宣泄口,只要给他一个正当的名义,就会迅速爆发出来。

从宗教方面来讲，11 世纪，西方教会又从衰落走向兴盛，教会在西方，无论在政治上还是在经济上都有了很强的实力，教皇一心想统治 1054 年分裂出去的东方教会，在运用外交手段不行的情况下，便想诉诸武力。

就东方而言，1055 年塞尔柱突厥人占领了巴格达，1071 年又打败了拜占庭，并在以后 10 年中，占领了埃及和巴勒斯坦，而距离君士坦丁堡近百公里的尼西亚，亦成为突厥小国罗姆苏丹国的首都。突厥人在征战和内讧中，毁灭了一些教会和修道院，但并没有完全断绝基督徒朝圣者的道路。但到 1080 年代，拜占庭领地已经非常小，佩彻涅格人与波洛伏齐人联合在多瑙河附近击溃了拜占庭皇帝阿历克塞一世，追兵直抵君士坦丁堡城下，而突厥人亦积极准备进攻君士坦丁堡，拜占庭岌岌可危。于是，阿历克塞皇帝向西方求救，甚至向教皇乌尔班二世派出使臣，请求他招募诺曼、撒克逊、丹麦人雇佣军，以对付穆斯林，这便为十字军东征找到了切实的借口。

正因为看到了这些世俗的力量和统一基督教会的机会，所以教皇在动员十字军的宣传中充分顺应了这些趋势，因此，教皇乌尔班二世（Urban Ⅱ，1088—1099 年在位）在 1095 年举行的克莱芒宗教会议上的演说，不但强调了拯救圣墓的宗教性的一面，而且强调了东方的富庶和世俗的诱惑，从而激起西欧广泛的狂热。他说：

> 让那些习惯于对同宗兄弟发动无谓的私战的人，去从事值得进行的反对异教徒的战争并取得胜利吧；让那些到目前为止一直做强盗的人，成为基督的战士吧；让那些以前与自己的兄弟和亲戚争斗的人，现在进行反对蛮族的正义之战吧；让那些最近接受微薄工资而被雇用的人，去获得永恒的报酬吧；让那些身心交瘁的人，去劳动获得双重的报酬吧。我还能说些什么呢？这边的不幸到那边会变成欢乐，这边的穷困到那边会变成富裕，这边主的敌人到那边就会成为主的朋友。

他这种宣传的成功并不一定说明他具有多大的人格魅力，而是因为他的演说为蓄积已久的社会力量的发泄提供了合适的出口和正当的借口，把各种纷杂的社会力量导向了同样的道路。

乌尔班二世号召领主、骑士和普通人拿起武器,从异教徒手中夺回"主的坟墓",凡是参加远征的人都可以赦免罪孽,灵魂得救,在战斗中死亡的人,可以升入天堂。

第一次十字军东征是由两个部分组成的:一是正式组织的十字军;一是在正式十字军出发之前,由一些迫不及待的农民和城市贫民组成的"农民十字军"。这些农民并不怎样懂得教皇宣传的意义,但是他们知道十字军远征可以使自己摆脱困顿和窘况,于是他们并没有等到有组织的十字军组成,便迫不及待地自行组织出发了。当时教皇所定下的出发日期是1096年8月,但是这支杂牌军在同年3月份便在"隐士"彼得以及"穷汉"瓦尔特的带领下上路了。他们分别从法国、日耳曼和莱茵河西部地区分三路出发,向东方行进。他们似乎不是前去作战,去同基督教的敌人进行搏斗,而是举家移民。他们的武器装备简陋,携带的食物和经费短缺,也没有有效的组织。但就是这样一支看似令人可怜的队伍,却做出了非常残忍的事情。他们的

十字军东征图

抢劫活动，从西欧出发的时候就开始了，首先遭殃的对象就是散居的犹太人。他们在德国的出发地和沿途对犹太人大开杀戒，公开抢劫。这支十字军在经历了沿途烧杀抢掠以及许多艰难困苦后，终于到达了君士坦丁堡，半数以上的人在途中死去。东罗马的皇帝见到这群乌合之众后，迅速把他们打发到博斯普鲁斯海峡对面，去面对精锐的阿拉伯军队，结果一场战役就使这支穷人十字军几乎全军覆灭。

由伯爵、贵族、骑士等组成的正规的十字军则在1096年秋天开始出发，全部人数大约在3万至4万人，分四路向君士坦丁堡进发，并于1097年在君士坦丁堡城下集合。这些十字军骑士们初来君士坦丁堡，第一次见到东方的富庶，在利益的诱惑下开始了零星的抢劫，甚至曾经产生过攻打君士坦丁堡的念头。东罗马皇帝接待了他们之后，便帮助他们渡过了博斯普鲁斯海峡，攻打被阿拉伯人所占领的城市和领土。在阿拉伯世界四分五裂的局面之下，这支十字军取得了相当的进展。他们先是围攻尼西亚，在拜占庭皇帝的谋划之下，守城军队向皇帝投降；接着他们去进攻安提阿，在经过了长时期的围攻之后，安提阿失守。此后，十字军先后占领了爱德沙和安条克，并于1099年6月7日到达耶路撒冷城下。经过40天左右的围攻，耶路撒冷城在7月15日陷落。在攻陷耶路撒冷城时，十字军进行了大肆的屠杀。十字军不但对阿拉伯士兵毫不留情，对普通民宅都不放过，他们抢劫了一切可以抢劫的东西。对此，沙特尔的富尔克是这样描绘的：

> 一些撒拉逊人、阿拉伯人和埃塞俄比亚人在大卫塔中避难，其他人则逃到耶稣和所罗门的圣殿中。激战在圣殿的庭院和门廊展开，在那里，敌人无法逃脱我们武士的攻击。在该圣殿中大约一万人被杀了。确实，如果你在现场就会看到，被杀者的鲜血，一直染红了我们的双脚直至脚踝。我还能说些什么呢？他们的人无一活命，甚至妇女和儿童也未能幸免。

因此，从十字军的行为来讲，他们与其说是去解救圣墓，还不如说是从事掠夺的战争。

第一次十字军东征的过程，也是西欧首次尝试在外部建立殖民地的过程。十字军占领了耶路撒冷之后，依照西方封建制度的样式建立了国家，即耶路撒冷王国。由于这个地区很早脱离了拜占庭的统治，因而新建立的王国是完全独立的，是完全按照西欧的国家方式而建立的，也不信仰东正教，而是受基督教会及教皇的管辖，是地地道道的拉丁国家。这个国家也同西方一样，分成 4 个采邑，分别是耶路撒冷、安条克、的里波黎和爱德沙，这些公国和伯国都具有相对的独立权。同时，雅法、推罗、阿克和贝鲁特等地则割让给意大利的威尼斯等城市，作为他们支持十字军的回报。殖民地建立后，大量进入而常驻的居民并不是教士，许多贵族或者因为任务已经完成或者运气不佳而返回了，源源不断进入的反而是商人、朝圣者，以及社会最底层的人。1144 年，突厥的摩苏尔总督攻陷了爱德沙伯国，并对安条克形成包围。在这种情况下，西欧开始了第二次十字军东征。

西方组织的第二次十字军，虽然有法国国王路易七世（Louis Ⅶ，1137—1180 年在位）和德国皇帝康拉德三世（Conrad Ⅲ，1138—1152 年在位）的指挥，但是最终还是以失败而告终。之后，埃及阿尤布王朝的创立者萨拉丁却势力越来越大，很快就收复了包括耶路撒冷在内的被十字军占领的土地，于是，西欧在德国皇帝红胡子腓特烈、法国国王奥古斯都腓力（Philip Augustus，1180—1223 年在位）和英国国王狮心理查（Richard Lionheart，1189—1199 年在位）的率领下组成了声势浩大的第三次十字军，但是由于德皇在河中被淹死，法王中途而返，十字军势力大减。仅剩下的理查势单力薄，一无所获，只与萨拉丁达成了一个和解条约。应该说这次十字军东征最终也是无功而返。

但是萨拉丁在 1193 年的早逝，以及英诺森教皇在 1198 年的上台，促成了第四次十字军东征的进行。

第四次十字军东征最初确定的目标是进攻埃及，直捣阿尤布王朝的心脏。但十字军没有船只过海，请求威尼斯给予帮助。威尼斯人愿意给予帮助，但是作为一个传统的商业共和国，他们所希望的东西更加直接，那就是利用十字军拓展自己的商业范围。当时威尼斯总督对帮助十字军渡海的要价甚高，共计 8.5 万银马克，并要求平分侵略的土地和战利品，把支援战争当作一种商业交易。十字军同意了这些要求。但 1202 年十字军在威尼斯会合时，无法交足所约定的款项。于是，威尼斯便从自己的商业利益出发，提议十字军攻打同样参加十字军的天主教城市扎拉城，以此来弥补所亏欠的款项，因为扎拉城是威尼斯的商业劲敌。尽管这项行动遭到英诺森三世教皇的谴责，并威胁要把参与这场行动的人全部开除教籍，但是十字军还是接受了这一提议，野蛮地攻占和劫掠了同宗兄弟，平分了所抢夺的战利品。接着，威尼斯总督又与十字军首领密谋改变十字军的进攻方向，不去攻打埃及，因为威尼斯与埃及是贸易伙伴，而去进攻君士坦丁堡，而此时拜占庭由于王位之争所发生的混乱正好为这一密谋的实现提供了难得的契机。

当时拜占庭的皇帝伊萨克二世（Isaac Ⅱ，1185—1195，1203—1204 年在位）被其弟亚历克修斯三世篡夺了王位，而且眼睛被弄瞎，伊萨克的儿子跑到威尼斯，请求威尼斯和十字军出面干涉，并答应为十字军提供 20 万银马克的费用，装备一支 1 000 人的军队供十字军使用来攻打回教徒，还答应东正教服从罗马教皇。教皇对十字军准备攻打君士坦丁堡非常气愤，宣布将参加者全部开除教籍，但是十字军还是踏上了征服君士坦丁堡的征程。1203 年 6 月，十字军抵达君士坦丁堡城下，开始围攻。篡位者亚历克修斯三世逃跑，十字军恢复伊萨克二世的帝位。但是，十字军的到来，不但没有能够稳定拜占庭的局势，反而引起更大的混乱。教会和贵族都反对十字军，他们起来反抗和推翻了新政权。同时，十字军进入君士坦丁堡后也始终没有能够得到承诺过的报酬，于是，十字军从维护秩序的角色变成了疯狂的抢劫者，君士坦丁堡遭受了灭顶之灾。事后，威尼斯商人分得了拜占庭的许多领土，威尼斯总督被称为"拜占庭帝国八分之三的君主"。拜占庭也成为在法兰德斯伯爵鲍尔温领导下的拉丁帝国，被肢解和分裂为许多部分，一直到 1261 年 8 月，尼西亚皇帝才重新夺回了君士坦丁堡，灭亡了存在 57 年的拉丁帝国。

　　第四次十字军东征是整个东征进程中的一个转折点。第四次十字军以对拜占庭露骨的侵略而告终,此后十字军出现低潮,虽然教皇以"收复耶路撒冷"的神圣战争为借口进行煽动,却再也形成不了大规模的十字军。1212年,出现了所谓的"儿童十字军"。当时广泛流传着一种荒谬的说法,认为成年人有罪,不能解救主的坟墓,儿童能够凭借虔诚信仰,感动上帝施行奇迹,从穆斯林统治下解放耶路撒冷。这些儿童被骗到马赛港,分乘7艘船出海,有两艘船在暴风中沉没。许多儿童葬身鱼腹,另外的儿童被运到北非,全部在奴隶市场上出卖了。第二批儿童十字军由一个骑士骗子煽动组成,他利用自己10岁的儿子尼古拉斯煽动儿童组织十字军,共有两万名儿童参加,由德国的科隆出发,沿着莱茵河南下,越过阿尔卑斯山,一路上死亡殆尽,最终溃散。

　　儿童十字军失败后,英诺森三世却利用儿童的死亡来煽动第五次十字军。英诺森临死前一年(1215),组织召开了第四次拉特兰宗教会议,宣布组织新的十字军东征。1217年,匈牙利国王及德国、奥地利、荷兰贵族领主率领军队进攻埃及。开始时攻陷了达米埃塔,打开了通向埃及的门户,但后来由于指挥失当,节节失败,不得不退出埃及。第五次十字军失败后,骑士们再也不愿远征东方。此时教皇正在和日耳曼皇帝争权,因此,他把第五次十字军东征的失败归咎于日耳曼皇帝腓特烈二世(Frederic,1212—1250年在位)没有践约参加远征,并把腓特烈二世开除教籍。腓特烈二世为向东方扩张势力,于1228年组织了第六次十字军。教皇格利高利九世宣布禁止这次十字军。腓特烈不予理睬,前往东方,他利用大马士革总督与埃及苏丹的矛盾,与埃及苏丹谈判缔结和约,保证支持苏丹,反对他的一切敌人,并互通贸易,埃及苏丹则把耶路撒冷及其他城市交与腓特烈二世。教皇出兵进攻腓特烈在意大利南部的领地,迫使腓特烈班师回朝。此后,十字军之间纠纷不断。1244年,埃及苏丹重新出兵占领了耶路撒冷。不久,教皇英诺森四世于1245年在里昂宗教会议上又号召组织发动第七次十字军东征。当时法国势力正在巩固,与东方的贸易关系到法国的繁荣,因此法国国王路易九世(Louis Ⅸ，1226—1270年在位)积极从事向东方扩张。在他亲自率领下，1248—1254年进行了第七次十字军东征，其直接目标是埃及，结果遭到失败，路易九世也做了俘虏，最后以巨款赎身才被释放回国。1270年，路易九世又亲自率领部队进行第八次十字军东征。当时的欧洲人已经对十字军失去了信心，不得不雇用骑士出征，这次的目标是突尼斯。在突尼斯登陆后不久，十字军内便染上了瘟疫，造成大量人员死亡，路易九世本人亦死于瘟疫，残存的十字军返回欧洲。

从此之后，教皇再也组织不起十字军，而十字军的领地一个个转到穆斯林手中，1268年，埃及占领了安条克，并于1291年夺取了十字军在东方的最后一个据点阿克，耶路撒冷王国灭亡。

从十字军造成的后果和影响中，我们可以明显看到这样的对比：十字军最初以对抗伊斯兰教徒为目标，但最后却与伊斯兰教徒达成了和解；最初西欧人把伊斯兰教徒看作是注定要下地狱的恶魔，但最后却认识到了阿拉伯人的优雅和自己的粗俗；基督教会最初是作为十字军的号召者，但结果十字军运动使他们的威信在西欧大大降低；十字军运动最初是开拓宗教之路的，但结果却是开拓了商业的道路。

3 商业和城市的复兴

西欧经历了长期的商业衰退和城市凋敝后，开始重新复兴。究其复兴的基础和条件，我们可以从内外两个方面来看。首先就外部而言，西欧的周边国家和地区大都商业非常发达，它们的商业经营对西欧产生了很重要的影响，而且它们始终视西欧为整个国际商业交往流程中重要的一环。在东部，是强大的拜占庭和阿拉伯国家；在北部，是率先兴起的北欧商人和法兰德斯商人；在南部则以威尼斯为首的意大利商人。这些外部的商业力量，由于与西欧的经济模式反差极大，因而突显了西欧的封闭状态，并在一定程度上加强了西欧的封闭性，但另一方面，这些商业力量的存在毋庸置疑又对

其形成持续的压力和刺激。从内部而言,西欧同样存在着复兴商业和城市的动力。一方面,虽然大部分生活用品庄园中都可以自行生产,但是有些庄园不可或缺的必需品,却由于技术和资源的限制,无法自行生产,必须依靠外部的输入,其中包括食用盐、酒、铁、磨石等。除了这些必需品必须进行交易外,奢侈品对特权阶层而言也不是可有可无的。庄园主、教士、国王等上层人手中握有大量的实物和钱财,他们的生活要求也非常高。为了体现自己的特权地位,他们还特别讲究排场,大量使用奢侈品。因此,他们的需求已超出了庄园的供应水平,而成为外来奢侈品的最大买主,并因此推动了奢侈品贸易的进行。另外,各方面技艺的发展和改进也是必不可少的前提。我们看到,西欧商业复兴前,农业生产上技术的改进是非常明显的。首先是农具方面的改进。最具代表性的是一种新式轮犁(Carruca)或称重犁的发明和使用,在农耕制度上出现了"共同耕作制"(Communal Cooperation)和三圃制(Three field System)。农业技术的改进,提高了单位亩产的数量,节省了劳动力,丰富了庄园中物品的数量和种类。另一项对农业和手工业都具有重大意义的改良是动力的改善,其中最重要的是水力和风力的使用。农具的改进及农耕制度的优化,水力及风力的实际使用,至少从两个方面对西欧商业力量的兴起产生着影响:一方面,它们在农业和手工业生产中的利用,提高了生产的效率,增加了西欧本身的产品数量,这为商品交易提供了必要物质基础;另一方面,农具及动力的改善,节省了不少劳动力,使人们有可能从土地的束缚中脱离出来,去从事其他行业,从而为商人阶层的兴起提供了人力基础。

如果说外部的刺激和内部的动力为商业复兴提供了基础,那么西欧人口的持续增长则为商业复兴提供了直接的力量。从7世纪到12世纪间,中世纪人口曾两度出现缓慢增加的趋势,第一次增长大致在7世纪到9世纪,第二次增长在10世纪到12世纪左右。其中从1050年至1350年间,欧洲人口增加了三倍。西欧人口的急遽增加,给有序的社会带来巨大的压力,原有庄园所拥有的土地已不足以供所有人使用,多人口的家庭也无力养活全部成员。于是在庄园中出现了许多无地或少地的人,社会上出现了流浪汉。而且在长子继承制的影响下,许多富裕的上层人的后代亦沦为无地的人。这些人的出现,使社会中产生了一个新的阶层,并促使社会人口由耕作经济向其他行业转移。在当时,除了农业之外由于可供选择的职业面是非常狭窄的,因此很多人最终走上了沟通各地有无的道路,正是在这些人中,产生了西欧最初的商人阶层。流浪人与商业的结合便产生了流浪商人。

但是,这些最初的商人能够成长,取决于他们具备可供开拓和积蓄力量的政治空间和地域空间。西欧当时处于一个王权非常虚弱的时期,法律和管理体系也非常不健全。如果说社会各阶层以土地为基础形成了相对比较紧密的链条,但土地之外的地域却控制得非常松懈,这其中最典型地表现在当时西欧的城镇中。城镇因为缺乏经济功能被长期忽视,法律所管理的往往是土地和农业生产,而对城市和商业并没有系统的法律管理体系进行约束。可以说,当时的城镇形同于"多余的存在"。这种"多余的存在"对那些"多余的人"而言却具有非常重要的意义:正因为法律照顾不到这些多余的人,他们才能够保持和发展自己的自由身份;正因为社会的管理照顾不到没有任何经济意义的城镇,他们才最终会在不剧烈触动原有庄园制度的情况下找到立足和开拓的空间,并以此空间为基地,积蓄自己的力量,扩大自己的影响,并成长为一支强大的经济力量。

商人与城市的结合最初是很自然的事情。在当时的情况下,这些商人在流动过程中和实际的商业经营过程中会遇到种种危险,迫切需要能够保护自己及货物的栖身地和落脚点。那些仍然存在的带有围墙和防护措施,同时又为当时的统治所忽略的城镇,自然成为他们首选的栖身地。另外,商业经营本身必然需要集中出售货物的地点,这些地点必然要选择在交通比较便利和人们易于集中的地方。而且,在江河、公路不能通行的时候,或者遇到特别寒冷等气候恶劣的季节,他们必然要聚集在某些地点。因此,那些交通便利的河汊、港口、十字路口、旧有的城堡和市集,很自然地成为商人的栖息地和经营据点。最初商人的到来只是为了暂时栖身,获得一个暂时的

中世纪城镇图

落脚点和经营场所。很快,商人们有意或无意地对城市本身的结构和生活方式进行了改造。到11世纪,商人们开始定居下来,变成城市商人或中世纪大城市的"贵族"。随着商人越聚越多,商人聚居的郊区很快也围上了城墙。由于郊区与老的守卫性的城镇结合,城镇团体和机构得到了发展,它不再是某些主教和贵族的居住场所,也不再是纯粹的政治和宗教中心,而是成为包容了商人、手工业者,包容了市场和新经济方式的场所。随着与城市的结合和对城市的改造,流浪商人终于结束了他们的旅行生涯,成为城市商人,又称定居商人或"坐贾"。这些城市商人以城市为根据地,共居一处,以经营商业为主要的生存手段,有着共同的经济利益,加上外部乡村社会的压力,他们很自然地形成一个团结一致的团体,形成与乡村农民们有明显区别的阶层。

首先,他们通过自己的实践,通过发展和完善自身,获得了令所有人都不敢小觑的经济地位。他们拥有的财富具有强大的感召力,并无形中动摇了旧有的经济基础,成为一种支配力量。中世纪后期,国王和贵族经常向商人借贷,或者用于购买奢侈品,或者用于战争等紧急情况,以至于没有商人的支持,他们许多事情都不能办成。在这种情况下,政府自然会改变对商人以及他们经营活动的看法,政策自然会向有利于商人的方向倾斜。其次,商人阶层依靠自己灵活的经营,成为社会中财富的最大拥有者。与他们相比,那些依靠土地而占据尊贵地位的贵族却相形见绌。贵族掌握的是有限的土地,这些土地随着他们后人的不断瓜分和再瓜分而变得七零八落。当商人手中积攒了大量的钱财,其经济力量足以与任何阶层,甚至与那些原本高高在上的阶层相抗衡时,社会便无法再漠视他们的存在,也不能再按照以前的眼光和标准来衡量商人的价值。另外,狭隘的传统法律不能适应以商业和手工业为生的城市人的需要。为此,商人们要求修改和重新订立法律成为必然,于是在城市出现了初期的商业法。这种法律根据商业的特点及国际惯例而订立。城市商业法的确立,从根本上保证了商人作为一个阶层在社会上的合法存在,保证了城市形成一个特殊的法律区。

商人在身份上的自由以及城市在司法上的独立,必然引起整个城市特殊地位的确定和行政上的独立,建立属于自己的行政管理体制是非常迫切也是非常必要的。不同地区的城市为了获得城市本身的独立和自由地位采取的途径不同,有的采取谈判的方式,有的采取斗争的形式,但是大多数城市都是通过获得特许状的形式而被承认,并因此获得城市作为一个整体的特殊地位。这些特许状都把城市作为一个特定地域来对待,首先赋予了城市以地域的自由,使商人们摆脱封建法所规定的义务和束缚,从而使居住在城市里的商人和手工业者处于特定法律的保护之下。以 1155 年法国国王路易七世颁布给洛里斯的特许状为例,我们可以看到城市居民所获得的权利:

　　教区的居民不缴纳通行税,并不必为自己栽培的谷物付测量费;

　　如果不能如所希望的当天回到自己家中,任何人不可派遣城市人去远行,不论是步行还是骑马;

　　在前往奥尔良等地的路途上,城市人免征通行税;

洛里斯的任何居民都不为我们负担徭役,除了一年两次为我们把酒送到奥尔良,而不是其他地方;

市民如果能够提供担保,保证在审判时能够亲自到场时,任何人不得拘押他;

任何市民如果希望出售自己的财产,他有完全的权利,如果他接受了出售的价格,他可以如自己所希望的自由离开该城镇,任何人不得干扰,除非他在城市里犯了罪;

任何人在洛里斯教区居住满一年零一天,其间没有任何追捕他的要求,他就可以自由居住而不受妨碍。

通过特许状获得城市整个地域的自由和法定地位以后,城市的商人和手工业者也就同时获得了自主管理的权利,城市内部的管理体制也随之形成。为了对内部的经营和城市本身进行管理,城市商人和手工业者便自行组织行会和市政府。行会以行业为单位组成,对该行业的工场数量、规模、产品质量及价格都作出统一的规定,以保护各个作坊之间不致因竞争而破产倒闭。市政府的主要任务则是征收赋税,维持治安,抵御外敌,推进工商业。城市既以商业为重要活动,因此,政府的最大任务便是管理城内的工商业。有关货物的品质和售价、劳工的酬劳和工作条件,都有明文规定。虽然实际的管理权操纵在各行会之手,但最后的责任是属于政府的。概括地说,12 世纪的城市是商业与工业的社区,存在于坚固围墙的掩护下,享受特殊的法律与行政,具有集体特权的性质。

虽然一直到 13 世纪,仍有一些城市没有摆脱外部的影响,但大多数城镇都有一个市长和内阁,他们的职责是代表和管理城镇,保持城镇的安全,监督建筑、市场、桥梁、道路的维持,并负责与城镇的主人进行联系。市政府通常向市场和商业交易征收税收,而不征收庄园制度中的土地财产税。所有的城镇人都必须帮助守卫城市,帮助修建城墙,并在城市军团中战斗。在市政统一的管理之下,商人由自发的团体演变成在一定规则和领导下的团体,团体的力量和团体的意识都大大增强了。

4 黑死病

1348年,欧洲发生了一场前所未有的瘟疫黑死病(Black Death),这场瘟疫传播速度快、范围广、持续时间长,给欧洲带来了深重的灾难,不但给欧洲造成了人口的大量死亡和物质损失,给人们的精神和心理带来了巨大的创伤,同时也给社会秩序带来了深刻的变化。

该瘟疫在1331至1332年活跃在中亚地区,然后开始向南进入中国和印度,向西到达波斯,并在1345至1346年到达南部俄罗斯,包括阿斯特拉罕(Astrakhan)。此后,这种疾病迅速沿着重要的商路传播。就欧洲而言,当时主要的传播线路是沿着陆路到达克里米亚,然后通过热那亚在黑海的商业中心经海洋到达意大利。1343年意大利的商人在加法(Caffa)受到鞑靼人围攻,为染上瘟疫的鞑靼人所感染。这些染病的热那亚人在1347年逃到君士坦丁堡,并于同年到达意大利。从地中海开始,黑死病向北传播到法国,在1348年洗劫了阿维农,并于6月到达了法国。与此同时疾病向西传播,穿过图卢兹和波尔多,在加斯贡尼渡海于1348年夏天到达英国。瘟疫在英国迅速从港口传遍了内陆,并于秋天到达伦敦。这场瘟疫断断续续在1349年结束,但是很快接连发生了几次同样的瘟疫,只是没有第一次严重。这场瘟疫给欧洲带来了前所未有的恐慌和灾难,几近三分之一甚至半数的人口死亡。

对中世纪时期的人们而言,黑死病是突如其来和无法解释的。一方面是黑死病势不可挡地肆虐欧洲,吞噬无数人的生命;一方面是人们面对死亡,感到恐惧、困惑和手足无措。普遍的恐慌是基于人们对这场瘟疫普遍的无知。但是死亡的迫在眉睫和现实的紧张首先要求做出某种合理的解释,而且这种解释本身会立即为所发生的事实所验证。因此,对黑死病的因缘解释就不仅仅是对当时人们所掌握的有关瘟疫知识的检验,而且是对长期以来的传统知识和传统信仰的考量,或者说是对某种已经确立的传统标准

的拷问。当时的绝对标准主要是教会所设立的神学标准和教会监管下的医学标准。对黑死病成因的解释也首先是在这两个层面上展开。面对死亡，教会告诉人们，瘟疫是上帝的行动，是人类的罪恶引起了上帝的震怒，他以此来惩罚人类的罪恶和警告人们悔改并走上行善的道路，所以扭转这场瘟疫的唯一有效的办法就是向上帝求助。人们要祈祷并唱赞美诗，要忏悔、朝圣和积极地向教会奉献。教会向人们解释了一种普遍认知的神学原则，但是这种笼统的解释并不能宽慰那些正为黑死病的恐惧所煎熬的人们。教会并没有能力向人们解释到底是什么行为引起了上帝的愤怒？为什么有的地方儿童死亡的特别多？为什么这场瘟疫对所有人会不加区别？为什么教士本身都无法幸免？医学解释也只是依照他们所接受的古希腊的解释方式，用星象学、元素说来解说黑死病的成因。在当时的医学家们看来，地球上的任何东西和围绕他们的空气都由四种元素组成，即地、火、水、风。每种元素都有相对的一面，即热和冷、湿和干。地是冷的和干的，人也具有这样的性质，这种性质是在出生时来自天上的构造。当某一种星星占据主导地位的时候，就会给人带来相应的影响，人体元素的不平衡则会导致疾病。但是这样的医学解释同教会的神学解释一样，是一种太笼统的原则，看起来似乎能够自圆其说，但是无法向人们具体解释瘟疫如何传播和通过什么传播，以及通过什么办法可以阻断这种传播。这些标准解释的笼统和模糊与现实的紧迫不可避免地使人们对教会的解释产生质疑，因为教会虽然给人们带来某种拯救的希望，但是这种希望需要大多数人受难，教会的教导只能是让人们变得冷漠和对宿命屈服，并不能够提供更有希望的制服黑死病的办法。人们对医生的解释产生疑问，因为医生的职责不应该只是关心"天空"，而是要集中精力研究病者的症状，并采取措施来治愈他们。

既然教会不能解释到底人们犯了什么错误惹得上帝进行这样严重的惩罚，那么人们只有通过自己的思考寻求其中的原因。在英格兰，有人认为瘟疫的到来和人们服装的改变有关。在后来的黑死病流行中由于死的小孩比较多，人们认为是因为小孩不服从父母，所以招惹了上帝的不喜欢。有的人更愿意把这场瘟疫看成是末日到来的先兆,因为按照《圣经》的记载,在耶稣第二次降临的时候,必然伴随着干旱、灾荒和瘟疫,以此人们把对黑死病的焦虑化解在末日即将到来的宽慰中。在维也纳,人们认为瘟疫挥舞着手来感染人们,他以蓝色火焰的形式在空中飞翔。在立陶宛,人们更愿意相信瘟疫是一位少女,她通过向门内或者窗户内挥舞红头巾来感染居民。这种传说虽然荒谬,但是给了人们想办法制服它的机会和可能。有些地方的人们相信瘟疫的源头是医生解释的腐败的空气,但是他们不相信是那些遥远的星球的作用,而是看得见摸得着的东西的作用,比如死尸、排泄物和不流动的水,以及来自

黑死病的流行

屠宰房、制革车间的臭气等,这些地方发出的难闻的气味正是污染空气的原因。如果这种说法成立,那么人们只要把这些污染空气的源头彻底清理就可以实际地抵制黑死病。人们开始相信瘟疫传播速度之快完全是一种相互感染的结果,不但是人与人之间的传播,而且可以通过人与物的传播,甚至有的人认为用眼睛看同样能够造成传播。德国人则愿意相信更加实际的原因,认为这场瘟疫完全是人为破坏的结果,其罪魁祸首便是犹太人。犹太人怀着仇视的心理,组织了一场国际性的阴谋,在基督教徒用来取水的井里撒上了剧毒的粉末,从而导致了黑死病的流行。

对黑死病因缘解释的混乱和不确定性,必然造成人们应对措施和应对标准的混乱。具体到应对措施方面,教会除了教导人们进行祈祷、忏悔和行慈善之事以外,再也没有什么有效的措施,而且从根本上它也反对人们采取

任何措施,因为既然瘟疫是上帝对人类所实施的惩罚,那么采取措施进行抵抗或者逃避就是与上帝作对。最好是承认瘟疫是神圣的惩罚,并寻求精神上的再生。教会也反对人们诉诸药物,因为不管药物有效果与否,都是与虔诚相悖的。教会在应对措施方面的无所作为,首先为本来由他们所控制的医生们走向前台创造了条件。尽管当时的医生大部分都是教士,但是他们在普遍承认上帝干预的前提下,还是给人们提供了许多的方法。医生告诫人们要在能够避开风的低洼处居住,不要选择沼泽地;人们要经常在自己所居住的地方燃烧某种带有芳香味的木头,从而防止污染空气的侵入;人们要在房间里栽种植物和花朵,并经常使用香水;人们要避免过分运动,因为运动会使毛孔张开,从而会增加有毒气体进入的机会;在饮食上,医生也建议人们多吃云香和榛子,使用芦荟、没药等药物,同时避免吃污水里的鱼类以及煮的鸡蛋,多吃蔬菜和水果,并建议人们节食。同时医生也指出一些治疗的方法,包括放血、拔火罐以及卧床休息等。令人惊讶的是,医生们也认识到一个人的心情和疾病的关系,教导人们平和的心境是抵御瘟疫的良好武器。如果这些方法都没有效用,医生们还给人们开出了最后的药方,那就是逃跑,逃离这个是非之地。

　　教会权威的丧失也使救赎本身溢出了教会所能控制的轨道,伴随着应对黑死病的社会需求,个人救赎行动成为一种新的社会潮流,它从另一种意义上削弱了传统的社会秩序,显示出一种自我救助的渴望和行动。这方面表现最明显的便是源自德国的鞭笞游行团体。相对于教会的消极和漠然,他们主张以积极的态度自发地迎接世界末日的到来。这些人从一个城镇到另一个城镇进行游行,得到许多人的欢迎和拥护。教皇宣布把他们列为异端而他们所到之处受到民众的欢迎,充分表明了人们对正统教士的不满,以及对教会所控制的精神范围的突破,对虔诚的追求走上了自主的道路。除了鞭笞游行这种极端的方式之外,我们还可以看到,人们出于对教会的失望而转向对圣人的寻求和崇拜。首先,在黑死病流行的那一个世纪里,圣母玛丽亚崇拜非常流行。因为,在上帝的震怒和末日即将到来的惶恐中,人们认为作为怜悯母亲的玛丽亚形象可以庇护人们免遭灾难。

如果说上述的思维和行为表示着对正统宗教的失望和偏离,那么更有许多行为明显体现了人们的理性思考和应对,其中最典型的便是对隔离措施的认知和卫生意识的增强。为了阻止黑死病的传播,威尼斯总督和议会任命的三人小组建议,在某一个地方建立许多站点,专门用来隔离从东方归来的船员,隔离期是40天,同时严格控制移民,违反者之船只则要被焚毁。另外,专门在远离城市的岛上设立新的墓地,集中埋葬那些因黑死病而死的人,而且要求埋葬的深度都要达到5英尺。在米兰城,则采取了更加严厉的措施,一个人感染了黑死病,则相关的3个房间的人都要用围墙隔离起来。在皮斯托,政府专门颁布条例,禁止任何人前来,并禁止外来商品进入,规定了参加葬礼者的人数、专门的埋葬地点和埋葬深度。在佛罗伦萨则推举了8个最有智慧和最受到人们尊重的市民,实行某种独裁。这是当时的第一个公共卫生机关,专门负责把城内腐败的东西和受到感染的人们运到城外,并负责监督市场。在卢卡,则颁布法令宣布禁运,威尼斯人和加泰罗尼亚的任何人都不能进入卢卡城,任何违反法律的人都要被没收财产和受到处罚。

这种颇具现代色彩的认识,尽管对抵御当时突如其来的黑死病并没有起到多大的作用,但是从长远来看,它们把人们对瘟疫以及瘟疫与环境的关系的认识提高到一个新的层次。在这次大瘟疫之后欧洲所爆发的瘟疫中,人们再也没有回到过去的认识标准。

黑死病严重冲击了原有的社会秩序和思想秩序,使它变得残缺不全和不成系统。不但给从黑死病的灾难中恢复过来的人们留下了重新健全秩序和整理思想的任务,而且给已经萌芽的新思想以继续成长的机会和空间。首先,黑死病对当时思想和文化层面的冲击是显而易见的。黑死病之前支撑思想和文化秩序的主要机构是教会和大学,但这两个机构都遭到了很大的打击。就教会而言,黑死病对它的直接冲击便是大批教士死亡,所剩的教士已经远远不能满足精神生活的需要,许多教会职位空缺,许多教堂处于空无一人的状态。教士人员的大量死亡是不能在短期内补足的。在没有合适的人选可以补充的情况下,教会只好把那些不够资格,甚至根本不适合当教士的人招纳进自己的队伍。这种局面造成教会纪律松弛和信仰薄弱,从总体上说,这些仓促杂凑起来的队伍已经远远不能成为精神的引导人。其次,经历了黑死病的冲击,原有的大学有些已经完全消失了,有些则极度衰竭。瘟疫使大学的学生人数大幅度减少。但是许多人死亡也导致出现了大量慈善遗产,这些遗产使穷学者、未来的教士和培训他们的机构有了资产,也促成了新学院和大学的建立。这些新的大学脱离了原来的传统科目,也打破了一些国际中心的文化垄断,把民族主义文化带到了欧洲。再次,经历黑死病的洗礼,医疗体系同样受到很大的冲击,开始走向一个全新的方向。过去的医疗体系主要是固守已有的传统和知识,尤其是希波克拉底和盖伦等的理论知识,不求实践和研究新问题。但黑死病后,医学开始走向职业化。医学的进步表现在医学哲学和机构开始发展,而且医药学变得专业化;第二个变化便是外科和外科医生的兴起,与此相关,方言医学文献兴起;第三个变化是医院的新作用。以前医院主要用于隔离而不是治愈,现在则主要用于治疗,新的管理和组织技巧发生了变化,医院的药物也发生了变化。公共卫生和健康状况开始改善,公共机构报告流行病的情况,负责实施隔离,出现了专门对付瘟疫的医生。

　　在这种文化的真空中,新的观念和新的原则开始渗透。在这种新观念中最突出的便是享乐主义。薄伽丘笔下的人物崇尚与大多数前辈不同的品质。他们不再热衷于虔诚、军事技艺和机械技艺,而认为智慧和灵活对成功来说是必要的。受到斥责的不再是骗子、说谎者、或者懦夫,而是戴绿帽子的男人;受到奖赏的不再是虔诚的教士或勇敢的骑士,而是色情骗子。报酬和胜利属于那些活跃的或者自助的人。在享乐主义的影响下,社会的奢侈之风盛行,人们开始注重穿着打扮,任何清规戒律都已经破除,男人们身上穿的新衣服既短又紧身,女人们则戴教会所厌恶的假发,穿领口开得很低的上衣,把胸口挺得很高。在对待爱情方面,人们变得非常现实,那种虚幻的对妇女的爱慕已经为真正的肉欲所取代,人们开始认可身体的热烈表现,希望最充分地享受实在的生活,而不愿意漏掉任何一点点短暂的快乐。尽管许多国家通过颁布《禁止奢侈法》来进行压制,但是几乎没有任何效果,根本无法阻止所发生的变化。伴随着这种享乐主义的是强烈的个人主义的出现。黑死病带来的是城镇和乡村集体制度的动摇,传统的社会、宗教和家庭纽带的松弛,地主和贵族社会声望的降低,以及他们管理法律和秩序的能力降低。

欧洲经历了黑死病的冲击,旧的传统思维和思想秩序失去了其原有的优势,为更加现实的思考留出了空间,在这样的空间里成长出了理性主义、享乐主义、个人主义甚至科学的萌芽,从中我们已经能够真切地看到文艺复兴的影子。尽管文艺复兴的促成不可能是黑死病爆发的结果,但是至少在一定程度上为其提供了某种思想的准备和基础。

第四编　欧洲社会的转型

人的重新发现

I 人文主义

从文艺复兴时期开始,欧洲迎来了一个思想大变动的时代。文艺复兴时期表现在哲学、文学、艺术、教育和自然科学等方面的内容,通常被称为"人文主义"(Humanism)。文艺复兴时期并没有"人文主义"一词,据考证,该词最早是由德国学者 F·G·尼特梅尔在 1808 年提出的。文艺复兴时期把后来所说的"人文主义"叫做"人文学"(Humanities),有点类似于我们现在所说的人文学科。文艺复兴时期的人文学是怎样兴起的呢? 很长时间里,人们对此莫衷一是,直到 20 世纪 50 年代一位学者克里斯太勒(Paul Oskar Kristeller, 1905—1999 年)提出了"修辞学传统说",才得到了学术界的广泛认同。他认为,人文学并不是全新的东西,它同中世纪及古代希腊和罗马的学问都有关联,其中连接这三者的主线是修辞学。修辞学在古典时代是非常发达的,古典世界衰亡后,修辞学并没有消失,而是成为中世纪"七艺"(另外还有文法、逻辑、数学、几何、天文、

音乐)之一。尽管中世纪修辞和逻辑并存,然而在当时神学统治的时代,掌握知识的主要阶层是教师和僧侣,他们所关注的是论证神学信仰的正确和至高无上,因此,特别注重逻辑的运用,而并不需要过多使用修辞,这种状况造成修辞学在中世纪非常落后。到了文艺复兴时期,社会形势发生了巨大的变化,城市广泛兴起,城市生活丰富多彩,对世俗学问的渴求也不断加强。同时,西欧各国正在逐步走向民族化,内政外交出现了许多新的特征。因此,城市共和国无论在日常生活中还是在政治生活中都重新开始重视修辞,把中世纪造成的重逻辑而轻修辞的现象逆转,修辞重新成为显学。由于文艺复兴时期的人要研究修辞,必然重新走进希腊罗马,从那时候的演说家和文化名人那里寻求素材和范本,所以复活了已经被忽略很久的古典学问。文艺复兴时期的人们不但在文法和句式方面汲取古典时代的营养,而且也同时接受了古典时代关于民主和科学的内容。由于以研究修辞为中心的学问在古典时代被称作"人性之学",所以在文艺复兴时代这些学问被统称为"人文学"。

　　人文主义把人看作自然的人,把世界看作是自然的世界。它肯定人生在现世世界中的价值,反对否定人生和世界的思想。人文主义者认为:自然所赋予人的肉体、情欲、理性并非邪恶的,而是美好的;人的周围世界也并非过渡的,而是现实的。因此他们要求人的感情和理性的解放,要求陶醉于自然的世界。美第奇的暴君柯西谟曾经说过:

　　　　你们追求无穷,我追求有穷;你们把梯子放在天上,我呢,在地上,因此我爬不高,也跌不惨。

　　人文主义者的思想核心就是对自我的发现和对人的发现。他们证明了人就是人,而不是神,作为一个自然人具有某些独到的特点。首先,他们发现人是有强烈荣誉感的,喜欢追求名利,重视自己的名声或声誉。文艺复兴对人的第二个发现,是发现了人生的价值和意义。人文主义者认为,人的幸福不在来世而在现世,人不应该禁锢自己,不应该默默地虚度一生。文艺复兴对人的第三个发现,也是最重要的发现,就是发现了人的个性,认为没有个性就没有人性。因此,这个时期人文主义者没有一个人害怕与众不同。有人曾经这样说过,如果不能出人头地,为人又有什么意思呢?

　　人文主义者对人的价值、人的尊严和个性的强调,必然带有强烈的个人主义色彩。从积极的层面上讲,这种对个人的渲染非常有意义。首先,个人不再被看成是可有可无的东西,个人的价值不再取决于家世出身,而在于才干和美德,因此,在这种个人主义的基础上形成了一种新的平等观念。其次,在个人主义的旗帜下,过去的道德观、宗教观都被冲破,个性获得自由的发展。然而对个人主义的推崇,也产生了负面的效应。为了满足个人的欲望,实现自己的野心或个人目的,滋生了不择手段、不顾一切、冷酷的个人主义和利己主义,从而也催生了马基雅维里(Niccolo Machiavelli,1469—1512年)政治哲学的出现。

　　文艺复兴时期人文主义者表达人文主义的主要途径是复古,我们称之为"复兴"正是因为有复古的存在。文艺复兴时期的人们所面临的是这样一个时代环境:其中基督教会虽然开始走向衰落,但是基督教所创建的知识结构和认识体系仍然占有绝对的统治地位。在这样一个完整的知识结构中,人们不可能找到可以取代这个知识结构的因素,所以,人们越来越感觉到与自己的时代不相容。彼特拉克(Frecesco Petrarch,1304—1374年)曾经说:

　　　　在我感兴趣的课题中,我尤其沉溺于古代。因为我自己的时代总是拒斥我,因此,如果不是因为热爱我亲爱的人,我宁愿选择出生在别的时代,而不是我自己的时代。为了忘记我自己的时代,我经常极力把我自己的精神置于其他时代里,所以我喜欢历史。

　　但是这个潮流更多的是在实践层面上的,而不是在理论层面上的,如果要从理论层面上对这个新的潮流进行诠释,必须寻找一定的素材,当人们越过中世纪的"黑暗"后,便看到了古典时代。

　　古典时代虽然和文艺复兴时期所处的时代不同,但是在文化本质上两者却有一致性。因为古典文化本身就是以人为本的,是一个完全不同于中

世纪的知识结构。所以如果要抛弃或者怀疑现有的知识结构,人们完全可以在古典时代找到滋养自己的素材。另外,古典时代代表着一种异教文化,利用它可以反观现在占统治地位的基督教文化。同时,古典时代也代表着基督教的早期文化,因此,回到早期基督教所处的环境,恢复到其纯洁状态,可以认识到历经千年的基督教如何背离了最初的教义,陷入了何种错误。正是在这种意义上,文艺复兴时期人文主义者找到了与古典文化的沟通点。

这时候人们对遗留下来的罗马古迹有着浓厚兴趣和深厚感情。但丁认为,罗马城的石头值得人们尊敬。彼特拉克经常和朋友们一起登临遗留下来的大浴室顶部的穹隆里,眺望整个罗马,赞扬古典文化。乔瓦尼·维兰尼之所以决定写一部历史,主要是因为看到罗马古城的遗迹而激起的。

> 我发现自己置身于罗马圣城的朝圣队伍中,看到了古代伟大的遗迹,阅读了维吉尔、撒路斯提乌斯、卢坎、李维、瓦勒留斯、奥罗修斯和其他历史大师描绘的罗马人的故事和伟大业绩,以及世界其他国家的事迹,我打算用他们的风格和设计,为后代保存记忆和提供借鉴。

人文主义者波吉奥专门写了《罗马城遗迹述记》,研究罗马遗留下来的古迹和碑刻。甚至连尼古拉五世(Nicholas Ⅴ,1447—1455 年在位)和庇护二世(Pius Ⅱ,1458—1464 年在位)教皇都广泛巡游各地,探访古迹。除了古迹之外,古代著作更为重要,人们这时候产生了广泛搜集古典著作的热情。彼特拉克拥有并虔诚地保存着一部自己不能读的希腊文《荷马史诗》。当教皇尼古拉五世还是一个教士的时候,就因为购买书稿或者请人抄写书稿而负债累累。为此,当时出现以抄书为职业的人们。其中懂希腊文的人地位最高,特别被冠以"写本人员"的光荣称号,报酬很高。懂其他文的人仅仅被称为"抄书者"。除了搜集和研究古希腊、罗马的著作之外,人们把研究的范围扩大到其他异教领域,包括希伯来和阿拉伯的著作。尽管这些学问在本质上是与基督教相对的,但是人们同样认为在这其中可以发现真理。人们更是追溯到早期拉丁教父时代,奥古斯丁的名字经常被提及,彼特拉克的著作《秘密》便是要向奥古斯丁袒露心迹。

但复古并不意味着纯粹的模仿,也包含着创新,人们把古代的著作看作素材,从中创造出自己的新文化,而这正是文艺复兴人文主义的价值所在。

文艺复兴时期,人文主义并不是一成不变的,从早期到晚期,我们可以把人文主义的发展分成几个阶段。其中,14世纪时期的人文主义一般被认为是早期人文主义阶段,这一时期出现了一些伟大的人物,提出了许多新的观点,开始了对宇宙和人生的新思考。他们多才多艺,对教会进行批评,同时,创作了不朽的著作,成为文艺复兴先导性的人物和人文主义理论的源泉。然而,这时期的人文主义者虽

萨卢塔蒂

然成就很高,但是是散见的;虽然他们对教会进行了严厉的批评,但是他们从来不敢走出否认信仰一步;他们注重从心智的角度而非从科学的角度来认识世界;他们表现出自己的爱国热情和对意大利统一的向往,但是没有找到任何实现这些目标的途径。这个时期的著名人物有彼特拉克(Francesco Petrarca,1304—1374年)、薄伽丘(Giovanni Boccaccio,1313—1375年)、萨卢塔蒂(Coluccio Salutati,1331—1406年)。

15世纪早期和中期是市民人文主义的时期。这时期人们开始抛弃纯粹的思考和学究式的研究,主张更加深入地涉足社会生活,把自己的知识用于对社会有益的活动中,所以他们被称作市民人文主义。这一概念是由汉斯·巴隆(Hans Baron)在其著作《早期意大利文艺复兴的危机》(*The Crisis of the Early Italian Renaissance*)中提出的。

市民人文主义包括两方面的内容,一是赞美城邦的共和政治制度和古罗马的公民精神。在中世纪,人们相信统治精神世界的罗马教廷和统治世

俗世界的神圣罗马帝国是上帝意志的体现,但这时人们更多地赞美自己的国家,他们认为,佛罗伦萨和米兰之间的战争实质上是共和制度和专制制度的较量。另外一个重要内容是强调市民的"积极生活",也就是强调城邦的市民生活。市民人文主义者的主要代表是布鲁尼(Leonardo Bruni, 1369—1444年)、波吉奥·布拉乔里尼(Giovanni Francesco Poggio Bracciolini, 1380—1459年)、阿尔贝蒂(Leone Battista Alberti, 1404—1459年)、帕尔米耶里(Matteo Palmieri, 1406—1475年)等。

15世纪下半期,人文主义进入了第三阶段,即后期人文主义时期。这个时期最明显的标志便是由原来积极的市民生活而转向隐修宗教生活,主要是转向了柏拉图主义。这种转变的原因一方面是因为在1434年美第奇家族开始执掌佛罗伦萨共和国的政权,为了维护其专制统治,一边拉拢人文主义者,一边引导他们转向与现实问题关系不大的哲学问题的研究,另一个原因就是大批的拜占庭学者这时候来到意大利,他们把对柏拉图哲学的研究也带到了意大利,从而促进了这种哲学的研究。结果这时候出现了许多以哲学研究而著名的人物,他们力图把基督教和柏拉图哲学结合起来,证明人文主义、基督教和柏拉图哲学的一致性。主要代表人物有菲奇诺(Marsilio Ficino, 1433—1499年)、皮科·米郎多拉(Giovanni Pico della Mirandora, 1463—1494年)等人。

在这三个阶段之后,人文主义开始衰落。布克哈特认为,在16世纪,在他们的理论和学术不能再掌握群众的心理之前,这整个阶层就已经普遍而深深地遭到贬黜。衰落的理由既来自自身,也来自环境的变化。

从自身原因来说,人文主义者并不是一个团结的整体,他们为了个人的名利和私欲,总是相互讽刺和谩骂,总是想办法消灭对方,甚至不惜用肮脏下流的语言。所以人文主义者在当时丢尽了脸,人们对人文主义者这一类型的人物越来越厌倦。衰落也同人文主义者成长的轨迹和生活轨迹有关。早期人文主义者无论在名声、地位和经济利益方面都取得了巨大的成功,引起了社会的羡慕。如果说早期的人文主义者是靠自己的真才实学而起家的,那么后来的许多人文主义者则是刻意培养的,最有价值的真才实学常常为厚颜无耻的浮夸虚饰所代替。同时,人文主义的生活从本质上来说并不是非常平静和安定的,他们经常为了生活而不得不游走四方,生活沉浮的磨炼使他们产生了放荡不羁和极端骄傲的性格。另外,从后期人文主义开始,人文主义战斗的锋芒渐渐消失,他们提出了很多问题,但是无法解决问题。同时他们与宗教纠缠不清的关系使他们不可能再前进一步,结果人文主义走向了另一个极端。一种表现就是开始极力调和人文主义、基督教和古典哲学的关系,表现出极大的妥协性;另一种表现就是堕入纯古典学问的研究,越来越走向封闭,他们的学问成为曲高和寡的阳春白雪。随着人文主义者的学问优势也渐渐失去,便开始走向衰落。

从外部原因来说,主要是此时政治环境发生了变化。从 15 世纪末开始,文艺复兴的两大中心佛罗伦萨和罗马先后进入动荡的时期,意大利和平和繁荣的政治局面结束。同时,许多杰出的人文主义者在这一时期相继去世,以及大批人文主义者和艺术家离开了佛罗伦萨,也使人文主义运动不可避免地走向衰落。伴随着政治危机而来的经济危机也对人文主义的发展产生了重大影响。随着哥伦布发现新大陆,欧洲的对外贸易商路开始从地中海向大西洋沿岸转移,意大利的商业地位丧失,加上战争频繁,外部势力的掠夺,对文化事业的赞助越来越少,这样人文主义文化不可避免地走向衰落。另一个环境是教会态度在这时候发生了根本性的转变,其起因便是 1517 年马丁·路德发难,拉开了宗教改革的序幕。教会开始采取严厉的立场,对异端思想进行毫不留情的镇压,罗马教廷也改变过去支持人文主义文化的立场,转而采取压制的态度,结果许多著名人文主义者的著作都遭到了禁止。因此伴随着教会的宽容和文艺复兴自由精神的丧失,人文主义在意大利走向了衰落。

2 巨人的时代

文艺复兴时期是一个巨人辈出的时代。几乎在所有的领域都涌现出一

批巨人,这些巨人几乎都在好几个领域放射出光芒。

这些巨人的成就主要表现在文学、艺术、政治学等诸多方面。

文艺复兴时期人文主义的先导是文学。并称为意大利文艺复兴时期文学三杰的但丁(Dante Alighieri, 1265—1321 年)、彼特拉克、薄伽丘,以及西班牙的塞万提斯(Miguelde Cervantes, 1547—1616 年)、法国的拉伯雷(Rabelais, Francois, 1495—1553 年)和英国的莎士比亚(W.William Shakespeare, 1564—1616 年),都是这一时期著名的文学巨匠。文艺复兴时期的文学类型可谓琳琅满目,包括诗歌、史诗、短篇小说、散文、故事集、传记、喜剧、悲剧、讽刺剧、书信等诸多题材。就意大利而言,在这么多的文学类型中,最为常见的分别是诗歌、小说和书信。文艺复兴时期的诗歌代表着意大利俗语文学的发展,也体现着文学与民间生活的接近。从早期的"西西里诗派"到但丁时期的"温柔新体"(Dolce Stil Nuovo),至彼特拉克的十四行诗,诗歌的创作逐步走向成熟。但丁的《新生》是温柔诗体最优秀的作品之一。彼特拉克的《歌集》则使十四行诗在艺术上更加完美,成为其他国家诗人后来竞相模仿的重要诗体,对欧洲诗歌的发展产生了重大影响,因此,意大利体的十四行诗又称彼特拉克体。当然此时的拉丁语并没有在诗歌中失去它的地位,甚至在社会上层人们更加认可拉丁语,彼特拉克也用拉丁语创作了著名的《阿非利加》。如果说彼特拉克的《歌集》广为老百姓传唱,那么《阿非利加》则为他赢得了"桂冠诗人"的称号。

另一个文体是小说,尤其是短篇小说。在中古时期,当意大利城市文学获得发展的时候,出现了一些叙事传奇作品。这样的散文故事,到 13 世纪已经成为一种很流行的文学体裁,每一则故事都蕴含了道德教诲,为文艺复兴时期意大利文学的重要体裁——短篇小说的发展,提供了借鉴和基础。到了文艺复兴时期,意大利涌现出优秀的短篇小说家群体。薄伽丘是其中最杰出的代表。薄伽丘的代表作《十日谈》(*The Decameron*)以故事会的形式,采用框形的结构,塑造了不同阶层、三教九流、具有鲜明性格特征的人物形象,展示了意大利广阔的社会生活画面,抒发了文艺复兴初期的自由思想,成为一部思想上、艺术上和语言风格上都很新颖、完美的作品。

戏剧是文艺复兴时期重要的文学形式,莎士比亚是这一文学形式的典范,一生创作了大量的悲剧、喜剧和历史剧。他在继承古代希腊罗马传统,吸收文艺复兴时期欧洲戏剧营养的同时大力创新,不但在形式上突破了悲喜剧的界限,而且在内容上着力反映生活的本来面目,探索人物内心奥秘,塑造了形形色色的人物类型,描绘了广阔的、五光十色的社会生活图景。他的戏剧富于哲理,能够给人以启迪。《哈姆雷特》《奥赛罗》《李尔王》《终成眷属》《威尼斯商人》等作品广泛流传,对世界各国的戏剧都产生了深远的影响,莎士比亚也因此而成为戏剧史上的一座丰碑。

书信也是当时非常重要的文体。当时的人都留下了大量的书信,其中又以彼特拉克的书信最为著名。彼特拉克亲自编辑了自己的信件,并说明了他编纂的原则:

> 在一封信中,某些话会给人带来快乐,但同样的话在集子中不断重复会惹人生厌,因此,在收录时只保留一封信,而剔除其他的信件。要剔除那些太私人化的东西,那些信件在写作时并不一定一钱不值,但是现在最热情的读者也会感到乏味,所以这类信件要剔除;要剔除那些感到后悔和应受到谴责的信件。

书信体可以使人们不拘一格,不但可以把古人、现代人和后人拉到同一个时空中,而且书信体特有的第一人称方式,也可以使作者以自我为中心自由地宣泄感情和思想。

从这些形形色色的文学作品中,我们可以看出,这时候的人文主义文学家都很注重文学给自己带来的声誉,注重文学中的嘲笑、机智与讽刺,善于模仿古典文学,注重对大自然、人的外貌和心理以及日常生活的描写,具有浓郁的现实气息。

文艺复兴时期的艺术类型多种多样,有绘画、雕塑、建筑和音乐等各种类型,围绕这些类型又形成了各种流派。按照时间的演变和风格的不同明显可以分成三个流派:佛罗伦萨派、罗马派和威尼斯派。

乔托:《哀悼基督》

　　佛罗伦萨是文艺复兴式雕塑和绘画的发源地,这个派别的特征代表着从中世纪绘画和雕塑风格向新的风格的过渡,具体体现在三个具有代表性的艺术家身上。第一个人物是乔托(Giotto,1266—1337年)。乔托是意大利文艺复兴时期杰出的雕刻家和建筑师,被尊称为"意大利绘画之父",后人称他为"第一个奠定了现代绘画传统的天才",是"近代一切人物画的创始者"。他的作品富有立体感,并以自然景物代替中世纪绘画惯用的金色及蓝色背景。最著名的作品包括《金门之会》《逃亡埃及》《犹大之吻》和《哀悼基督》。第二个人物是马萨乔(Masaccio,1401—1428年)。马萨乔的代表作为佛罗伦萨卡尔米内教堂的布兰卡契礼拜堂壁画(1425—1428年)、圣玛丽亚诺韦拉教堂的《三位一体》祭坛画(约1427),以及为比萨的卡尔米内教堂作的一组多屏祭坛画。这些壁画虽仍为宗教题材,却以合乎科学法则的写实手法表现,人物坚定沉着、朴实无华,洋溢着人文主义精神。第三个人物是波提切利(Sandro Botticelli，1445—1510 年)。他很早就受到美第奇家族的赏识,后者向他订购了大量的画作。与强大的美第奇家族保持良好的关系也使画家获得政治上的保护,并享有有利的绘画条件。在美第奇家族掌权期间,波提切利为他们做了多幅名画,名声大噪。为美第奇别墅所画《春》(La Primavera)和《维纳斯的诞生》,成为波提切利一生中最著名的两幅画作。随着佛罗伦萨的社会变化,到 15 世纪末,其艺术也归于平淡,一些伟大的作家如达·芬奇、米开朗琪罗和拉菲尔等虽然都成长于此,但都离开了。

15 世纪末,随着佛罗伦萨艺术的衰落,艺术中心由佛罗伦萨转移到罗马。罗马派的艺术主要为教皇的宫殿和教堂制作,所以形成追求宏大和纪念碑式的风格,这时的艺术达到了非常精熟的地步。该派最著名的代表人物是拉斐尔(Raphael，1483—1520 年)。他是一位谦虚好学、博采众长的艺术大师。他的艺术特点是秀美、典雅、和谐、明朗。他塑造的众多圣母像最负盛名,美术史上尊称他为"画圣"。拉斐尔后期最负盛名的圣母像有《椅子中的圣母》《西斯廷圣母》等。《西斯廷圣母》是一幅祭坛画,画家以精湛的技艺塑造了一个平凡而又伟大的母亲形象,艺术史家高度评价这一杰作可与《蒙娜丽莎》媲美,都是人类文化艺术宝库中的稀世瑰宝。

威尼斯共和国在 14 世纪是欧洲和东方的贸易中心,商业资本集中,国家强盛。受拜占庭及北欧的影响,绘画艺术得到了发展。同时由于威尼斯是地中海沿岸最大的商业中心,实行

拉斐尔:《西斯廷圣母》

的是共和制,免受外国和教皇权力的干涉,所以在比较自由的条件下,威尼斯画派形成乐天、世俗甚至狂欢的风格。风景画得到了很大的发展,注重绚烂的色彩和优美的形式。代表画家有乔尔乔、提香、丁托列托和和委罗内塞等。提香(Titian,1488/1490—1576 年)在文艺复兴画坛活动 60 余年,作品遍及西欧各国,以绚丽色彩和健美造型树立了新的艺术典型,可与以米开朗琪罗、拉斐尔为代表的佛罗伦萨艺术传统争雄,对西方艺术影响极为深远。到 16 世纪后期,佛罗伦萨和罗马的文艺复兴艺术已趋衰微,而威尼斯画派仍继续繁荣,其中就包含着提香艺术的功绩。

当然,在文艺复兴时期最著名的艺术家是达·芬奇(Leonardo Da Vinci,1452—1519 年)和米开朗琪罗(Michelangelo Buonarroti,1475—1564 年)。这两个人都超出了地域和时段的限制,也超越了某种风格的限制,成为文艺复兴时期典型的艺术大师。达·芬奇多才多艺,在诸多领域都有所建树,他的绘画注重典型环境中的典型性格,创造了三角构图;善于运用空气透视法,把科学研究与艺术创作完美结合,追求尽善尽美。达·芬奇给后人留下了《岩窟圣母》《蒙娜丽莎》《最后的晚餐》等诸多传世名作。米开朗琪罗则善于表现英雄人物的气概,他的作品具有丰富的想象力,注重表现崇高的道德和坚强的意志。他对作品精益求精,经常放弃自己的作品和毁坏自己的作品。他的名作有《亚当》《最后的审判》《西斯廷礼拜堂天顶画》《大卫像》《摩西像》等。

文艺复兴时期的巨人也出现在政治学领域。文艺复兴时期,人们对政治的关怀,尤其是对意大利统一的向往和更加美好生活的渴望,表现得尤其强烈。

简要说来,当时的政治思考主要有三种模式,分别对应着但丁、马基雅维里和康帕内拉(Campanella,1568—1639 年)。但丁除了写作《神曲》及许多抒情诗歌之外,还写了政治著作《论世界帝国》,勾勒了建立一个统一世界帝国的理想。他对党派纷争深恶痛绝,渴望着统一与和平。但丁把统一与和平的希望寄托在神圣罗马帝国皇帝亨利七世身上,但这位神圣罗马帝国皇帝在1313年患病而终。亨利七世死了,但丁的希望也破灭了,但是,他的"世界帝国"思想却日趋成熟。但丁的《论世界帝国》分为三卷:第一卷是"人类需要统一与和平",但丁从理论上论证了世界帝国的必要性;在第二卷中,但丁从历史的角度寻找神圣罗马帝国作为世界帝国的根据,将神圣罗马帝国当成古罗马帝国的当然继承者,为世界帝国理论辩护;在第三卷中,但丁拒斥了教皇至高无上的地位,指出皇权同样是由上帝赐予的。但丁认为,要根除教会的种种弊端,就要在教会权力和世俗权力之间作一个明确的区分,让恺撒的东西归恺撒,上帝的东西归上帝。

马基雅维里是第一个具有近代意识的佛罗伦萨思想家。他的一生在政治上起起伏伏。佛罗伦萨最初由美第奇家族统治,但1494年法国军队入侵意大利,美第奇家族投降,佛罗伦萨人民在萨伏那罗拉的领导下举行了起义,重新建立了共和国,但1498年萨伏那罗拉遇害,他的统治被推翻。马基雅维里的政治生涯开始于1494年美第奇家族被驱逐,持续到1512年美第奇家族重新返回。他在一个公共职位干了四年以后,被任命为第二秘书处秘书,自由和平十人委员会秘书,在共和国的事务中发挥了很重要的作用。在美第奇家族回归以后,他退隐到自己在卡西阿诺的小领地,致力于创作。马基雅维里一生写过不少著作,但主要的著作是《君主论》《论李维》和《佛罗伦萨史》,此外还写过《兵法七卷》和戏剧《曼陀罗花》。《君主论》虽然是一本非常短小的著作,但是包含着丰富的内容,因为他过度诚实的写法而在日后受到非议。这部著作的内容可以分为三个部分:第一个部分主要是根据历史上的经验以及现实君主国的实践,从一般的理论角度概括君主国的类型;第二个内容谈到的是军队问题,这个问题也是马基雅维里在政治实践中一直摸索的问题,他在此再度呼吁建立君主自己的常备军,而对流行的雇佣军和外部援军表示谴责;第三个部分其实是在普遍意义上讲述一种君主的权术,而这也是日后人们争论的焦点。例如他说:

　　一个人如果在一切事情上都想发誓以善良自持,那么,他侧身于许多不善良的人当中定会遭到毁灭。所以,一个君主如要保持自己的地

位,就必须知道怎样做不良好的事情,并且必须知道视情况的需要与否使用这一手或者不使用这一手。

人们批评他就权术而论权术,完全不顾及道德和价值判断。

在人们勾勒意大利统一梦想的时候,康帕内拉则虚构出空想社会主义的蓝图。他的政治思想具体体现在其《太阳城》(*City of the Sun*)中。太阳城是康帕内拉虚构出来的一个城邦,在"太阳城"中,完全没有私有财产,一切都是共有的;所有劳动都由全体公民共同承担,劳动是一切人内心自觉的要求,劳动无贵贱之分;由于没有私有财产,太阳城内人人平等;社会产品公共分配,物质福利共同享受;太阳城对婴儿和幼儿的教育格外重视,婴儿由公共教育机关抚养,尤其注重直观的教学法;太阳城社会制度的基本原则是民主和贤人政治,所有公民都热爱并勇于保卫自己的国家,他们"不贪生怕死",对敌人的侵袭迎头痛击;太阳城里没有家庭概念,生儿育女是国家刻意安排的结果,孩子也是由国家抚养和培养。康帕内拉构思了太阳城这种理想的社会制度,但他并不认为这已经是十全十美的了,还期待着发现更加美好的生活。

3 科学与宗教

文艺复兴时期也是一个在科学方面突破的时代,无论在天文学、物理学、数学还是在生理学方面都取得了长足的进步。学术界一般把文艺复兴时期的科学视为近代科学思维和科学方法的源头,并把科学的进步视为摆脱宗教和迷信的表现,其实事实并非我们想象得那样简单。关于科学与宗教、迷信相对的观点,越来越受到人们的挑战,人们认为,即使在科学领域,文艺复兴也无法摆脱其过渡性的特征。

根据 H·布鲁克的描述,现代学者就科学与宗教的关系,主要形成了三种观点:第一种认为在科学精神和宗教精神之间存在着根本的冲突,一个处理的是可检验的事实,另一个则为信仰而舍弃理性;一个对科学认识的进步所带来的变化感到欣喜,另一个则在永恒的真理中找到安慰。在为这样的观点所支配的地方,人们证明在科学和宗教的地盘之争中,以宗教名义构建的种种宇宙论在来自科学的更精巧的理论面前被迫退缩。第二种观点认为科学和宗教并非争斗的力量,而在本质上是互补的,各自满足一系列不同的人类需要。根据这种观点,科学语言和神学语言必须和不同的实践相联系。只要牧师们不对自然的作用发表武断的见解,只要科学家们不狂妄到设想科学知识能够满足人类最深层的需要,那么,一切就会变得甜蜜而轻松。第三种观点表达了科学关怀和宗教关怀之间一种更为亲密的关系。和第一种即冲突的模型相反,断言某些宗教信条可能对科学活动有益。和第二种即分离的模型相反,认为宗教和科学之间的相互作用绝不是有害的,而是能够对双方都有利。上述观点是现代人的观点,但是我们不能盲目把这些观点套在文艺复兴时期,因为科学与宗教的分化是文艺复兴之后人们讨论的议题。

　　我们通常所说的文艺复兴时期的自然科学成果可以概括为以下两个内容。第一是对宇宙生成的自然性解释。这方面的主要代表人物是哥白尼(Nicolaus Copernicus, 1473—1543 年)、伽利略(Galileo Galilei, 1564—1642 年)和开普勒(Johannes Kepler, 1571—1630 年)。哥白尼通过对托勒密权威天文学解释的怀疑,以及通过长期的天象观察,否定了被教会长期奉为权威的"地球中心说",而大胆提出了"太阳中心说"。尽管他生前并不愿意广泛传播自己的学说,而只是把自己的设想抄写给自己的几个朋友,但是他的学说还是吸引了维登贝格大学的一个路德教派学者莱蒂库斯,他主动帮助哥白尼整理出版了《天体运行论》,引起了教会和全社会的震动。一个天文学的发现之所以能够产生这么大的影响,是因为教会的很多神学学说都是建立在以地球为中心的理论上的,哥白尼的发现无疑动摇了教会神学的基础。伽利略则继续坚持和发展哥白尼的学说,而且还于 1609 年制造了第一架天文望远镜,发现了木星的四颗卫星,进一步证明了哥白尼的太阳中心说。伽利略的发现也打破了教会奉为神圣的"七"这个数字。在教会看来,上帝用六天造世界,第七天休息,同样太阳系有五大行星,加上太阳和月亮正好也是七。但是伽利略通过望远镜发现了新的行星,这就破坏了上帝的神圣安排,因而教会说他的望远镜是"魔鬼的发明",宗教裁判所也将他的著作列为禁书,伽利略为此饱受监禁和刑讯逼供。开普勒则进一步发展了哥白尼的学说。尽管哥白尼的"太阳中心说"具有革命的意义,但是,他的学说存在着很大的偏差。首先,他否认地球是宇宙的中心,但又承认太阳是宇宙的中心;其次他认为地球绕日运转的轨道是正圆形的。这些错误为开普勒所纠正,后者准确地提出了地球绕日的椭圆形轨道理论,并指出了地球绕日在不同地点速度有快慢的学说,从而使人们对地球和太阳关系的认识跃升到一个新的台阶。

文艺复兴时期自然科学的第二个主要内容是对人的世俗生命的关怀。这主要体现在塞尔维特(Michael Servetus,1511—1553 年)和哈维(William Harvey,1578—1657 年)关于血液循环理论的认识上。在许多世纪里,罗马皇帝马可·奥理略的御医盖伦的解剖学和生理学观点一直被奉为公认的权威,他认为血液在肝脏中形成,被赋予"自然灵气",血从那里通过静脉流到身体各个部分。再通过同一静脉流回肝脏,形成酷似潮水的涨落。心脏的右心室是静脉系统的一部分。浸入右心室的血液,在把它含有的杂质释放到肺里以后,大部分又回到肝脏,其余部分则透过多孔壁(瓣膜)而进入左心室,在那里同来自肺部的空气相混合,转变成一种更为精细的物质,称为"活力灵气"。这些活力灵气在那里精炼成"动物灵气",神经(想象为空心的管子)把它们遍布整个人

哈　维

体。针对这一学说,首先是布鲁塞尔的安德烈亚斯·维萨留斯(Andreas Ve-salius,1514—1564 年)对右心室和左心室之间隔膜的相通性产生了怀疑,而西班牙的塞尔维特认为血液流动不像一般所认为的那样是经过心脏的中隔,而是有一种专门的手段把精细血液从右心室驱入肺中的一条直通道。英国的威廉·哈维则彻底揭开了血液循环之谜。他提出了心脏左右的血液通过肺动脉沟通,血液始终沿着一个方向流动,人身体由静脉和动脉组成等重要理论。

尽管这些科学领域的研究取得了不小的成果,但是我们也不能盲目地认为文艺复兴时期涉足科学领域的人们已经具备了科学的头脑和方法。其实,在当时,人们研究这些自然科学,最初所追求的是经典著作的纯洁,而不是科学真理;而且,尽管中世纪后期以来,有了一些观察和试验的方法,但是人们更多地运用演绎法和逻辑规则,而不是依赖由观察而获得新的材料。同时,人们承认《圣经》是神的启示著作,而自然是神的创造著作。因此,他们一方面提倡对经典的训注,另一方面寻求一种基于新近的观察和实验之上的全新自然哲学。另外,这时候人们研究自然的神秘主义倾向重新复活。

为了能够更好地了解这一时期科学的性质,我们有必要了解自然科学和古典学,以及自然科学和宗教之间的关系。无论是中世纪还是文艺复兴时期的人们,其实都以某种希腊思想作为自己思维的基础,只不过中世纪的思想家信奉一套希腊思想,而近代科学先驱者们则接受另一套希腊观点。经院哲学在不涉及宗教教义的问题上,把亚里士多德奉为权威。亚里士多德的科学主要是定性而不是定量,把事物分成类和亚类,列举它们的属性,区别本质属性和非本质属性。中世纪思想继承了亚里士多德的传统。但是,还有另一个更早的希腊传统或者说思想派别即毕达哥拉斯派。该派别把数或量放在无上的地位。近代科学的开创者满脑子都是毕达哥拉斯主义精神,近代科学始终坚持尽可能精确定量的描述。中世纪和近代思想家对希腊传统选择上的另一个分歧在于他们所赞成的解释的种类。经院哲学家沉迷于苏格拉底和柏拉图的理论,认为解释在于发现事物所服务的目标或目的。在柏拉图的宇宙图式中，有一个目的或者说"善"的等级体系，其极点是最高的善，宇宙万物都朝这个目标运动。近代科学是从拒斥目的论解释开始的，接受德谟克利特和其他原子论者所提倡的解释方法，即根据产生事物的原因和条件，通过事物的直接原因而不是最终原因来解释。

从科学与宗教的关系来看，这一时期的科学和宗教往往纠缠在一起，并不是那样容易区分的。我们需要了解的是，对我们而言，要把科学从神秘兴趣中区分出来是很容易的事情，但在当时，许多人还无法做到这一点。若在同一个作者的著作中同时出现了"神秘的"和"科学的"成分，那是非常自然的。其次，对自然现象抱世俗态度并不一定排斥对世界抱宗教态度。近代科学的先驱者们实际上都笃信宗教，都是基督教的忠实儿子。另外，当时教会对研究科学的人们进行迫害并非完全出于后者的新发明。

然而，尽管文艺复兴时期的科学与我们所说的科学有很大的差距，但是我们的科学正是通过对文艺复兴科学的某些方面加以提炼和扩大而出现的。亚·沃尔夫总结说，近代之初，科学还没有与哲学分离，科学也没有分化成众多的门类。而且，知识仍然被视为一个整体，哲学这个术语广泛使用来指称任何一种探索，不管是后来狭隘意义上的科学探索还是哲学探索。然而，这些变化已经发生，近代科学先驱者们的数学和试验倾向，不可避免地导致科学分化成精密科学、试验的科学和纯思辨的哲学。同样，虽然经常是同一个人研究一切门类学科，同一本书论述的内容无所不包，但是科学成果的迅速积累还是不可避免地迅速导致劳动分工，导致科学分化成若干门科学。

4 《九十五条论纲》

思想的变革在意大利表现为各种新型理论的构建，而在德国则主要表现为宗教改革。两者从不同角度对传统的思想和观念进行了挑战，为转型时期新文化的建构提供了素材和理论武器。

德国宗教改革的首倡者是一位教士马丁·路德(Martin Luther, 1483—1546年),他是通过发表其《九十五条论纲》对教会发难的。激发他发表这一论纲的原因和该论纲所讨论的中心议题是罗马教会大肆发行的赎罪券。赎罪券是在1300年才开始印制发行的。在这之前,教会鼓励人们为自己所犯的罪孽进行悔罪操练。悔罪操练的方法有多种,或者去远方的圣地朝圣,或者保存殉道者的遗物,或者从事捐献医院、修桥补路的慈善事业,或者鞭笞自己的身体。只有通过这样的悔罪训练后,教会宣布的赦免才能真正有效。因此,代表教会赦免的赎罪券本身并不具备赦免罪责的效能,只是表明罪人在接受了神的赦免后,为自己的罪作出补赎。但是,在信徒中间却产生了误解,认为赎罪券具有赦免罪恶的功能,只要得到了赎罪券,无论犯过何种罪恶,都能得到赦免,从而把赎罪券看成一张可以任意犯罪的护身符。面对教徒的这种误解,教会并没有进行纠正,反而为了填补自己的财政空虚,借机大肆发行赎罪券。1300年发行的赎罪券为教皇带来非常可观的收入,于是教皇决定每100年发行一次赎罪券。到了1400年,为了缓解教廷的经济压力,改为50年发行一次赎罪券。到1450年改为25年一次,1501年宣布5年一次,1506年则每年发行一次。到了1515年,教皇利奥十世(Leo X, 1513—1521年在位)在位期间,以筹集款项兴建彼得大教堂为名,大量发行赎罪券,而且规定每个教区的主教只要事先缴纳一笔巨款,便可以全权代理所在教区的赎罪券出售权。为此,许多教区向银行借贷获得代理权。为了尽快还清贷款,银行协助教区到处推销赎罪券。一时间,赎罪券成为一种可以随意买卖的商品。马丁·路德所在的教区主教同样向银行借贷获得出售赎罪券的权利,为了还清这笔贷款,他派出修士特策勒到处进行欺骗性的游说,鼓动信徒们购买赎罪券。他们宣称,信徒将金钱放入钱箱中叮当一响时,在炼狱中的灵魂便跳跃一下,信徒将越多的金钱放入,炼狱的灵魂便跳跃得越高,越接近天堂了。还有的推销员对顾客说:"你投下银钱,现在我看见你父亲的左腿已经迈出炼狱的火焰,只剩右腿还在火里面,再继续加钱吧!"那人说:"不必了。我父亲并没有右腿!"

　　马丁·路德看到了赎罪券的泛滥,以及把神的赦罪当成一种商品来出售,心中非常愤懑,对赎罪券的功效以及教皇赦罪的权力产生怀疑,便毅然写成《九十五条论纲》。其最初的目的只是希望教会高层对他的质问作出解答,但是,令他始料不及的是,他的论纲一出,引发了一场影响深远的革命运动。

　　1517年10月31日,路德将《九十五条论纲》贴在威登堡大教堂门口,要求对有关赎罪券功效问题进行公开讨论。在前言中他指出:

　　　　为爱护与阐扬真理起见,下列命题将在文学和神学硕士及常任讲师马丁·路德神父主持之下,在威登堡举行讨论。凡不能到会和我们口头辩论的,请以通信方式参加。

　　在这一论纲中,他首先否认了教皇拥有赦免罪债的权力,指出教皇不能赦免任何罪债,而只能宣布并肯定罪债已经得了上帝的赦免,那留下归他审判的,他当然可以赦免,他若越过此雷池,罪债便仍然存在(6条);教皇所谓全部免除一切惩罚,意思并不是指免除一切惩罚,而只是指免除他自己所科处的惩罚(20条);那些宣讲赎罪券者,说教皇的赎罪券能使人免除各种惩罚,而且得救,乃是犯了错误(21条)。接下来,马丁·路德用了很长的篇幅对赎罪券及其相关的问题提出了多方面的质疑。他指出:那些说钱币叮当落入钱筒灵魂就超脱炼狱的人,是在传人的捏造(27条);钱币叮当落入钱筒,只能使贪婪增多,但不能使教会的代求产生结果,这结果仅操之于上帝(28条);那些说获得救赎或赎罪券并不需要痛悔的人,是在传与基督教不符的道理(35条);每一个真悔改的基督徒,即令没有赎罪券,也完全脱离了惩罚和罪债(36条);基督徒须知,人若看见弟兄困苦,不予援助,反用他的钱购买赎罪票,他所得的,并不是教皇的赦免,而是上帝的愤怒(45条);靠赎罪券得救,乃是虚空的,即令教皇的代表,甚或教皇本身,用灵魂来作担保,也是如此(52条)。接着,他对教皇发行赎罪券的动机提出了质疑:教皇若为得钱以建立一个教堂的小理由而救赎无数的灵魂,他何不为神圣的爱和灵魂的痛苦的大理由而使炼狱空虚呢(82条)? 教皇的财富今日远超过最富有者的财富,他为建筑一个圣彼得堂,为何不用自己的钱,而要用贫穷信徒的钱呢(86条)？如果教皇现在颁发赎罪券,是为拯救灵魂,而不是为得钱,那么以前所颁发的赎罪券既是同样有效,他为什么把它们搁置呢？最后,他希望教皇从正面来回答他的这些疑问,而不是用权势压人:对平信徒的这些论点和疑问仅用教皇权来压服,而不用理智来解答,乃使教会和教皇受敌人耻笑,并使基督徒不愉快(90条)。

马丁·路德要求公开辩论的挑战并没有得到任何回应,但是《九十五条论纲》的内容却传播很广,这引起教皇的不满,他命令路德到罗马受审。经支持路德的德国贵族调解,教皇答应路德在德国受审,派出代表前来德国要求路德承认错误,但遭到了路德的拒绝。1519年,路德和罗马教廷的代表约翰·艾克在莱比锡展开了公开辩论。双方公开辩论的结果是,路德的思想进一步走向教会的对立面,指出教皇、教父以及宗教会议并不是信仰的依据,唯一的信仰权威是《圣经》。路德的立场激怒了教皇,于是教皇在1520年6月25日将路德定为异端,并限其在60天内改正,否则便开除教籍。路德也采取了相应的对抗措施,将教皇的敕令当众烧毁,这意味着与罗

路德烧毁教皇敕令

马教廷的公开决裂。在这期间,路德相继写出了《致德意志基督教贵族书》《教会的巴比伦之囚》和《基督徒的自由》。在第一篇文章中,马丁·路德鼓励德国的基督徒贵族们独立地侍奉神,摆脱神圣罗马帝国和罗马教廷的控制。第二篇文章强调平信徒与教会人士的平等,平信徒也有资格触摸圣杯;教会坚持的七项圣礼,只有洗礼和圣餐是合乎真理的,其他的圣礼都是囚禁信徒的枷锁。第三篇文章指出信徒只能受到神的管辖,而不受其他任何人的管辖,其实也就是提出了"因信称义"的基本思想。这三篇文章成为马丁·路德宗教改革的理论原则。

1521 年,神圣罗马皇帝查理五世(Charles V,1519—1558 年在位)将马丁·路德召到沃姆斯国会前受审,目的是让路德承认自己的错误,但是马丁·路德利用《圣经》和理性,对自己进行了辩护。他在国会作了《这就是我的立场》的演讲,指出:

> 既然至尊的皇帝陛下、诸位亲王殿下要求我简单明白、直截了当地回答,我遵命作答如下:我不能屈从于教皇和元老院而放弃我的信仰,理由是他们错误百出,自相矛盾,犹如昭昭天日般明显。如果找不出《圣经》中的道理或无可辩驳的理由使我折服,如果不能用我刚刚引述的《圣经》文句令我满意信服,如果无法用《圣经》改变我的判断,那么,我不能够,也不愿意收回我说过的任何一句话,因为基督徒是不能说违心之言的。这就是我的立场,我没有别的话可说了。愿上帝保佑我。

结果,查理五世宣布剥夺了他的公民权和生命保障,宣判他不再受到国会法律的保护。这样马丁·路德的处境变得非常危险,生命受到威胁。这时候,支持他的德国贵族在他返回途中,将他挟持,隐藏到一个城堡里。路德在威登堡的城堡里,隐姓埋名,致力于将《圣经》翻译成德文。他回到威登堡后,出版了德文版的新约《圣经》,他的助手则就新教的神学、礼仪以及诗歌进行了编写,从而与天主教分庭抗礼。

尽管马丁·路德日益走向正统教会的对立面,但是他在理想上还是进行温和的改革:主张建立简朴的教会,取代日益世俗化的教会;主张教会脱离罗马教廷的控制,简化教会,取消复杂的礼拜仪式。但是他所引发的改革潮流很快就超出了他所设定的范围,出现了更加激进的派别,从而导致了激烈的暴力革命,革命的领导者就是托马斯·闵采尔(Thomas Muntzer,1490—1525年)。闵采尔也是一位神父,曾经对路德的主张非常赞赏,但是他反对路德的温和,而主张进行暴力革命,并把革命的矛头指向富豪权贵,把宗教领域的争论引入到社会的改革之中。从1524年起,士瓦本南部的农民发动起义,闵采尔积极推动,并发表了《书简》,主张推翻封建制度。这支起义军形成了庞大的力量,提出了限制封建剥削的《十二条款》,一直坚持斗争到1525年4月。另一支起义军则以士瓦本以北的法兰科尼亚为中心,起义者占领和破坏了许多教堂、修道院,惩治了许多封建贵族。但是这支起义军内部成分复杂,并没有形成统一的力量。到1525年,上层和农民的矛盾越来越激化,最终导致了起义的失败。第三个革命的地区是图林根和萨克森。这里手工业和采矿业比较发达,因而许多农民和手工业者加入其中。这支起义军以缪尔豪森为中心建了以闵采尔为主席的"永久议会"。但是起义在1525年5月被镇压,闵采尔被俘后就义。

　　面对农民和手工业者起义的浪潮,路德不知所措,他最终选择了谴责起义军的立场。在1524年他发表《为反对叛逆的妖精致萨克森诸侯书》,次年又发表《反对杀人越货的农民暴徒》,其中他写道:

　　　　他们就像拦路抢劫和谋杀犯一样,当受身体和灵魂的双重死亡。第一时间杀死叛乱的人是正确和合法的,因为他已经为上帝和皇帝所取缔。每个人都是公共叛乱者的法官和行刑者,就如同着火时能第一个灭火的是最好的人。叛乱并不仅仅是卑鄙的谋杀,而是如同一场大火点燃和毁灭了国家,它使满地都是谋杀和流血,使人成为寡妇和孤儿,像火灾一样摧毁了一切。无论是谁,都应该打击、掐死和刺死他们,不管是公开的还是秘密的,而且应当记住,没有人比叛乱者更恶毒、更有害、更像魔鬼。就像人们必须杀死疯狗,如果你不与叛乱者战斗,他们会攻击你和你的整个国家。

虽然起义军最后失败了,路德也陷入深深的矛盾之中,但是路德教却从此传播开来,出现了代表新教的政治势力,在 1555 年,根据《奥格斯堡条约》,路德教获得了合法的地位。

5 加尔文教

马丁·路德在德国掀起了一场宗教改革运动,出现了路德派新教。无独有偶,法国人约翰·加尔文同样也掀起了一场宗教改革运动,确立了加尔文教的基本原则。它们一起构成为新教改革的主要动力。

约翰·加尔文生于 1509 年,去世于 1564 年,出生在法国努瓦荣(Noyon)的一个律师家庭。1523 年他进入巴黎大学学习神学。其间,为了维持自己的生活,在还是一个学生的时候,他就获得了隶属于努瓦荣大教堂的一个礼拜堂的牧师之职。1528 年他前往奥尔良学习法律,一年后他前往博格斯(Bourges)继续学习法律。尽管加尔文在不同的学校和地方一直坚持学习法律,但是他学习的动力不是出于自己的兴趣,而完全是迫于父亲的压力。1531 年,他的父亲去世,加尔文获得了自由,开始恢复对宗教的学习。在他父亲去世的当年,他前往巴黎学习希腊语。他所在的学院以人文学见长,这很自然地影响了加尔文,他成为伊拉斯谟(Desiderius Erasmus,约 1466—1536 年)的崇拜者。

大致在 1528—1533 年间,他经历了一次"突然的皈依",对新教有

约翰·加尔文

了很深的领悟。加尔文自己也认为,这次突然的皈依使他的心灵变得温顺。这一时期正是他摆脱自己父亲的束缚,思想变得活跃的时期。接纳了新教的思想后,加尔文对法国天主教会的弊端大加批评,同时坚定地认为,自己是为上帝拣选来重新恢复世界精神的人。但是加尔文所处时代的政治环境并不利于新教的发展。这一时期,法国的国王弗朗西斯一世感觉到新教的威胁,联合巴黎高等法院等机构联合搜捕异教徒,加尔文的思想尤其被定为异端。这样加尔文在 1533 年便生活在极度危险之中。为了躲避危险,他逃离了巴黎。从 1533 年到 1536 年间,他辗转于法国、意大利和瑞士之间。

1536 年他的《基督教原理》(*Institutes of the Christian Religion*)初版在巴塞尔出版。该部著作经过不断修改,最终在 1559 年形成定本。在这部作品中,他清楚地阐释了他的宗教信仰,后来的版本更进一步详细记述了他的教会组织方式。1536 年 7 月,加尔文前往日内瓦,并将那里当成自己工作的中心。他最初的目的地并不是日内瓦,而是想前往斯特拉斯堡,但是由于哈布斯堡—瓦卢瓦王朝之间展开了战争,迫使他绕道日内瓦。在那里一位热情的新教徒法勒尔(Guillaume Farel, 1489—1565 年)劝说他留了下来。

日内瓦是一个讲法语的瑞士城市。加尔文到来的时候,日内瓦还不是瑞士的一部分,该城市正在为争取自身的独立而斗争,试图摆脱控制自己的两大势力。第一个势力是萨伏依公爵,第二个是日内瓦的主教。日内瓦联合伯尔尼和弗雷堡(Fribourg)对抗萨伏依,迫使主教逃离了日内瓦。萨伏依在 1535 年被打败。1536 年日内瓦接受了宗教改革,主张解散修道院、取消弥撒和否认教皇的权威。但是在日内瓦内部发生了主张温和改革的派别和主张激进改革的派别之间的冲突,后者的代表是加尔文和法勒尔。温和的改革派被称作自由思想家,他们希望由行政长官控制教士。但加尔文则想让教士控制城市,也就是建立神权政体。1538 年温和派取得胜利,法勒尔和加尔文逃到了斯特拉斯堡。1538—1541 年,加尔文一直待在斯特拉斯堡。在这里,他了解了许多马丁·布瑟(Martin Bucer, 1491—1551 年)的观念。马丁·布瑟是来自德国的温和派新教改革者,加尔文尤其对布瑟关于

教会组织的观念感兴趣。

　　1540年日内瓦温和改革派倒台。1541年加尔文回到日内瓦。从此以后,他花了14年的时间确定了自己的礼拜仪式、教会原则、组织和道德行为。第一,加尔文主张废除天主教的主教制,建立长老制,教会圣职只包括牧师、长老和执事。长老一般由有威信的平信徒担任,长老会议由各教区民主选举的代表组成,归市议会直辖。教会设立由长老会议和6名牧师组成的宗教法庭,在加尔文的指导下审理各种案件。教会的领导机构是市和地方教区两级牧师团体,市级牧师团体由各教区首脑组成,负责统辖各教区牧师团体。加尔文从1542年至逝世前一直是这个团体的主席。第二,主张简化宗教仪式,宣布《圣经》是信仰的唯一依据,因此在圣事中只实行《圣经》所记耶稣亲自设立的洗礼和圣餐礼。第三,取缔演戏和赌博,提倡节俭,反对奢侈,严禁一切浮华享乐的行为。第四,改组市议会,将日内瓦划分为数教区,各教区均由长老和教区的牧师团体处理政务,日内瓦市议会由长老、牧师和上层市民组成,是最高的行政机构,拥有司法权。政权的形式按照加尔文政教合一的"神权共和国"模式建设。第五,鼓励经商致富,宣称做官执政,蓄有私产,贷钱取利,同担任教会职务一样,均可视为受命于上帝。在这期间,加尔文积极支持对再洗礼派的镇压。西班牙人文主义者、生理学家塞尔维特因反对三一论,并与德国的再洗礼派有联系,被加尔文向设在法国里昂的天主教异端裁判所告发。当塞尔维特越狱逃至日内瓦时,加尔文又授意当地的宗教法庭于1553年以火刑将其处死。从1555年开始,加尔文的教会在日内瓦已占绝对统治地位。加尔文除了领导教会事务外,还从事《旧约》的注释。1559年,日内瓦学院在他的指导下成立。同年他的《基督教原理》第四版付印,篇幅从1536年初版的6章发展为79章,后来被译成多种语言,成为加尔文宗神学的标准和依据。

　　加尔文的神学思想在许多方面同路德相同,如强调《圣经》是基督教信仰的唯一根据和权威;认为人类在亚当堕落之后,完全败坏,失去意志自由;主张因信称义,不能靠行为得救等。加尔文还继承发展了奥古斯丁的预定论,从上帝的至尊谕令和全能出发,认为上帝在创世以前,即预先选定一些人得救,决定另一些人沉沦,这种预定论是加尔文神学体系的基石。他在《基督教原理》中明确指出:

> 我们用预定论来指上帝永恒的判决,通过这种判决他自己决定希望让每个人发生什么。并不是所有人都按照相同的条件而被创造,有些人被预定了永恒生命,有些则被预定了永恒的天谴;相应地,由于每个人都是为了这一或那一目的而被创造,我们说他已经被预定了生或死。

在政教关系上,加尔文认为政权是上帝按其神圣意志所任命的,要为人民造福,并捍卫纯正的教义和教会。实际上他将教会权力置于国家之上,异于路德教会倚仗国家支持的主张。关于圣餐礼,加尔文的立场介于路德和U·茨温利两人之间,从形式上看,似乎更接近茨温利,但从实质上分析,应该说更接近路德。他反对天主教的变体论和路德的同体论,但也否定纪念说。他明确肯定在圣餐中凭信心所领受的,是一种真实的但是属灵的身体。这种主张,后被称为灵性的"真实存在论"。加尔文还在可见的教会和不可见的教会之间作了明确划分,并强调教会自治的原则,但在加尔文指导下的日内瓦教会却规定该市居民都是归正宗信徒,都必须服从该宗的教义。

在新教运动中日内瓦成为一个最有影响的城市,它代表着一个其宗教已经真正改革的城市,对欧洲产生了巨大的影响。加尔文并不想让自己的信仰仅仅局限在一个地域,也不想让日内瓦成为一个新教徒的避难所。该城要成为将加尔文教传播到整个欧洲的心脏。这种传播基于日内瓦建立的一种新的教育体系。在这里,无论是初级还是中级学校都建立起来了,而且在1559年还建立了一个学院,这个学院后来发展成为日内瓦大学。日内瓦是讲法语的地区,所以,许多法国的胡格诺教徒到这所学校受训成为传教士。在日内瓦接受了教育之后,这些传教士首先被派往瑞士讲法语的教徒中间完善自己的传教技巧,然后前往法国。首批胡格诺教徒在1553年到达法国,到1563年,法国有了将近90个胡格诺教徒团体。1555年第一次宗教会议在巴黎召开。有来自 72 个团体的长老代表参加。胡格诺教徒主要集中在西部沿海地区和东南部。他们发展自己的骑士队伍，公开在自己的教堂里进行祭拜。由于巴黎政府难以在整个巴黎境内实施权力，同时由于胡格诺教徒组织严密，也使政府压制他们的尝试非常困难，到 1561 年，已经有了 2 150 个胡格诺教徒的教堂，加尔文教派的人数估计已经达到了整个人口的 10%，大概有 100 万人。加尔文教在法国已经成为一个很大的少数派宗教。

走出中世纪的步伐

I 新航路的开辟

新航路的开辟又称地理大发现,是指 15 世纪早期到 17 世纪早期这一段时间,欧洲的船队探索未知的海域,环游地球,寻找新的商业通道和商业伙伴,培育欧洲的资本主义。在探险的过程中,欧洲人遭遇到他们闻所未闻的民族,并标示了前所未知的土地,出现了哥伦布(Christopher Columbus, 约 1451—1506 年)、达伽马(Vasco da Gama, 1469—1524 年)、卡伯拉尔(Cabral, 1467—1520 年)等著名的探险家。

地理大发现的出现,源于随文艺复兴出现而来的新科技和新观念,其中包括地理学、航海学和造船业的进步。其中最主要的是发明了大帆船和小吨位轻便快船。这种船只结合了欧洲传统和阿拉伯的设计,使得欧洲可以走出相对封闭的地中海,而进入开阔的大西洋。

地理大发现的序曲是中世纪后期跨越欧亚大陆的一系列探险和远征。尽管蒙古人给欧洲造成了很大的威胁,到处劫掠和破坏,但是他们也统一了欧亚大部,开辟了从中东前往中国的商路和交通线。有些欧洲人就是沿着这些通道前往东方冒险。这些探险者基本上都是意大利人,因为意大利城市共和国的商人基本上控制了欧洲和中东的贸易。这些人中最早前往东方的人是普兰诺·卡尔平尼(Giovanni de Plano Carpini, 1180—1252 年)。1245 年,他受罗马教皇英诺森四世派遣带着教皇致蒙古大汗的书信,出使蒙古。然后带着蒙古大汗致教皇的书信,向教皇复命。然而,最著名的还是马可·波罗(Marco Polo, 1254—1324 年),他在 1271—1295 年间前往东方,沿着丝绸之路东行,到达元朝的上都开平,以后侨居中国 17 年。马可·波罗深得忽必烈的信任,出任元朝官职,游历了许多地方,他根据自己的见闻写成了《马可·波罗游记》,成为欧洲的畅销书。这些前往东方的旅行没有带来什么直接的成果,因为蒙古帝国很快就土崩瓦解了,通向东方的道路变得异常困难和危险。14 世纪在欧洲发生的黑死病也同样阻碍了旅行和经商的道路。同时,与欧洲人长期处于战争状态的阿拉伯帝国控制了通向东方的道路,使得贸易本身更加艰难。富于侵略性和扩张性的奥斯曼帝国的兴起,又进一步限制了欧洲人与东方的沟通。直到欧洲人发明了大帆船和轻便快船之后,才开始重新转向传说中的东方。

地理大发现的第一波浪潮是在航海者亨利王子(Henry the Navigator, 1394—1460 年)领导下的葡萄牙人发起的。当时的葡萄牙是海洋技术及探险活动的领导者,它的船队驶向开阔的大西洋,在 1419 年发现了马德拉群岛(Madeira Islands),在 1427 年发现了无人居住的亚速尔群岛(Azores Islands),这两个岛屿都成为葡萄牙的殖民地。亨利的主要计划是在非洲的西海岸进行探险。在很长时间里,连接西非和地中海世界的唯一商路是越过漫漫的撒哈拉沙漠。这些商路也控制在北非的穆斯林国家手中,他们与葡萄牙长期处于敌对状态。葡萄牙人希望通过海路与西非直接通商从而绕过伊斯兰国家,同时也希望撒哈拉南部的国家信奉基督教,成为对抗马格里布穆斯林的潜在盟友。葡萄牙一步一个脚印地实行既定的计划,每年都向南推进一定的距离,在 1434 年征服了有强烈潮流的博哈多尔角(Cape Bojador)。经历了20年的时间,葡萄牙已经征服了撒哈拉的所有障碍,开始于今天的塞内加尔顺利进行黄金和奴隶贸易。随着在埃尔米纳建立贸易堡垒,圣多美和普林西比成为第一个生产蔗糖的殖民地。

最重要的突破是1487年迪亚士(Bartolomeu Dias,约1450—1500年)绕过了非洲的南部海岸,发现了通向印度洋的通道,但他没有继续前行,而是选择了返回,在返回的路上发现了非洲最南段的好望角。他最初将好望角命名为"风暴角",后来约翰二世将其重新命名为"好望角",因为这一发现开辟了通向东方的道路。这一通道的发现具有非常重要的意义,使欧洲人第一次可以绕过中东陆上通道和中间人而直接与印度和亚洲进行贸易,这最终导致了大西洋商业国家的兴起和中东的衰落,紧接着地中海国家也不可避免地衰落了。1498年,达伽马沿着迪亚士开辟的道路到达了印度。1497年7月8日,达伽马率领由四艘船组成的船队离开里斯本,同年12月16日到达了迪亚士返航的地点,接着开向欧洲人未知的水域。次年1月到达了阿拉伯人控制的东非海岸,即现在的莫桑比克,1498年5月20日到达了印度,开辟了通向印度的航线。这次航程迪亚士只是作为达伽马手下的小角色陪同前往。1500年卡伯拉尔的船队被派往印度,但在这次航行中卡伯拉尔意外地发现了巴西。

葡萄牙的邻国卡斯提在大西洋探险方面起步较晚,直到15世纪后期卡斯提的水手才开始与自己的邻国竞争,双方竞争的第一个地区是加纳利群岛,最终卡斯提取得胜利。直到阿拉贡和卡斯提合并,西班牙光复运动完成后,才开始全力寻求新的贸易通道和海外殖民地。1492年经合并后而形成的西班牙政府,决定资助哥伦布进行探险远征,指望他能够绕过葡萄牙在非洲和印度洋的封锁到

哥伦布

达印度。但是哥伦布并没有到达印度,而是发现了一个新世界。1492 年 12 月他到了美洲,在巴哈马登陆,后来又考察了加勒比海的大部分地区,其中包括古巴的岛屿、海地岛以及美洲中部和南部海岸,但是他从来没有到达今日的美国。1493 年 1 月 4 日他开始返回,完成了第一次的航行。1493 年 9 月 24 日,哥伦布开始进行第二次航行,沿着上一次开辟的道路继续向南航行。哥伦布航行的主要目的是黄金。他在给桑切斯公爵的信中曾经做过这样的描述:

> 他们常常受人滴水之恩而以涌泉相报。然而,我禁止把小东西和不值钱的物品给他们,尽管他们得到后就想象它们是世界上最漂亮的饰品。甚至有时一位水手会用一根皮带换来一个半金币。而且我们的人给他们价值更小的东西,尤其是刚刚铸造的布拉卡和任何其他金币,印第安人就会给卖主所有想要的东西。例如,半盎司、一盎司或两盎司的黄金或者30 或 40 磅的棉花等,对这些商品,我们的人已经非常熟悉。因此他们像白痴一样用棉花和黄金来交换零碎的弓箭、玻璃、瓶子和罐子。

后来为了完成收集黄金这一目标,哥伦布甚至在某些地方强迫当地每个人都要交纳一定数量的黄金,若不能完成配额就要砍去其双手。但尽管如此他还是没有能够获得足够的黄金。1498 年 5 月 30 日哥伦布出发进行了第三次航行,这一次因为听信哥伦布的宣传而前往新殖民地居住的居民因不满而进行控告,哥伦布被逮捕押回了西班牙。尽管他重新获得了自由,但失去了名望和职位。此后哥伦布又进行了第四次航行,但也没有取得什么更大的成果。

随着西班牙和葡萄牙探险和占领殖民地的竞争越来越激烈,如何划定所发现的地域变得越来越困难,双方争执不断。在教皇出面干预下,两国于 1494 年 6 月 7 日,在西班牙卡斯蒂利亚的托尔德西里亚斯签订了一份旨在瓜分新世界的协议,即《托尔德西里亚斯条约》(*Treaty of Tordesillas*)。协议规定两国将共同垄断欧洲之外的世界,并特别将位于佛得角群岛以西 300

里格(约合 1 770 公里或 1 100 英里),大约位于西经 46°37′的南北经线,为两国的势力分界线,分界线以西归西班牙,以东归葡萄牙。西葡两国分别于该年的 7 月 2 日和 9 月 5 日批准了该条约。后来由于麦哲伦的环球航行,1529 年两国又重新签订了《萨拉戈萨条约》(*Treaty of Saragossa*),用以明确这一分割在太平洋上的位置。这样,葡萄牙便控制了非洲、亚洲和美洲的巴西。西班牙人则拥有了分界线以西许多未知的领土,主要是美洲大陆的西部以及太平洋的岛屿。

在美洲大陆,西班牙了发现了一系列在地域和人口方面堪与欧洲媲美的帝国。人数很少的西班牙征服者,借助他们所带去的流行病,很快就将这些帝国征服,在这些地方建立了西班牙的宗主统治,昔日的帝国变成了西班牙人夺取和运输金银的中心。

1519 年,科泰斯的军队在墨西哥登陆,同年西班牙国王资助了麦哲伦的探险。麦哲伦是葡萄牙人,这次探险的目的是向西航行发现生产香料的岛屿,将其纳入西班牙的统治范围。麦哲伦于 1519 年 8 月 10 日从塞维利亚港出发,到达美洲后沿着东岸继续向南航行,发现了麦哲伦海峡,并进入了太平洋,于 1521 年 3 月到达菲律宾,但在与当地土著的冲突中被杀。麦哲伦没有能够亲自完成环球航行,但是剩下的船员和船只绕过非洲南端的好望角,在 1522 年完成了环球航行。

尽管出现了西班牙这样的竞争对手,葡萄牙的探险和殖民活动并没有停止。葡萄牙率先到达日本,并在那里展开贸易。在曼纽埃尔一世的统治下,葡萄牙国王制定了控制所发现地区土地和商路的计划,主要是建立一系列的堡垒或贸易站,控制与东方进行交易的商路。但是葡萄牙太小,其人力和财力不足以支撑这样大规模的探险。渐渐地他们不再能够与后来崛起的列强相对抗,葡萄牙在东方的霸权被荷兰、法国和英国的探险者打破。后者并不理会教皇关于地域的划分,葡萄牙占领的一些地区丢失了或者受到限制,尤其是西非、中东和远东地区,均被英国和荷兰的殖民地包围,孟买被当作结婚礼物送给了英国。荷兰试图征服巴西,并一度控制了巴西的半壁江

山,但是最终没有成功。

伊比利亚半岛之外的国家都不承认《托尔德西里亚斯条约》。法国、荷兰和英国都有着悠久的航海传统,他们依靠自己的新技术和地图开始向北部美洲进行探险。英国人率先资助约翰·卡博特(John Cabot, 1450—1499年)进行探险,试图找到通向亚洲西北部的通道。随着荷兰、法国和英国探险活动的增加,葡萄牙和西班牙的市场占有份额大大下降。地理大发现时代大致在 17 世纪早期告一段落,这时欧洲的造船技术已经非常纯熟,他们的水手有能力前往地球的任何一个角落。但实际上探险并没有结束,直到19 世纪人们才考察了南极和北极,欧洲人也是花了很长时间才到达这两个地区的内部。

地理大发现的影响是难以估量的。几千年里地中海经济在欧洲最活跃,意大利和希腊是最富裕的地区。而新的大西洋经济则为法国、英国和德国等西欧国家控制,这几个国家跃升为欧洲最富裕的地区。随着地理大发现出现了商业革命,跨大洋的贸易异常活跃,商人取代地主成为社会中最有力量的阶级。在英国、法国和其他国家,资产阶级行将控制国家的政治和政府。从更广的角度讲,地理大发现使全球从封闭走向联系,从此开始了资本主义殖民的历史,在欧洲日益强大的同时,非洲、亚洲等许多地方都沦为殖民地和半殖民地,许多古老的文明不是灭绝了就是受到了严重的冲击。

2 英法百年战争

英法百年战争(The Hundred Years' War)是发生在英国和法国之间的长达百年的军事冲突,从 1337 年开始,到 1453 年结束,共持续了 116 年。这一场蔓延百年的战争历程,事实上并不是不间断的持续战争,而是由一系列的冲突所组成,其间还穿插着一些相对和平的时期。我们大致可以把这场战争分为四个阶段。第一个阶段是爱德华战争(1337—1360 年),第二个阶段是查理战争(1369—1389 年),第三个阶段是兰开斯特战争,最后是圣女贞德出现后英国的衰落阶段。

这场战争冲突尽管在 14 世纪中期才开始,但是其渊源可以追溯到几百年以前。法兰克加洛林王朝的傻瓜查理,在 911 年允许维京人居住在诺曼底,这些人成为诺曼人。1066 年,诺曼人在首领征服者威廉的领导下征服了英国,建立了诺曼人的国家。自此以后,英国的国王就同时控制了诺曼底和英国,另外还控制了法国境内的缅因、安茹、都兰和阿奎丹。英国对法国领土的控制,导致了两国之间的长期摩擦。到 1214 年,英国国王们失去了他们在法国的大部分领土,其中包括诺曼底,但是他们还是保有阿奎丹,因为这是英国国王亨利二世迎娶阿奎丹的埃里阿诺的嫁妆。因此,在百年战争真正到来之前,双方针对英王在法国的领土一直持续着战争和摩擦。这种状况一直延续到 14 世纪上半叶,之后由于围绕法国王位两国出现了纷争,才真正演变成一场大战。

法国的加佩王朝发展到腓力三世时,将王位传给了腓力四世,1328 年,腓力四世的儿子,法国国王查理四世去世,但并没有男性继承人,延续 300 多年的加佩王朝出现了王位继承危机。这时候出现了三个王位竞争者。在英国方面,查理四世的妹妹伊萨贝拉此时是英国国王爱德华二世的妻子,他们的儿子继承了英国王位,称为爱德华三世(Edward Ⅲ,1327—1377 年在位)。从血缘关系上来说,爱德华三世是法王查理四世的外甥,是法国王室最近的亲戚。按照英国对封建法的解释,爱德华三世应当成为法国王位的继承人。而法国贵族则不愿意让一个外国人来当法国的国王,况且对方是英国人。于是他们根据《萨利克法典》的规定,指出女系不能继承王位,拒绝了英国对王位的要求,而是选择了支裔瓦卢瓦家族的腓力(Philip of Valois)继承了法国王位,称为腓力六世。同时,腓力四世的长子路易十世的女儿,在 1332 年也生了一个儿子,即后来的那瓦尔的查理二世,他也是潜在的王位竞争者。

在王位出现纷争的同时,双方也在为领地的归属进行争斗。当时,英国控制着法国西南沿海地区的加斯贡尼,这里盛产盐和酒。这个地方是英国

英法百年战争图

国王作为法国国王的封臣而领有的，并不是英国的领土。按照封建惯例，英王爱德华要承认法王腓力六世（Philip IX，1328—1350年在位）的宗主地位。英国国王一心想收复在法国失去的土地，他在1329年勉强在亚眠大教堂接受了腓力六世的加冕礼，双方暂时没有翻脸。1333年，爱德华三世发动了对苏格兰大卫二世的战争，后者是法国的盟国，腓力趁英国无暇顾及的时机想收回加斯贡尼。但是英国迅速结束了战争，迫使苏格兰国王逃到法国。于是1336年，腓力六世计划发动远征恢复苏格兰国王的王位，并同时占领加斯贡尼。当法国军队的舰只开始进攻英吉利海峡沿海据点，而且1337年腓力以爱德华作为附庸没有尽到听命于主人需要而违背了誓言为名，要求收回加斯贡尼封地时，双方的敌对开始公开化。爱德华三世重申自己才是法国王位的合法继承人，并派出林肯郡的主教前往巴黎进行挑衅，于是战争开始爆发。

　　战争爆发时，法国有人口1 400万，英国只有200万，而且法国被公认为有欧洲最训练有素的骑士。在战争的早期，英国与低地国家的贵族和法兰德斯的市民结成联盟，但是经过两次战役后一无所获，该联盟在1340年遂告瓦解。战争很快使英国政府的财政发生危机。同时法国凭借自己在海上的优势，劫掠了英国沿海的一些城镇，并通过切断英国与法兰德斯的羊毛贸易和与加斯贡尼的酒类贸易，瓦解了英国的经济。然而，1340年的斯柳依斯战役（Battle of Sluys）使法国的军舰遭到沉重打击，从此英军控制了英吉利海峡。1346年7月，爱德华跨过英吉利海峡，在科唐坦半岛登陆，发动了一次大规模入侵。双方爆发了克雷西战役（Battle of Crecy）。这场战役使法国军队遭到重创,而英国取得大捷,确立了英国长弓手的优势地位。接着爱德华继续北进,围攻沿海城市加莱城,于 1347 年将其攻陷。该城成为英军的一个重要战略据点,可以在这里安全地驻扎军队。同年英军取得了对苏格兰的胜利,俘虏了苏格兰国王大卫二世,解除了来自苏格兰的威胁。

1348 年黑死病袭击欧洲,双方的战争中断了一段时间。到 1356 年,爱德华的长子黑太子(Black Prince)从加斯贡尼开始入侵法国,在普瓦提埃战役中获得大胜。法国的新国王约翰二世(Tohn Ⅱ, 1350—1364 年在位)被俘。法国政府在约翰被俘期间开始崩溃。此时法国的乡村开始发生全面的骚乱,1358 年发生农民暴动,史称扎克雷起义。1360 年 5 月,法国被迫同英国缔结了《布雷蒂尼和约》,根据和约,法国缴纳了大量赎金,英国占领了阿奎丹、加莱等地,约翰获释,但他的两个儿子要前往英国当作人质。但是几个月后,他的一个儿子从英国逃脱,为了遵守骑士的诺言,约翰二世重新返回伦敦接受囚禁,1364 年死于英国。

约翰二世死后,查理五世(Charles Ⅴ, 1364—1380 年在位)继承了法国王位。1369 年,借口爱德华三世没有遵守《布雷蒂尼和约》的条款,法国国王再次发动了战争。查理五世任命杰出军人布列塔尼人伯特兰·德·盖斯克林担任全军统帅。而同时,由于英国的黑太子从 1366 年起忙于与西班牙的战争,而且由于疾病从 1371 年始不再担任统帅,而爱德华三世则由于年纪太大不再适合作战,这给法国提供了机会。盖斯克林避免阵地战,而采取费边战术,先让英军进入法国,然后再据守要塞,消灭英军的有生力量,占领了许多城镇,其中包括普瓦提埃等。随着黑太子和爱德华三世在 1376 年和 1377 年相继去世,黑太子未成年的儿子波尔多的查理登上英国王位,称为查理二世。而在法国,随着盖斯克林在 1380 年去世,战争不得不在 1389 年进入了休战状态。

一直到 1415 年战争再起的这段休战时间,英国的王位从理查二世转到了亨利四世手里,1413 年又传给亨利五世。而在法国,查理六世于 1380 年继位。查里六世继位时尚处年幼,他的叔父们控制了政权。查理六世成年

后,逐步摆脱了叔父们的控制,但是在一次巡视中疯病发作,王权开始旁落,结果出现了奥尔良公爵和勃艮第公爵的争权夺利,双方都在内战中极力借助英国力量的帮助。

1415年,亨利五世在诺曼底登陆,试图恢复亨利二世时期在法国的领土。最初计划直接进军巴黎,但是后来选择攻击加莱。最终英法军队在阿赞古尔展开了决战,尽管英军处于劣势,但最终取得了全面的胜利。亨利夺取了诺曼底的大部分,包括卡昂和鲁昂,与勃艮第公爵正式结盟,而后者占领了巴黎。1420年亨利与查理六世签订了《特鲁瓦条约》(*Treaty of Troyes*),根据条约,亨利娶查理的女儿凯瑟琳为妻,而亨利的后代则继承法国王位,法国的王太子查理七世被宣布为非法。亨利五世和查理六世在1422年相继去世。亨利的儿子亨利六世还是婴儿时就被宣布为英国和法国的国王,逃到南方的查理六世之子也不愿放弃王位,于是出现了南北两个国王。

1428年,英国再一次发动战争,围攻奥尔良。英国的军队数量不足以完全包围这座城市,而法国军队则仍然很消极。在国家危急的关头,1429年,女英雄贞德(St. Joan of Arc, 1412—1431年)挺身而出,说服王太子派遣她前去解救被围攻的城市,并说她从上帝那里接受了启示,上帝要她把英国人赶走。1429年她致信英国国王,表示了自己保家卫国的决心:

> 我是军队的统帅。无论何地,我都要找到身在法国的你们的人,不管愿意不愿意,我都要让他们逃出法国。如果他们不听命,圣女就要将他们杀死。她被天神派来,一个一个将你们赶出法国。圣女向你们发誓:如果你们不离开法国,她和她的军队将发出千年来从未听到过的怒吼。而且相信天神赋予她如此神力,你们根本无法伤害她和她勇敢的军队。

贞德的出现激发了当地军队的士气,法军攻破了英国的防御阵地,迫使英国解除了对奥尔良的围困。在贞德的鼓舞下,法国的军队占领了英军在卢瓦尔河的数个战略要地。不久,8 000多名法国士兵用重装骑兵突破了英国的弓箭手,取得了胜利。这场胜利打开了通向兰斯的胜利之门,查理七世(Charles Ⅶ,1422—1461年在位)在这里正式加冕成为国王。但是贞德的名声也引起了查理七世周围大臣的嫉妒,1430年春,在贞德出兵解救兰斯附近的贡比涅之围失利归来时,兰斯城门紧闭,贞德被勃艮第军队俘虏,并以高价卖给了英国人。英国人把她交给了异端裁判所,贞德被判为女巫,处于火刑。此后法军前进的步伐受阻。但是1435年腓力三世领导下的勃艮第开始易帜,通过签订《阿拉斯条约》而重新与法国结盟。尽管勃艮第的忠诚值得怀疑,但是从此以后他把注意力放在向低地国家扩展自己领地上,而没有精力干预法国。这样法军开始全力对付英国。1449年法国重新夺取了鲁昂,1450年在福密格尼战役中打败了英国的援军。1453年法军在卡斯蒂荣战役中打败了英军。这场战争标志着英法百年战争的结束,英军被逐出法国,只是仍然控制着加莱。

英法百年战争给过渡时期的西欧社会造成了很大的影响。首先,这场战争带来了军事的革新。无论是武器、战术、军队构成以及战争的社会意义方面都发生了变化,在英国表现得更加明显。英国有相对集中的权力,正是靠集中的王权,革新了军队的招募系统,用雇佣军替代了封建义务军人。在这以前,军队中最强有力的单位是重装骑兵,但在百年战争中重装的马匹在长弓和固定掩体面前越来越无用,相反英国人开始运用轻装骑兵。到百年战争结束时,那种花费很大、训练有素的重装骑兵开始衰落。在百年战争期间,引入了许多新的武器,包括火药、火器和大炮等。而长弓的广泛运用也引起了盔甲的改进。

其次,武器的改进导致贵族不再是战场上的决定性力量,而配备长弓和火药的农民走上前台,开始获得原来只授予骑士的奖赏和威望。到战争结束时,无论英国还是法国都能够用税收来创建常备军。常备军的建立代表着王权的新形式,常备军不但可以抵抗外来入侵,而且也能够消除内部对国王的威胁,这是走向新型君主制和新型国家的重要一步。

更重要的是,英法百年战争给王权加强和国家统一提供了基础。就法

国而言,贞德的抗英斗争激发了爱国主义的高涨;法国夺取了英国在法国的领地,实现了国土的统一;长期的战争使贵族集团元气大伤,这有利于国王消除国内封建割据的势力。因此,以英法百年战争为起点,英法都相继走上了加强王权、建立民族国家的道路。

3 三十年战争

三十年战争(Thirty Years' War)是欧洲从中世纪向近代过渡时期的一场世界大战。这场战争的主体是欧洲的两大对抗集团,即哈布斯堡王朝集团和反哈布斯堡王朝集团。前者是维护欧洲封建制度的最后堡垒和维护天主教权威的主要力量,而后者则是由德意志新教诸侯和意图加强民族国家力量的国家。这场战争将欧洲几乎所有的国家都牵涉进来,并集中了宗教的、政治的和地域上的各种矛盾。参加这场战争的各个国家目的和动机都不同,哈布斯堡王朝极力限制新教活动,争取旧教诸侯重振帝国皇权,并得到罗马教皇、西班牙和波兰贵族的支持。德意志诸侯在天主教徒和新教徒的冲突过程中,形成了两个相互对立的政治军事联盟,即以普法尔茨伯爵腓特烈五世为首的新教联盟和以巴伐利亚马科西米利安公爵为首的天主教联盟。法国为称霸欧洲,力图使德意志保持分裂状态,虽然身为天主教国家,但支持新教诸侯反抗皇权;丹麦、瑞典早已觊觎北海和波罗的海的德意志领土和港湾;荷兰和英国则不愿帝国势力在北欧扩张,英国还企图削弱西班牙的势力,因而这些国家都支持新教联盟。这场战争从性质上来讲谈不上正义与非正义,但是战争的结果是哈布斯堡王朝以失败而告终,欧洲的封建体制宣告解体,混战中形成了近代国家的格局。

这场战争的发端是在哈布斯堡统治下的波希米亚(现捷克的一部分)的新教贵族们,反对顽固坚持天主教的国王斐迪南。斐迪南是神圣罗马皇帝帝位的继承人,是个狂热的天主教徒,他曾经接受耶稣会的教育,并致力于恢复天主教传统。当时凡是要继承德国皇位的都要兼任波希米亚国王。

斐迪南在 1617 年被宣布为波希米亚国王的王位继承人,第二年便宣布禁止布拉格的新教徒集会,限制新教徒的活动和权利,这遭到了国会中新教徒代表的强烈抗议,并最终演变成反抗德国皇帝的公开斗争。战争的导火索是 1618 年 5 月波希米亚议会的新教成员将国王派来的钦差掷出宫殿的窗外,史称"布拉格掷窗事件"(Defenestration of Prague)。通过这个事件,布拉格宣布不承认斐迪南的国王身份,而将波希米亚的王位给予普法尔茨选侯(也称帕拉丁那选侯)腓特烈五世。这种公开对抗导致了战争的爆发。巴伐利亚的公爵马克西米利安一世与梯利领导的天主教联盟军队,于 1620 年 12 月在布拉格附近的白山战役中打败了布拉格的军队,腓特烈五世失去了对波希米亚的控制而逃亡,波希米亚遭到了严厉的镇压。在帕拉丁那,反叛的军队继续战斗。本来,腓特烈指望获得他的岳父英国国王詹姆斯一世的援助,但并没有获得有效帮助。1622 年帕拉丁那也被梯利占领,腓特烈的领地被皇帝没收,上帕拉丁那和选帝侯的职位转授给了巴伐利亚的马克西米利安。皇帝的军队在 1623 年取得斯塔德隆(Stadtlohn)战役的胜利,标志着三十年战争第一阶段的结束。在战争的第一阶段新教力量首先向皇帝发

布拉格掷窗事件图

难，但以惨败而告终。

战争的第二个阶段被称作"丹麦时期"。在这一时期战争的范围开始扩大，从德国战争转变成了国际性的冲突，丹麦的克里斯蒂安四世（Christian Ⅳ，1588—1648 年在位）加入了战争。他之所以参战，主要是因为害怕在德国北部兴起哈布斯堡的势力。尽管他表面上称是为了宗教而参战，但实际上是希望扩大自己在德国的地盘。此时，英国和联合省也支持对抗哈布斯堡的势力，而且英国还实际派出了几千名士兵。得到支持的克里斯蒂安四世带领军队开进德国，德国皇帝则利用捷克贵族华伦斯坦的雇佣兵与之对抗。华伦斯坦的军队训练有素，1626 年在德绍城击败了新教阵营中另一位佣兵统帅曼斯菲尔德的军队。很快，梯利率领的天主教联盟军队在路特（Lutter）沉重打击了丹麦国王的军队。皇帝的军队几乎横扫了整个德国，华伦斯坦的军队进入了日德兰半岛，并试图征服丹麦，但是 1628 年在斯特拉尔松遭到失败。1629 年双方签订了《吕贝克条约》，根据条约，丹麦退出战争，德国北部被德皇所占领。同年，斐迪南二世颁布了《复原敕令》（Edict of Restitution），下令将各个诸侯从 1555 年起没收的教会财产，完全归还给教会。

我斐迪南，蒙上帝恩泽担任神圣罗马皇帝，为了实现宗教和世俗的和平，决定向帝国派遣我们的行政官；收回《帕骚条约》（1522）时天主教拥有而后被非法剥夺的总主教、大主教、主教辖区以及修道院、医院及其捐赠物；将所有这些天主教的基地授予资格合适的人，让每个人都得到应有的报偿。我们因此宣布宗教和平（1555）只是指 1530 年 6 月 25 日提交给我们的先祖查理五世皇帝的《奥格斯堡和约》，未包括其中的所有其他的学说和宗派都要被禁止，不得被宽容。因此我们命令所有的人，应当立即停止对抗我们的法令，在自己的土地上执行法令并协助我们的行政官，否则就要面临宗教惩罚以及土地的取缔。占有总主教、大主教、主教辖区以及修道院、医院等的那些人，应立即将其连同附属设施归还给我们的帝国行政长官。

　　斐迪南发布的《复原敕令》，实质上就是教会势力的反攻倒算，但该敕令也彻底得罪了新教诸侯，迫使这些诸侯站到帝国的对立面。

　　战争的第三阶段，瑞典的国王古斯塔夫二世（Gustavus II，1611—1632年在位）加入了战争。古斯塔夫对领土的野心曾经使他卷入了与波兰的战争，他害怕斐迪南的海上计划会威胁瑞典对波罗的海的控制，因此他宣布与德国皇帝作战。他的参战得到了红衣主教黎世留（Cardinal Richelieu，1585—1642年）领导下的天主教法国的理解和支持。当瑞典军队大军开进德国土地时，华伦斯坦已经被斐迪南解职，梯利成为帝国军队的首领。德国的新教诸侯最初犹豫不决，但最后萨克森的约翰·乔治正式加入到瑞典一方。瑞典的军队1631年在布莱登费尔德（Breitenfeld）打败了梯利，占领了德国北部，并取得了节节胜利。1632年梯利在勒克战役中严重受伤，皇帝重新召回了华伦斯坦，后者打败了萨克森的军队并于1632年12月在吕岑与瑞典军队相遇。在吕岑会战中，德国的军队被打败，但是古斯塔夫也在战斗中被杀，反哈布斯堡的军队陷入混乱。吕岑会战后双方进入了对峙状态，华伦斯坦无所作为而与对手进行长时间的谈判，而反帝国的军队则在著名将领魏玛公爵伯纳德的率领下继续战斗，并于1633年袭击了雷根斯堡。1634年华伦斯坦被谋杀，但是帝国军队依靠西班牙军队的支援，在加莱斯德率领下于同年2月在诺德林根打败了瑞典军队。

　　在德国境内的战争造成德国经济凋敝，土地荒芜，人民痛恨占领自己土地的外国势力，开始出现和平的愿望，这种愿望促使1635年签署了《布拉格和平协定》，德国境内的大多数诸侯和自由城市都接受了这一协定，帝国的联合军队开始全力对抗德国土地上的瑞典军队。但是就在和平希望初露曙光的时候，法国从幕后走向前台，战争进入了第四个阶段。

　　法国于1635年公开加入了战争，由此开始了三十年战争的第四个阶段，也是最后阶段。现在这场战争已经波及欧洲的大多数国家，出现了好几个战场。在低地国家，联合省和法国共同对抗西班牙；在意大利，法国和西班牙互相争夺；在法国、德国和伊比利亚半岛，法国军队攻击西班牙；同时在伊比利亚半岛上,葡萄牙也开始反抗西班牙;而在北方,丹麦和瑞典产生对抗。这样,局部战争演变成了全面的战争。先是奥地利的军队突入法国,取得了暂时的胜利。接着反哈布斯堡的军队开始逐渐占据优势。魏玛的伯纳德和瑞典的将军巴内尔在德国不断胜利。1639年巴内尔获得了维斯多克大捷。伯纳德则发动了一系列战役,并在1638年占领布雷萨赫。伯纳德和巴内尔先后于1639年和1641年死亡,1637年德皇完成更替,斐迪南三世(Ferdinand Ⅲ,1637—1657年在位)继位。1642年,法国的黎塞留去世,马扎然(Mazarin,1602—1661年)成为他的继承人,并继续执行已定的法国政策。

经过长期的战争,德国已经精疲力竭。尽管在1640前已经开始了和平谈判,但是局势的复杂使谈判进展缓慢。同时,帝国在瑞典军队的打击下日渐缩小,1642年在布莱登费尔德战役中瑞典军队大败德皇军队,1643年孔代带领的法国军队在洛克瓦打败了西班牙的军队,1645年孔代和蒂雷纳在诺德林根附近获得大捷。奥地利所征服的所有领地均被占领,而且其对手已经逼近维也纳。奥地利的最强有力的同盟巴伐利亚也于1646年被法、瑞军队占领。德皇的失败已成定局,被迫向对手求和。

从1645年6月开始,敌对双方便开始进行谈判,谈判的参加者包括瑞典和法国的联盟,作为敌对方的西班牙和神圣罗马帝国,帝国的各个部分以及新独立的尼德兰。各方通过谈判和讨价还价,于1648年10月24日签署了《威斯特伐里亚条约》。通过这个条约,瑞典和法国的力量得到加强,而神圣罗马帝国和哈布斯堡家族的力量被大大削弱。德国的主权得到承认,帝国仍然在名义上存在。法国成为欧洲的霸主,获得了对麦茨、土尔和凡尔登以及皮内罗洛的主权,法国还获得了阿尔萨斯的大部分,并在菲利普斯堡设防。瑞典则获得西波美拉尼亚,包括斯台丁城、鲁根岛、不来梅大主教区和邻近的维尔登主教区,以及维斯马和海港。条约规定上帕拉丁那和选侯的地位由巴伐利亚保有,而下帕拉丁那和新的选侯地位,则授予腓特烈之子查理·路易。勃兰登堡选侯则得到东波拉美尼亚,梅克林堡则获得维斯马的一部分。条约承认瑞士联邦和尼德兰的独立。在宗教方面条约达成了重要的结果:各个地方的统治者仍然可以决定所统治臣民的宗教,但是要保证臣民能够信奉 1624 年以及以前所持有的宗教。加尔文教得到承认,各地统治者们可以依靠自己的判断实行全面宗教宽容,未来的宗教冲突由教派间协商和妥协解决。通过该条约,宗教战争的时代宣告结束。

这场战争给德国造成了深重的灾难,人口大规模减少,农业遭受了巨大的冲击,商业和工业也遭到毁灭性打击。神圣罗马帝国崩溃了,只残留下一个纯粹的空壳,强大的哈布斯堡家族衰落了。通过这场战争,德国和哈布斯堡家族失去了优势,法国和瑞典成为欧洲的霸主。这场战争结束了因宗教情感而引发的战争,《威斯特伐利亚条约》奠定了宗教宽容的基础。此次战争使军事学有许多发展。欧洲一些国家常备雇佣军兵员的补充开始由招募制向征兵制过渡,军队编制和装备趋向精干、轻型,炮兵成为独立兵种并广泛用于野战。实施战区机动并寻机决战成为主要作战形式,切断对方供应成为战略行动的重要手段,会战中集中兵力实施一翼突击战术发挥了威力。军队供应体制开始由征收军税制向建立统一供应基地发展。战争中涌现出一批有才干的军事将领,他们的军事理论和实践对后来欧洲军事和军队的发展有重大的影响。

4 重商主义理论的出现

重商主义作为一种经济学理论,认为国家的财富依赖于资本的供应,而资本的总量由一个国家所拥有的贵金属来体现,其数量的增加通过与其他国家的贸易顺差来实现,也就是在贸易中要做到多出口而少进口。重商主义理论认为,一个国家的政府为了实现这一目标,应该对贸易进行保护,也就是鼓励出口而限制进口,尤其是通过关税来实现。

重商主义可分为早期(15 世纪)和晚期(16—17 世纪)两个发展阶段。在早期重商主义时期,由于工场手工业不发达,封建国家不可能指望依靠大

量出口而换回国内所必需的货币。于是,政府采取各种行政措施来补救,如当时英国政府采取对英国商人和外国商人监督的措施,以防止货币外流和尽可能地吸收外国货币。早期重商主义以守财奴的眼光来看待货币,觉得一切购买都是使货币减少,一切出售都是使货币增加,主张国家在对外贸易中尽量少买,最好不买,主张国家对每一外国的贸易都应是出超的。这种观点后发展为货币差额论,主张少花钱,多积钱。晚期重商主义所追求的目的虽然和早期相同,都是为了增加货币财富,但所用方法的着重点不同。如果说早期重商主义偏重在节流方面下工夫的话,那么,晚期重商主义着重在开源方面,着重奖励出口,扶植手工制造业。晚期重商主义者对金银的态度已完全改变,已经用资本家的眼光来看待货币,认为货币搁置不用不会产生货币,只有将货币投入流通,使其成为资本,才能增殖,货币充作资本的职能已全部显现出来。晚期重商主义认为少买多卖是相对的,可以大量买,只需在对外贸易总额中出售量大于购买量就行。这种思想后来发展为贸易差额论。

　　重商主义理论 16 世纪早期兴起于法国,当时法国刚刚确立了君主专制的制度。1539 年法国颁布了一个法令,禁止来自西班牙和法兰德斯部分地区的毛纺织品进口。第二年则进一步颁布了许多禁止金银出口的法令。在之后的时间里出台了许多贸易保护主义的措施。1581 年英国出版的匿名著作《论英国本土的公共福利》集中体现了早期重商主义的基本思想。首先作者认为,只有金银才是一国的真正财富,金钱是你想得到的任何商品的货栈;作者主张发展农业,因为多余的粮食运往国外可以换取大笔钱财;作者反对发行分量不足的铸币,因为在他看来,硬币质量低劣,外国人就会伪造我们的硬币,设法把大批大批的伪币运到这里来脱手,既换取我们的金银,又换取我们的主要商品。其次他认为对外贸易是财富的真正源泉,利润是在商品流通中由于贱买贵卖而产生的,国内贸易不会引起货币的外出与内流,对财富无所增减。要禁止输入从海外运来的没有什么价值的东西,并规定只准出售自己的商品,不得销售舶来品。其次,必须重视未经加工的商品,因为如果把那些商品及时就地加工后卖到国外去,就会在短时期内带来无数的财富。最后,他认为对外贸易的原则是少买多卖,只有出超才能使金银进口,杜绝本国财富外流。为此,他提倡保护关税,使用国产品,发展本国加工工业。他提出,即使有的商品本国生产的比进口的成本高,也应该买本国的。英国的托马斯·孟(Thomas Mun,1571—1641年)的著作《英国得自对外贸易的财富》,则集中代表了晚期重商主义者的观点。托马斯·孟和一切重商主义者一样,把财富和货币等同起来,他认为,货币的增加就意味着财富的增加。早期重商主义把财富直接看成是金银,以为金银铸币储存得愈多,国家就愈富,因而反对货币输出。托马斯·孟的看法不同。他认为,为要增加货币财富,必须把货币投入流转。他说:"货币产生贸易,贸易增多货币。"因此,投入流转的货币愈多,事情就愈好。但是,把货币投入国内市场,并不能增加国家财富,因为国内商品流通的结果,"一个人的所得就是另一个人的所失。"只有把货币输出国外,发展对外贸易特别是转口贸易,依靠贱买贵卖使更多的货币流入本国,才能使国家富足。所以他说:

> 对外贸易是增加我们的财富和现金的通常手段,在这一点上我们必须时时谨守这一原则:在价值上,每年卖给外国人的货物,必须比我们消费他们的为多。

为此,他反对禁止货币输出的法令,主张采取一系列扩大商品输出的措施。

在重商主义之前,欧洲最重要的经济学理论是中世纪经院哲学家们所建构的。这些思想家的目标是发现一种经济制度,能够符合基督教虔诚和正义的原则。他们主要集中于微观经济学和地方性的个体交换。重商主义者则遵循其他的原则和观念,完全取代了中世纪的世界观。这一时期人们广泛接受了马基雅维里的权力政治和国际关系中国家优先的原则。重商主义观念认为所有的商业都是一种"零和游戏"(zero sum game),其中每一方都想在无情的竞争中优于对方。这种观念后来整合进托马斯·霍布斯的著作之中。

重商主义理论出现的时期,资本主义生产方式还没有确立起来,产业资本还刚刚发生,在经济生活中占统治地位的是商业资本和高利贷资本。商业资本促进了封建主义自然经济的解体和国内外贸易的发展。但是,为了进一步发展商品货币关系,商业资本家还要求采取一系列的经济措施,重商主义就是这些措施在理论上的表现。重商主义形成的时期正值欧洲经济处于过渡时期,其中孤立的封建领地正在为集权的国家所代替,造船业方面的科技发展以及城市中心的发展使国际贸易大幅度增长,重商主义所关注的就是如何让贸易对国家有利。重商主义产生时期的另一个重要变化是发明了复式簿记法和近代的会计方法,这种会计方法能够清楚地表现贸易的流入和流出量,使详细考察贸易额变得可能。当然其中美洲的发现也是重要的因素,新的市场和新的矿产将对外贸易推向了前所未有的高度,后者导致了"价格革命"和贸易量的大幅度增加。

在近代早期,重商主义成为整个欧洲占统治地位的经济学思想,大多数国家都在不同程度上信奉这一原则。其中,英国和法国是这一理论的中心,它们通过许多重商主义政策实践着这一理论。法国重商主义的盛期同科尔

科尔伯

伯(Jean Baptiste Colbert, 1619—1683年)密不可分。科尔伯担任了22年的财政部长,所以法国的重商主义有时候也被称作科尔伯主义。在他的领导下,法国政府为了增加出口积极干预经济,颁布了许多贸易保护主义的政策,限制进口和鼓励出口。手工业者被组织成行会和垄断团体,通过大量的指令,指导各种不同类型的产品生产,对生产进行规定和约束。为了鼓励外国的工匠和艺人前来,科尔伯也努力减少国内的商业壁垒,降低国内关税,建设国内道路和运河网络。科

尔伯的政策取得了很大成功,法国的工业产量和经济在这一时期获得了飞速发展,并跃升为欧洲的霸主。但在商业方面法国并没有成为一个欧洲强国,英国和尼德兰在商业贸易方面仍然占据着优势。

在英国,重商主义在长期国会期间达到盛期。在都铎王朝和斯图亚特王朝时期也实行重商主义政策。英国的重商主义主要采取控制贸易的方式。颁布了大量规则鼓励出口和限制进口,对进口设置关税而对出口给予奖励,同时彻底禁止出口某些原材料。英国的《航海条例》将外国的商人驱逐出国内的贸易。根据该条例规定:

> 自公元 1651 年 12 月 1 日起及从此以后,亚洲、非洲或美洲,或该三洲的任何部分,或属于该三洲的岛屿,或该三洲通用地图或图片所载明或记述的岛屿,无论为英国人或别国人的殖民地,所生长、出产或制造的任何货物或商品,如非由属于本共和国人民所有的任何种类船舶载运,皆不准输入或带进英吉利共和国,或爱尔兰,或本共和国所属或所有的任何其他地方、岛屿、殖民地或领土;属于本共和国人民的船舶仅指其业主或合法所有人确系本共和国人民,或住在殖民地的本共和国人民,并无假冒等情,其船长及船员大多数又为本共和国人民;如违反本条例,其全部进口货物,应予没收,载运该项货物或商品入口的船舶(连同其全部船具、枪炮和附属部件)亦应一并没收。

同时,英国不断寻求殖民地,一旦占领了殖民地,则会颁布许多规定,只允许殖民地生产原材料,只允许他们同英国进行贸易,这往往导致英国和殖民地之间的摩擦,其重商主义政策是导致美国爆发独立战争的主要原因之一。然而,总体而言,重商主义政策对英国产生了积极的影响,使英国成为世界贸易的霸主和超级大国。对英国产生深远影响的一项国内政策,是将荒地改造成农业用地,按照重商主义的观点,为了使国家强大,应当最大限度地使用所有的土地和资源。因而这一时期出现了许多排干沼泽地的工程。

其他国家也在不同程度上采纳了重商主义。尼德兰依靠其最有效率的商人而成为欧洲的财政中心,它最不愿意看到商业和贸易受到限制,很少实行重商主义政策。而中欧和斯堪的纳维亚在三十年战争之后,则广泛实行重商主义,其中瑞典的克里斯蒂那和丹麦的克里斯蒂安四世是重商主义的大力提倡者。哈布斯堡的神圣罗马帝国皇帝长久以来实践着重商主义政策,但是由于其帝国广大和分散,难以真正落实重商主义政策。某些诸侯领地真正实行了重商主义,其中最明显的是普鲁士,在腓特烈大帝的领导下,严格地对经济进行控制。17世纪西班牙面临经济衰退,并没有连贯一致的经济政策,但是菲利普五世引进了法国的重商主义政策,并取得一定的成功。彼得大帝时期的俄国试图实行重商主义,但是由于俄国缺乏庞大的商人阶层和工业基础,因而没有取得什么成效。

重商主义的实行也引起了许多暴力冲突。由于重商主义理论认为世界的贸易水平是固定的,所以扩大一个国家贸易的唯一方式就是从别人那里掠夺。因此,许多战争,如英荷战争和法荷战争,都和重商主义理论密切相关。这一时期无休止的战争又反过来进一步巩固了重商主义,因为重视商业也被视为能够获得军事胜利的必要因素。重商主义也导致了这一时期的帝国主义,因为每个国家都试图占领殖民地,占领殖民地就意味着能够获得原材料和排他性的市场。在重商主义时期,欧洲的势力扩张到全球。

第五编 革命的年代

第十一讲

近代社会的创建

Ⅰ 专制主义时代

在经历了经济、思想和政治的全方位变动后,欧洲主要国家都不约而同地走上了绝对专制主义(absolutism)道路。专制主义是中世纪后期以来加强王权和消除封建割据的必然结果,是欧洲资产阶级革命时代前夕的一个重要阶段。

君主专制政体并不是什么新鲜事物,因为在中世纪后期,国王已经开始加强自己的权力,削弱和压制封建贵族和教会的势力。在 16 世纪和 17 世纪早期,欧洲爆发了大规模的宗教战争,欧洲诸多国家卷入其中,宗教的考虑和目标暂时模糊了国家的概念和政治目标,在一定程度上限制了君主制度的迅速发展。但是,这场给欧洲带来深重灾难的宗教战争最终以《威斯特伐里亚条约》而宣告结束后,看似中断的君主集权进程又开始迅速发展,整个社会普遍感觉到,面对满目疮痍的欧洲,只有强有力的君主才有能力恢复秩序和保障安全。

从概念上讲,专制主义是君主政体的一种类型,其中君主拥有很大的权力,人人都要对他敬畏。君主是最高立法者、最高法官、军队总司令和所有行政部门的首领。在专制制度下,有组织的宗教仍然很重要,但是失去了独立于国家的地位。过去教会支配政治,现在则成为政府的机构之一。即使在天主教国家里,国王对教会的政治控制也大于教皇。典型的绝对专制君主,往往实行重商主义,重商主义源于早期,但是直到 17 世纪后期才被欧洲广泛接受。因为,长期的社会动荡明显对商业造成了伤害,而强有力的国家能够在一个不断相互依赖的世界中促进经济繁荣。新的资本主义依赖海外贸易,要求政府进行保护或资助。反过来政府同样需要它们,因为强有力的国家花费越来越大,海外贸易成为一个重要的财政来源。正是国王和资本家之间默默的伙伴关系产生了重商主义。海外商业的扩展,宗教战争和王位战争的巨大开支等等,都进一步促进了重商主义的趋势。绝对专制主义下的阶级等级分明,法律对此做出了明确规定。但相对于封建等级而言,专制主义下的世袭贵族等级除非获得君主的正式任命,否则就会丧失自己的地位,此时贵族的特权是来自他们的政治地位而不是血缘。贵族多来自商人家庭,通常会在行政部门、军队、教会和宫廷中服务。但是,尽管在绝对专制主义下国王拥有很大的权利,但是君主在一定程度上还是需要土地贵族的支持,君主的权力也往往受到限制,贵族们也会有时挑战他的权威,因而如何平衡和贵族的关系也往往是专制君主所必须考虑的问题之一。

近代早期,法国是专制主义的典型。早在亨利四世(Henry Ⅳ,1589—1610 年在位)时期,国王和当时的财政大臣苏利(Sully,1560—1641 年)便开始实行利民的开明政策,初步奠定了支撑君主政体的基础。路易十三时期,在大主教兼首相黎世留的辅佐下,进一步加强中央集权,其中确立了国王对土地贵族的支配权,改善了国家的中央管理制度,同时,镇压了胡格诺派教徒,攻破了新教徒据守的城寨,使其彻底屈服于中央政府的权威。到了路易十四统治时期(Louis ⅩⅣ,1643—1715 年在位),法国的君主专制制度达到了高潮。路易十四曾经对那些奉承的朝臣明确宣布:"朕即国家"(L'etat c'est moi）。

　　路易十四幼年时代是在贵族不断暴乱的动荡
中度过的。国王权力的不断加强，尤其是当时摄
政的皇后安娜和首相马扎然（Mazarin）的大权独
揽，遭到贵族的反对。后者试图削弱国王的权力，
发动了"福隆德运动"（Fronde），贵族领袖带领军
队占领首都，甚至引入本来与法国为敌的西班牙
军队，使国家陷入无政府状态。这场运动一方面
使民众认识到只有君主更加强大才能有效地防止
叛乱，同时也使深受叛乱之苦的君主认识到全面
掌握绝对权力的必要性。

　　因此，当马扎然在 1661 年去世后，路易十四
真正亲政，开始以前所未有的决心加强国王的绝
对权力。尽管他并没有消灭地方大封建贵族，但
是他把主要的贵族都征召到自己所在的凡尔赛

路易十四

宫，让他们远离自己的领地，也远离真正的政治事务，在宫中过着打猎、游
戏、调情等奢靡的生活。在奢华但类似软禁的生活中，贵族的权力和影响力
大大削弱。为了解决经济问题，路易十四在清算马扎然及其继承者富凯贪
污腐化的基础上，重用科尔伯担任财政大臣，开始全面实行重商主义政策。
其中政府补贴国内的工业，同时制定条例鼓励国内和国外的贸易。当然作
为一个以农业为主体的国家，农民的税收负担仍然是非常沉重的。路易十
四还运用"国王的威仪"来装扮自己，强调自己权力的至高无上，其中包括
大兴土木，建造凡尔赛宫等巨型宫殿，培养艺术家和文学家为君主歌功颂德
等等。路易十四发动了长期的对外战争，与西班牙、英国、荷兰和德国组成
的联盟进行对抗，占领了不少领土。路易十四也在 1680 年被巴黎高等法院
正式宣布为"大帝"。在宗教问题上，他一方面坚决镇压国内的异教徒和新
教徒，撤销了亨利四世颁布的不可撤销的宽容新教徒的《南特敕令》，同时

又拟定了"四项条款"坚持国王高于教皇的主张,导致政教冲突。尽管长期的征战导致法国在路易十四临死时处于财政崩溃的边缘,但是在他的统治下,法国真正形成了"一个信仰、一种法律、一位国王"的一统局面,并为欧洲其他国家提供了追随和仿效的样板。

在法国之外,尽管每个国家君主专制的程度不同而且最终的命运也不同,但是当时的主要国家基本上都经历了这样一个阶段。普鲁士在三十年战争之后开始加强君主专制权力,尤其以军队为中心来掌控国家,建立了强大的常备军队,军队控制了行政、财政等各个方面,建立了军事专制统治。俄国从伊凡四世(Ivan Ⅳ, 1533—1584年在位)起开始加强中央集权,到沙皇彼得一世(Peter Ⅰ, 1682—1725年在位)时期君主专制制度达到高峰。彼得一世确立了中央对地方的绝对权力,建立了强大的军队,将教会置于国家的管理之下,并推行重商主义政策,建立了强大的君主专制统治。从英国历史的发展结果来看,它最终远离了绝对君主专制,而发展出一个强有力的议会,但是英国也确实经历了君主专制制度的尝试,其中在詹姆斯一世(James Ⅰ, 1603—1625年在位)和查理一世(Charles Ⅰ, 1625—1649年在位)时就引入了这种专制制度。原来神圣罗马帝国的许多公国,深受法国的影响,模仿法国建立了小型的君主专制国家。在《威斯特伐利亚条约》之后,大约有300个德国的公国建立了主权国家,他们的大多数宫廷都建成了小型的凡尔赛宫,甚至最小的国家也同样建有常备军、民族教会,有完善的宫廷行政官员以及经济条例,勃兰登堡的选帝侯(Elector of Brandenburg)甚至模仿路易十四豢养许多情妇。在斯堪的纳维亚地区,也同样出现了专制君主,丹麦的弗里德里克三世(Frederick Ⅲ, 1648—1670年在位)和瑞典的查理十一世(Charles ⅩⅠ, 1660—1679年在位)都成为世袭的国王,建立了中央政府,模仿法国建立了常备军、海军、民族教会并实行了重商主义政策。奥地利的利奥波德一世(Leopold Ⅰ, 1657—1705年在位)为加强奥地利帝国君主权力作出了重要贡献。在同法国和土耳其的长期战争中,利奥波德使军队现代化,不但增加了军队数量而且灌输了职业和忠诚观念。他创建了中央行政委员会,每个委员会负责帝国政府的某一部门或者某一区域。他用宫廷贵族担任这些官职,其他新的贵族,在自己的家乡被赐予土地,成为让地方阶层屈服的政治工具。利奥泼德在波希米亚和奥地利压制新教并将天主教会置于严密的控制之下。葡萄牙和西班牙建立专制君主制度相对较晚。一直到 1680 年,葡萄牙的佩德罗二世(Pedro Ⅱ, 1683—1706 年在位)才成功地消除了封建等级会议(Cortes),恢复了国王的权力。随着来自巴西的黄金和宝石等新财富不断到来,约翰五世(John Ⅴ, 1706—1750 年在位)加强了中央集权,完善了重商主义,并加强了对教会的控制。在西班牙,随着王位继承战争以及路易十四的孙子继承了王位,成为菲利普五世(Philip Ⅴ, 1700—1746 年在位),西班牙开始走上法国的统治模式。菲利普为西班牙带来了不少法国顾问,遵循法国的模式把中央的大臣、地方行政长官和经济条例强加给西班牙。尽管荷兰并没有实行专制君主制度,但是专制主义仍然是一种政治力量。作为成功的军事首领,荷兰行政长官也要求民众忠诚。当时的大多数行政长官基本上都是出自奥兰治(Orange)家族,因此这一职位实质上由该家族世袭。到 1640 年,行政长官被称作"殿下",他们创造的政治机器控制了地方省份。从 1618—1647 年以及从 1672—1703 年,君主专制主义者控制了国家。在后期,威廉三世(William Ⅲ, 1672—1702 年在位)建立了高效的军队和中央集权的行政管理。

君主专制是近代早期政治和社会环境的需要,这种需要除了反映在政治层面外,也表现在文化和思想方面。从艺术的角度而言,过去追求华丽和夸张的巴洛克艺术开始走下坡路,取而代之的是向传统古典主义的回归。因为古典模式强调秩序、形式和平衡,这正好能够反映君主专制制度的理想,也能够满足人们对安定和秩序的渴望。表现在文学上,这个时期是古典主义文学盛行的时期,以法国为中心,在路易十四的大力资助下,出现了高乃依(Pierre Corneille, 1606—1684 年)、拉辛(Jean Racine, 1639—1699 年)和莫里哀(Jean Baptiste Moliere, 1622—1673 年)等著名的古典主义作家。前两者作为伟大的悲剧作家,最善于借鉴希腊和罗马的情节,运用亚里士多

德的戏剧原则,描绘男女英雄,把当代的朝臣理想化。表现在建筑上,凡尔赛宫的水平线、直角和匀称的花园突出了古典主义的原则和君主统治下的井然秩序,而当时法国的宫廷画家勒布朗(Charles le Brun, 1619—1690 年)等更是在自己的作品中突出了国王的威仪、雅致和秩序的价值。

紧随着君主专制统治的实践,理论界开始了对君主专制权力的辩护。在过去,拥护王权的人往往阐述"君权神授"的观念,宣布国王是上帝意志的代理人。这种宗教的论点仍然非常流行。博絮埃(Jacques Bossuet, 1627—1704 年)就是该观点的代表人物。他在《来自〈圣经〉的政治学》(*In Politics Drawn from Scriptures*)中说:

国王的权力是绝对的……国王无须向任何人说明自己的行为……

国王在哪里说话都有力量。没有这种绝对的权力,国王无法惩恶扬善。而用世俗观点为专制王权进行辩护的当首推英国的哲学家霍布斯(Thomas Hobbes, 1588—1679 年)。他著名的政治论文《利维坦》(*Leviathan*, 1651)把秩序看作是社会最主要的善,把无政府状态看作是最大的灾难。政府尽管可以采取任何形式,但君主政治是维持秩序和安全的最有效的形式。所有君主均被合法地授予绝对的权力,仅仅受到自身缺陷和其他国家权力的限制。这些理论的提出绝不是闭门造车,而是对君主专制统治实践的总结。

2 英国"光荣革命"

"光荣革命"(Glorious Revolution, 1688)是欧美一系列主要资产阶级革命的开端,标志着经历了王权与议会权力、天主教和新教力量的长期较量,最终后者取得了胜利,英国从此不可逆转地走上了君主立宪的道路。光荣革命从形式上是一次非常独特的富于戏剧性的革命,因为一次政体的重大转变,两种重要敌对力量的交锋最终是以不流血的方式而完成的。

在光荣革命之前,英国政治上的主旋律是国王和议会的权力冲突。1603 年都铎王朝为斯图亚特王朝(Stuart)所取代。斯图亚特王朝的詹姆斯一世以及查理一世同国会进行了长期的斗争,斗争的结果是查理一世被处死,英国建立了共和国,涌现出克伦威尔等著名的历史人物。

　　当时国王和国会矛盾的焦点是政府的财政问题。因为在查理一世时期国库空虚,国王希望能够征收特殊捐税,但是这一要求遭到了国会的反对。查理一世试图"强迫借贷",但国会以《权利请愿书》(1628)坚决进行抵制,最终查理一世强行解散了国会。1640 年 4 月为筹措同苏格兰开战的经费,查理一世重开国会,他的要求仍然遭到国会的拒绝,查理一世将历时仅仅 3 周的国会再次解散,史称"短期国会"。同年 11 月再次召开国会,双方的矛盾开始升级。

查理一世

　　该次国会不但再次拒绝了国王的要求,而且通过了《大抗议书》,主张限制国王的权力,实行议会负责制的政府等主张,双方矛盾不可调和,导致发生了内战。国会派军队由独立派议员克伦威尔(Oliver Cromwell,1599—1658 年)率领,内战的结果是国王查理一世沦为阶下囚,并于 1649 年 1 月被判处死刑,英国成立了共和国。共和国成立后,国会派内部长老派和独立派斗争的结果,是独立派取得了优势,开始了克伦威尔的专权。克伦威尔不但镇压了农民和城市贫民组成的"掘地派",而且在 1653 年解散国会并获得终身"护国公"的称号,大权独揽并实行权力世袭。1658 年克伦威尔死后其子理查继任,导致军队内部的动荡,1659 年理查被迫辞职,结束了护国政体。在国家的混乱中,被推翻的斯图亚特王朝复辟,逃亡荷兰的查理王子回国即位,称查理二世(Charles Ⅱ,1660—1685 年在位)。查理二世笃信天主教,依赖信奉天主教的法国,这与国会之间产生了很大的矛盾。尤其是当查理二世指定他信奉天主教的弟弟詹姆斯作为继承人后,矛盾进一步激化,国会议员也围绕着反对或赞成詹姆斯继位而分裂为

辉格党(Whig)和托利党(Tory)。其中辉格党极力阻止詹姆斯,力求让信奉新教的人成为继承者,但是并没有能够成功。1685年,詹姆斯成功继承了王位,称詹姆斯二世(James Ⅱ,1685—1688年在位)。詹姆斯二世的上台以及他实行的一系列政策,最终导致国会与国王的彻底决裂,开始了光荣革命的进程。

导致1688年革命的并不是某一个独立的事件,而是由宗教、政治和社会等一系列问题联合促成的。

就宗教问题而言,詹姆斯二世同样笃信天主教,而且把宗教看得高于一切,随时准备为了宗教而牺牲自己的王位。最为关键的是,他并不满足于自己是一个天主教徒,而是试图在英国恢复天主教,重新确立天主教在英国的地位。他继位之初,曾经发表过一个声明,承诺支持英国的国教会,把自己的信仰纯粹看作是个人的事情,这一声明让大多数人感到满意,尤其是托利党,他们决定积极支持詹姆斯二世的事业。但是,很快这一切都发生了变化。等到詹姆斯权力开始稳固,具备了一定的实力后,便开始着手将整个英国天主教化。这种言行不一的行为不但惹恼了英国民众,而且也促成意见不一的辉格党和托利党走到一起。

在查理二世时期,曾经通过了《宗教考察法》(The Test Act),该法令要求无论担任文职官员还是武职官员的人都必须接受英国国教和它的原则。在这样的法令下,天主教徒被剥夺了特权。詹姆斯二世并不理睬这项法令,他对自己的教友非常同情和照顾,不断任命他们在政府和军队中担任高官。同时,他还邀请罗马教皇前来英国,并正式恢复教皇高于国王的尊贵地位。1687年,他颁布了"第一次信教自由令"(First Declaration of Indulgence),全面停止了针对罗马天主教的各种限制和惩罚,罗马天主教徒和其他非国教派开始公开礼拜。这一法令的颁布令托利党彻底失望。很快,在1688年,詹姆斯二世又颁布了"第二次信教自由令"(Second Declaration of Indulgence),并命令在两个星期内将该项法令传布到每所教堂,宣布将那些拒绝执行国王命令和反对詹姆斯的几个主教关进伦敦塔。詹姆斯的一意孤行使他丧失了民心。除此之外,詹姆斯还采取许多不得人心的手段,将天主教信仰传播到大学。例如,牛津大学马戈德兰学院(Megdallan College)院长的职务空缺,于是他任命一个天主教徒去充任;剑桥大学的副校长拒绝在大学里容纳天主教徒,詹姆斯解除了他的职务。詹姆斯在信仰问题上的这种高压手段激起了人们的不满。

詹姆斯与国会和人民的另一个冲突之点在于,他依靠军队,实行高压政策来对付人们的反抗。他即位之初,反叛的蒙默思郡伯爵遭到武力镇压。在镇压了蒙默思郡伯爵的叛乱并将其支持者逮捕和投入监狱后,他设立了一个特殊的法庭来审判他们。其中杰佛里(Jeffrey)是大法官,这是一个臭名昭著的专制者和野蛮人,他吊死了大约300个人并将800多人送到各种各样的国家,尤其是到西印度当奴隶。由于他的残忍行为,该法庭被称作血腥的巡回法庭(Bloody Assizes),并被看作是摧残人性的罪恶以及一场极大的政治错误。其次,为了能长期控制内部的局势,他将士兵布置在伦敦附近,依靠自己掌握的强大武力来震慑伦敦的市民。这种局面的发展使人们对国王产生了负面的情绪,一场愤恨的浪潮已经席卷全国,死刑和关押使不满和动乱形成燎原之势。

恰在人们与国王之间的关系越来越紧张的时刻,詹姆斯的妻子摩德纳的公主玛丽为国王生了一个儿子。这一很自然和正常的事件却引起了人们的普遍担忧,因为如果詹姆斯有了继承人,那么人们就不可能从天主教的政体中解脱出来。相反,人们就可以让詹姆斯的女儿,也就是信奉新教的荷兰国王奥兰治的威廉的妻子继承王位。原来人们觉得还可以忍耐詹姆斯的专制和对天主教的沉迷,因为他的年纪大了,这种局面很快就会自动结束。但是詹姆斯子嗣的出现促使国会迅速采取革命性的行动。辉格党和托利党此时联合起来,决定邀请荷兰的威廉,即玛丽的丈夫前来继承王位。

英国人向威廉和玛丽发出邀请,请求他们带着军队前来“拯救新教以及英国的宪政自由”。虽然当时威廉忙于和法国的战争,但他很快就接受了邀请,他认为这是一个把英国和荷兰的力量联合起来共同对抗法国的机

会,因为法国一直觊觎荷兰。在当时的情况下,如果詹姆斯对自己过去的行为表示忏悔,并承诺按照英国的法律进行统治,也许事情并不如后来所发展的那样。但是詹姆斯二世的固执使他失去了所有的朋友和支持者,连他的军队都在关键时刻背弃了他,投诚变节。

威廉的军队在经历了一些困难后最后在英国登陆。最初的几周里,威廉并没有得到太多的支持,因为贵族这时候思想还比较矛盾。渐渐地贵族抛弃了詹姆斯,贵族会议也在忙于准备召集议会。最后,詹姆斯在肯特郡被抓并被带回伦敦。但是他设法逃脱到了法国。关于权力的转移在英国产生了一些争论。是以苛刻的条件或者以摄政的方式将詹姆斯召回,是完全将他废黜,还是将其逃跑视为让位? 最后的一种意见最终被采纳。1689 年初,威廉和玛丽接受了议会的邀请共同执政。接着颁布的《权利宣言》(*The Declaration of Rights*)和《权利法案》(*Bill of Rights*)重新界定了君主和臣民的关系,并禁止任何天主教徒将来继承王位。具体规定如下:

1. 凡未经议会同意,以国王权威停止法律或停止法律实施之僭越权力,为非法权力。

2. 近来以国王权威擅自废除法律或法律实施之僭越权力,为非法权力。

3. 设立审理宗教事务之钦差法庭之指令,以及一切其他同类指令与法庭,皆为非法而有害。

4. 凡未经国会准许,借口国王特权,为国王而征收,或供国王使用而征收金钱,超出国会准许之时限或方式者,皆为非法。

5. 向国王请愿,乃臣民之权利,一切对此项请愿之判罪或控告,皆为非法。

6. 除经国会同意外,平时在本王国内征募或维持常备军,皆属违法。

《权利法案》中的这些规定实际上是威廉和玛丽获得王位的条件。这些事件是将权力从君主转向议会这一缓慢进程中的一个里程碑。议会在理论上的优势地位此后再没有被成功地挑战过。

虽然这场革命的原因是政治、经济和宗教性的,但它的性质是政治性的。它以不流血的方式完成。在 1688 年革命之前,在大流血和暴行中出现了所有的政治变化,英国被迫经历一场大的内战。然而,在光荣革命中这一切都没有发生。对此屈维廉(Trevelyan)曾经写道:

> 许多世纪以来,1688 年革命被我们的祖先称为光荣革命,他的光荣并不在于士兵的行动,不在于英国人的英雄主义,也不在于整个国家证明要强于他们的国王。一个外国国王和一支外国军队,尽管是友好的和受欢迎的,进入英国让英国人恢复他们在派别斗争中逐渐模糊的自由,这确实有一点耻辱。这场革命的光荣在于它是没有流血的,没有内战,没有屠杀,没有放逐,长期以来把人们和党派分开来的宗教和政治区分通过同意而达成一致。

其他一些历史学家也支持屈维廉的意见,有的历史学家说:这次革命是"幸福和光荣的革命,这是英国人的好运,从专制过渡到宪政是通过没有流血的方式进行的"。但是有一些历史学家不太看重 1688 年革命,认为它实质上是非常保守的,保留了许多过去的东西,而且并没有同旧秩序彻底决裂,只是把以前不清楚的东西弄清楚了,而没有引入任何激进的变化。但是无论如何,英国的光荣革命是一个历史的界碑,资产阶级第一次彻底推翻了封建制度,并开始实践一种新型的政治模式——君主立宪制度。

3 科学革命

揭开近代社会发展序幕的不光是经济和政治变动,科学革命(Scientific Revolution)的作用不容低估。科学革命不但促成在各个科学门类出现了许多发明和创造,而且确立了不同以往的科学思维方法。

亚·沃尔夫认为,从近代最初开始,人们注意起大自然的确凿的事实,并重视经验尤其是实验,这种状况主要是自然主义的精神所促使的。科学在与其他知识的混杂和纠缠中最终脱颖而出,引导出一种全新的认识世界的观念。

所谓科学革命，首先是各个门类的科学发现和科学发明已经形成相当规模，这些发现在实质地修正着过去的理论，并向人们展示着新的自然界。亚·沃尔夫在他的著作中，充分列举了天文学、动力学、声学、数学、光学、热学、磁学、电学、气象学、化学、地质学、地理学、生物科学、医学、农业技术、建筑、机械工程以及心理学、社会科学和哲学等各个领域所取得的成就。这些看似零零散散的发明和发现已经不可逆转地形成一股潮流，促成了科学的革命。

大量的发明为科学革命提供了量的基础，而新的科学认识观则代表着科学革命的灵魂。科学认识观的确立是同一系列伟大人物的名字联系在一起的。孔多塞在他的《人类精神进步史纲要》中，特别推崇弗朗西斯·培根（Francis Bacon，1561—1625年）、伽利略（Galileo Galilei，1564—1642年）和笛卡儿（Rene Descartes，1596—1650年），认为他们代表着从中世纪向近代的过渡。其中培根揭示了研究自然界和自然界所赋予我们可以窥探它的奥秘的那三种工具的真正方法，即观察、试验和计算；伽利略以有用的而又辉煌的发现丰富了科学；笛卡儿则制定了发现和认识真理的方法。当然，谈到近代科学革命，我们也始终不应忘记牛顿（Isaac Newton，1642—1727年），正是通过他的综合，确立了宇宙的物理统一性。

弗朗西斯·培根

从严格意义上说，培根是哲学家，而不是科学家，因为他并没有什么令人称道的发明创造，但是他创造的试验和观察相结合的研究大自然的方法，确实构成了近代科学的基础。培根出身官宦之家，他的父亲是伊丽莎白女王时期的高级政府官员。他虽然就读过著名的剑桥大学三一学院，但并没有获得学位。最初他是以律师职业而涉足政坛的,在伊丽莎白时期并没有获得什么重要的职位,一直到詹姆士一世继位后,他才受到器重,先后担任了法务次长、英国大法官等职务。但最后培根却因为"受贿"而一度被关进伦敦塔,从此结束了自己的政治生涯。

尽管培根主要的活动舞台在律师界和政坛,但是他的主要著作却是关于科学哲学的。培根生活的时代,科学发明已经有了一定的积累,但是人们对科学的性质及其功用还没有足够的认识。培根就是试图通过分析和确定科学的一般方法和表明其应用方式,给予这种新科学运动以发展的动力和方向。他在1605年出版了《学术的进展》,接下来计划写作《学术的伟大复兴》,后一部著作集划分成6个部分,第一部分是导论,也就是《学术的进展》的内容;第二部分是对科学方法的分析,他名之为《新工具论》;第三部分是关于工匠学问和实验事实的百科全书;第四部分是运用新方法来分析事实;第五部分讨论过去和现在的科学理论;第六部分则谈新自然哲学本身。尽管他一直到死都没有完成这样庞大的写作计划,但是我们还是可以从他的《学术的进展》和《新工具论》中认识他在科学哲学方面的贡献。

培根首先向我们展示了一种新的逻辑方法,即归纳法,并认为,他所提出的在实验基础上进行归纳的方法,将会为科学提供一种新工具(Novum Organum),以取代亚里士多德的归纳逻辑这种老式的工具。科学的发展,首先是在于通过实验和观察积累资料,然后再用归纳推理手段从这些资料中得出结论。其次,培根集中对科学进行分类。他曾经列出一张他认为值得研究的130个课题和操作方法,并试图就这些课题大量搜集知识,然后把有关每一课题的事实加以排列分类。另外,培根还是一位重要的倡导者,提倡把科学家组织起来成立各种学会和科学院,进行集体研究。在其乌托邦式的著作《新大西岛》中,他描述了一个中央科学研究所,在这里备有实验室、植物园、动物园、厨房、熔炉,甚至还有机械工场。在这部著作中,培根宣称,在科学中,通过分工,知识的生产会更有效地进行。因此,培根所倡导的观察、试验和归纳的方法,所倡导的科学分类和研究分工,正是我们现代科

学的基础。但是,培根在他的科学方法中忽略了数学的作用,而弥补这个遗憾的则是笛卡儿。

笛卡儿是哲学家、数学家,也是科学家。笛卡儿出身于低等贵族,曾经先后学习过古典语言、数学、物理、哲学和法律,不过他对数学最为痴迷,并力图将数学方法应用到其他学科之中。他写作了《方法谈》,包括关于屈光学、气象学和几何学的三个附录,此外还有《形而上学的沉思》《哲学原理》等著作。笛卡儿在许多方面都特别为人称道。首先,在哲学认识论上,我们马上就会想到他的"我思故我在"。他从关于各种感觉的怀疑入手,得出了这样的结论,也就是说,如果要把一切事物都想象成虚假的东西,那么进行思维的"我"必然是某种东西,"我"认识到"我思故我在"是一条十分牢靠、十分确实的真理,它就是"我"所探求哲学中的第一原理。笛卡儿在哲学上倾向于机械决定论,即把有机物和物质等同,认为他们一样都受到物理定律的支配。笛卡儿对科学改革的杰出贡献,就是这种机械论哲学的建立,它所寻求的是以物体构成的部分为依据来解释物体的属性和活动。在实际的科学发明中,笛卡儿尽管没有什么大的贡献,但是我们还是能够提到他的坐标几何。他将代数应用到几何学上,首创了坐标系,被称为"笛卡儿坐标"。

不过从科学革命的角度而言,笛卡儿在科学方法方面的贡献超过他对科学的具体贡献。他除了赞赏培根所提出的试验、观察和归纳的新方法外,对培根所忽略的数学大加推崇,认为数学的证明具有确实性,应当作为其他学科的楷模。数学方法之所以这样重要,在于数学具有自己的独特优点:

> 数学的独特优点在于从最简单的观念开始,然后从它们出发进行谨慎的推理。一切科学研究者都应当这样做,应当从最简单而又最可靠的观念出发,把各个比较简单的观念相综合,通过演绎而前进到比较复杂的观念。

在这里,笛卡儿强调要发现最简单和最可靠的观念或原理作为推理和认识的基础,而培根的经验则是从高度复杂的对象开始,很容易产生错误。

相比于其他人,伽利略更像是一个新科学的实践者,他用一系列的实验和观察证实了具有严密体系的近代科学,打破了以亚里士多德为代表的纯思辨的自然观。伽利略涉足的科学领域和进行的实验是非常广泛的。他于1583年通过观察比萨教堂里悬灯的摆动,而证明了微小摆动的等时性以及摆长对周期的影响;在1586年他发明了浮力天平;1591年他离开比萨前往帕尔多瓦,在那里他系统研究了落体运动、抛射体运动、静力学、水力学等,并研制了温度计和望远镜;他亲自动手制造了天文望远镜,观察到月亮表面的高低不平,发现了水星的四颗卫星,认识到银河由无数个发光体组成,土星是多变的椭圆外形等等,向世人展示了一个新的宇宙天地。

伽利略的发现虽然得到社会认可,但还是遭到教会的反对,教会命他放弃宣传哥白尼的日心说,如果著书立说的话,只能不偏不倚地同时介绍日心说和地心说。他的《关于托勒密和哥白尼两个世界体系对话》的出版是在这一背景下的产物,但是这本书还是明显地表现出对哥白尼学说的偏袒,因而遭到教会的严惩,他的后半生差不多一直是在被软禁中度过的。但是即使在非常困难的情况下,他还是写出了《关于两种新科学的对话》,着重研究动力学和磁学,尤其是在动力学方面贡献甚大,以至于"力学这个分支后来几乎没有再做什么工作"。

伽利略通过自己的实践不仅揭示了新天文学、新动力学和其他科学的内容,而且向我们展示了新的科学研究方法。他把世界看成一个服从简单规律的整体,可以通过实验观测,建立精确的数量关系。因此他所倡导的方法是数学和实验相结合。在他那里,科学已经开始摆脱哲学的束缚。

前辈们在各个领域奠定了基础,牛顿则站在巨人的肩膀上成为一个伟大的综合性人物,将许多领域的发明和认识进一步系统化,将科学革命推向了高潮。在数学领域,牛顿在继承笛卡儿解析几何的基础上,建立了微积分,开辟了数学的新纪元;在光学方面,牛顿也继承了伽利略、笛卡儿的成果,揭开了物质的颜色之谜,提出了光的"微粒说";在力学领域,他总结了伽利略、开普勒等人的工作,提出了著名的万有引力定律和牛顿运动三定律,将天体力学和地面的力学统一起来,完满地解决了行星何以按照一定规

律围绕太阳运转的问题。1687年他出版了《自然哲学的数学原理》一书,系统阐述了他的"三定律"。

以层出不穷的各种发明和发现为基础,加上一些伟人们在方法论和哲学观方面的系统思考,近代科学的时代真正到来了。在这个新的时代里,人们开始真正理性地面对自己所处的自然界,运用观察、分析和归纳的方法来认识和解决问题。科学不但改变了过去的知识结构,而且也实质地决定着人们实践的进程。各个领域的技术改造、各类机器的发明改变着生产的面貌,改变着生产的规模和组织。科学门类的精细化也促成生产门类的细致分工,科学带来的强大力量也在空间和时间上延伸着生产。正是科学革命,伴随着海外殖民、重商主义以及政治上的变动,把欧洲推向一个全新的时代。

4 启蒙的先驱

启蒙运动繁荣于法国,但其先驱是英国的约翰·洛克(John Locke,1632—1704年)。洛克一生最重要的时刻恰逢英国国王与议会长期斗争,英国陷入内战并最终演变成"光荣革命"的时期。洛克自然是站在议会一边,在斗争的漩涡中他几度沉浮,但也促成他启蒙思想的形成。

洛克的父亲在英国第一次内战时就加入了国会军,也正是在其父所在部队军官的介绍下,洛克进入了威斯特敏斯特学校,接受了良好的初级教育。之后进入牛津的基督教会学院学习,并留校任教。在讲课之余,他还在别人的诊所里担任医生。凭借高超的医术他救治了艾释黎勋爵并成为勋爵的秘书,从此走上了政坛。艾释黎勋爵主张英国应该通过贸易达到繁荣,殖民地应该在促进贸易方面发挥重要作用,他劝说查理二世创建一个贸易和殖民委员会,搜集关于贸易和殖民地的信息。艾释黎勋爵后来成为辉格党领袖舍夫茨伯利第一伯爵,先后担任过商会主席、英国大法官和英国枢密院议长,洛克一直协助伯爵工作,也随着伯爵的命运而起伏。伯爵失宠和在议会斗争中失败后，曾先后逃往法国和荷兰，洛克也随之前往，正是在流亡期间他构思了著名的《政府论》、《人类理解论》和关于宗教宽容的通信等。一直到 1688 年"光荣革命"后，洛克才荣归故里，成为极受推崇的理论家和政坛活跃人物，先后担任上诉法院院长、贸易与殖民大臣等要职，并撰写了《教育漫话》《从〈圣经〉看基督教的合理性》等等。

洛克的启蒙思想主要体现在他的四部著作《人类理解论》《政府论》《论宗教宽容》和《教育漫话》

约翰·洛克

中。这四部著作分别代表了其哲学观、政治观、宗教观及教育思想。《人类理解论》首先批驳"天赋观念"，认为人类的知识不是天赋的，而是通过感觉、概括和归纳而成的。因此，在洛克看来，一切观念都不是与生俱来的，而是后天获得的，他提出了著名的"白板说"，并指出观念获得的途径是经验。他说：

> 一切观念都由感觉或反省得来的，我们可以假定人心如白纸似的，没有一切标记，没有一切观念。那么它如何会又有了那些观念呢？人的匆促而无限的想象既然能在人心上刻画出几乎无限的花样来，则人心究竟如何能得到那么多的材料呢？他在理性和知识方面所有的一切材料，都是从哪里来的呢？我可以一句话答复说，他们都是从"经验"来的，我们的一切知识都是建立在经验上的，而且最后是导源于经验的。

尽管他并没有把这种经验主义走向彻底，但是却强调了感官、经验和后天的主导地位。《论宗教宽容》是讨论宗教宽容的几封书信，强调宗教宽容

的必要性,并提出了政教分离的理论,认为宗教和政府是两种性质截然不同的东西,两者之不能混同正如同天地不能结合。这样他通过理论结束了王权、神权相混杂的状况,从而剥去了君主头上神圣的灵光,突出了人民在宗教信仰领域的主动权。《教育漫话》则集中阐述了绅士教育的目的、方法和准则。他认为教育对一个人的成长非常重要,他强调家庭教育的重要性,认为教育的目的在于培养"绅士",把人培养成有德行、有用和能干的人,努力使其在德行、智慧和学问方面皆有所成就。他认为德行应该摆在首位,他说:"我认为在一个人或者一个绅士的各种品行之中,德行是第一位的,是不可或缺的。"其次他重视智育,认为智育仅次于德育,他说:"我想如果有人不知道把一个有德行的或者有智慧的人看得比一个大学者更无限可贵,你也会觉得他是一个大傻瓜似的。"他也特别重视体育,他认为"有健康的身体才有健全的精神,这是对于幸福人生的简短而又充分的描绘。"

真正昭示近代并影响到现代的是他的政治思想,通过《政府论》这部著作,君权神授理论被彻底抛弃,分权与制衡说、主权在民说成为公认的原则。

在洛克之前,君主专制统治把持着欧洲,因而与之相适应的政治理论是维护君权神授的合理性和神圣性,认为王权是上帝授予的,君主是上帝在世俗的化身,在君主权力神圣的光环下,人们不能对高高在上的君王有任何怀疑。洛克的政治思想首先就是要打破这种旧的政治意识形态,从根本上动摇君权神授的根基。

针对人们从《圣经》中寻找依据,认为亚当基于财产权和父权而拥有万世一统的王权,洛克进行了全面的否定和批判,继而引出了"自然状态"概念。所谓自然状态,就是指国家形成前人们所处的一种状态。尽管"自然状态"概念并不是洛克首先提出的,16世纪的格劳秀斯以及与洛克同时代的霍布斯、斯宾诺莎等都描述过自然状态,但是正是洛克把自然状态看作自己全部理论的基础。他认为:

> 自然状态有一种为人人所应遵守的自然法对它起着支配作用;而理性,也就是自然法,教导着有意遵从理性的全人类;人们既然都是平

等和独立的,任何人就不得侵害他人的生命、健康、自由或财产……我们既赋有同样的能力,在同一自然社会内共享一切,就不能设想我们之间有任何从属关系,可使我们有权彼此毁灭,好像我们生来是为彼此利用的,如同低等动物生来是供我们利用一样。正因为每一个人必须保存自己,不能擅自改变他的地位,所以基于同样理由,当他保存自身不成问题时,他就应该尽其所能保存其余的人类,而除非为了惩罚一个罪犯,不应该夺取或损害另一个人的生命以及一切有助于保存另一个的生命、自由、健康、肢体或物品的事情。

自然状态并不像人们想象得那样是一种混乱状态或者混沌状态,而更像一种社会状态。处于自然状态的人具有高度的理性,没有社会组织却相处和谐,没有成文法律却接受自然法的监督,没有集体主义观念却不伤害他人。之所以能够如此主要是因为自然法的存在。自然法就是理性之法、上帝之法,自然法适用于世间一切人,在自然法面前人人平等。自然法一方面保障每个人都有自己的权利,同时又限制人们滥用权利。洛克也把私有财产所有权归诸自然状态。认为上帝把财产授予任何人,任何人都有获得财产的权利,财产权是不可剥夺的。因此,唯有保护人民的财产才是政府得以存在的根据。

自然状态并不是一种理想状态,自然状态中也存在着不公和混乱。在自然状态中,虽然有自然法的统一指挥,但是缺乏对自然法的统一解释,而且人人都是自己案件的裁判者和执法者也会造成不公允。为了弥补这些缺陷,组成社会和建立国家是完全必要的,建立国家只是对自然状态中不合理部分的弥补手段,并不是自然状态的完全对立物,因此人们的生命权和财产权等更应得到保障。也就是说,组成社会是人类的本能,是人区别于其他生物的特征。那么人们是如何脱离自然状态,进入社会和建立国家的呢?在这里,洛克运用了"契约"观念,认为社会契约是最好最合理的办法。契约是基于理性的,是双方都同意的,并对双方都具有约束力的准则。在洛克的社会契约论中,他把人民和统治者分设为契约两端,两者都要接受契约的束

缚。人民授权给统治者,但条件是统治者为人民谋福利,保护人民的财产、平等和自由,按照理性原则行事。虽然人民进入社会要受到法律约束,但这不是对人们权利的限制,而是为了更好地获得自由。

尽管洛克在自己的著作中并没有明确指出理想的政府结构,但是提出了分权理论。他在《政府论》中把政府权力分为立法权、执行权和对外权,其中立法权是政府的最高权力。之所以如此安排,是因为在自然状态中,人们最缺乏的是一套明确的律法,因而设置立法机关,制定合理有效的法律是最急需的和最重要的。只要政府存在,立法机关便始终是最高的权力机关。但是基于政府的目的,对立法权必须进行如下限制:立法权必须以公共利益为目的,必须颁布经常有效的法律而不能只凭专断权力来统治,在任何情况下都无权剥夺人民的财产,立法权不能转让给别人。立法机关并不是常设的,一旦制定了法律,便宣布解散。制定法律后,一个执行法律的机关是必要的。执行权虽然从属于立法权,但是它握有执行立法的权力,并且是常设的,因而握有实际权力。执行权和对外权实际上其实是同一权力的两个方面,前者主要处理国内事务,后者主要处理对外事务。但是,洛克的分权理论中并没有把司法权充分考虑,没有能够提出司法独立的原则,也没有把这几种分离的权力看作是相互并列的。

尽管洛克的三权分立学说与以后孟德斯鸠的学说相比还比较幼稚,但是洛克还是给我们提供了一个独特的权力制约体系。洛克在论述自然状态和自然法时,已经给未来的统治者设置了三道门槛,其中这些约束最集中体现在政府建立的目的上面。他认为,政府的权力是由人民所委托授予的,其条件是要保护人民的生命财产,这个目的一方面规定了政府机构的运行方向,一方面限制了政府权力的滥用。洛克并不强求政府采取什么一定的形式,只要是为了人民的利益而建立,并始终不脱离这个目标的政府就是好政府。这样就把政府权力限制在一定轨道之内。政府的存在是基于和人民订立的契约,因而政府的一举一动始终为契约另一方的人民所监督,人民才是主权的化身。"滥用职权并违反它的委托而施强力于人民,这是与人民为敌,人民有权恢复立法机关,使它重新行使权力。"立法机关只要与人民的利益发生矛盾,人民同样有权来纠正他:"当人民发现立法行为与他们的委托相抵触时,人民仍然享有最好的权力来罢免或更换立法机关。"也就是说,虽然人民与统治者订立了契约,但人民并没有融入政府权力之中,他独立于外并时刻监督着政府;自然法作为一项普遍有效的法则,在社会状态中仍然起着作用,人们与政府靠契约来维系,并都接受上帝的理性之光的检验。

　　洛克是近代最伟大的哲学家之一,他的思想成为后来许多思想流派的出发点。他的政治思想直接哺育了法国的启蒙思想家,他的自然状态说和社会契约论为卢梭全面接受,他的分权学说则在孟德斯鸠那里发扬光大,同时他的政治思想也为后来的美利坚合众国的创立提供了重要理论依据。他的民权思想、自由平等思想广泛传播,为许多国家所接受,成为政府机制运转的依据。

启蒙与革命

I 启蒙时代

历史进入 18 世纪，欧洲迎来了一场启蒙运动，在不同的领域出现了一些伟大的思想家，他们高举理性主义大旗，提出了一系列新颖主张。这场运动主要流行于法国大革命前夕，是当时的思想家非常自觉的运动，启蒙这个词也是当时的人经常使用的。人们之所以称这次思想运动为启蒙运动，是因为他们坚信自己正在从漫长的黑暗和无知中摆脱出来，进入了一个尊重科学、尊重理性和尊重人性的新时代，这个时代也被称为"理性时代"。

启蒙运动并不是突兀地出现的，而是哲学思想发展和科学发现积累的结果。在哲学思想方面，已经出现了笛卡儿、斯宾诺莎(Spinoza，1632—1677 年)、霍布斯、约翰·洛克以及拜尔(Pierre Bayle，1647—1706 年)等著名思想家。关于笛卡儿的"我思故我在"以及约翰·洛克的"白板说"已经在前面的章节中有所论述，无须赘言。其他哲学家的名字也并不陌生，斯宾诺莎著有《笛卡儿哲学原理》《神学政治论》《伦理学》《知性改进论》等。他对《圣经》进行了历史性批判,从伦理学角度,认为人是自然的一部分,自我保存是人的本性,追求个人利益是人的最高自然权利。霍布斯的《利维坦》则以人性恶为出发点,通过对自然状态、自然法、社会契约等一系列假设的严密论证,形成了系统的国家学说,开创了近代国家契约学说的先河,初步奠定了近代西方国家学说的基本格局。拜尔则用哲学的理性来批判神学观点,强调教徒和无神论者都有生存的权利,并将道德和信仰区分开来。这些前辈的怀疑思想、理性观点和政治观念已经形成为一种思想潮流,成为继后启蒙运动的思想基础。除了这些先驱思想家的影响外,启蒙运动兴起的另一个基础是一系列的科学发现,在这方面同样出现了一些影响甚大的人物。哥白尼通过观察而发现"太阳中心说",伽利略在力学和磁学方面的发现等都为人们观察和了解自然提供了新的方法和样板。这些科学增强了人们的自信,也验证了观察试验等研究自然界的新方法。这一切,都为启蒙运动步入高潮奠定了坚实的基础。

启蒙思想家们尽管在不同的领域提出了不少的观念,但更重要的是他们向人们提出一种态度和思想方法,重新质疑和检验所有已被接受的观念和价值。他们不是闭门造车自我欣赏的文化精英,而是主动面向大众和社会的宣传家。通过小册子、短文、报纸和杂志,他们的观念为民众广泛认知。在启蒙思想家所宣传的观念中,首先是对理性的崇尚,这是一切认识和进步的基础。牛顿发现万有引力是用理性揭示了上帝的法则,那么运用同样的理性一定可以发现自然和社会中的所有法则。其次,发现真理的方法只能是观察自然,通过经验而获得知识,启蒙思想家们反对通过研究权威的作品来获得真理,亚里士多德和《圣经》均不能保证真理的获得,古老已经不能成为价值的体现。另外,由于看到了理性的力量和无限潜力,所以启蒙思想家相信进步的无限可能性,他们相信,只要是接受理性的指导,充分利用经验和观察,人类在知识、技术以及道德等各个方面都会取得长足的进步。最后,启蒙思想家们都对教会,尤其是罗马天主教会提出质疑和批评,但是启蒙思想家并没有彻底抛弃宗教信仰,而是用自然神论(deism)取代了天主

教。他们虽然并没有否定上帝以及来世的存在,但是认为人类不应该以来世为中心,而重在改善此世的生活,世俗的幸福应该优先于宗教救赎。

　　启蒙的先驱们尽管大都不在法国,但是启蒙运动的故乡却在法国。启蒙运动表现为法国各个领域的专家学者通过其著作表达新颖观点。

　　政治家和法学家孟德斯鸠(Charles De Montesquieu,1689—1755 年)是早期的代表人物之一,他的主要贡献在于批评现存的专制制度,并构想理想的社会制度。他的代表性著作为《波斯人信札》(*Persian Letters*)、《罗马盛衰原因论》和《论法的精神》(*The Spirit of Laws*)。前两本著作意在讽刺和抨击。其中《波斯人信札》描绘两位波斯青年初到法国,以外国人的眼光来衡量法国社会产生了种种的感受,然后将这些感受用信札的形式写下来,寄给在意大利定居的波斯朋友。全书借波斯人之口宣扬孟德斯鸠的批判精神和反传统思想,他揭露政府弊端,倡导反教会观点,针砭社会积弊。这部著作成为孟德斯鸠的成名作。继后的《罗马盛衰原因论》则探讨古罗马的成败得失,指出统治者贤明和制度合理如何导致了罗马的强盛,但长期征战和腐化堕落又如何导致了罗马的灭亡。他通过总结历史的经验教训,间接抨击法国专制制度的好战和生活腐化。《论法的精神》则重在构建理想政体。尽管在这部著作中他没有明确提出哪种政体是最理想的政体,但是他明确提出人类要防止暴君政体的出现,并提出了有效的方法,即系统的三权分立学说。他在论述有关"英格兰政制"的章节中明确提出:

　　每一个国家有三种权力:(一)立法权力;(二)有关国际法事项的行政权力;(三)有关民政法规事项的行政权力。

　　依据第一种权力,国王或执政官制定临时的或永久的法律,并修正或废止已制定的法律。依据第二种权力,他们媾和或宣战,派遣或接受使节,维护公共安全,防御侵略。依据第三种权力,他们惩罚犯罪或裁决死人讼争。我们将称后者为司法权力,而第二种权力则简称为国家的行政权力。

　　在明确了这三种权力的基础上,孟德斯鸠进一步指出了三种权力的制衡原则。他认为当立法权和行政权集中在同一个人或同一个机关之手,自由便不复存在了;如果司法权不同立法权和行政权分立,自由也就不存在了。如果司法权同立法权合二为一,则将对公民的生命和自由施行专断的权力,因为法官就是立法者。如果司法权同行政权合二为一,法官便将握有压迫者的力量。这一分权制衡原则奠定了日后资产阶级政治体制的理论基础。

伏尔泰(Voltaire,1694—1778 年)是当时最有影响和最具代表性的作家。他是戏剧家、诗人、政论家、小说家和历史学家,一生中创作了大量的著作、短文、论文和小册子,是名副其实的多产作家。他广泛结交欧洲的作家和各国君主,在普及科学和哲学方面做出了很大贡献。我们现在所熟知的他的名著有三部:《风俗论》《路易十四时代》和《哲学辞典》。《风俗论》打破传统编年史的写作模式,创造性地以法律、艺术和风尚作为研究对象,试图勾勒出人类的精神。在这部著作中他体现出超越狭

伏尔泰

隘文化的气度,并重视历史发展的现实原因。《路易十四时代》是在路易十四去世、法国面临衰退、政治更加专制、宫廷生活更加糜烂,以及作者本人屡受迫害的现实情况下而创作的,主要是盛赞路易十四时代的丰功伟绩,尤其是文化和精神方面的进步,从而反照现实的堕落和弊病。《哲学辞典》则是伏尔泰宣传启蒙思想、普及哲学、促使人们热爱理性和真理以及憎恶传统成见和迷信的武器。通过这些作品,伏尔泰提出了天赋人类自由平等权利,法律面前人人平等的主张。他主张君主立宪制度,反对君主专制制度,并抨击

法国的天主教会。

卢梭(Jean Jacques Rousseau，1712—1778 年)则是当时富有独创精神的思想家，他的《论人类不平等的起源和原因》《社会契约论》《爱弥尔》和《忏悔录》等著作影响深远。通过这些著作，他非常清晰地提出了自己的政治主张和理论依据，为相继而来的资产阶级革命提供了颇具实践性的纲领。他认为，人类曾经存在着平等的状态，不平等出现的根源在于私有制，国家也成为维护私有制的机器，因此只有均衡财富，才能消除社会的弊端；他提出了天赋人权、人人平等主张，主张"社会契约"和"主权在民"，并明确提出建立民主共和国的主张，为人民推翻不合理的政府提供了理论依据，日后的革命实践充分证明了卢梭理论的实践价值。卢梭也清晰地阐明了他的教育观念，在《爱弥尔》中他指出了旧教育的失败，同时，积极地提出了建设新教育的系统方案。他主张回归自然，发展天性。

启蒙运动是一场全方位的运动，启蒙思想还表现在各个领域。以狄德罗(Denis Diderot，1713—1784 年)为主持人，以编纂《百科全书或科学、艺术、技艺详解词典》为中心，大量的启蒙思想家聚集起来形成了"百科全书派"，其中伏尔泰、孟德斯鸠、孔多塞等都是成员。百科全书派宣传唯物主义思想，否认上帝创造世界的观念，强调物质的独立存在。弗朗索瓦·魁奈则通过《经济表》，宣传了重农学派的主张，倡导经济自由、自由竞争和自由贸易。梅叶、摩莱里和马布里则从最下层的人民利益出发，勾勒了原始共产主义的图景，提出了消灭私有制、推翻专制制度、平均土地以及进行革命等激进的理想。

启蒙运动也是一场跨国界的思想运动，尽管法国是启蒙运动的故乡，但是在其他国家同样有启蒙思想的回响。在德国，康德(Immanuel Kant，1724—1804 年)、沃尔夫(Christian Wolff，1679—1754 年)和莱辛(Gotthold Lessing，1729—1781 年)成为启蒙思想的代表者。康德以他的"三大批判"，即《纯粹理性批判》《实践理性批判》和《判断力批判》而奠定了自己的地位，将洛克等人的经验主义和笛卡儿的理性主义结合起来。沃尔夫继承了莱布尼兹的思想，发展了一套综合的哲学体系，而莱辛则通过他的著作，如《汉堡剧评》和《拉奥孔》等，强调宗教的宽容性。苏格兰的大卫·休谟则进一步发展了笛卡儿的怀疑论，在著作《人类理智研究》中，提出"任何知识都是感觉"的理论。在英国，亚当·斯密写了《国富论》，反对政府对经济的干预，提倡商业的平等竞争。这种启蒙思想也越过大洋传到了彼岸，在美洲殖民地的本杰明·富兰克林和托马斯·杰斐逊等都与法国的启蒙思想家保持着密切的联系，也为该运动做出了自己的贡献。

启蒙运动思想经历了一个从困境走向认可的历程。在18世纪早期，许多人因为作品而遭到囚禁，大多数人的作品都受到过政府审查机构的刁难和教会的攻击。但是到了1770年以后，新一代的启蒙思想家都得到社会的广泛认可，许多人都接受政府津贴，并能够控制所建立的思想团体，大量的书籍和报纸保证了他们思想观念的广泛传播。通过启蒙思想的广泛传播，启蒙的观念已经深入人心，就连欧洲许多上层君主也接受了某些观念，或者至少接收了某些启蒙的词汇。其中普鲁士的弗里德里克二世、俄罗斯的凯瑟琳二世和奥地利的约瑟夫二世都成为开明君主。这些开明君主的宫廷也往往非常欢迎启蒙思想家，因为这些思想家的主张，如教育和司法改革、完善官僚机构、实行宗教宽容以及改善农奴制度等等，都对君主的统治有着益处。反过来，启蒙思想家尽管对贵族和教会有着不满，但是只要统治者尊重理性和自然法，他们并不反对国家，反而认为国家是他们实现自己理想的工具。

启蒙思想家通过自己的理论塑造了一些开明的君主，同时也用自己的理论鼓舞人们推翻顽固和专制的暴君，为他们的行动提供切实的理论依据。在启蒙思想的鼓舞下，美国爆发了革命，以启蒙思想的理论为方针发表了《独立宣言》，将启蒙思想付诸实践。启蒙思想家也直接指导了法国大革命，法国大革命提出的政治主张和共和国的理想，都具体体现了启蒙思想的精髓。

2 美国独立战争

如果说启蒙运动从思想上给革命提供了理论依据,那么随后欧美爆发的革命则实践了启蒙的理想。

启蒙运动后的革命首先在北美大地上爆发,表现为英国在美洲的殖民地起来对抗其宗主国,用武力获得独立,建立了美利坚合众国。

美国的前身是英国在美洲的 13 个殖民地。1607 年伦敦公司依据国王的特许状来到北美的詹姆士河口,建立了詹姆士城,成为北美第一个殖民地弗吉尼亚的前身。此后一直到 1733 年佐治亚殖民地的建立,英国在北美大西洋沿岸建立了 13 个殖民地。13 个殖民地在逐步形成和发展的早期,作为宗主国的英国对殖民地的控制相对比较松散。这些殖民地相互独立,并承认英国的宗主地位。但这一切因“七年战争”(1756—1763 年)而发生了转变。“七年战争”最初是英法之间的战争,但最终演变成一场世界范围的冲突。在欧洲战场,英国、普鲁士、汉诺威与法国、奥匈、俄国、瑞典进行战争,在北美和印度战场,是英国和法国之间的战争。1763 年 2 月 10 日,法国将北美和印度让与英国,以英国对法国的胜利而告终。但是,这场战争的胜利,反而在北美殖民地引发了一系列的矛盾,这些矛盾涉及到土地问题、驻军问题和征税问题,并因此而导致了美国独立战争(American War of Independence,1775—1783 年)的爆发。

通过“七年战争”(1756—1763 年),英国在北美和印度从法国人手里获得大量土地,为了获得管理这些地域的费用,英国政府决定增加殖民地的赋税,于是在 1765 年 3 月,议会通过了《印花税条例》(*The Stamp Act*),要求殖民地为所有的政府文献、契约、抵押证书、报纸和小册子付印花税,违者将在没有陪审员的情况下被起诉。这一条例遭到殖民地的一致反对,在该法令生效之前,就有秘密团体“自由之子”(Sons of Liberty)在港口城市组织暴动,并阻止英国任命的印花税发行员就任。殖民地的立法机构也通过决议,谴责印花税。美洲的商人联合起来抵制英货。1765 年 10 月，来自九个殖民地的代表在纽约集会，召开"印花税法案代表大会"，向英王和议会请愿。这一系列的活动迫使英国议会在 1766 年废止了该法令。但在 1767 年，英国又推出了《唐森德税法》（*The Townshend Acts*），对美洲从英国进口的铅、玻璃、茶、颜料和纸张征税，并实行严格的航海条例，这又一次引起殖民地的强烈抗议。马萨诸塞州立法机构致函其他殖民地呼吁联合抵抗，而关税委员会的人任意扣留美洲的船只，并从商人那里勒索钱财，导致双方关系更加紧张。1768 年 6 月 21 日，波士顿的税务官员因为扣留商人的船只而导致波士顿上千人暴动，双方剑拔弩张，最终在 1770 年 3 月英国军队对波士顿群众开枪，造成了"波士顿惨案"（Boston Massacre）。同年，英国议会虽然被迫废除了《唐森德税法》，但是却保留了向殖民地征收茶税的权利。1773 年为了挽救东印度公司破产，通过了《茶叶法案》，法案降低运往殖民地的茶叶的税收，从而使东印度公司可以在美洲以低于走私茶的价格出售，这同样遭到殖民地的反对。在费城和纽约，人们不允许英国的船只卸下茶叶，在波士顿则组织成"茶党"（Boston Tea Party）进行反抗。1773 年 12 月 16 日，"茶党"伪装成美洲土著涌到东印度公司停靠在港口的货船上，将 18 吨茶叶倒进大海，制造了"波士顿倾茶事件"。作为报复，英国议会在 1774 年颁布了报复性的"强制法令"（Coercive Acts），殖民地则称之为"不可容忍的法令"（Intolerable Acts），其中包括关闭波士顿港口的交易，取消马萨诸塞的自治权，允许在马萨诸塞被判处死刑的皇家官员或士兵在英国受审，允许英国军队以无人居住的私人建筑或谷仓为营地等等。英国的惩罚反而激起其他殖民地对马萨诸塞的同情和支持，联合反对英国的条件已经成熟。

　　在弗吉尼亚的召集下，美洲除佐治亚以外的 12 个殖民地于 1774 年 9 月在费城召开了"第一次大陆会议"，商讨联合对抗英国议会对殖民地权利的侵犯。会议通过的"权利宣言"宣布，殖民地人民有"生存、自由和财产"的权利。代表们虽然对英国议会的 5 个法令不满，但还是提交了一份给英王的请愿书，不过在经济上决定停止进出口并抵制英货，为此决定在各地建

立"联合会",负责检查经济制裁的执行情况。这本来是一种有限的反抗,却被英王乔治三世称作"叛乱"。他在1775年8月23日的诏谕中宣称:"新英格兰的那些政府现在处于叛乱状态,必须用战斗来决定他们是属于这个国家还是独立","殖民地不是投降就是胜利"。双方的矛盾逐渐不可调和。第一届大陆会议还拟定在1775年5月召开第二次会议。

但在第二次大陆会议召开之前,"莱克星顿的枪声"已经揭开了美国独立战争的序幕。驻扎在波士顿的英军将领盖奇(Gage)意识到边缘城镇的民兵正在训练,并正在聚集弹药和军需品,于是在1775年4月18日晚派史密斯中校带领800名士兵去夺取康科德的军需品,但是由于民兵事先得到了消息,19日早晨英国的先头部队与民兵在莱克星顿(Lexington)正式交火。英军虽然勉强到达康科德,但一无所获,在撤退途中遭到民兵的伏击。是役英军死亡273人,殖民地民兵死亡100人。英军逃回波士顿,民兵继续集结并包围了波士顿。

独立战争的枪声打响之后,1775年5月10日,第二次大陆会议在费城召开。这次会议确立会议作为美洲联合殖民地的中央政府,接纳围攻波士顿的军队作为"大陆军",推举华盛顿(Washington,1789—1797年任职总统)为军队总司令。会议一方面准备战争,一方面仍然向英国提出了和解的要求,强调美洲对国王的忠诚,在由杰斐逊起草的《关于拿起武器的原因和必要的公告》中,明确表示"并不怀有野心,想要同大不列颠分离和建立独立的国家"。1775年7月8日通过的致乔治三世的《最后的请愿书》,急切希望恢复大不列颠与殖民地之间旧有的和谐。但在请愿遭到拒绝后,战争开始全面爆发,双方军队在波士顿、纽约等地展开了争夺战。

随着战争的全面展开,美洲殖民地已经对宣布独立不再犹豫,而托马斯·潘恩(Thomas Paine,1737—1809年)在1776年1月发表的《常识》,适时地为美国独立提供了思想的支持。他在小册子中攻击国王乔治三世(George Ⅲ,1760—1820年在位),谴责君主政体,号召人们用武力争取民族独立。这本小册子指出:在英国的君主立宪政体中,国王体现着暴政的残余,上议院是贵族政治的残余,而下议院又起不了牵制国王的作用,因此这个君主立宪政体"纯粹是君主政体"。同时,《常识》指出,从当时形势看,论战已经结束,作为最后手段的武力决定着这场争执,因为诉诸武力是由英王选择的。最后,潘恩喊出了许多人想说但未说出的口号:"独立!"潘恩的观点消除了人们对大英帝国最后的留恋,1776年7月4日,大陆会议正式通过了民主派杰斐逊(Thomas Jefferson,1801—1809年任职总统)起草的《独立宣言》,宣布殖民地有权利成为自由和独立的国家,人人生而平等,人们有权利和义务推翻专制的政府:

> 我们认为下述真理是不言而喻的:人人生而平等,造物主赋予他们若干不可让与的权利,其中包括生命权、自由权和追求幸福的权利。为了保障这些权利,人们才在他们中间建立政府,而政府的正当权力,则是经被统治者同意授予的。任何形式的政府一旦对这些目标的实现起破坏作用时,人民便有权予以更换或废除,以建立一个新的政府。新政府所依据的原则和组织其权力的方式,务使人民认为唯有这样才最有可能使他们获得安全和幸福。若真要审慎地来说,成立多年的政府是不应当由于无关紧要的和一时的原因而予以更换的。过去的一切经验都说明,任何苦难,只要尚能忍受,人类还是情愿忍受,也不想为申冤而废除他们久已习惯了的政府形式。然而,当始终追求同一目标的一系列滥用职权和强取豪夺的行为表明政府企图把人民置于专制暴政之下时,人民就有权也有义务去推翻这样的政府,并为其未来的安全提供新的保障。这就是这些殖民地过去忍受苦难的经过,也是他们现在不得不改变政府制度的原因。

宣言直接把矛头指向英王,列举了他解散殖民地议会、向殖民地人民强行征税等27条罪行,指出他违反了他与殖民地订立的"契约",不配做"一个自由民的统治者"。最后,宣言宣布:"这些联合殖民地应成为而且名正言顺地应当成为自由独立的国家,解除它和英王的一切政治联系,及一切对英王的隶属关系。"这份宣言第一次把启蒙思想家"主权在民"的思想写进了法律,由此开始了美利坚合众国诞生的进程。

起草《独立宣言》

　　战争初期,美利坚人占有主动权,各地组成了民兵,实行机动灵活的游击战,所以暂时掌握着优势。相反,英国殖民当局对形势却估计不足,虽在1775年8月23日发布"戡乱布告",但戡乱部队至1776年6月才开始陆续抵达。所以,大陆军在战争初期初战告捷。但是,随着英国军队的不断到达,形势开始发生逆转,美军在北美战场上开始进入战略防御阶段。

　　以"萨拉托加战役"为标志,英军和美军的优劣开始发生逆转。1777年英军分成三个部分,分别从不同的方向分割包围美军,最终在奥尔巴尼汇合。其中一支英军由约翰·柏高英(John Burgoyne)率领在加拿大登陆,并从蒙特利尔南下奥尔巴尼。柏高英的军队7月29日到达哈德逊河上游,9月份继续南下,但是他的军队在萨拉托加附近被霍拉肖·盖茨(Horatio Gates)指挥的民兵和大陆军包围,最后被迫于10月17日向美军投降。

　　这次战役之后,战争开始向着对美洲有利的方向发展,在国际上形势也对殖民地有利。自战争开始起,法国就已经秘密向殖民地运送财物,1778

年 2 月法国人正式承认了殖民地的独立,此后开始公开支持美国,并派出舰队前往美国进行援助。在美法军队的压力下,据守费城的英军撤退到纽约,南方的英军则在康华里的带领下退入弗吉尼亚,力量对比的变化直接决定了战争最后的成败。

1781 年 8 月 14 日,华盛顿在法国舰队的配合下,开始在约克镇攻击弗吉尼亚康华里的部队,约有 1.6 万名美国和法国的军人参加了战斗,康华里几次试图突破包围失败后,于 1781 年 10 月 19 日被迫投降。约克镇战役的胜利标志着独立战争的结束。双方经过和平谈判,于 1783 年 9 月 3 日在法国签订了《巴黎和约》(*Treaty of Paris*),英国承认自己以前的殖民地正式独立,承认美国的边界向西延伸到密西西比河,向北到加拿大,向南到佛罗里达。这样,美洲的第一个资产阶级共和国建立了。

独立战争的进程也是美洲殖民地创建国家的过程。早在 1777 年 11 月 15 日,"大陆会议"就通过了由约翰·迪金森起草的《邦联和永久联合条例》。该条例第一次将这个国家正式命名为"美利坚合众国",建立了中央的行政机构即由各州代表组成的"诸州委员会",并把"大陆会议"改为"邦联国会",赋予国家宣战、外交等权力,成为合众国"头一部不成熟的宪法",是合众国形成中最重要的步骤,表明一个新的国家已经诞生。该条例虽然把"主权"保留给了各州,使这个国家如同邦与邦之间的友好联盟,但"永久联合"的规定已为国家的组成和稳定提供了法律上的依据。该条例在 1779 年已为绝大多数州批准,唯有马里兰州观望拖延了两年之久,直到 1781 年 3 月 1 日方始生效。

邦联为国家的发展做了许多工作,但因当时各州拥有"主权",各自为政的情况十分突出。形势的发展呼唤有一个更强有力的中央政府来制止社会的混乱,协调州际之间的关系,巩固独立革命的成果。1787 年 5 月,以修改《邦联条例》为契机,经过各派的激烈讨论,制定了《合众国宪法》。根据新宪法,中央收回了由各州保留的"主权",并在中央政府内建立了"三权分立"的权力结构,又把从中央到地方的各级政权都置于共和原则基础上,使美国成为"最完善的"现代国家,从而最终完成了缔造"美利坚合众国"的任务。

3 法国大革命

18世纪后半期的法国正好处在经济和社会发展的转型阶段,其手工工场已经具备了相当的规模,对外贸易方面也有长足的进步,伴随工商业发展而来的金融信贷业也开始蓬勃发展。但是,随着社会发展而来的是社会阶级间的不平等。根据革命前的旧制度,全体法国人在法律上仍然分成三个等级:属于第一等级的是教士,他们被称为特权阶层,作为天主教国家的法国,教士享有免税特权并受到国家政权和教徒的尊重;贵族为第二等级,也享有免税、特殊司法审理权等种种特权,其中一部分人占据了政府和军队的高级职务;第三等级包括教士和贵族之外的所有居民,其中有资产者、城市平民和农民,他们的共同特点是没有特权,几乎不担任任何官职,承受沉重的税务负担。

革命前夕,在社会各阶层间普遍存在矛盾的基础上,法国出现了经济恶化的趋势。一方面是1786年的《英法商约》减低了英国工业品的进口税,以换取英国减低法国葡萄酒进口税,导致英国的廉价工业品冲击了法国的市场。另一方面,1788年法国出现了大旱,造成了粮食减产和物价飞升。经济方面所发生的变化直接引发了某些地区城市和农民的暴动。

为了摆脱国家的财政危机,政府试图调整捐税政策,拟向特权等级征税,但是遭到显贵阶层的反对。后者提出召开三级会议,即由教士、贵族和市民三个等级代表组成的会议来讨论该问题,指望以此来抑制国王的权力。同时,广大民众也希望召开三级会议,指望通过这次会议提出自己的政治主张,推行君主立宪制,并在一定程度上实现自由和平等。

国王路易十六别无其他选择,同意于1789年5月1日召开三级会议。按照三级会议的规定,每一等级的代表合起来只有一票,所以结果总是有利于特权等级,但第三等级已经不再愿意再接受只占三分之一的代表名额和按等级投票的方式。

　　无论在三级会议代表的选举方面还是代表资格审查方面,第三等级都进行了斗争,提出了自己的要求。其中第三等级的思想政治家严厉谴责专制政治,要求制定宪法限制国王和大臣的权力,要求根据宪法定期召开国会。国王召开三级会议的目的是解决财政危机,根本无意进行政治改革。所以,第三等级的代表在 6 月 17 日宣布代表全体国民组成国民议会,而且在 7 月 9 日更是将国民议会更名为制宪会议。面对第三等级咄咄逼人的态势,国王试图集结军队用武力扼杀议会。而第三等级也开始积极准备,组建国民自卫军,起来进行反抗。到 7 月 14 日,巴黎人民已控制了市内各主要地区。他们又在荣誉军人院发现了一批枪支,于是就用枪支、刀剑和大炮把自己武装起来。当巴士底狱城堡上的大炮正对准圣安东街的消息传开后,人们被激怒了,全巴黎响起了"到巴士底去"的呼声。

攻打巴士底狱

法国大革命从 1789 年 7 月 14 日巴黎起义者攻打"巴士底狱"宣告开始。革命的进程一波三折,代表资产阶级不同层面的力量都轮番登上了历史的舞台。

最初是代表大资产利益主张君主立宪的"斐扬派"(因其总部设在斐扬修道院而得名)夺取了政权,实行了一系列资产阶级改革措施。8 月 4 日夜,制宪会议开会,主张无偿废除人身劳役、允许购买封建权利、取消一切免税特权。这些主张被认为是"旧制度的死亡证书"。接着从 8 月 5 日到 11 日,制宪会议连续开会,具体讨论废除什一税和封建权利等问题。8 月 26 日,制宪会议正式通过了《人权和公民权利宣言》,即《人权宣言》。该宣言集中体现了启蒙思想家的政治主张。《人权宣言》共提出 17 条主张:人们生来是而且始终是自由平等的;任何政治结合的目的都在于保护人的自然的和不可动摇的权利,这些权利即自由、财产、安全及反抗压迫的权利;任何团体、任何个人都不得行使主权所未明白授予的权力;自由就是指有权从事一切无害于他人的行为;凡未经法律禁止的行为不得受到妨碍,而且任何人都不得被迫从事法律所未规定的行为;在法律面前,所有的公民都是平等的;除非在法律所规定的情况下并按照法律所规定的手续,不得控告、逮捕或拘留任何人;任何人都不得因其意见而遭受干涉;每个公民都有言论、著述和出版的自由;凡个人权利无切实保障和分权未确立的社会,就没有宪法;私人财产神圣不可侵犯。这一宣言以法律的形式体现了启蒙思想中的自由、平等和民主思想。

《人权宣言》公布后,制宪议会一方面就宪法的具体内容进行长时间的争论,另一方面又连续颁布了一些单项立法。制宪议会的各项制宪工作结束后,8—9 月间宪法文件汇总呈交国王批准。9 月 14 日,国王到议会宣布接受宪法。由于这部宪法是在 1791 年批准生效的,故称"1791 年宪法"。置于宪法之首的是《人权宣言》。宪法宣布法国为君主立宪国,保留君主制,但君主得服从法律。国家主权属于国民。国王已不再是"上承天佑"的神权君主,而是来自民权的"法兰西人的国王"。宪法在国家机构的设计方面,明显地体现了孟德斯鸠的三权分立思想。它按立法、行政、司法三种权力进行设计。

1791年宪法是法国历史上第一部成文宪法,它宣布人民主权,在一定程度上限制了国王的行政权力。并且重申了前一阶段通过的许多反封建法律的原则,实际上确认了大资产阶级所建立的政权,因而具有进步的历史意义。宪法公布以后,制宪议会即完成了自己的历史使命,于9月30日闭幕,让位给根据宪法产生的立法议会。

立法议会内部成分复杂,掌权的斐扬派被称为右派,坚持立宪君主制,左派是雅各宾派,他们和吉伦特派和山岳派一起都主张共和制,他们人数不多却富有战斗力。另外是中间派,他们拥护新制度,但政治上摇摆,一般支持得势的派别。

革命后,国内外形势呈现出恶化的趋势。国内反抗派的教士煽动农民发动暴动;逃亡贵族在边境集结伺机反扑;同时奥地利、普鲁士、西班牙、俄国等封建君主企图进行武装干涉。面对这样的形势,立法议会内部出现了各种不同的声音。吉伦特派主张将逃亡贵族缺席判处死刑,并规定反抗派教士一周内宣誓效忠宪法,但遭到了国王的否决。面对外部的干涉,吉伦特派坚决主张战争,希望借此将革命输出国外。国王也主张战争,这样如果法国军事力量崩溃将带来复辟的机会。斐扬派内部则意见不一。山岳派则坚决反对战争。国王任命吉伦特派组成内阁,将吉伦特派当作引发战争的工具。但吉伦特派内阁在战场上却指挥失当,立宪派的将领们也消极抵抗。雅各宾派认为,如果要取得胜利,必须废除国王。

1792年8月雅各宾派在巴黎发动起义,8月10日逮捕了国王并解散了议会,结束了上千年之久的君主政体,也结束了君主立宪派的统治。但政权落入了代表中等资产阶级利益、主张共和的"吉伦特派"(其成员大都来自吉伦特郡)手里。9月21日,新选出的国民公会正式开幕,当天,国民公会一致通过废除王政的议案。次日,国民公会采用"共和国"的名称,这一天标志着法兰西第一共和国的诞生。

但是吉伦特派面对内忧外患所表现出的消极态度又引起下层的不满。自宣布废黜国王以来,吉伦特派始终没有为审判国王做任何准备,而且也毫不隐瞒要拯救路易十六生命的意图。为此,遭到山岳派的猛烈进攻。11月,从王宫的一个秘密壁橱中发现了大量文件,证明国王有勾结逃亡贵族和外国君主,企图破坏革命、恢复旧制度的罪行。于是,巴黎群众群情激愤,审判国王不可避免。国民公会中就有关路易十六是否拥有不可侵犯的权利、国民公会是否有权变为法庭、判决路易十六对共和国有没有好处等问题展开激烈争论。罗伯斯比尔、圣茹斯特等坚持认为,这不是一般的刑事审判,而是对待敌人一样的政治判决,这是拯救祖国的措施和保卫国民的行动,应该由国民公会宣布以革命的名义判处卖国贼路易死刑。但这一主张也没有被采纳。一切营救路易十六的措施均告失败后,最后决议由国民公会进行审判,由议员当场唱名表决决定。投票结束后,吉伦特派的议长韦尼奥沉痛地说:"我以国民公会的名义宣布:国民公会判处路易·卡佩死刑。"1793年1月21日(星期日)上午10时,在军鼓和"国民万岁"的呼声中,路易十六被送上了设置在革命广场(今协和广场)上的断头台。君主政体被推翻。

吉伦特派上台后,面对内忧外患,显得力不从心,几乎无力掌控局面。在危急的形势下,国民公会采取了一系列救国的紧急措施。1792年10月17日成立的治安委员会于1793年1月11日进行改组,雅各宾派占了绝对多数。它掌管全国的警务治安工作,有权逮捕危害国家安全的嫌疑犯。这样就形成了吉伦特派和雅各宾派的对抗。

1793年5月31日雅各宾派发动武装起义,武装包围了国民公会,用大炮对准公会,逮捕了包括2名部长和12人委员会成员在内的吉伦特派的主要领导人,政权最终转移到代表小资产阶级利益、主张民主的雅各宾派(因其总部设在雅各宾修道院而得名)手里。

雅各宾派上台后,颁布了1793年宪法。1793年宪法包括新的《人权宣言》35条,宪法本文124条。它规定法兰西共和国是统一而不可分割的。并确认社会的目的是谋求公共福利,政府是为保障人们享受其自然和不可剥夺的权利而设立的;公民享有劳动权、社会救济权和受教育权;主权属于人民,人民拥有反抗政府压迫的权利;成年男子享有普选权;最高立法权属于由直接选举产生的立法议会,最高行政权属于从各郡候选人中选出的、由24人组成的行政委员会,它对立法议会负责。

但是面对内忧外患,雅各宾派采取了更加激进的政策,终于走上了革命专政的道路。1793年8月23日,国民公会发出总动员令,宣布全国处于紧急状态。1793年10月10日和12月4日(霜月14日)通过了两个具有临时宪法的性质的法令,成为革命政府的法律依据。这两个法令规定:最高权力属于国民公会,它同时兼有立法权和行政权;临时执行会议、各部部长、各军将领都受救国委员会监督;治安委员会负责国内的警察事务;被派遣到各军和各郡去的议会特派员拥有广泛的权力,受救国委员会监督和指导;设置由中央任命的国务专员,负责在各地实施中央的法律。这两个法令建立了中央集权制,全国的权力集中于巴黎,各行政机关的权力集中于救国委员会。革命专政政府是由救国委员会、治安委员会、革命法庭以及地方革命委员会等组成的。

雅各宾政府在军事、经济、政治诸方面实行了一系列严厉措施。在军事方面,颁布总动员令,改组军队。宣布国家的一切物资都被用于战争。在经济方面实行统制政策,严禁囤积垄断并实行全面限价。为保证军需和城市的供应,政府还采用征发制、国营制和配售制来管理经济。在政治方面实行恐怖政策,颁布嫌疑犯令。1793年9月17日颁布的《惩治嫌疑犯条例》规定:凡行为、关系、言论及著作表现为拥护专制政治、联邦制及敌视自由者,未能按规定证明其生活方法及已履行公民义务者,被停职或撤职的官吏,前贵族及其亲属或亡命者的代理人而未经常表现热爱革命者,革命期间出走的亡命者,均被视为嫌疑犯。各地监视委员会或代理其职权的其他委员会应在其辖区内编制嫌疑犯名单,并将他们收押、监管到和平时为止。

雅各宾派无休止的恐怖政策不仅失去了广大群众的支持,也遭到了资产阶级本身的反对。1794年7月27日,即热月9日,经过密谋策划,国民公会完全被反对派所控制,在"打倒暴君"的一片呼喊声中通过逮捕令,罗伯斯比尔、库东、圣茹斯特等人当场被捕。当晚,巴黎公社曾把罗伯斯比尔从狱中救出,但不久又被国民公会的军队逮捕。热月10日(7月28日),罗伯斯比尔等22名雅各宾首领未经审判即被送上了断头台。热月11日,雅各宾派巴黎公社的72名成员也被处死。雅各宾专政彻底垮台。"热月政变"意味着法国革命高潮阶段的终结,从此开始进入革命动荡后的平复阶段。

"热月政变"时联合起来反对罗伯斯比尔派的那些国民公会议员,通常被称为"热月党人"。热月党人的反动,其实是对恐怖的反动,是对雅各宾专政及其激进措施的反动。他们企图恢复1789年原则,重建一个正常稳定的政治制度以代替雅各宾派的战时制度。热月党人在镇压了国内暴动以及王党分子的叛乱后,继续对外战争,利用反法联盟本身的矛盾,瓦解了反法同盟。在国内逐步稳定的基础上,1795年8月22日,国民公会通过新宪法,即"共和三年宪法",或"1795年宪法"。宪法维护了1789年的原则,在全国选民投票表决中,以压倒多数票通过。

但热月党人所建立的督政府统治仍然很不稳定,在内部仍然面临着左右两方面的威胁,在外部面临新的反法同盟的攻击。同时,长期面临的经济困难和财政拮据并没有缓解,政局动荡不已。时势呼唤一位强权人物出台。此时,一位在战争中造就的"常胜将军"拿破仑脱颖而出,于1799年雾月18日(11月9日)发动政变,推翻了督政府,组成了执政府,开始了拿破仑独裁的时期。法国大革命至此告一段落。

法国大革命的进程虽然波折,但是取得了明显的成果。封建制度被推翻了,君主专制制度也被埋葬了。资产阶级真正掌握了政权,启蒙思想家的思想也在革命实践中从理论化为具体的实践。

4 工业革命

如果说政治革命改变了欧美国家的统治秩序和结构,那么18世纪出现的工业革命则全方位地改变了社会的面貌,从而使人类社会不可逆转地走向了以科技、工业和市场为主导的近代社会。可以说,这场革命是人类自久远的农业革命以来影响最为深远的变革,它不但改变了劳动、消费、家庭结构和社会结构,甚至改变了人类的精神面貌和人们的思想。工业革命关乎的不仅仅是科技,它是整个社会全方位变化所促成的结果,同时又成为塑造一个全新社会的基础。

工业革命前夕,欧洲正经历着重要的社会变革。欧洲从农业和乡村经济开始向资本主义和城市经济过渡,开始从一家一户和以家庭为基础的经济,过渡到以工业为基础的经济,相应地要求重新思考社会的职责和家庭的结构。在1750年左右,尽管欧洲商业和工业已经有了长足的进步,但是其经济主要还是农业经济,富裕的土地贵族掌握着大量的土地,把土地出租给佃农来耕种,前者依靠实物地租来生活。商品主要还是由单个家庭所生产,每个家庭掌握着某一行当的生产技巧。当时的资本主义活动仍然主要集中在商业活动而不是生产活动中。但是随着欧洲对外拓展的逐步扩大和深入,欧洲经济已经不再局限于欧洲,而是成为一种全球经济,欧洲的商业和制造业延伸到了几乎所有的大陆,欧洲的产品拥有了巨大的市场。这种形势的变化为产品制造带来了前所未有的生机和可能性,从而促使欧洲从商业经济向工业制造业经济转变。

按照普遍的说法,工业革命的出现和欧洲人口的大幅度增加有关。尽管关于人口增长的原因人们有不同的解释,关于是人口增长促进了工业革命还是工业革命促使了人口增长有着不同的争论,但是工业革命和人口之间有着非常密切的关系是不争的事实,工业制造业经济要求有充足的劳动力。过去以家庭为中心进行生产,尽管也生产工业品,但是那种经济还没有超脱生存经济的范畴,而制造业经济要求有更多的剩余产品,要具备大大超过自我生存需要的生产能力,这是一个制造工厂的利润基础。因此制造业经济不但使人口增长成为必要,而且提供了可能。

尽管我们很难给工业革命一个准确的开始点,但是工业革命导源于英

国是大家所公认的,其基本的表现就是出现了一系列的科技发明,并促使了社会革新。工业革命之所以能够在英国首先兴起,同英国的特点和一系列相关政策有关。首先应该提到的是 18 世纪英国议会圈地法的实施。议会在 18 世纪初叶颁布《共有地围圈法案》,允许原来由租佃民共同所有的土地,变成大的私有农场,从而掀起了新一轮的圈地热潮。私有农场的建立,使农业生产对劳动力的需求大大减少,农民更多地被赶出了土地。尽管农民的处境因此变得非常悲惨,但是此举也大规模增加了城市的人口,为制造业提供了更多的劳动力。

英国议会通过法令剥夺农民的利益而照顾城市和资本家的需要,是同英国议会的性质有密切关系的。因为英国所实行的制度不同于欧洲大陆的君主制度,实行的是议会制,议会在政府中具有强大的作用,其后盾是商人和资产阶级。而在君主制度下,贵族是社会价值的体现者,也是美德的化身。在英国,由于议会具有重大的作用,而且资产阶级和重商主义具有很大的影响,因而在英国,资产阶级革命和商业革命基本上都是由非贵族,也就是中产阶级或者资产阶级完成的。由于贵族在英国政府和社会中发挥的作用很小,因而他们的价值观为占据优势的资产阶级的价值标准所替代,其中最重要的便是追求财富。亚当·斯密(Adam Smith,1723—1790 年)在《国富论》中将国家财富的稳定增长视为民族政府和人类活动唯一合法的目标。正因为如此,重商主义在英国以大陆所没有的方式发展起来。英国没有内部关税和商业税,商品运输的费用比较低廉而且利润很高。英国垄断了海外贸易,获得了大量的海外土地,不但完全垄断了与北美殖民地的贸易,而且也开始控制南美,并控制了印度贸易。随着贸易的拓展,英国建成了世界上最大的舰队和海军,保护商业贸易的安全。重商主义政策和海外拓展的结果是英国有了广阔的海外市场,为国内工业品的大规模发展提供了无限的可能,正是在这样的情况下,出现了发明机器、提高生产效率的高潮。

最初的发明主要是在棉纺织业内出现的,因为棉花种植在 18 世纪中叶获得迅速发展,英国在美洲和印度的殖民地广泛种植棉花,非洲的贩奴运动也因之而发展起来。在棉纺织业中的第一个发明,是英国兰开夏技工约翰·凯伊(John Kay,1704—1764年)的"飞梭"(Fly Shuttle),它大大提高了将棉线纺成布的速度。尽管飞梭的效率可以提高一倍左右,但它还谈不上是真正的机器,作为英国工业革命开始之标志的,是兰开夏织工詹姆斯·哈格里夫斯(James Hargreaves,1720—1778年)所发明的"珍妮纺纱机"(Spinning Jenny),它已经是工业革命时期典型的机器。过去用手纺车一次只能纺一根线,速度非常缓慢,珍妮纺纱机作为一套简单机器的组合,可以纺出16根线。不但加快了工作的速度,而且同时可以做好几个工人的工作,这些特点成为继后其他科技发明的样板。1769年,理发师兼机械师阿克莱特(Richard Arkwright,1732—1792年),制造了第一部水力纺纱机,并取得了专利,他的机器开始以马力作动力。1771年,他在曼彻斯特建立了第一座水利纺纱机的工厂,从此开始了以工厂代替手工工场的过程。后来,童工出身的纺织工人克隆普顿(Crompton,1753—1827年)经过5年的反复实践,结合了"珍妮纺纱机"和水利机的优点,于1779年发明了"骡机"(Mule)。这是一种新型纺纱机,后来又经他人改进成自动纺纱机,每架机器同时可纺

珍妮纺纱机

三四百个纱锭,而且纺出的棉纱精细而又结实。纺纱的效率大大提高,推动了织布技术的进一步革新。牧师卡特莱特(Edmund Cartwright,1743—1823年)于1785年制造了一架自动织布机,提高功效40倍。卡特莱特于1791年建立了第一座织布工厂。纺纱机与织布机的改革,引起了一系列有关纺织业的其他机器的发明创造,如净棉机、梳棉机、自动卷纱机,漂白、整染等行业也相继实现了机械化。

　　尽管我们说珍妮纺纱机是工业革命最初的主要发明,但是真正对18世纪工业革命起到巨大推动作用的是动力领域的发明,这方面的实验早就开始了。以前,棉纺织工业的动力主要是水力,水力受到地区和季节的影响,也使纺织厂建造地点受到限制,因此迫切需要一种能更加广泛使用的动力,蒸汽机就是在这样的情况下发明的。人们往往习惯上将蒸汽机的发明归功于瓦特,其实他并不是第一个发明蒸汽机的人,在他以前很久,就有人开始了蒸汽机的研究。1696年,英国工程师塞维利(Thomas Savery,1650—1715年)就发明了蒸汽抽水机,用来为矿井抽水机提供动力,称为"矿工之友"。后来英

国的工人纽可门(Thomas Newcomen,1663—1729年)又在塞维利的基础上进一步改进,于1705年制成了可以用于矿井的大气活塞式的蒸汽抽水机,蒸汽机第一次成为独立的动力机。正是在这样的基础上,英国的年轻工人詹姆斯·瓦特(James Watt,1736—1819年)于1769年改良了蒸汽机,并取得了专利。1782年,他又为蒸汽机和工作机之间添加了曲柄传动装置,制成了功效更高的复动式蒸汽机,成为科学史上划时代的成就,解决了机器的动力问题。

　　蒸汽机大大促进了机器的运用和工厂的生产,广泛用于棉纺厂、织布厂、毛麻纺工业、

瓦　特

煤炭、冶金、交通运输等工业部门,资本主义工业生产迅速发展起来。

钢铁业和交通运输业的发展,以及蒸汽机等发明的广泛使用,把工业革命的成果进一步推向高潮。各种机器的发明以及交通运输的需要,扩大金属产量也迫在眉睫,在当时以木炭为燃料炼铁消耗掉大量森林,使得木材难以为继,影响炼铁的产量。在1709年达比发明了用煤炼成焦炭,用焦炭炼铁的新技术,1784年工程师科特又发明了用煤的煤铁炉,炼铁工业进入了一个新的历史阶段,钢铁产量和质量都迅速提高。在蒸汽动力和钢铁业的配合下,交通运输业迅速发展,包括开凿运河、在木船上安装蒸汽机、建造硬路面等等,都大大加快了运输的节奏。更重要的是,铁路的建造彻底改变了交通运输的模式。英国人开始用铁轨替代过去的木轨,1804年特利维西克发明了火车头,1814年史蒂芬发明了比较完善的机车,揭开了人类铁路快速运输的历史。

蒸汽机和各种工作机的普遍应用,也促进了机器制造业的发展。1774年,机械师莫兹利发明了车床上的刀架,1797年又发明了可以自由移动的刀架,并将带动工件转动的脚踏板装置改为蒸汽机驱动的转动轮。这种装有滑动刀架的机动车床的发明,使机器制造业发生了重大的变化。此后,自动刨床、镟床、汽锤、钻床等工作母机相继发明出来,加上各种测量手段的改进和零部件的标准化和规格化,使机器制造业逐步形成,实现了以机器制造机器的目标。机器制造业的出现标志着历时近一个世纪之久的英国工业革命基本完成。

英国工业革命促成了工业生产从手工向机器的过渡,促成了从家庭手工业向大工厂的过渡,整个资本主义的发展开始加速。工业革命虽然以英国为中心,但并不是英国特有的现象,其他主要资本主义国家都纷纷经历了工业革命的过程。比利时的工业革命大致完成于1840年左右,建立了根特的棉纺织业中心,大力发展了冶铁业,在塞兰建立了当时欧洲最大的铁工厂,并开始兴建铁路;法国也在资产阶级革命后迅速开展了工业革命,建立了鲁贝和里姆的毛纺织业中心、里昂的丝织工业中心,拥有大量的蒸汽机并

广泛使用,大致到 19 世纪 60 年代后期,工业革命已经完成。德国的工业革命在 19 世纪 40 年代末期迅速发展,尤其重视重工业的发展,鲁尔的炼铁业和炼钢中心,遍布全境的铁路以及新兴的化工工业和电器工业,都为工业革命全面展开提供了基础。到 19 世纪 80 年代,德国亦完成了工业革命。美国则通过颁布《专利法案》,采用标准化生产体系,重视农业和铁路的建设而迅速崛起,逐渐成为国际政坛上举足轻重的国家。

在工业革命的影响下,资本主义经济获得了飞速发展,生产模式发生了极大的改变,交通运输的便利缩短了国与国之间的距离,以生产、原料和市场为主体的经济方式,必然将世界连为一体,使每个地区都成为资本主义体系的一部分。

第六编　19 世纪的思想与社会

思想的潮流

1 浪漫主义

　　启蒙运动引导了法国大革命,但是法国大革命之后并没有建立起启蒙思想家理想中的社会,相反,暴力、恐怖和战争似乎在嘲弄着人类的理性。在理性缺失的现实面前,一种反叛、变革的情绪在各个领域滋生,最终汇合成为巨大的浪漫主义潮流(romanticism)。

　　该思想潮流在 1770 年代开始于德国和英国,到 1820年代席卷整个欧洲,并迅速传到西半球。它改造了诗歌、小说、戏剧、绘画、雕塑,以及各种类型的演奏会、音乐和芭蕾,并同当时的政治密切相关。

　　浪漫主义形成之前,人们崇尚的是古典主义,无论在文学还是艺术上,都是以古希腊罗马为摹本,亚里士多德、西塞罗等成为不可逾越的权威,形成一套几乎固定不变的规则和模式。浪漫主义开始努力打破模式和规则,开始拒绝古典的权威地位,反而到长期被人们所漠视甚至鄙视的"黑暗的中世纪"去寻找精神家园。

浪漫主义在词源上同罗曼系语言（The Romance Language）有着某种关联。中世纪的传奇故事和民谣大部分都是用罗曼系语言写成的，这类故事也被称为"Romance"。因此，浪漫主义同中世纪所崇尚的精神有着非常重要的关联。在浪漫派的作品中，我们可以很真切地看到教堂彩色镶嵌玻璃、罗宾汉的故事、亚瑟王的传说和圆桌骑士，中世纪所广泛流传的精灵、女巫和天使等形象都开始回归浪漫派艺术。

关于浪漫主义的定义五花八门，其中卢卡斯（F.L.Lucas）在其《浪漫主义理想的衰亡》一书中，归纳出浪漫主义有 11 396 种概念。而且不但该主义的提倡者对其进行界定，攻击浪漫主义的人也会对其进行定义。总体而言人们承认：浪漫主义强调主观而且强调个人主义；强调自发性，主张摆脱规则；主张孤独地生活而不是在社会中生活；他们热爱和崇拜自然；醉心于过去，尤其是中世纪的神话和神秘主义。一般认为，德国的诗人施莱格尔（Friedrich Schlegel，1772—1829 年）是第一次运用"浪漫"这个词来描绘文学的，而且将这种类型的文学定义为"用富有想象力的形式来描绘情感世界的文学"。

浪漫主义最初表现为 18 世纪中期德国和英国的一些学者对民间故事和民歌的热衷，这种热衷奠定了浪漫主义的一种趣味：通过看似粗鄙的民间想象力创作出的作品，可以与以前受人关注的宫廷诗人和作曲家的作品相媲美，甚至在某种程度上会超过前者。前者对应的是人们对经典、复杂和宏大的崇奉，浪漫风格则特别崇尚简单和自然，强调没有教养的普通民众自发的感情流露。浪漫派的油画充满着有关该时期喧嚣的政治事件的主题，后期的浪漫音乐同样从民族民间音乐那里吸取灵感。歌德（Goethe，1749—1832 年）在《浮士德》中有意把德国民间传说的主题与古典的主题相提并论。

正因为对民间艺术感兴趣，所以这时期的人们大力发掘莎士比亚的价值，莎士比亚在该时期声名鹊起。莎士比亚之所以名声远播，是因为在浪漫派眼里，莎士比亚是民间戏剧家，他为伦敦的商业剧院而写作，他没有经过

《浮士德》插图

学院教育,他的作品并不完全是"受人尊重的"。同时因为,学术界批评莎士比亚没有规矩,抛弃从希腊和罗马那里传下来的戏剧概念。按照传统,一部好的戏剧不能将喜剧和悲剧混合起来,不得扩展情节和子情节,不能有许多场景,戏剧故事不能历经数月或者数年,一部中规中矩的戏剧应当整齐地分为五幕,但莎士比亚并不在意这些规则。莎士比亚的这种特点正好符合浪漫派的趣味。莎士比亚的戏剧对德国影响巨大,促使德国放弃了法国古典戏剧所确立的戏剧模式,其中歌德和席勒等作家创作了深受莎士比亚启示的戏剧,《浮士德》(Faust)中包含着许多莎士比亚式的隐喻,并模仿前述所有偏离古典的特征。启蒙思想家卢梭同样是浪漫主义的启蒙者,卢梭也常常被认为是浪漫主义文学的先驱,因为卢梭主张"返璞归真""返归自然",主张个性解放,感情至上。他的浪漫主义文学作品《新爱洛伊丝》(The New Heloise)和以深刻自我剖析而著名的《忏悔录》都体现了浪漫派的特点。有些浪漫派作家正是响应他的"回归自然"的号召,在创作中抒发对大自然的感受,描绘大自然的魅力,抒发对美好事物、自由理想和乡土的热爱、追求和依恋。

　　浪漫主义最初的另一表现是出现了哥特式小说,这种小说常用神秘恐怖罪行、神鬼故事等为描写题材。首先是沃波尔(Horace Walpore,1717—1797年)的《奥托兰多城堡》(Castle of Otranto,1765),该故事发生在一个闹鬼的城堡,里面充满着各种奇怪的东西。这种作品影响到法国的欧仁·苏(Eugène Sue,1804—1857年)和美国的艾伦坡(Edgar Allan Poe)。在这样的作品中,启蒙运动平衡和理性主义的理想失去了,人们渴望兴奋的、神秘的和充满感情的冒险,这些哥特式小说成为现代恐怖电影和妇女浪漫史的先驱,玛丽·雪莱(Mary Shelley,1797—1851年)的经典哥特小说《弗兰肯斯坦》(Frankenstein)通常被看作现代科幻小说的先驱。浪漫派对更加质朴的时代的追求,还导致了另外的新的文学形式,如历史小说。其中司各特(Sir Walter Scott,1771—1832年)是其主要的代表人物。尽管今天人们几乎将他遗忘,但是他的小说如《拉美摩尔的新娘》(Bride of Lammermoor)、《劫后英雄传》(Ivanhoe)等,激励了德国、法国、意大利、俄罗斯和许多其他地方的作家、画家和作曲家等。

　　浪漫主义的作品注重情感的表达,目的是唤起强烈的非理性的情感,运用所有形式的非理性场景来让人们感到惊骇和恐惧。浪漫派所推崇的所有情感中最流行的是爱。虽然伟大的浪漫派作品往往以恐惧或愤怒为中心,但在这些感情背后的力量通常是一对情人之间的关系。在古典世界中,爱通常与性是同一的,中世纪吟游诗人赞美宫廷式的通奸,而正是浪漫派首先赞美浪漫之爱,将其看作一个人的自然权利,最高贵的人类情感,以及成功的婚姻必要的基础。

　　浪漫主义另一个重要方面就是追求异国情调。人们渴望遥远的过去,浪漫派就向人们提供关于遥远地方的形象。异国情调并不一定指距离遥远的地方,对法国浪漫派而言,西班牙是一个很好的"具有异国情调的"地点。

北非和中东为欧洲人提供了"亚洲"的形象。在浪漫时代,欧洲人比以前更多地旅行去亲自考察他们所读到的遥远的地方。大多数游览都带有被欧洲殖民主义所塑造的态度,大多数"土著人"都被描绘为懒散的人,不能统治自己。许多男性的旅行者都认为外国妇女更加渴望性和更容易上手。文学中的异国情调主要是由拜伦(George Gordon Byron, 1788—1824 年)所激发的,尤其是他的《恰尔德·哈洛尔德游记》(*Childe Harold's Pilgrimage*)。

在浪漫派时代,宗教也起着非常重要的作用。启蒙运动削弱了但是并没有根绝欧洲确立的宗教,许多人仍然沉浸在宗教想象中。《浮士德》始终都在天上,上帝和魔王是主角,天使和魔鬼是配角,其中利用了许多基督教的素材,但是它不是基督教戏剧。

浪漫主义另一重要发展是个人主义重要性的增强。拜伦在文学中,贝多芬在音乐中,都将浪漫派个人主义推向极端。在这个时代人们"发现自己",认为通向信仰的最好途径是个人选择,认为政府存在是为了服务于那些创造政府的个人。所有这些都是浪漫派赞美个人而牺牲社会和传统的产物。

浪漫主义不是干巴巴的原则,它体现在丰富多彩的文学和艺术形式中。文学是浪漫主义最早的舞台,在法国,早期的夏多布里昂已经表现出了缅怀过去的理想,斯塔尔夫人的《论文学》和《论德国》则阐释了浪漫主义的理论基础,雨果的《克伦威尔》序言和《爱尔那尼》的上演确立了浪漫主义的地位。德国和英国更是浪漫派的故乡。德国的施莱格尔兄弟是浪漫派理论的代表人物,他们主张创作自由和个性解放,海德堡派则注重挖掘民间文学的价值。海涅、歌德和席勒等人的创作将德国浪漫主义推向高潮。英国浪漫派的代表首先是"湖畔诗人",其中的华兹华斯、柯尔律治和骚塞等都注重感情的自然流露。到拜伦、雪莱和济慈时,英国浪漫主义诗歌无论在内容还是在形式上都变得丰富多彩。即使在俄国和东欧,茹科夫斯基、普希金、莱蒙托夫、密茨凯维奇和S·裴多菲等也通过他们的诗歌,展示了鲜明的爱国主义和浓郁的民族特色。在绘画和雕塑艺术方面,艺术家们开始突出个性、

绘画：《自由领导着人民》

热情和骚动。在雕塑方面，我们要提到法国著名的浪漫主义雕刻家吕德，他雕塑的《渔童》和巴黎星形广场凯旋门右方的高浮雕《马赛曲》，向人们展示了欢悦和美以及革命的热情。在绘画艺术方面，代表性的人物是先驱人物席里柯和浪漫派大师德拉克洛瓦。前者所创作的《梅杜萨之筏》，充分表达了骚动、激情、挣扎和生死搏斗等激烈情感，给人以强烈的心灵震撼。后者创作的《自由领导着人民》构图奔放，色彩对比强烈，人物充满动势和激情。在音乐方面，开始注重个性和感情表现。这时候的作曲家已经摆脱了贵族保护人的束缚，而是为城市大众服务。浪漫主义音乐的先驱是韦伯，他创作的《魔弹射手》奠定了德国浪漫主义歌剧的基础，之后，浪漫主义音乐在柏辽兹、门德尔松、舒曼、肖邦、李斯特以及瓦格纳那里达到高峰。许多浪漫派作曲家，包括门德尔松、舒曼和肖邦等都创作形式灵活、结构较小的作品，如序曲、插曲、夜曲、歌谣，尤其是钢琴独奏曲。浪漫派的作曲家，尤其是李斯特,把音乐和文学结合起来,创造了交响诗。柏辽兹也使用了文学,他的著作大都被描绘为"标题音乐"(Program Music)。这些音乐作品都体现了强烈的民族主义、对英雄的崇敬、奇异的布景和服装以及交响和声乐配曲方面的精湛技巧。尽管浪漫主义开启了追求个性、打破规则、抒发感情的道路,但是,浪漫派也没有彻底抛弃过去的准则,雨果的作品仍然遵守了许多戏剧的常规,新的戏剧也往往和旧的戏剧混合在一起,其中悲喜剧形式的出现就是例证。浪漫主义出现后,也同样引发了许多对它的反动,包括现实主义、印象派和新古典主义等等,但是浪漫主义并没有被后者彻底取代,它作为一种精神、一种样式始终存在着。

2 社会达尔文主义

社会达尔文主义(Social Darwinism)是 19 世纪后期在欧洲兴起的一种文化思潮,是带有哲学性、宗教性和社会学性质的观念。该观念产生和繁荣于英国,其主旨是将生物学领域里的发现应用到社会领域之中,强调社会领域的优胜劣汰,从而为愈演愈烈的殖民主义、贫富差异和种族优越论提供理论上的支持。

社会达尔文主义理论同两个人密不可分。一个是进化论的奠基人达尔文(Charles Robert Darwin, 1809—1882 年)。查理·达尔文是英国的一位生物学家,同其他同行一起发展出一种新颖的生物学概念,提出了"适应"和"进化"。这一概念具体反映在他的著作《物种

达尔文

起源》(*The Origin of Species*, 1859)中。达尔文提出这一概念并不是凭空推测的,而是源于他广泛细致的考察。

达尔文1809年2月12日出生于一个英国医生家庭。1825年至1828年在爱丁堡大学学医,后进入剑桥大学学习神学。1831年从剑桥大学毕业后,以博物学家的身份乘海军勘探船"小猎兔犬号"作历时5年的环球旅行。猎兔犬号从雷本港出发后,沿着南美海岸南下,绕过麦哲伦海峡进入太平洋,于1835年9月来到东太平洋赤道上的加拉巴哥群岛(Galapagos)。加拉巴哥群岛在厄瓜多尔西方约1 000公里的太平洋上,由14个散布在赤道附近的小岛组成。岛上有重量超过100公斤的象龟,还有长达一米以上的鬣蜥,有鹈鹕的同类军舰鸟、海鸥、鲣鸟、金翅雀等珍鸟,不过这些几乎全是新种类的岛上生物,与1 000公里外的南美太平洋沿岸的生物有很奇妙的相似之处,既有明显的差异又有微妙的类似。他尤其注意到雀类的嘴巴,有些雀类的嘴比较短,适合把种子弄碎;有些比较长和尖利,适合啄食藏在隐藏地的昆虫;有些尾部的羽毛很长,有些则很短。达尔文想到,这些差异可能和各岛上的鸟类的食物,如植物种子、毛虫、昆虫等不同有关。如果真是这样,那么导致各物种间的差异的原因就不难找到,正是这种思考启示了他日后的进化论。

达尔文作了很多纪录,采集了昆虫、动物和精选的植物。把这些东西放到罐子里带到英国,对其进行研究和考察了近30年。他最后得出了一个非常简单的想法:明显相近的动物、植物、昆虫和鱼类等等,有着细微的差别,这些差别似乎与他们生存的能力密切相关。差别,或被称作"适应"(adaptions)通常与地理因素相关。他在化石上也看到了一些类似的东西:鱼、海洋贝壳等等,这些东西死后被沙子所覆盖,渐渐变成了石头,永远成了化石的形状。这里也有着有趣的复杂的联系:灭绝的动物、鱼、昆虫、植物等等,看起来有点类似我们现代的物种,但是不属于同一种类。在达尔文看来这就是生物演化,比较能够适应它所在环境的物种具有存活的优势,并把这种优势通过基因传递给他们的后代。达尔文认为这一过程是非常缓慢平静的,从而创造出了生物进化的逻辑。

其实,在达尔文之前,已经有些学者从不同的角度零星地提到进化的观念,这些都给达尔文带来某种启示。其中法国动物学家拉马克(Lamarck,1744—1829年)在其著作《无脊椎动物系统》和《动物哲学》中已经提出生物具有一种朝着增加结构复杂性方向进化的趋势,器官的用进废退和获得性遗传是促进生物从简单向复杂进化的因素。英国人口学家马尔萨斯关于人口增长会超过食物供应,从而导致瘟疫、灾荒和战争,从而形成新的人口平衡的思想对他启发很大,他相信,生物界也必然经历同样的过程,只有那些最适应环境和最强壮的生物才能生存下来,这就是"自然淘汰"。

当然,当时的达尔文并不了解遗传发生的机理。这要由孟德尔(Gregor Johann Mendel,1822—1884年,奥地利遗传学家)、摩根(Thomas Hunt Morgan,1866—1945年,美国生物学家,曾获1933年诺贝尔生理学—医学奖)、德·佛里斯(DeVrie,1848—1935年,荷兰植物学家,经由观察变异而不是自然选择研究生物进化,是一个格里戈·孟德尔学说的早期提议人),以及现代的沃森(James Dewey Watson,1928年生,美国生物学家,曾获1962年诺贝尔生理学—医学奖)和克里克(Francis Harry Campton Crick,1916—2004年,英国生物学家,他与詹姆士·D·沃森一起为脱氧核糖核酸的分子结构提出了双螺旋这种螺旋模型。他因在遗传学研究方面的进展而获得1962年诺贝尔奖)来说明。但达尔文的发现震动了英国以及欧洲,产生了巨大的影响。本来纯粹是用于生物界的理论很快被庸俗化和滥用,进化理论也成了社会发展的基本法则,演变成了"社会达尔文主义"。

另一个人是赫伯特·斯宾塞(Herbert Spencer,1820—1903年),他是社会达尔文主义的奠基者。斯宾塞是英国哲学家,1820年生于德贝,他的父亲是教师。他早年的兴趣是科学、自然史、物理学和化学。16岁时,他完成正式的教育成为一名助理教师。1852年,斯宾塞写了一篇文章《进化的假说》,为生物进化理论辩护,这是在达尔文发表《物种起源》之前7年。他的进化理论包括整个自然界,把生物学模型看作理解社会模型的基础,把进化

斯宾塞

观念运用到生物学、心理学、社会学和其他领域中。他率先使用了"体系""功能"和"结构"等概念。在达尔文出版他的理论之前,他是按照精英优越论进行思考的,即"强权就是真理"(Might Makes Right);或者说他接受了获得性特征的遗传引起进化的观念。但是当达尔文把进化归结为自然选择后,他接受了达尔文的学说,并很快将达尔文的观念运用到他的道德理论中。通过"适应"这一概念,斯宾塞得出结论:富人和强人更好地适应了时代的社会和经济氛围。"自然选择"概念使他宣称,强者以弱者为代价而获得繁荣是自然的、正常的和合适的。总而言之,他认为这是日常自然中的规律,从而提出了"适者生存"的概念,造成了生物学理论的滥用。

生物学理论滥用的结果,是为弱肉强食、贫富不均的社会现实找到了辩护的理由。这种理论相信,欧洲的白人新教徒比其他"种族"进化得更快更远。人类社会一直处于进化过程中,其中那些最能适应的人,即能够碰巧赚到大钱的人,自然被选择占据了社会的统治地位,那些在竞争中失败的人,穷困的人,是不能适应的人。因此,如同自然淘汰掉不适应的生物,那么文明社会也必然淘汰不合适的人,让他们消亡,以保证整个种族血统不会遭到削弱。而且该观点还进一步认为,任何试图为穷人提供财富的想法,都是悲剧性的,是误入歧途的错误。给穷人吃和穿就会让他们活着,他们就会把自己不合格的东西传给自己的孩子,继而他的孩子又把不合格的东西传给自己的后代。

社会达尔文主义观念被拿来为殖民主义辩护。根据这种学说，殖民主义被视为自然的和不可避免的，因为当地的土著是羸弱的，根本不适合生存，所以占领他们的土地和资源是合理的。在殖民的军事行动中，最强大的军队会取得胜利，因此也是最合格的。失败的一方大量伤亡，正是他们不合格的自然结果。所以，殖民政府对他们的臣民采取暴虐的统治也无可厚非。社会达尔文主义也为更具剥削性的资本主义方式辩护，该理论认为：社会中的精华自然会升到上层，成功的人能够赚到大钱只是因为他们比失败者优越；那些发现自己处于贫穷的人，是因为他们本质上是低劣的，所以穷人一天中长时间辛苦劳作只能获得几个便士是合理的，而且富人也没有必要把钱捐给穷人或者倒霉的人，因为后者不适合生存。同时，这种政治哲学也抵制类似普遍教育、福利、最低工资之类的建议，并支持大企业拒绝工会或类似组织。

这种观念导致了一系列的实践和信仰，如德国人类学家和后来的纳粹理论家推崇的日耳曼种族主义。这种观点具有这样的假设，即强者具有优势，因此注定要成功。因此，如果两个国家进行战争，那么胜利者在生理学上优于失败者，因此胜利者征服或者消灭劣势的敌对者是正当的和恰当的。这种概念与优生学概念相伴而生。优生学理论相信，不合适的人会遗传他们不合需要的特征。对人的培养计划，会防止不合适的人遗传他们不合需要的特征。优生学的目标是从人口中扫除"不合需要的"基因。这种计划有时伴随着《绝育法》（*Sterilization Laws*），矛头直指那些"不合格的"个人。美国的优生运动在 1910—1930 年间比较活跃，在这期间 24 个国家通过了《绝育法》，而且国会通过了法律限制从那些认为不合格的地区移民。

社会达尔文主义作为一种基本理论基于错误的前提，即认为某种事情在自然中发生了，那么它一定是人类可以遵循的典范。尽管该理论具有明显的谬误，但是在西方大肆殖民以及亚非拉饱受奴役的情况下，社会达尔文主义有广泛的影响。

3 黑格尔哲学

黑格尔

黑格尔（Hegel，1770—1831年）是德国古典哲学的集大成者，是庞大的客观唯心主义体系的建立者。他总结了自苏格拉底、柏拉图、亚里士多德以来的希腊古典哲学和近代由康德开创的理性批判哲学，从而完成了哲学史上一个最具体、最博大、最深刻的理性辩证发展体系，对人类思想史作出了卓越的贡献。他的著作揭示了绝对精神自我发展的历程，其丰富而系统的辩证法思想，成为马克思主义的三大来源之一。恩格斯曾给予他很高的评价：

近代德国哲学在黑格尔的体系中达到了顶峰，在这个体系中，黑格尔第一次——这是他的巨大功绩——把整个自然的、历史的和精神的世界描写为处于不断运动、变化、转化和发展中，并企图揭示这种运动和发展的内在联系。

黑格尔思想的出现基于法国大革命所引发的政治实践，源于他对古典哲学的精通和对现实的关怀，同时也彰显了他追求"真理"的毅力。

黑格尔于1770年出生于德国斯图加特一个笃信路德新教的家庭，1785年进入该市市立文科中学，1788年进入了图宾根神学院，主要研究哲学和神学，在这里他结识了荷尔德林和谢林，此后无论在生活上还是在思想上黑格尔都与这两人有着密切的关系。

　　1789 年法国大革命的爆发点燃了黑格尔的政治热情,他加入了当地的政治俱乐部,并极力推崇卢梭的思想。1793 年在完成了学习哲学和神学的学业后,他不打算进入神职界,于是在瑞士伯尔尼成了一名私人家庭教师。大约于 1794 年,在荷尔德林的建议下,黑格尔开始研究康德和费希特。1797 年荷尔德林为黑格尔在法兰克福找到一个职位,但是两年后黑格尔的父亲去世了,他所继承的遗产足以使他摆脱家庭教师的生涯。

　　1801 年黑格尔进入了耶拿大学。费希特已经在 1799 年离开了该学校,但是谢林在 1803 年以前还待在那里,谢林和黑格尔在那段期间共同合作。虽然黑格尔一直到 1806 年都没有拿到薪水,但是他在这里进行了研究、写作和授课。在这期间他写作了第一部伟大的著作《精神现象学》(*The Phenomenology of Mind*),在著名的耶拿战役(Battle of Jena)前夕完成。在这次战役中,拿破仑打败了普鲁士的军队,法国士兵进入了黑格尔的家里,就在他把《精神现象学》的最后几页装进自己口袋里躲到城镇的一个高级官员家里避难后不久,他的家便被付之一炬。

　　在耗尽父亲遗留的财产后,黑格尔担任了某一天主教日报的编辑。然而他并不喜欢新闻业,于 1808 年迁移到纽伦堡,当了某一文科中学的校长,继续研究精神现象学。在纽伦堡期间,1812 年黑格尔发表了《逻辑学》第一卷。1816 年,黑格尔在海德堡大学获得了哲学教授职位。不久他就出版了自己的系统哲学著作《哲学全书》(*Encyclopaedia of the Philosophical Sciences*),第一次使自己的哲学思想系统化。1818 年,黑格尔受邀在柏林大学任教。1827 年 1 月,《科学评论年鉴》问世,黑格尔主持该刊物直到去世为止。1829 年 10 月,黑格尔被选为柏林大学校长。1831 年 1 月,黑格尔荣获国家奖——三级红鹰勋章。他去世前不久出版了最后一部重要著作《论英国的改革法案》。1831 年 12 月 14 日黑格尔在柏林去世。黑格尔去世后学生根据他的讲演笔记先后出版了他的《哲学史讲演录》《美学讲演录》《宗教哲学讲演录》和《历史哲学》。通过这些著作,他构建了一个庞大的客观唯心主义哲学体系。

　　黑格尔设定了一个全面的哲学体系,这个体系囊括了前人的所有观念,并创建了一种概念框架,按照这种框架,无论过去还是未来都能够从哲学角度得到理解,其目标要求对实在本身进行全面描述。在黑格尔那里,实在指的是绝对或绝对精神,哲学家的任务就是勾勒绝对精神的发展。其中包括弄清楚绝对精神的内部理性结构,论证绝对精神在自然和人类历史中展示自己的方式,说明绝对精神的目的论性质,也就是绝对精神指向的目标。

　　关于绝对精神的理性结构,黑格尔根据古希腊哲学家巴门尼德的观点,认为"理性的是真实的,真实的是理性的"。进一步而言,黑格尔主张,在自我发展过程中,绝对最终一定被视为纯粹思想或精神,而控制这种发展程序的逻辑是辩证法。他认为,运动或者进步都是对立面冲突的结果。传统上,黑格尔思想的维度是按照正、反、合的范畴来解释的。"正",是一种观念或者历史的运动。这样的观念或者运动本身有不完善的地方,因此会产生对立,或者"反",也就是冲突的观念或者运动。冲突的结果是兴起第三种观念,也就是"合","合"在更高的程度上中和了包含在"正"和"反"中的真理而消弭了冲突。这种"合"变成了一个新的"正",又产生出另一个"反",引出了新的"合",而且以这种模式不断产生出思想和历史发展的进程。黑格尔认为绝对精神本身以这样的辩证方式向终极目标发展。用这种观念来分析当时的法国大革命,我们就会得出这样的结论:法国大革命是人类有史以来第一次在西方社会中引入真正的自由。但正因为是绝对的初次,它也是绝对激进的;在革命消灭了它的对立面后,革命所唤起的暴力高潮无法自我平抑,结局是得之不易的自由自毁于残暴的恐怖统治。然而正是因为有了这种经验,自由、平等的理想宪政政府才有可能得以出现。

　　因此,在黑格尔看来,实在可以理解为绝对精神在自我发展中辩证地呈现。它既体现在自然中也体现在历史中。自然是思想或者存在以物质的形式客观化自己。有限的思想和人的历史是绝对在与自己最类似的东西,即在精神或意识中体现自己的进程。辩证的宇宙进程的目标,大都可以在理性的层面得到清晰理解。黑格尔在三种层面上分析了人类理解的进程:艺术、宗教和哲学。艺术以物质的形式把握了绝对精神,通过美的感觉形式解释了理性。艺术为宗教所取代,后者通过形象和象征的方式而把握了绝对。在黑格尔看来最高等的宗教是基督教,因为在基督教中,绝对精神在有限中显示自身这一真理,象征性地反映在耶稣化身为人之中。然而,哲学是最高的,因为他理性地把握了绝对精神,这一目标一旦达成,绝对精神便达到了完全的自我意识,那么宇宙的喜剧便达到了尾声和目标。

在分析绝对精神的性质时,黑格尔在诸多哲学领域都作出了重要贡献,包括历史哲学和社会伦理。在历史方面,他的两个重要的解释范畴是理性和自由。黑格尔坚持认为:哲学带给历史沉思的唯一思想,是单纯的理性概念;理性是世界的君主,是世间历史的君主,因此,用理性的进程来呈现我们。作为一个理性的进程,历史是人类自由发展的纪录,因为人类历史是从不自由向更大自由的进步。具体而言,国家是理性的载体,每个国家表现了一种民族精神,这些民族精神的集合便是世界精神。历史进程的辩证法在于国家的对立,国家精神间的相互作用表现了历史的辩证法。国家间的冲突是不可避免的,但是历史永远朝着自由这一目标前进。黑格尔的道德和社会伦理观念,清楚地表达了他的社会和政治观点。他认为,在道德层面上,对或错是个人良心的问题,然而一个人必须将其转移到社会伦理的层面上。在黑格尔看来,责任不一定是自我评价的结果,个人只有在社会关系中才是完整的。因此,责任真正能够存在的唯一场景是社会。黑格尔认为作为国家的成员是一个人的最高职责。理想上,国家是总体意识的体现,是伦理精神的最高表现,服从这种总体意识是理性的个人行动。黑格尔并没有把国家设想为外界施于个人的一种权威,他也不把国家设想为一般的或大多数人意志的产物。黑格尔认为国家表现了普遍的自我意识,一个个人能够意识到自己是这个大的自我的一部分,一个人的精神实在也可以在国家中看到。尽管国家是至高无上的,但是黑格尔也提倡国家应该保留个人的自由,个人作为市民社会的成员所应有的自由。家庭和社会都不能为国家所破坏,它们在国家内仍然继续存在。同样在涉及国与国之间的关系时,每个国家也都拥有各自的自治与主权,国家间出现分歧,其个别意志不可调和,只有通过战争才能解决争端。

黑格尔去世的时候,已经成为德国最著名的哲学家。他的观点被广泛传播,但是他的追随者很快便分化成右派和左派。"黑格尔右派"也称老年黑格尔派,一般被认为是保守的右翼思想家集团,代表人物为加布勒、辛里克斯等。他们在哲学上坚持用黑格尔的"绝对精神"解释一切,而贬低、甚至否认黑格尔的辩证法。在宗教问题上,则支持教会,并用基督教的正统思想解释黑格尔哲学。在政治上,则代表封建贵族和封建势力,维护封建等级制度,反对资产阶级民主革命运动。但是他们在整理和出版黑格尔的著作方面作出了很大的贡献。黑格尔左派,有时也被称为"青年黑格尔派",其中的代表人物是费尔巴哈和年轻时代的马克思和恩格斯。他们的主张正好与右派相反,在宗教方面主张无神论,在政治领域主张自由民主。正是在这个派别中,先后产生出无神论、人文主义、共产主义、无政府主义和利己主义等诸多基本观念。尽管如今的学者对黑格尔的国家权力学说和历史的解释有诸多批评,但是黑格尔所建立的庞大的客观唯心主义哲学体系和辩证法思想树立起一座丰碑,产生着永恒的影响。

4 19世纪的哲学转向

黑格尔哲学将古典哲学推向了高峰,但西方哲学也由此产生了转向。西方哲学中出现了越来越大的反对传统哲学,特别是反对从笛卡儿到黑格尔的思辨形而上学的浪潮。19世纪出现了实证主义和非理性主义的哲学思想,成为现代西方哲学的思想源头,20世纪出现的形形色色的哲学流派都同这两个哲学派别有着直接和间接的渊源关系。

实证主义反对作为世界观意义的形而上学,强调哲学应以自然科学为基础和典范,追求知识的可靠性和确定性。实证主义开创了现代西方哲学中的科学主义思潮。实证主义的开创者是孔德(Auguste Comte, 1798—

1857 年），他于 1798 年 1 月 19 日
生于法国的蒙彼利埃，1814 年进入
巴黎的法国理工大学，1824 年成为
圣西门的学生，1826 年开始出版自
己的哲学教程。接着他有一年的
时间精神失常，在恢复以后，被任
命为该校的数学老师和主考官，同
时讲授天文学。他婚姻生活的不
幸以及克洛蒂尔德·德沃的影响，
使他认识到纯粹理智的发展对生
命来说是不够的，他以实证主义作
为一种科学原则和方法，创立了人

孔　德

道教。孔德的主要著作是他的《实
证哲学教程》《实证政治教程》《实证宗教教义问答》和《主观的综合》等。
他认为，历史证明，任何科学都经历了三个相继的阶段，即神学阶段、形而上
学阶段和实证阶段，实证阶段抛弃了形而上学的思考，终极原因的存在和对
绝对的认知，注重探讨经验事实和它们之间的关系，表现人类知识的完美。
实证主义的原则认为感觉经验是人类知识唯一的目标和标准，因此，抽象的
观念或者一般观念只不过是集合性的观念。判断只是对事实的经验综合，
推理包括归纳和演绎。因此根据实证主义，科学并不是关于终极原因的知
识，因此任何形式的形而上学都是不合理的。实证主义因此是原始经验主
义和唯名论的继承和发展。除了主张感觉经验是人类知识的唯一目标外，
实证主义发展了两个主要论点，一是心理分析表明，人类的所有知识最终都
可以归纳为感觉经验和经验联系，另一个是孔德坚持的历史性，认为人类的
理智相继受到神学前提、形而上学思索的影响，并最终达到实证阶段，即完
美的阶段。

　　通过构建自己的实证主义哲学体系，他创立了社会学这一学科，并把他

的哲学运用到社会学的研究中,把哲学纳入历史和现实的分析之中。面对他生活时代法国社会动荡的现实,孔德试图寻找建立社会和谐秩序的途径。因此他把社会学分成"社会静力学"和"社会动力学"。

社会静力学主要研究社会的静态秩序以及构成社会秩序的种种要素。首先他认为一个社会稳定的基础是对信仰和观念的一致认同,神学的思维方式曾经统治了人类历史的大部分时间,因为宗教信仰能够使人们超越个人利益,而服从社会秩序的要求。其次,他认为社会秩序的基础还在于家庭,因为家庭是社会的基本单位,构成人与人联系的中介。在家庭中可以产生利他主义精神,可以提供服从和合作的经验。因而家庭是社会秩序的重要基础。再次,社会的分工也有利于社会秩序的稳定,因为在劳动分工基础上,人与人之间才能相互依赖和合作,从而形成稳定的社会联系。但是不能过度强调分工,否则便会引起个人主义。因此,一个社会还需要具有高度整合能力的国家,来统一经济、政治和道德活动,从而维护社会秩序。

从社会动力学的角度,孔德描绘了人类发展的历史,将他的三段论思想纳入历史之中。他认为,人类精神发展的神学、形而上学和实证阶段对应着不同的历史和社会现实。其中神学阶段包括古代和中世纪,大致在公元1300年之前。这一阶段是人类探求事物运动终极原因的时期,经历了拜物教、多神教和一神教的时期,最终使宗教成为统一社会的一种力量。同这一阶段相对应的是军事时期,人类的社会组织是围绕军事生活建立起来的。如果没有神学信仰的帮助,使人们盲目地服从军事首领,军事组织就无法建立和巩固。第二个阶段是形而上学阶段,这一阶段大致在公元1300年至1800年之间。这一时期人们否认神学信仰,而代之以抽象的"实体",形成了形而上学的哲学世界观。同这一阶段相对应的是过渡时期,防御性的军事组织代替了进攻性的军事组织,军事组织越来越依附于工业组织。在形而上学精神的激励下,革命运动盛行,整个社会陷入动荡之中。第三个时期是实证时期,这一时期人们把经验看作知识的唯一来源,试图通过认识自然规律来驾驭自然,促成了科学的形成和发展。同这一阶段相对应的是工业时期,社会要求得到统一与和谐的发展,公正与和平成为时代生活的基本要求,人们的注意力从剥削其他社会转变为开发大自然。孔德认为,在神学阶段,最主要的社会单位是家庭。在形而上学阶段,民族国家成为社会的主要组织形式。由于实证阶段的到来,一种包括全人类在内的社会秩序将取代民族主义。孔德所处的时代,神学思想已属过去,支配现代人的将是科学思想,封建君主制度也正在消亡,取而代之的是以科学思想为指引的工业社会。

19 世纪哲学转向的另一个表现是非理性主义的出现。非理性主义并不笼统地排斥对世界观的研究,但认为应当超越理性形而上学的独断论倾向,突破以二元分立为出发点的认识论界限,转向人的生命、意志、本能等非理性的一面,由此重新领悟宇宙、人生的意义。非理性主义开创了现代西方哲学中的人本主义思潮。非理性主义的哲学思考是从叔本华开始,由随后的尼采所发展的,他们共同成为 19 世纪唯意志论的代表人物。

叔本华(Arthur Schopenhauer, 1788—1860 年)是德国的哲学家,生于但泽,先后在哥廷根、柏林和耶拿学习,并曾游历欧洲。他 1822 年被聘为柏林大学讲师,后因反对黑格尔的学说而离开讲坛,靠父亲遗产过离群索居的生活。他没有朋友,终生未娶,并与自己的母亲相当疏远。他的主要著作是《作为意志和表象的世界》,其他著作主要是对前述著作的深化和注释,包括《论自然意志》《伦理学的两

叔本华

个根本问题》等。同其他哲学家不同的是,他是一个彻底的悲观主义者。叔本华认为自己是康德的真正继承人,然而,他把康德的未可知的"物自体"(Thing in Itself)解释为不受抑制的强有力的力量,这种力量在个体中体现为生命意志,相比之下整个自然界就是意志的反应。由于各类事物的意志有强弱的不同以及表现途径的不同,所以意志在世界上有了各种不同的具体现象。在他看来,人的理智和意识都是服务于意志的工具,意志先于理性,理性服从于意志。因此,如果要认识世界的本质,依靠理性或者逻辑思维是无法达成的,只有依靠直觉。个人意志之间的冲突是不断斗争和失败的根源。所以,世界是欲望无法满足和充满痛苦的所在,所谓快乐只不过是没有痛苦而已,不可能持久。由于人受到非理性的求生意志的驱使,冲动和欲望左右着人的行动,所以人的欲望无法满足,从而产生痛苦。欲望越多越强烈,则相伴而产生的痛苦越多,即使暂时满足了欲望,还有随之而来的欲望困扰着人们,会出现更大的痛苦。叔本华认为,唯一的解脱之途径是弃绝欲望,只有通过禁欲,达到忘我境界,并最终忘却一切,才能超脱生存意志和一切烦恼。从他的这些观念中我们可以明显感受到印度哲学的影响。叔本华哲学道德的一面是基于同情,视别人的伤害如同自己的伤害,努力去缓解这种痛苦。只有通过同情心遏制了私欲和相互残杀,才能真正使人类的痛苦和不幸得以解脱。然而,人们可以在哲学和艺术中找到暂时的缓解。科学研究的对象是自然界的规律,而艺术则直接指向现象背后的物自体。人们在审美中达到忘我境界,就能摆脱现实的痛苦。其中在所有的艺术当中,叔本华认为音乐是独一无二的,因为音乐是意志的直接写照,比其他艺术形式更加强烈和深入。他对强有力意志的强调影响了尼采和弗洛伊德的心理学。

　　尼采(Friedrich Wilhelm Nietzsche, 1844—1900年)则在叔本华非理性主义哲学和唯意志论基础上进一步阐发,将前者消沉悲观的哲学发展成为积极的学说。尼采生于1844年10月15日,其家庭是普鲁士萨克森的传教士。他先后在波恩大学学习过神学和古典哲学,此后任职于瑞士巴塞尔,担

任古典语言学教授。1878 年因患
精神分裂症而去职,最终逝世于魏
玛。他一生中创作了《悲剧的诞
生》《查拉图斯特拉如是说》和《权
力意志》等著作,这些著作集中阐
述了他的思想。

　　尼采接受了叔本华的生存意
志论,但是抛弃了叔本华的悲观情
绪,而是将其意志学说改造成一种
"权力意志",从而创造出积极行
动和反叛的超人形象。尼采所在
的时代正值德国的一个重要转型
时期。1870 年德法爆发了普法战
争,战争的结果是 1871 年 1 月巴

尼　采

黎陷落,德法签订《法兰克福和约》,法国割让煤钢产地阿尔萨斯和洛林,赔
款 50 亿法郎。普鲁士通过击败法国,实现了德国统一,成为欧洲主要强国,
法国丧失了欧洲霸主地位。在资本主义走向帝国主义的关键时期,尼采看
到了权力意志的作用。他认为,世界的本原是贪得无厌的权力意志,一切都
受它的驱动。因此,要对过去的一切价值重新评估。过去所建立的生命价
值观念都是建立在人具有真善美的本能上,基督教是宣扬这种价值观的典
型。但是,其实人类的本能并不是真善美,而是权力意志,前者的宣扬会压
抑后者的活跃。既然人的一切欲望和行动都由追求权力意志所支配,所以
生命最基本的法则,或者道德的最高目的和价值标准,就是无限地追求权
力。在追求权力的道路上,原来被斥为非理性和不道德的兽性、酒色、自负、
征服的本能等等,都是必不可少的品质。在权力意志面前,善恶观念以及幸
福与痛苦的观念都被颠倒了。在尼采那里,所谓最大的快乐,就是权力意志
得到了满足,所谓最大的善,就是权力意志取得了全面的胜利。因此善和强

者联系在一起,而恶则和弱相连,所谓的抑恶扬善就是让强者战胜弱者。正是以此为基础他提出了"超人哲学",指出人类的历史完全是由超人创造的,超人蔑视一切道德,为所欲为,扩张自我,驾驭一切。这种超人哲学反映到现实中,尼采鼓吹战争,欢迎欧洲的军国主义倾向,宣传雅利安种族的优越性,主张用暴虐的统治来压制民主主义、社会主义和无产阶级运动,因此他被法西斯主义者奉为思想先驱。

科学主义思潮和非理性主义的思潮通过对形而上学和理性的否定,实现了古典哲学的彻底转向,对20世纪产生了重大的影响。

第十四讲

社会的发展

I 社会主义

科学社会主义理论是由马克思和恩格斯所创立的。从历史的角度来看,社会主义学说是在一系列理论和实践过程中逐步成熟的,其中不乏形形色色的流派,也充满着斗争,由此形成了科学社会主义理论的思想来源之一。

社会主义思潮兴起于18世纪后期和19世纪早期,是对工业革命所带来的经济和社会变化的反映。尽管工业革命带来经济上的飞跃,但是这场革命的后果是工厂主快速致富,但是作为劳动大军的工人却变得越来越贫困。随着资本主义工业体制不断扩展,以社会主义思想为主要形式的反应也相应增加。尽管以前的许多思想家都表达了类似后来社会主义的观念,但是第一个被称为社会主义者的理论家是巴贝夫(Francois Noel Babeuf, 1760—1797年)。巴贝夫生于1760年,逝世于1797年,法国的革命家。他虽然出生于一个小资产阶级家庭,却是法国革命的热情支持者。他在1794年定居巴黎并创建了一份政治刊物《新闻自由报》，后改名《护民官》。在其中，他认为只是建立政治平等，革命还不够深入。虽然因自己的作品而遭到囚禁，但是他反而成为经济不公平的激烈批评者。他组织了一个秘密团体试图推翻政府，这就是众所周知的平等派密谋。他们主张所有人都有权工作和分享经济的成果。密谋者所渴望的共产主义形式主要是指分配劳动果实而不是分配生产。这种密谋为人所告发，经过长时间的审判，巴贝夫被处决。然而他的原则，即巴贝夫主义一直保存下来，成为暴力革命的一个理论源头。

然而，巴贝夫之后的社会主义者却都是非常温和的，被称作"乌托邦社会主义者"。其中有圣西门、傅立叶和欧文。圣西门认为生产和分配应当由国家来实施。社会的领导者应当是工业家，工业家应当创立一种基于合作的国家社团，要消灭下层阶级的贫困。傅立叶和欧文尽管在许多方面有分歧，但是两者都相信社会组织应当以小的地方团体为基础，而不是圣西门那样的大的中央国家。他们都认为，应当进行合作而不是竞争，而且他们明确反对阶级斗争。在19世纪早期，按照傅立叶的原则建立了大量的乌托邦式的共产主义定居点，欧文在欧洲和美国发展的新和谐村，便是他的一个共产主义试验村。但是这个共产主义的定居点最后却因无以为继而被迫关门。乌托邦社会主义者在人人劳动、平均分配产品和消灭城乡差距等方面提出了许多有价值的设想，但是他们并没有找到可以实现的切实途径。

乌托邦社会主义之后出现了路易·布朗（Louis Blanc，1811—1882年）和布朗基（Louis Auguste Blanqui，1805—1881年）等思想家。他们的思想同法国1848年革命紧密联系在一起，因此他们的社会主义原理更加具有政治性。路易·布朗是法国社会主义政治家、新闻记者和历史学家。在他的名著《工作组织》（*Organization of Work*）中，他勾勒了基于"各尽所能，各取所需"原则的新的社会秩序。他主张，作为实现这一目标的第一阶段，应当实行由工人进行管理由国家进行支持的国家工厂。作为1848年临时政府的成员，他坚持设立社会工场，但是他的计划被政府的其他领导人所破坏。由于被牵连进后来的工人暴动，布朗逃到英国，在那里待到1871年。在流亡期间他写作了 13 卷的《法国革命史》，其中他明显赞美雅各宾派。他返回法国后，成为国家议会的成员，后来成为下议院的左派领导人。布朗的思想仍然被马克思称作"乌托邦社会主义"，但他对后来的政治思想家影响甚大，尤其是对拉萨尔和德国的社会主义者。布朗基（Louis Auguste Blanqui，1805—1881 年）是法国的革命者和激进的思想家，在学生时代就加入了一个秘密革命团体"烧炭党"，此后活跃在每一次法国革命运动之中，一生中半数时间是在监狱中度过的，有"革命囚徒"之称。1847 年他创建了"四季社"，该团体在 1848 年 2 月革命中起过很大的作用。在流亡布鲁塞尔期间，他组织过对拿破仑三世的激烈反抗。布朗基 1830 年至 1879 年组织工人起义，曾多次被捕。1871 年巴黎公社选举时，他在缺席的情况下当选为委员。布朗基派是公社的多数派，起了重要的领导作用。1879 年 4 月，在狱中的布朗基当选法国议会议员。出狱后他仍保持旺盛斗志，继续积极参加工人运动，后于 1881 年 1 月 1 日逝世。

布朗基的社会政治思想是在实际斗争中，在空想社会主义特别是巴贝夫学说影响下形成和发展的。他的实际革命活动和关于武装夺取政权实行革命专政的思想远优于一般空想社会主义者。但他强调由少数革命者通过起义推翻剥削制度，他主张的专政仍然是少数革命家的专政，而不是整个阶级即无产阶级的专政。他的追随者被称为布朗基主义者。

正是在这形形色色社会主义思潮和社会主义团体的影响下，针对资本主义制度的弊端，马克思和恩格斯提出了科学社会主义的思想理论体

卡尔·马克思

系。马克思和恩格斯科学社会主义理论的成熟,经历了从理论到实践的过程。1842年和1844年,马克思和恩格斯两人经过两次见面和长谈,确立了对一些重大问题的一致看法,此后分别或者合作创作了一系列理论文章,其中包括《神圣家族》《英国工人阶级的状况》《关于费尔巴哈的提纲》《德意志意识形态》和《哲学的贫困》等,从哲学和经济学等角度对唯心主义观点、形而上学思想、机械唯物论等进行了批判,并提出了新的观点。除了进行这些理论的准备之外,马克思和恩格斯还积极参与政治实践活动,其中最为重要的是他们直接参加了当时的"正义者同盟"的活动,该同盟在1847年改名为"共产主义者同盟"。共产主义的重要纲领性文件《共产党宣言》,就是马克思和恩格斯为共产主义者同盟撰写的纲领。这部宣言明确指出了无产阶级解放的条件、共产党的性质和基本任务,提出了消灭私有制、消灭阶级、推翻资产阶级和实现共产主义的主张:

　　总之,共产党人到处都支持一切反对现存的社会制度和政治制度的革命运动。

　　在所有这些运动中,他们都强调所有制问题是运动的基本问题,不管这个问题的发展程度怎样。

　　最后,共产党人到处都努力争取全世界民主政党之间的团结和协调。

　　共产党人不屑于隐瞒自己的观点和意图。他们公开宣布:他们的目的只有用暴力推翻全部现存的社会制度才能达到。让统治阶级在共产主义革命面前发抖吧。无产者在这个革命中失去的只是锁链,他们获得的将是整个世界。

《共产党宣言》的发表,标志着马克思主义和科学社会主义的诞生。此后马克思、恩格斯更加注重理论和实践的结合,参加和构建社会主义组织,分析革命的成败得失,提出新的革命理论,并同形形色色的非马克思主义派别和思潮进行论争和斗争。1848年革命失败后,工人运动转入低潮,马克思积极分析革命的经验教训,并进一步加强理论研究,提出新的理论和方针。1850年他发表了《1848年至1850年的法兰西阶级斗争》,首次提出了无产阶级专政的学说;1859年和1867年他发表了著名的《政治经济学批判》和《资本论》,提出了剩余价值理论,并揭示了资本主义社会商品和货币的本质。1864年"第一国际"在伦敦成立,马克思为该协会起草了《成立宣言》和《临时章程》。第一国际作为一个国际工人组织,除了领导和支持各国工人运动和民族解放运动之外,还同各种非马克思主义思潮进行斗争。其中包括代表小资产阶级利益、主张保留小私有制、用和平方式取代资本主义的蒲鲁东主义,主张工人阶级进行经济斗争而不是政治斗争、并主张与资产阶级政府妥协的英国工联主义,以及主张彻底无政府主义、反对无产阶级政党和专政、甚至试图分裂第一国际的巴枯宁主义。但是由于巴黎公社的失败,第一国际开始远离欧洲工人运动的中心,并于1876年在美国解散。巴黎公社失败后,马克思写了《法兰西内战》,赞扬了巴黎人民的精神,并总结了巴黎公社的经验和教训,指出"公社的原则永存,公社的精神不朽"。

巴黎公社之后,马克思主义的思想在欧洲广泛传播,但是1883年马克思去世后,各种思潮泛滥,因此需要建立社会主义的工人组织来领导国际工人运动,用马克思主义与各种非马克思主义思想进行斗争。在恩格斯的积极组织下,1889年7月14日,在巴黎召开了"国际社会主义者代表大会",即第二国际的成立大会。与此同时,法国工人党中的"可能派"和英国工联也在巴黎召开了排斥社会主义政党的"国际工人代表大会"。因此,第二国际面临着严峻的任务和斗争形势。在恩格斯的领导下,第二国际同形形色色的一味主张暴力的无政府主义进行了长期的斗争。同时,恩格斯还整理出版了马克思的《资本论》第二卷、第三卷以及《哥达纲领批判》,自己撰写了《1891年社会民主党纲领草案批判》和《卡尔·马克思〈1848年至1850年的法兰西阶级斗争〉一书导言》,批评各种非马克思主义思潮,并补充和更正自己的观点,保证了马克思主义对国际工人运动和社会主义运动的领导作用。

恩格斯于1895年去世,同时随着资本主义发展进入了新的阶段和工人

阶级队伍的变化,第二国际内部出现了怀疑和要求全面修正马克思主义的声音,其代表人物就是德国的伯恩施坦。他认为马克思主义已经过时,主张通过和平方式过渡到社会主义,结果导致了第二国际内部出现了左、中、右派的分裂,修正主义开始泛滥。随着第一次世界大战临近,第二国际停止了活动。

虽然社会主义运动在欧洲陷入低潮时期,但在俄国涌现了坚定的马克思主义者列宁,他不但在理论上与民粹派和"合法马克思主义"进行论争,而且科学地发展了马克思主义,将马克思主义在本国付诸实践,建立了人类历史上第一个社会主义国家。

2 科技的发展

近代早期,培根、伽利略和笛卡儿奠定了近代科学思维的基础,为人类提供了观察和剖析世界的武器。历史发展到18、19世纪,人类已经完全摆脱了附着在科学观察和发现上的各种羁绊,能够更加直接地面对自然界,从渐变的角度来认识自然界,科技的发展进入了一个全面开花的时代。人类以难以置信的才智,全面揭开了大自然的奥秘。科学引导着社会发展,社会发展催生着科技的发明。

近代科技所涉及的层面是纷繁复杂的,我们可以简单分成自然界的生成、生物和生命科学、物质的构成和原理、技术革命几个方面介绍近代科学技术的成就和特点。

首先,人类对宇宙和自然界生成的关注由来已久。近代以前的人们对此也有着浓厚的兴趣,但是那时候人们始终摆脱不了上帝的影子,甚至牛顿也摆脱不了第一推动力的困惑。此时,人们开始完全从自然变动的角度提出新的见解。其中1755年伊曼努尔·康德在他的《自然通史和天体论》中提出了星云假说,认为我们所见到的天体是一个历史的发展过程,是由最初的物质微粒通过相互运动和引力作用,逐步凝聚形成星云,继而成为行星,最后成为星系。拉普拉斯则在他 1796 年出版的《宇宙体系说》中提出了另外一种星云假说。认为所有的天体起源于一个巨大的球状星云,随着星云的不断转动和散发热量,中心星云不断冷缩和加快运转速度,离心力的作用导致赤道周围脱离出一个个气体圆环,从而形成了星系。不管这种假说正确与否,它至少在宇宙生成领域摆脱了上帝的影子。从遥远的宇宙回到人类生活的地球,人们也开始探讨地球上的地质面貌是如何形成的。在这方面,英国的科学家赖尔在他的《地质学原理》中提出了演化理论,他认为我们所看到的山川河流等地质面貌,都是地壳变动和自然力长期缓慢作用的结果,从而奠定了近代地质学的基础。

在动植物和生命科学方面,人们同样通过进化和演化的理论找到了认识的线索。法国生物学家拉马克在 1809 年出版了《动物学哲学》,指出了生物从低级向高级进化的趋势以及环境对进化的影响,并提出了"用进废退和获得性遗传"的进化法则,开创了进化论的先河。达尔文则通过对南美的考察发表了《物种起源》和《人类的由来及性的选择》,将生命进化的理论推向成熟。在生命起源和进化的领域,人类同样把上帝排除在外。生命科学的深入还在于细胞学说的建立。19 世纪上半叶各国的生物学家相继提出了细胞学说,揭示了细胞的组成成分为细胞膜、细胞质和细胞核,同时指出了细胞裂变再生的过程。尤其是 1879 年德国生物学家弗莱明发现了染色体,最终确立了统一的细胞学说,科学地解释了生命运动的过程。在植物学领域,瑞典生物学家林耐的分类学说同样具有革命性。他在 1735 年出版的著作《自然系统》中系统地提出了植物分类的原则和方法,确立了如今通行的纲、目、属、种等层次,并将这种分类方法推广到动物界,从而使动植物的知识更加系统化和富有规律。

物质的构成及其原理方面,近代科学深入到更加微观的领域,在深层结构上确立了物质的统一性及其规律。英国的科学家道尔顿在 1808 年发表了《化学哲学的新体系》,在经验定律和试验的基础上全面论述了原子论学说,揭示了原子的不可再分、不可改变的特性,以及原子构成化合物的规律,

从而把过去思辨领域的原子学说建立在实验基础上。俄国的科学家门捷列夫则在1869年发表了论文《元素性质与原子量的大小》，发现了元素周期律，揭示了化学元素间的内在联系。英国的科学家焦耳通过大量的实验确立了能量守恒与转换定律，提出了自然界能量不灭和能量相互转换的规律，为人类利用能量提供了广阔的前景。在申学和电子学领域，出现了欧姆、法拉第等著名人物。德国的物理学家在19世纪末发现了如今被广泛应用的X射线，居里夫人等科学家则发现了一系列放射性元素，1897年英国物理学家约瑟夫·汤姆生通过实验发现了电子，从而打破了原子不可再分的概念，人们的认识已经开始深入到原子的内部。1900年德国物理学家普朗克提出了著名的量子理论，剖析了能量的构成。20世纪初爱因斯坦的相对论更是把近代科学的成果推向了新的时代。

科学理论的发展带来了技术的突飞猛进，这些新的技术和发明大大影响和改变了人们的生活方式和质量。德国的物理学家雅科比在1834年制

成了最初的电动机，德国的科学家维尔纳·西门子在1866年研制成功了第一台自激式发电机，电能得以广泛运用。发明大王、美国的爱迪生在1879年制成了白炽灯泡，民用照明开始走入寻常百姓家。美国人莫尔斯发明了全新的电码，推进了电报系统的发展和通讯网络的铺设。美国的贝尔则发明了第一部电话，人与人之间的沟通变得更加便捷和直接。如果说上述的发明和创造大大改善了人们的生活质量，那么在钢铁冶炼方面的进步则全面促进了钢铁时代的到来。从19世纪中期开始，英国的发明家贝塞麦、英国的托马斯、德国人西门子和法国人马丁，都先后改进了炼钢法，为钢产量的大规模增加、钢铁质量的大幅度提高

爱迪生

以及冶炼钢铁成本的大幅度降低做出了很大贡献,钢铁工业获得迅速发展,钢铁被用于社会生活的各个方面,一个充满活力的钢铁时代到来了。

这一系列的技术革新和创造也被称为第二次工业革命。相对于第一次工业革命,这次工业革命是以科学理论的广泛发展为基础的,无论在能源、材料、工艺等方面,还是在新方法和新设备方面都取得了突飞猛进的发展,实现了人类从蒸汽到电气,从棉花到钢铁,从平面运输到立体运输的大跨越,也促使资本主义发展进入了垄断和集中的新阶段。

3 垄断资本主义

一般认为,19世纪末20世纪初,欧美主要国家先后进入了垄断资本主义阶段,无论在经济上还是在政治上,世界格局都发生了较大的变化。

为了弄清楚垄断资本主义的一般特征,我们有必要首先来了解垄断资本主义以前的资本主义形式。尽管"资本主义"这一概念的来龙去脉及其内涵并不是一个特别清晰的概念,但是一般认为,从18世纪后半叶的工业革命到19世纪末是资本主义的第一个阶段。这一阶段资本主义生产模式的主要特征,是在每个工业部门中都存在着无数大大小小的独立企业,其中每一个企业都无法操纵任何一个具体的生产部门。资本家之间建立联系的最主要的方式,是资产阶级理论家所称的自由竞争,或者叫"自由放任"(Laissez Faire)。每个企业为了能够在市场中占据较大的份额,所采取的手段都是降低商品的价格,通过向那些仍然未进入资本主义生产关系的地区出口工业消费品,使资本主义市场不断扩大。自由放任政策的原理是在政府不干预的情况下经济体系会最有效运转。这种理论的出现最初是针对重商主义。自由放任思想的奠定者是英国的古典经济学家亚当·斯密(Adam Smith)。他相信人们所追求的正确目标是个人福利而不是国家力量,因此,他提倡消除政府对商业的限制。当人们自由追求个人利益时,那么市场竞争这只"看不见的手"就能比国家的规定更能有效地调节经济生活。亚

当·斯密并不相信绝对的自由放任,认为在一些公共领域政府仍然有自己的位置,例如建造运河和码头来促进商业,或者运用规则制约外国商业来保护本国工业等。到了边沁(Jeremy Bentham,1748—1832年)那里,自由放任成为个人主义和功利主义哲学,而约翰·斯图亚特·穆勒(John Stuart Mill,1806—1873年)则将其推向高潮。这种强烈的个人主义理论自然吸引了工业革命时期的工厂主和商人,因为他们试图沿着资本主义路线来改造社会的企图,遇到旧法律的阻碍和土地主的反对。曼彻斯特经济学派(Manchester Shool of Economics),尤其是理查德·科布登(Richard Cobden,1804—1865年)和约翰·布赖特(John Bright,1811—1889年),将自由贸易和自由放任普及化,使之成为被广泛接受的古典经济学理论。他们两人都是成功的商人,将自由放任引入了政治舞台。他们反对政府对商业颁布的任何法令和条例,甚至反对议会通过的反对延长工时和滥用妇女儿童劳工的法令。

这种自由放任的资本主义企业制度演进到19世纪,越来越多的企业发现与竞争者合作来控制价格和生产更加有利。因此,原来信奉能够制约市场的竞争,现在反而鼓励垄断,这样国家不干预经济的原则被抛弃了。在20世纪,国家经常出面来恢复行将消失的自由竞争,而"不公平竞争"活动被宣布为非法,这样自由放任被修正,也标志着资本主义发展进入了一个新的阶段。

从19世纪末开始,自由竞争阶段的资本主义被一个新的阶段,即垄断资本主义所代替。这一阶段的特征是,工业的不同部门不再充斥着无数大大小小的企业,而是被一个或几个大企业所垄断。这种过渡的基础赖于第二次工业革命全方位的技术革命,其中电动机和内燃机取代了蒸汽机成为工业和运输的主要能源。全新的工业发展起来了,包括电力、电器商品、石油、机动车、化学工厂。这些新工业都需要比以前的旧工业大得多的初始资本投资,这大大减少了潜在竞争者的数量。而且,新兴产业的出现,使得各个经济部门之间的联系更加密切,部门之间的关系不再是竞争,而是相互协作,这也有利于部门的联合和资本的积聚。另外,19世纪末和20世纪初连续爆发的经济危机导致许多中小企业破产,为企业购并和重组提供了条件。

　　资本的集中和集聚导致强大的垄断性联合体形成,先后出现了包括卡特尔、辛迪加、托拉斯和康采恩在内的主要垄断组织。卡特尔最早出现于德国,是垄断程度较低的一种组织,主要是指相关企业在价格、销售配额、生产活动等方面达成协议,保证各成员的最低利润。辛迪加主要出现于俄国,是指同一生产部门的少数大企业在商品销售和原料采购方面达成协定,形成垄断组织。托拉斯主要出现在美国等后期的资本主义国家,垄断程度较高,生产同类商品的企业合并而成为垄断组织,托拉斯理事会管理一切。康采恩主要出现于日本,是以某金融集团联合不同部门大企业和公司形成的垄断组织。尽管这些形式起源于不同的国家,但是却普遍出现在各个国家。德国自19世纪50年代开始出现卡特尔,20世纪初开始迅速发展,垄断组织几乎涵盖了所有主要的部门,并继而出现了辛迪加、托拉斯和康采恩等更大的垄断组织。英国的垄断组织则出现于19世纪70年代,集中在重工业,比较著名的有阿姆斯特朗—惠特沃特公司和维克斯—马克西姆公司。美国则以1870年美孚石油公司的出现为标志,开始发展垄断组织,很快便出现了大量的托拉斯组织,摩根财团、洛克菲勒财团等垄断组织左右了国家的经济生活。法国和俄国虽然经济相对落后,但也同时走上了垄断的道路,日本作为一个后起的资本主义国家,在19世纪末和20世纪初也同步进入了垄断资本主义,出现了三井、三菱、住友和安田等操纵国民经济的大财阀。这样,在资本主义国家,原来无数资本主义小企业参与的自由竞争,彻底让位于对民族市场的操纵,操纵者是一些同时控制了银行和其他财政机构的财团,大工业和运输的联合企业,大的零售连锁商店等等。

　　资本主义的垄断并没有消灭资本主义的竞争,在资本主义经济的非垄断部门,竞争仍然以传统的降价的形式继续着。然而在垄断的部门,竞争一般不再采取降价的形式,除非是在国际市场上,在那里各个国家的垄断者相互之间继续斗争。然而在传统的国内市场,则是采取降低生产费用而进行

垄断的形式竞争。

通过控制市场和限制价格竞争，大托拉斯获得了垄断性的超利润——这种利润率大大超过那些在非垄断部门的公司。垄断可以仅仅通过限制产量就可以控制市场，并因此而积累资金。垄断资本主义的特征是在工业化的资本主义国家的垄断者手里积累了过剩的资金，这种过剩的资金必须寻找新的可获利的投资领域，因此从工业化的国家向外输出资本成为垄断资本主义时代最本质的特征。

资本向世界上非工业化地区输出，使工业化国家的资本家产生了永久控制这些地区的强烈兴趣。垄断资本主义主张通过把这些地区变成主要资本主义列强的殖民地而直接在政治上控制这些非工业化地区。所以垄断资本主义的特征不但是由数量很少的垄断企业和组织操纵了发达的资本主义国家，而且产生了一个世界帝国主义体系，其基础是全球分裂成为压迫国家和被压迫国家。向殖民地半殖民地国家大规模输出资本是为了组织资本主义的原材料生产，这种关系防止在这些国家产生大规模的工业。外国的投资对第三世界资本积累的优势，窒息了土生土长的资本家资本原始积累的过程。因此，尽管帝国主义把殖民地和半殖民地国家结合进世界资本主义市场，但是它也强化了工业化的资本主义国家和第三世界之间平均劳动生产力的鸿沟。通过以远比发达国家低得多的价格购买劳动力，以及通过在世界市场上不平等交换商品，结果，帝国主义国家的资本家能够占有第三世界生产价值的大部分。帝国主义对殖民地和半殖民地的剥削延缓和打乱了这些国家本身资本主义的发展，延长和加强了他们的经济落后和他们对发达资本主义国家的依赖和从属关系，造成了发达国家和贫穷国家的分立，使大多数的人口陷入了永久的贫困。

垄断资本主义不但对殖民地半殖民地国家产生了巨大的冲击，同时也因为其能够操纵国计民生的巨大力量影响了所在国的经济、政治和社会生活。在垄断资本主义组织可以操纵国计民生，在更高的意义上进行竞争的情形下，原来自由放任时期基本上退出经济领域的国家又开始重新干预经

济,或者是通过宏观调控培育国内的私人资本主义,或者通过立法限制垄断
企业的发展,或者制约恶性竞争。在新的形势下,资本主义国家都纷纷加强
了国家机器,中央集权的能力加强,军队和警察组织不断完善。同时,政府
也开始通过一系列的政策,缓解企业主和工人之间的矛盾,并在一定程度上
保护工人的权利。这一时期,美国、英国、法国等许多国家先后出台许多法
令,禁止妇女做夜工,禁止雇用童工,承认工会组织,设立劳资仲裁机构等。
其中美国在这方面最为典型,形成了美国历史上著名的"进步运动"。

托拉斯扼杀美国的漫画

美国进步运动的目标就是要治愈垄断资本主义大发展给社会带来的弊
病,主要是城市改革和反托拉斯运动,其目标是消除政府的腐败和不正当影
响,使更多人直接参与政治进程,确信政府在阶级社会问题和在经济事务上
确立公正方面一定能够发挥作用。进步运动成功的序幕是一些黑幕揭发运
动者(Muckaker)的宣传,这些作家列举贫穷、城市贫民窟、不安全的工厂条
件和童工等问题,营造了社会改革的舆论和氛围。进步运动开始于1890年

《谢尔曼反托拉斯法案》，这部法案是美国的第一步反垄断法，也是世界上第一部现代意义上的经济法规。法案明确规定了垄断商业和贸易的非法性。例如其第三条规定如下：

> 任何契约，以托拉斯形式或其他形式的联合、共谋、用来限制美国准州内、哥伦比亚区内、准州之间、准州与各州之间、准州与哥伦比亚区之间、哥伦比亚区同各州间、准州、州、哥伦比亚区与外国间的贸易或商业是非法的。任何人签订上述契约或从事上述联合或共谋，是严重犯罪。如果参与人是公司，将处以不超过100万美元的罚款；如果参与人是个人，将处以10万美元以下的罚款，或三年以下监禁，或由法院酌情两种处罚并用。

当时，主张改革的人并没有达成一致意见，他们主张的方法也差异甚大，有些人赞成激进地反托拉斯，有些人赞成调整的方法，有些人则主张社会主义。其他进步改革包括资源保护运动、铁路法以及食物和药品法。这种进步的精神也表现在新的宪法修正案上，该修正案提供了选举的新方法，通过禁令和扩大妇女的投票权来保护社会。进步改革不只是在州的层面上进行，也在国家的层面进行。从1903年开始，西奥多·罗斯福颁布了《埃尔金斯法案》和《克莱顿反托拉斯法案》，限制托拉斯的垄断。

在垄断资本主义下，尽管贫富悬殊进一步拉大，但是从总体上，普通百姓的生活水平普遍有所提高，加上国家制定了《济贫法》《保险法》等保障法令以及不断扩大国家的福利事业，使劳动者的境遇有所改善。这些都反映了资本主义在发展过程中自我调整的能力，也给无产阶级和工人运动的目标和手段提出了新的任务。

4 殖民与反殖民

在近代历史上，殖民与反殖民也是一个贯穿始终的主旋律。一部西方资本主义发生、发展的历史，就是西方国家向外推行殖民政策，而亚非拉等诸多国家和地区都纷纷被殖民地化半殖民地化的过程。通过殖民,西方资本主义国家获得了足够的原始积累资金,获得了倾销商品的广阔市场和剩余资金投资的地盘。同时,被殖民化的国家在经历痛苦的同时,也被拉入了世界资本主义体系和统一发展的轨道之中,深深改变了世界文明发展的格局。由于殖民中伴随着武力、强制、不平等和民族歧视,因而殖民地地区也是一个矛盾复杂尖锐的地区,反殖民的运动始终没有停息过。

西方进行殖民和亚非拉演变成殖民地半殖民地也不是一蹴而就的,其间充满着西方列强的矛盾和争斗,以及殖民地区在列强手中的不断易手和调整。

殖民的最初阶段主要对应着西方地理大发现的探险历程,西方殖民的主力是葡萄牙和西班牙。这一阶段是西方资本主义初期的资本原始积累时期,探险的动力是为了获取黄金、香料和奴隶,因而殖民的手段也是非常野蛮和残酷的。沿探险航线的地区、生产黄金和香料的地区以及新发现的地区,率先成为西方的殖民地。15 世纪,葡萄牙人在盛产黄金的非洲西海岸,尤其是几内亚湾沿岸建立了许多殖民据点;16 世纪初,传说中黄金遍地的印度被葡萄牙人占领;被称为"香料之国"的爪哇、加里曼丹等岛屿也同时落入了葡萄牙人之手。16 世纪中期,葡萄牙商人用欺骗手段窃取了中国的澳门。在葡萄牙对亚洲和非洲殖民的同时,西班牙则随着哥伦布对新大陆的发现,开始了对美洲的殖民扩张。西班牙殖民者首先占领了西印度群岛,将海地、多米尼加和古巴据为己有,接着以古巴为基地占领了墨西哥和中美洲。从 1519 年到 1521 年,西班牙贵族科泰斯带领一支西班牙军队用武力和欺骗的手段,灭亡了墨西哥的古老文明阿兹特克文明,洗劫了辉煌的城市特诺奇蒂特兰城。此后,相继占领中美洲的所有国家和地区。占领中美洲后,西班牙殖民者在毕萨罗的带领下侵入南美,在秘鲁用欺骗手段杀害了印加人的国王,占领了印加首都库斯科城。然后西班牙殖民者以秘鲁为中心相继占领了厄瓜多尔、玻利维亚、智利、乌拉圭和巴拉圭等。为了保证对殖民地的占领,葡萄牙和西班牙甚至在 1494 年和 1529 年两次签订条约,平分了世界。殖民者对殖民地区采取了野蛮屠杀和掠夺的政策。大量的黄金和白银从非洲、美洲和亚洲滚滚流入了欧洲,大量的印第安人死于屠刀之下,活下来的人大部分成为殖民者的奴隶,从事繁重的劳动。许多非洲黑人像牲口一样被贩往美洲,开始了罪恶的黑奴贸易。在欧洲白人殖民者的统治之下,殖民地区那些辉煌文明的创造者统统成了"劣等民族"。

从16世纪末开始,葡萄牙和西班牙的势力开始衰退,以1588年西班牙无敌舰队被英国打败为标志,荷兰、英国和法国崛起而成为殖民扩张的主角。这一时期殖民的特点虽然从本质上没有多大改变,但是从形式上,除仍然使用武力之外,往往采用殖民贸易公司的形式,通过垄断贸易而获取殖民利益。尼德兰资产阶级革命后荷兰获得独立,从此走上殖民扩张的道路。1602年成立了东印度公司,负责在亚洲进行殖民活动,中国的台湾就是在1624年被荷兰占领的。1621年荷兰建立了西印度公司,负责北美的殖民,曾经一度占领巴西,并于1622年在北美建立了新阿姆斯特丹。依靠其强大的海上舰队和全球垄断性的贸易,荷兰在17世纪中叶成为"海上马车夫",繁荣至极。英国的殖民方式与荷兰类似,但是由于英国在工业革命后成为工业发达的国家,最终取代荷兰而成为殖民霸主。英国在1600年就建立了英国东印度公司,垄断英国和印度的贸易。在1640年英国革命后,开始正式与荷兰在全球争夺垄断地位,经历3次英荷战争,英国夺取了荷兰在北美、印度的殖民地。自此,英国成为经营北美种植园、非洲贩奴贸易的主角。法国虽然起步较晚,但是也积极加入了夺取殖民地的角逐。法国在1664年也分别建立西印度公司和东印度公司,对亚洲印度、非洲马达加斯加、美洲加勒比海、加拿大和密西西比河流域进行殖民活动,到18世纪初成为仅次于英国的殖民大国,也导致了英法的争霸战争。战争在欧陆和其他洲殖民地同时展开,战争的结果是到18世纪中期英国逐步夺取法国主要的殖民地,成为一个"日不落帝国"。

从19世纪开始,欧洲列强的殖民活动开始向纵深发展,西欧之外的大量地区都沦为殖民地和半殖民地。其中荷兰差不多将印度尼西亚全部兼并,英国则控制了整个印度,伊朗沦为以英国为首的西方列强的半殖民地,1840 年经过鸦片战争和一系列条约,中国沦为半殖民地。后起的俄国在 19 世纪也开始在北欧、东欧和中国进行大肆殖民,中国东北大量土地落入俄国之手。英国和法国通过武力将埃及、阿尔及利亚和南非纳为自己的殖民地。列强在过渡到垄断资本主义之后,更是全面瓜分殖民地。中国在 19 世纪末被俄国、英国、法国、德国瓜分完毕,日本则在 1904 年通过日俄战争从俄国手里夺取了中国东北南部,美国通过《门罗宣言》成为拉丁美洲的主人,非洲则被欧洲列强全部瓜分。

尽管从资本主义发展的角度来看,殖民化的过程在客观上带来一些有利的后果,其中包括世界经济和市场的一体化初步形成,促进了人口的流动和种族的混合,促进了各地动植物和技术的互通和交流,缩短了世界各地之间空间上的距离,并促成了各地文化的交流,但是这一切有利的后果都是以牺牲殖民地的利益为代价的,殖民在给资本主义发展注入了动力的同时,严重冲击了被殖民地区的政治、经济和文化,使殖民地人民落入了苦难的深渊。从政治上,殖民地国家全部或部分失去了主权,忍受着外来的统治;在经济上,殖民地在失去了大量的黄金、白银和资源的同时,还被强迫实行单一经济制度,走上了畸形发展的道路。在殖民者坚船利炮的攻击之下,殖民地的人口损失巨大;在野蛮的黑奴贸易下,许多黑人惨死。同时在殖民者的铁蹄之下,许多千年的文明被毁于一旦。殖民的残忍、血腥必然激起被殖民地区人民的反抗,因此,反殖民的浪潮和斗争始终伴随着殖民的整个进程,最终汇聚成殖民地国家摆脱殖民统治的全面独立战争。

北美摆脱殖民统治体现在美国独立战争上。在拉丁美洲,从 19 世纪开始,反抗殖民者的独立战争如火如荼地展开。揭开拉丁美洲独立革命序幕的是海地。1791 年海地在黑人领袖杜桑·卢维杜尔的领导下发动起义,先后同英国和法国的军队进行了艰苦卓绝的斗争,最终在 1803 年 11 月宣布独立,成为拉丁美洲第一个摆脱殖民统治的国家。接下来以委内瑞拉为中心展开了摆脱西班牙统治的革命。首先委内瑞拉在白人领袖米兰达的领导

玻利瓦尔

下宣布独立,建立了委内瑞拉第一共和国。共和国失败后,涌现出著名的解放者玻利瓦尔(Bolivar, 1783—1830 年),他宣布成立第二共和国。第二共和国失败后,玻利瓦尔继续斗争,建立了第三共和国。接着玻利瓦尔相继解放了哥伦比亚、厄瓜多尔,在南美大陆北部建立了"大哥伦比亚"共和国。在南美大陆中南部地区,在何塞·圣马丁(Jos de San Martin, 1778—1850 年)的领导下,以阿根廷为中心展开了全面的独立战争,先后解放了智利和秘鲁,与玻利瓦尔的起义军会合,彻底打垮西班牙殖民军队,解放了整个南美大陆。墨西哥经过了曲折的斗争,最终在 1821 年宣布独立。在墨西哥的影响下,中美洲的危地马拉、萨尔瓦多、尼加拉瓜、洪都拉斯、哥斯达黎加等国家都纷纷独立。葡萄牙占领的巴西,也在 1822 年 9 月 7 日宣布独立。至此,西属美洲殖民地全部独立。

亚洲同美洲不同,这里有着深厚的文化积淀和复杂的社会形势,被殖民的程度也各有不同,有殖民地和半殖民地的不同,有被直接统治和被间接统治的区别,同时亚洲很多国家面临着反封建、改造社会和学习西方先进技术的任务,因而反对殖民侵略和统治的斗争也呈现出复杂的形式。在中国,面对西方列强的不平等条约和清政府的割地赔款,各地不断发生捣毁洋行、焚烧教堂、驱逐教士的运动,1899 年爆发的义和团运动则直接以武装对抗西方的侵略。中国也发生了"甲午战争",在政府的层面试图用武力来对抗日本的侵略,但最终以失败告终。面对民族的危亡,康有为等一些有志之士也发动了未竟的维新运动。面对清政府的无能,孙中山等提出了"驱除鞑虏,恢复中华,建立民国,平均地权"的主张,并于1911年推翻了帝制统治,建立了中华民国。在印度,同样是用暴力手段和和平手段相结合的方式来与殖民统治斗争,争取自治的权利。1857年印度爆发了民族大起义,起义的浪潮遍布印度各地,并吸引了各个阶层的人参加。1885年印度成立国民大会党,开始有组织地以和平方式争取自治的权利,罢工罢市和示威游行成为最主要的方式,迫使英国殖民政府改变殖民统治的方式。面对西方列强对伊朗的殖民剥削,伊朗19世纪中期发动了著名的巴布教徒起义。面对国王的专制和无能,1909年伊朗革命军起义,一度废黜了国王。面对着内忧外患,青年土耳其党1908年在马其顿发动政变,废黜了国王哈米德二世,重新树立穆罕默德五世为国王,确立了资产阶级的君主立宪政体。

非洲是殖民列强实行罪恶的奴隶贸易和种族隔离制度的地区,19世纪末和20世纪初,整个非洲大陆已被欧洲列强瓜分完毕。残酷的殖民统治也激起了非洲各国的反抗。1789年埃及觉醒的民族资产阶级和知识分子建立了自己的政党"祖国党",并在阿拉比的领导下,于1881年发动了埃及士兵起义,迫使国王召开国会,进行政府改组。同年,苏丹爆发了马赫迪反英起义,进行反对英国的"圣战",一度建立了自己的政权。面对侵入埃塞俄比亚的意大利军队,1896年埃塞俄比亚人民奋起反击,在阿杜瓦战役中大获全胜,维护了民族的独立。

殖民地国家的这些反殖民斗争,尽管并没有取得彻底的胜利,许多斗争都以失败告终,但是它们显示了殖民地人民反抗侵略和压迫的决心,促进了殖民地人民的觉醒,为今后彻底摆脱殖民统治和改造传统社会的斗争提供了宝贵的经验。

第七编　列强新格局的形成与冲突

第十五讲
新势力的崛起

1 美国南北战争

美国独立战争后虽然在政治经济方面取得了长足的进步,但是并没有能够消弭其固有的发展中的矛盾。全国明显分成了三个不同的区域,第一个是以工业为中心的北部地区,第二个是以种植棉花为主的南方种植园地区,第三个则是待开发的中西部地区。由于经济方式存在着巨大差异,南北矛盾丛生。

在保护关税问题上,代表东北部工厂主利益的政治集团大力倡导,而严重依赖欧洲市场的南部则极力反对,卡罗来纳州甚至在 1832 年扬言要因此退出联邦。在推进交通运输,尤其是水道和铁路等公共工程以及对这些工程进行补贴问题上,北部希望建立横贯东西的大铁路,把西部和东北部联系起来,而南方则关心建立南北向的交通通道,同时担心西部地区在政治上全面倒向北方。在金融和货币体制问题上,双方也针锋相对,其核心问题是金融和货币究竟是联邦集中控制还是各州分散经营,这涉及宪法的权利问题。尽管最高法院著名法官马歇尔的"默许权利论"强调了国家主权的至上,但并没有因此消除中央和地方的矛盾。关于是否为西部定居者提供免费宅地问题,南部斗争激烈,而且北部的意见也不统一,其中南部担心大量来自北部的人口将吞噬西部的公共土地,导致更多的自由州加入联邦,政治力量的平衡会被打破。这致使著名《宅地法》的颁行被大大推迟。关于奴隶制的存废问题更是双方矛盾的焦点。在北方看来,资本主义的发展需要和民主理念均需要废除奴隶制;但在南方看来,奴隶劳动是发展和繁荣南部经济不可缺少的条件。在 1820 年,全美国 22 个州中自由州和蓄奴州正好各占一半,取得了暂时的平衡。但是西部自由土地的存在,导致这种平衡非常不稳定。在密苏里、堪萨斯等新州建立时,双方都进行了激烈的讨价还价和斗争,最终不可避免地发生了冲突。其中在堪萨斯,出现了两个议会和两个政府,双方武力相向,爆发了"堪萨斯内战",标志着南北之间的矛盾从妥协进入公开冲突阶段。

　　美国南北的这些矛盾因为 1860 年的总统竞选而集中爆发出来。这次竞选是一场四方竞选运动,共和党推举亚伯拉罕·林肯(Abraham Lincoln,1809—1865 年)为总统候选人;民主党的北方派别提名斯蒂芬·道格拉斯为总统候选人,南部派别则提名约翰·布雷肯里奇为总统候选人;而立宪联邦党则推举了约翰·贝尔为总统候选人。各派在有关奴隶制的问题上各持己见。共和党反对向新的领地扩展奴隶制,但也不干涉各州的奴隶制;民主党则坚持维护奴隶制,反对林肯,煽动敌视黑人情绪。尤其是民主党的南部派别,公开扬言如果林肯当选总统,南部各州就退出联邦。大选的结

林肯总统

果是林肯以绝对的优势战胜了所有对手,当选为美国第16任总统。

林肯的当选引发了男部蓄奴州的激烈反应,导致南方七州脱离联邦,另立中央政府。最先发难的是南卡罗来纳州,它于12月20日宣布脱离联邦。接着在1861年1月中,密西西比、佛罗里达、亚拉巴马、佐治亚、路易斯安那等州先后召开代表大会,均以压倒票数通过了脱离法令。2月1日,得克萨斯州亦宣布退出联邦。4日,在南卡罗来纳州的提议下,来自佐治亚、亚拉巴马、密西西比、路易斯安那、佛罗里达和南卡罗来纳六州的代表,在亚拉巴马州的蒙哥马利市召开会议,在8日,宣布成立"美利坚诸州同盟",简称"南部同盟"。翌日,42名代表推举杰斐逊·戴维斯为南部同盟的临时总统,亚历山大·斯蒂芬斯为副总统,并通过了一个维护奴隶制度的临时宪法。

针对南部诸州脱离联邦的行为,北部各派的反应不一。共和党中的激进派主张进行严厉镇压;民主党的北部派别同情南方的叛乱;各边界的蓄奴州采取观望态度;一些废奴主义者则指望通过南部脱离联邦来解决奴隶制问题。正是在这样复杂的形势下林肯出任美国总统。1861年3月4日,林肯宣誓就职并发表演讲,在演讲中他一方面强调了联邦至上的原则,一方面又表达了和平的愿望:

> 从宪法和法律的观点出发,我认为联邦是不可分裂的,我将竭尽全能、精心细致地依据宪法本身明确授予我的权力,使联邦的法律忠实地在各州得到实施。做到这一点,我认为只是应尽的一个基本职责,我将依实际情况来履行它,除非我的合法主人——美国人民限制必要的手段或采取一些郑重的方式指示我相反的做法。我相信这不会视作一种危害,只是把它视作联邦明确表示的意图,即它要用宪法来维护和延续自身……

> 在你们的手里,我的同胞,不是在我的手里,握有内战的抉择权。政府不会袭扰你们。你们不会受到攻击,除非你们自己挑衅。你们没有向天发誓去毁坏政府,而我要做一个最严肃的承诺,要去"维持、保卫和支撑它"。

但是林肯的和平愿望并未能够阻止南部诸州分裂的步伐。就在他宣誓就职的当天，萨姆特要塞联邦驻军司令急报，说他们已经被叛军团团包围，请求救援。林肯经过利弊权衡，下令陆军部长组织远征队解救萨姆特要塞。4月12日上午叛军炮击萨姆特要塞，守军撤出要塞，内战正式爆发。

战争之初，北部似乎并没有做好准备，第一场战役布尔河战役（或称马纳萨斯战役）就以失败告终，导致联邦军队的大溃败。该战役之后，林肯任命乔治·麦克米伦担任指挥，但后者实行拖延政策，迟迟不肯付诸军事行动，其在压力之下派出的小股部队，也因遭到南军的伏击而失败。尽管在陆上作战遭遇失利，但在海上还是有所进展。面对南部同盟对联邦船只的劫掠，林肯宣布对南部各港口进行封锁。到1861年，联邦海军已经封锁了南部七八个重要口岸，北卡罗来纳海岸的哈特勒斯堡垒以及南卡罗来纳的希尔顿赫德也相继被攻克，为联邦军队赢得了重要的战略地位。

北部作战的失利除了军事原因之外，还在于政治上没有做好充分的准备。战争开始后，必然面临着如何处理奴隶的问题，但联邦政府的态度模棱两可。北方的激进派主张战争应该以废除奴隶制为目标，而保守派则主张对南部奴隶制采取宽大政策。这种态度直接影响到战场上如何处置逃亡奴隶问题。激进派主张在战场上收容逃亡农奴，而保守派则主张严格按照"逃奴法"将逃亡奴隶遣送回南部。就连反对奴隶制的林肯总统也不敢支持激进派的主张。弗吉尼亚门罗要塞的驻军司令本杰明·巴勒特是最早收容逃亡奴隶的北方将领，但他的做法并未得到林肯总统的公开支持。1861年夏天，弗里蒙特将军明确提出了释放奴隶的政策，他在发布的公告中宣布密苏里全境戒严，凡在联邦军队防线以北被捕获的"持有武器者"一律交军事法庭审判，"被判有罪者一律枪决"。并宣布凡持武器反对联邦、或在战场上与南军合作者，其动产和不动产一律没收，其奴隶释为自由人。弗里蒙特的措施尽管得到激进派的拥护，但保守派认为这种措施会导致处于观望状态的边界蓄奴州彻底倒向南部同盟，并因此而向林肯施加压力。林肯采纳了保守派的意见，要求弗里蒙特修改解放奴隶的命令，在遭到后者的拒绝后,林肯于 9 月 11 日取消了弗里蒙特的命令,并将他解职。林肯的这种做法极大地挫伤了北部人民反对奴隶制的热情,也间接影响了战场上的军事行动。

另外,当时的南北冲突也牵涉到国际环境。南方与欧洲有着非常密切的关系,蓄奴州种植园所种植的棉花是欧洲重要的原料,欧洲列强自然会对南方表示支持。同时,欧洲列强的统治集团也对美国北部资本主义的发展怀有戒心,美国的分裂以及南方的胜利会大大削弱这一竞争对手的实力,所以欧洲列强干涉美国内战存在着极大的可能性。所以林肯政府如果能够真正放手通过战争维护联邦统一,也要创造对自己有利的国际环境。为此,林肯政府派出外交使团去欧洲游说,一方面强调北部所进行的战争只是维护国家统一的正义之战,一方面谋求欧洲各国人民的同情和支持,奉劝欧洲各国采取中立立场,营造对自己有利的国际舆论。

战场上的不断失利给林肯造成了巨大的压力,而南方的孤注一掷最终使林肯抛弃了幻想而坚定了信念。为了取得战争的胜利,他开始采取一系列重要的措施。1862 年 9 月 22 日发表初步的《解放宣言》,1863 年 1 月 1 日正式发表《解放宣言》,庄严宣告:凡参加叛乱的州的奴隶"从现在起永远获得自由"。允许"条件合适的"黑人参加北方的军队。1862 年 5 月 20 日颁布《宅地法》,规定:一个人只要交 10 美元手续费,就可以在西部得到 160 英亩土地,耕种 5 年后就可获得这块土地的所有权。这项政策激发了人民群众的斗志,加速了对西部地区的开发。1862—1863 年,林肯决定实行武装黑人的政策,这个政策一公布,马上有大批黑人涌到招兵站,争先恐后地报名当兵。在前线,也不断有逃亡奴隶参加到北军的行列。黑人投身战场给北军增添了一支生力军。1863 年 3 月 3 日开始实行《征兵法》,它规定凡年龄在 20 到 45 岁之间的男子都有服兵役的义务,从而使参军服兵役成为国民义务和强制性行为,对于北方军队兵力的增长起了巨大作用。

战争的转折点是 1863 年发生的著名的葛底斯堡大会战,它被称为美国内战中最血腥的一场战斗。联邦军乔治·米德少将所率之波托马克军团抵

挡由联盟国军的罗伯特·李将军所部北弗吉尼亚军团之进攻,获得了决定性胜利。李将军损失超过 28 000 名的兵员,但最终也成功地脱身带领剩余的部队回到南方。从此以后南方军队再也无力进入北部地盘上作战,不得不放弃其进攻战术而转入战略防御。

为了祭奠在这次战役中英勇献身的将士英灵,在葛底斯堡战场上设立了国家墓园,林肯于 11 月 19 日来到葛底斯堡战场,在典礼大会上发表了著名的"葛底斯堡演说":

> 87 年前,我们的先辈们在这个大陆上创立了一个新国家,它孕育于自由之中,奉行一切人生来平等的原则。现在我们正从事一场伟大的内战,以考验这个国家,或者任何一个孕育于自由和奉行上述原则的国家是否能够长久存在下去。我们在这场战争中的一个伟大战场上集会。烈士们为使这个国家能够生存下去而献出了自己的生命,我们来到这里,是要把这个战场的一部分奉献给他们作为最后安息之所。我们这样做是完全应该而且是非常恰当的。

> ……我们要从这些光荣的死者身上汲取更多的献身精神,来完成他们已经完全彻底为之献身的事业;我们要在这里下定最大的决心,不让这些死者白白牺牲;我们要使国家在上帝福佑下得到自由的新生,要使这个民有、民治、民享的政府永世长存。

林肯的这一演说突出了自由和平等的主题并表达了为实现这一目标而坚决斗争的决心。此后南北战争的形势越来越有利于北方的联邦军队。罗伯特·李在葛底斯堡遭到了惨败,在西部战场上更大的灾难降临到南部同盟的头上。格兰特将军攻克了密西西比河上的重要据点维克斯堡,控制了整条密西西比河,切断了南方的东西通道,他们所需要的粮食和肉类供应以及可以用来换取武器的棉花,都无法从西部获得。而且,南方的颓势也使欧洲列强逐步放弃了干涉的念头。1863 年秋季,战争的重心已转移到西部战区。格兰特指挥联邦军一举攻克查塔努加。1864 年初,格兰特被任命为陆军总司令,他指示威廉·谢尔曼深入敌后,瘫痪南部的重要交通线并毁坏南部主要工业基地。所有这些因素都加速了南部同盟的最终崩溃。

1864年在战争激烈进行中进行了总统选举,尽管利益的多重性和政治斗争的激烈使得是选举呈现出十分复杂的局面,但是林肯仍然于11月8日战胜麦克莱伦,再度当选为总统。林肯当选后,立即呼请国会考虑通过宪法第十三条修正案,把解放奴隶的措施以宪法形式确定下来。该法案最终于1865年年末生效,奴隶制被彻底废除。

1865年南方军队已经成为强弩之末。2月,谢尔曼大军又发动了新的攻势。7日,谢尔曼进占南卡罗来纳州首府哥伦比亚,次日又兵不血刃地占领了查尔斯顿。4月中旬,谢尔曼攻克北卡罗来纳州首府罗利。与此同时,1865年3月中旬,格兰特的115 000大军已把罗伯特·李的54 000人围困在彼得斯堡。南军无法招架,不得不于4月2日撤出彼得斯堡。4月3日,联邦军队终于开进了被叛乱集团盘踞近4年的里士满。4月8日,罗伯特·李的残部在距里士满60英里的阿波马托克斯小村被7万联邦军队包围。罗伯特·李见大势已去,遂于4月9日向格兰特投降。这意味南北战争的军事对抗基本结束。至5月末,南军最后一支部队在新奥尔良投降。内战终于以北部彻底胜利而告终。

在罗伯特·李投降后,林根发表公开演说,主张对失败的南部采取宽大政策,甚至拒绝逮捕内战的元凶戴维斯及其内阁成员,主张不要迫害或杀害过去的敌人,希望以他的宽容维护联邦的统一。但是林肯的宽容似乎未能带来南部奴隶主的感激,1865年4月14日当林肯在福特剧院参加庆祝胜利的晚会时,在剧院的包厢内被刺杀,并于翌日清晨与世长辞。

历时4年的内战以北部工业资产阶级的胜利而告终,这场战争维护了联邦政权,合众国的完整性得以保存,资本主义发展的最大障碍奴隶制度被扫除,社会生产力得到迅速发展,美国工业在30年内跃居世界领先地位,成为全球最举足轻重的新生力量之一。

2 明治维新

就在欧美国家纷纷通过革命而走上资本主义道路之时,远在东方的日本率先觉醒,通过"明治维新"这一自上而下的改革,成为当时亚洲唯一跨入资本主义国家行列的国家。明治维新是近代日本历史上最重要的事件之一,改变了日本国家的特征,极大地影响了日本的历史进程以及日本的对外关系。

明治维新之前,日本长期处在幕府的统治之下,幕府将军的专权,大名诸侯的割据以及闭关锁国政策也曾给日本带来表面的稳定。但是,这种稳定的局面因为19世纪50年代前后外族对日本的渗透而被打破。尤其是1853年美国东印度舰队司令佩里(Perry)率领4艘军舰出现在浦贺港,向日

佩里登陆日本图

本递交国书要求日本"开国"。第二年,佩里再率 7 艘战舰前来,强行要求签订条约。幕府迫于佩里的压力而签订了《日美亲善条约》:(1)向美国的船只提供必要的燃料和食物;(2)向美国海难船及船员提供救助;(3)给予美国最惠国待遇。在这之后,英国、俄国、荷兰等都相继与日本签订了类似的条约,持续200 年以上的日本锁国政策被打破。日本开国之后,美国在 1858 年 6 月又强迫日本签订了《日美友好通商条约》。根据条约,日本开放长崎、新潟、兵库等港口以及江户、大阪等城市,实行自由贸易,承认美国在居留地的领事裁判权,双方协商决定关税等。接着,荷兰、俄国、英国和法国均与日本签订了同样的条约,史称《安政五国条约》。

开国对日本的经济和人民的生活带来了深刻的影响,大量机械制造的纺织品输入日本,冲击了乡村传统的手工纺织业;日本大量输出原料和半成品,同时大量输入制成品,造成黄金白银外流、物价飞涨以及货币贬值等等。这种情形激发了人们对贸易的反感,成为攘夷运动的主要原因之一。下层武士强烈批判幕府迫于外部压力签订不平等条约,极力主张"尊王攘夷"。"尊王攘夷"是尊王论和攘夷论的结合,是幕末水户学派的思想。该派最初主张恢复以天皇为中心的等级秩序体制,确立日本之国体,现在他们批判幕府的专制无能,主张驱逐夷狄,挽救民族危机。尊王攘夷派甚至用武力来对抗外国的舰船、商人和使节,同时指望天皇亲征展开全国性的攘夷运动。而幕府也以强硬的态度对待这些批评者。1858 年 10 月,吉田松阴等七名志士被幕府处死,史称"安政大狱"。幕府的高压政策激起了志士的愤怒,1860 年 3 月,水户藩志士在江户樱田门外暗杀了幕府大老井伊直弼,史称"樱田门外之变"。在"尊王攘夷"派活跃的同时,另外一支政治力量也非常活跃,即"公武合体派"。该派主张朝廷和幕府联合,压制反幕府的势力,安定政局。这两种政治势力的代表分别以长州藩(尊王攘夷派)和萨摩藩(公武合体派)为中心,后者得到了幕府将军和天皇的支持。两种不同原则的矛盾必然导致双方的冲突。1863 年 8 月18 日,幕府依靠萨摩、会津两藩将以长州藩为代表的尊王攘夷派赶出京都,而且组织了对长州藩的第一次征讨。与此同时,对攘夷派怀恨在心的英法美荷四国组成联合舰队,攻击下关的炮台。面对压力,长州的上层采取顺服的态度,开始镇压自己藩内的尊王攘夷派。

但是藩内的改革派并没有因此而偃旗息鼓,而是在高山晋作、桂小五郎的带领下反抗上层的保守派,组织了"骑兵队",1864年年末在下关起兵,夺取政权,并确立了富国强兵、武装割据、伺机倒幕的行动方针。就在此时,幕府组织了第二次讨伐长州藩的战争,但是幕府军在战斗中一直处于劣势,最终这次征讨亦无功而返。也就是在这一年,政局发生了很大的动荡,带兵出征长州藩的将军德川家茂突然死去,十五代将军德川庆喜继任。就在同年年末,孝明天皇也突然去世,该天皇虽然主张攘夷,但也不喜欢激进的讨幕派,而是主张公武联合。他们的去世使主张公武联合的力量遭到了极大的削弱,为讨幕运动的高涨提供了契机。

在这样的局势下,讨幕派决意讨幕,幕府派也不愿主动下台,双方都谋图对自己有利的策略。幕府派决定先发制人,提出了"大政奉还"。而倒幕派则在同一日从新的天皇睦仁手里获得了《讨幕密诏》。为了防止"大政奉还"政策奏效,讨幕派在12月9日发动政变,发布了《王政复古大号令》,建立了以天皇为中心的新政府。新政府废除了幕府的摄政权力,围绕天皇设立了新的官职,并命令幕府将军"辞官纳地"。德川庆喜拒绝,并集合军队自大阪出发向京都进发,号称"清君侧"。在京都近郊的鸟羽、伏见双方发生激战,幕府军战败。庆喜逃往江户。新政府将庆喜视为朝廷的敌人,组织了讨幕东征军。5月3日,江户城开城投降,德川庆喜被赦免回到水户藩。接着,东征军又先后平定了其他地方的幕府残余,幕府体制彻底结束。

就在东征军清剿幕府军的同时,新政府已经开始建立新政权,并实际开始了"明治维新"的进程。1868年已经宣布了王政复古和天皇的权力,3月份发布了《五条誓约》,宣布新政府的国策,其中包括:

> 广兴会议,万机决于公论;上下一心,大展经纶;公卿与武家同心,以至于庶民,须使各遂其志,人心不倦;破历来之陋习,立基于天地之公道,求知识于世界,大振皇基。

天皇率领百官对天发誓,强调天皇亲政。第二天,颁布了针对平民的《太政官告示五则》,强调君臣、父子和夫妇间恪守儒教道德;禁止结党、强诉等民众运动;禁止基督教;不得擅自杀害外国人等内容。同年4月,颁布了《政体书》,确立政府的组织。政体书对政体及其官职作了详细的规定,确立了以太政官为中心的中央政府,并模仿美国宪法实行一定程度的三权分立,"立法官不得兼任行政官,行政官不得兼任立法官",规定高级官吏"以四年为任期,用公选投票之法"。政府在镇压关东残余幕府势力的同时,7月将江户改名为东京,8月明治天皇举行了即位大典,9月正式改年号为"明治",1869年4月正式从京都迁都东京。

在确立政体的同时,新政府在政治、经济和文化等各个方面颁布了一系列法令,确立了日本的发展道路。

首先,为了确立中央集权,就要消除过去幕藩体制的残留。政府下令实行"版籍奉还"和"废藩置县"。"版"即版图,就是各藩的领地,"籍"就是"户籍",也就是领地上的人民,版籍奉还就是要将领把土地和人民返还给天皇。首先,萨摩、长州、土佐和肥前四藩主上书表示版籍奉还,许多藩主效仿,1869年6月,新政府命令各藩版籍奉还。各藩的称号仍然保留,旧藩主被任命为"藩知事",相当于政府的地方官,并将藩收入的10%作为他们的"家禄"。通过版籍奉还,旧诸侯的地方统治权大大削弱。此后,为了全面废除幕藩体制,进一步加强中央集权,开始实行"废藩置县"。为了能够保证这项措施的施行,政府首先以萨摩、长州、土佐三藩的军队担任"御亲兵",7月坚决推行了废藩置县。全国重新划分行政区划,最初设立3府302县,年末整合成3府72县。宣布罢免藩知事,命令他们到东京居住,中央政府重新任命府知事、县令等地方官,从而完成了国内的政治统一。

其次,政府宣布"四民平等",实行社会改革。由于实行了版籍奉还,原来的藩主、武士和人民的关系已经不复存在,于是政府宣布原来的藩主和上层的官员一并称为华族,武士和一些旧的幕僚被称为士族,从事农、工、商的平民被称作平民。平民获得拥有姓名的权利,平民也可以和华族、士族通

婚,平民可以自由选择职业,自由迁徙。同年根据三个等级,制定了相应的户籍法。同时为了减轻政府支出俸禄的负担,从 1873 年起,政府先后颁布了《秩禄奉还法》《金禄公债证书》等,直至最后全部废除了华族和士族的俸禄。

第三,为了稳定财源,开始改革土地制度和税制。1871 年允许人们自由种植作物,第二年取消土地买卖的禁令,并颁发反映地价的土地证书,承认土地的私有权。1873 年 7 月,政府公布了《地租改革条例》,着手改革地租。地租改革的原则是:取消按照农作物收获量决定税收的方针,实行按照地价来征收;改实物地租为货币地租,税率定为地价的 3%,拥有土地者即为纳税人。通过这种改革,原来各地不统一的年贡,为全国统一的地租所替代,这牢固地确立了政府的财政基础,同时租税货币化也促进了农村的商品化进程。

第四,在经济发展方面,新政府实行“殖产兴业”,目的是通过雇用外国人进行指导,培育近代产业。1870 年政府设立工部省,1872 年在东京、横滨之间,然后在神户、大阪和京都之间铺设铁路,将原来旧幕府所经营的金属矿和煤矿等收归国营。为了军备的近代化,政府大量扩大东京、大阪的炮兵工厂以及横须贺和长崎的造船厂。1871 年建立了国营的邮政制度,实行全国统一邮政费用。1869 年在东京和横滨之间架设电信线路,5 年后电信线路延伸到长崎和北海道。1873 年政府设了内务省,通过国营模范工场,推广机械生产等。在金融方面,政府颁布了《新币条例》和《国立银行条约》,统一货币和兑换制度。

第五,在文化上实行“文明开化”。为了富国强兵,促进文化和国民生活的近代化也非常必要,应当积极引进西方的近代思想和生活方式。在日本出现了“启蒙运动”的风潮。在思想界,人们开始批评儒家学说、神道教等为落后思想,宣传自由主义、个人主义和天赋人权等思想,出现了福泽谕吉、中村正直等启蒙思想家。在教育方面,政府在 1871 年设立了文部省,第二年颁布统一的学制,大力普及小学教育,男女平等,广泛招聘外国教师,设立许多专门学校。在新闻杂志方面,以东京为中心相继发行了各种日报和杂志,这些日报和杂志除了新闻报道外,还广泛进行评论。除了杂志外,各种各样的学术书籍也纷纷印刷出版。另外,森有礼、福泽谕吉、西周、加藤弘之、西村茂树等留洋的学者,在 1873 年组织了"明六社",并在第二年发行了《明六杂志》,广泛普及近代思想。1872 年 12 月,模仿西方诸国,废除了旧历法,而采用太阳历,并采用了星期日休息的制度。在东京等大城市,西服开始流行,由最初的军人和官吏迅速推广到民间,到处都有煤气灯和人力车,社会面貌为之改观。

通过"明治维新",日本实现了"脱亚入欧",从一个落后的封建社会转变为一个资本主义社会,避免了日本沦为西方的殖民地和半殖民地,成为日本历史的一个重要转折点。

3 德意志的统一

欧洲三十年战争之后,德意志地区四分五裂,出现了数以百计的独立小邦国,神圣罗马帝国仅仅成了一个称号或象征。在诸邦分离和混乱的现实中,原本一个不起眼的小邦普鲁士逐步崛起,最终成为统一德意志的中心力量。

鲁士本来是个公国,但是该公国的公爵在 1618 年去世时没有继承人,于是该公国转归勃兰登堡选帝侯所有。弗里德里希三世选帝侯在 1770 年从哈布斯堡王朝获得"普鲁士国王"的称号,称弗里德里希一世国王。但这个王国仅仅限于还不属于德意志帝国范围的普鲁士,该国王在其他领地还仍然保持选帝侯和伯爵的称号。到了弗里德里希二世时,整个勃兰登堡—普鲁士才逐渐构成为一个普鲁士王国。该王国实行君主专制主义制度,容克,也就是贵族和大地主是社会的统治阶层。

法国大革命爆发之后,拥有神圣罗马皇帝帝位的奥地利和新兴的普鲁士都感到非常恐惧,他们联合起来支持法国国王及保王的贵族。并会同其

他国家形成反法同盟。但组织的数次反法同盟最终都失败了。反法同盟的失败给德意志地区造成了深刻的影响。1806 年,16 个德意志的邦国脱离帝国,组成莱茵联邦,拿破仑支配联邦的外交和军事。8 月 1 日,拿破仑发出通知,他不再承认德意志帝国。8 月 6 日德国皇帝弗兰茨二世发表宣言,宣布神圣罗马帝国皇帝的称号已不复存在,他本人仅仅保留奥地利皇帝的头衔,即弗兰茨一世。这样存在 800 多年的德意志民族的神圣罗马帝国寿终正寝。

摧垮奥地利以后,拿破仑便集中力量对付新兴起的普鲁士。1807 年 7 月 9 日,普法签订《提尔西特和约》,其中规定:普鲁士在波兰夺得的全部领地被剥夺,在这些领地上组成华沙公国;普鲁士易北河左岸的全部领土划归新成立的威斯特伐利亚王国;责成普军由 14 万人裁减为 4 万人;普鲁士偿付法国 1 亿法郎的赔款,15 万法军驻扎在普鲁士直至赔款付清撤走。条约使普鲁士的人口和领土都大大缩减。

战争的惨败和屈辱和约的签订,使普鲁士人愈来愈看清农奴制社会的衰败和容克统治的腐朽。促使它通过改革寻求出路。

最早出现的是施泰因(Heinrich Friedrich Karl Reichsfreiherr vom und zum Stein, 1757—1831 年)改革。他的基本思想是,变以等级出身为基础的君主专制国家为以财产为基础的现代立宪国家,而实现这个目标的关键,是把君主的臣民变成真正的国家公民。施泰因首先着力于废除人身依附关系,解放农民。为此他先后颁布了《关于放宽土地占有的条件限制和自由使用地产以及农村居民的人身关系》(1807)和《普鲁士王国城市法规》(1807)等法令。同时,他通过发布《改善国家最高行政管理机构的规章》(1808),改变贵族专权的行政管理制度。但普鲁士当局迫于拿破仑的压力,最终将施泰因解职,改革并没有能够持续。

第二个改革来自哈登堡(Karl August von Hardenberg, 1750—1822 年),他在 1804 年担任普鲁士的外交大臣。他的改革比较温和,倾向于开明专制主义,并力求照顾容克贵族的利益。他首先进行了土地改革。1811 年 9 月

14 日颁布《关于调整地主和农民之间关系的敕令》，总体思路是以赎买的方式解除农民的封建义务，并使封建土地变为自由土地。这项措施加上 1821 年的《义务解除法》和《公有地分割法》，构成了哈登堡的农业立法，被称为"普鲁士式道路"的农业资本主义化。其次，哈登堡也尝试进行了财政、工业和社会方面的立法，消除经济和社会领域中的封建因素。

除了这两次改革之外，普鲁士还进行了军事改革，开始实行普遍义务兵役制，建立国民预备军，改变贵族垄断军官职位的局面，同时严禁对士兵的野蛮惩罚，保障士兵的权利。这些改革措施加速了封建关系的解体，普鲁士开始从封建庄园制过渡到资产阶级容克地产制。随着改革的深入和社会的变化，出于发展资本主义的需要，德国的统一问题被提上议事日程。拿破仑的军事失败，为德意志的统一提供了契机。

1814 年 9 月—1815 年 6 月，战胜国的列强召开了维也纳会议。该会议一方面按"正统主义"原则恢复原有封建秩序，同时瓜分欧洲的势力范围。在对弱小国家的领土任意分割和对民族任意肢解的交易中，德意志的政治地图也发生了改变。

在列强的直接干预下，建立了一个由奥地利、普鲁士、巴伐利亚、汉诺威和符腾堡组成的五强委员会，于 1815 年 6 月 8 日签署了《德意志联邦条例》，据此，38 个君主国和自由市结合成为一个德意志联邦，但普鲁士王国的东普鲁士、西普鲁士和波森没有加入联邦。德意志联邦是一个松散的联合体，仍然强调联邦各成员国的独立和不可侵犯。联邦没有中央政府，没有国家元首，没有统一的最高法院，仅存在一个设在美因河畔法兰克福城的议会。尽管德意志联邦并没有真正实现德意志的统一，但是全德人民关于民族统一和实现自由的愿望再也无法消除。1833 年德意志关税同盟的建立以及各地此起彼伏的"统一与自由运动"就是其典型的表现。

随着"统一与自由运动"的不断深入，德意志内部的民族民主运动、无产阶级社会主义运动以及资产阶级自由主义反对派运动形成合力，对封建制度形成了巨大的冲击，导致了 1848 年的革命。革命首先在西南诸邦开

始,接着爆发了维也纳革命。群众要求罢免首相梅特涅,实行宪政,要求通过宪法的形式实现政治民主、出版自由和责任内阁制。在革命的压力下,奥皇被迫进行改革,颁赐宪法,成立了责任内阁,改变正统的专制体制。在柏林,工人也走上街头,与军队发生冲突。普鲁士国王也被迫让步,3月29日普鲁士自由派内阁组成。

在各地革命的基础上,5月18日,全德国民议会在莱茵河畔法兰克福城的圣保罗教堂开幕,史称法兰克福议会。议会确立了君主立宪的政体。同时议会代表主张用王朝统一德国,反对革命统一德国。在如何统一问题上,代表们又分为两派:一为"大德意志派",主张以奥地利为中心,建立统一的德意志帝国,是为"大德意志方案";另一派为"小德意志派",主张以普鲁士为首组成不包括奥地利在内的德意志联邦,是为"小德意志方案"。属于这一派的是大多数自由派(主要在普鲁士、中德)。两派争论不休,最后小德意志派获胜。

1849年3月28日,法兰克福议会通过了帝国宪法。宪法拟定了一些资产阶级的民主法则,如建立一个统一的德意志帝国,各邦可保有行政、财政、司法、教育、宗教等的自主权,但外交和军事应归德意志中央政府掌管;统一法律、关税、币制、度量衡;取消贵族的等级特权和农奴制,保证人身自由,信仰自由,言论、新闻、集会、结社自由;宣布私有财产不可侵犯;帝国议会由联邦院和民选的人民院组成,世袭的"德国皇帝"则推选一位德意志诸侯担任,皇帝不对议会负责,统领军政大权。但是,奥地利、汉诺威、萨克森、巴伐利亚等大邦与普鲁士一起,拒不承认该宪法。这个宪法最终并没有能够真正有效实施。普鲁士国王等守旧势力对革命进行了镇压,最终导致法兰克福议会被解散,1848年德意志革命以失败告终。

1848年革命被镇压后,封建势力死灰复燃。普鲁士保留了宪政,并于1850年公布新宪法,但奥地利则完全退回到君主专制统治。接着普鲁士凭借自己的政治和经济影响而促进的全德统一计划,也无法得到足够的支持。

普鲁士真正成为统一德意志的中心力量,要等到俾斯麦(Otto Eduard

Leopold von Bismarck，1815—1898 年)
的上台以及他所倡导的"铁血政策"的
实施。此时普鲁士担任摄政亲王,1861
年亲政的威廉一世特别崇尚武力,他有
"炮弹亲王"之称,力求将普鲁士军队锻
造成统一德国的利剑。但是他要求增
加军队服役年限、将后备军改为常备军
以及增加军费的改革措施,得不到议会
的支持。为了实现自己强军的目标,他
在 1862 年任命了与他志同道合的俾斯
麦为普鲁士首相兼外交大臣。俾斯麦
认为奥地利是实现普鲁士统一德国的

俾斯麦

最大障碍,只有以武力作为后盾才能获得解决民族问题的主动权。对资产
阶级所实行的"宪法统一"的道路极为鄙视,认为议院不能解决统一问题,
这要在外交和战场上才能解决,所以,军事上的强大才是正确的道路。他的
这些思想集中反映在他上任后在议会预算委员会的一次演讲中,其中他直
截了当地陈述了他的"铁血政策":

> 德意志的未来不在于普鲁士的自由主义,而在于强权。德意志南
> 部各邦——巴伐利亚、符登堡和巴登——愿意浸沉于自由主义之中,但
> 正是由于这个原因,没有人愿把普鲁士应充当的角色派给它们! 普鲁
> 士必须集聚她的力量并将它掌握在手里以待有利时机,这种时机曾一
> 再到来而又被放过。自从维也纳条约以来,我们的边界就不是为一个
> 健全的政治集合体而设计的。当前的种种重大问题不是演说词与多数
> 议决所能解决的——这正是 1848 年及 1849 年所犯的错误——要解决
> 它只有用铁与血。

在这样的政策引导下,俾斯麦联合国王压制国会,压制资产阶级自由派,并
积极筹划统一德意志的王朝战争。

王朝战争由三场战争组成。第一场战争是德丹战争。这场战争是由石勒苏益格—荷尔斯坦因问题引起的。荷尔斯坦因的居民多数是德意志人，石勒苏益格的居民多数是丹麦人。两地的归属，一直纠缠不清。数百年来，多数时间受丹麦统管，即使在拿破仑战争时期也是如此。1815 年维也纳会议认可了这一既成事实。但是德国人一直认为这是个"耻辱"。40 年代末，丹麦曾正式将这两处划入其版图，引起德意志各邦的强烈反对。为解决争端，1852 年 5 月 8 日，英、法、俄、普、奥、瑞典 6 国签订了一个"伦敦议定书"，确认在保留荷尔斯坦因的传统特权的前提下，丹麦仍领有这两个公国。1863 年丹麦国王克里斯蒂安九世通过颁布宪法取消了勒苏益格和荷尔斯坦因的传统特权，实际上是将之并入丹麦王国。对此，普鲁士联合奥地利对丹麦发动了战争，最终迫使丹麦缔结了停战协定，让出石勒苏益格和荷尔斯坦因。1865 年 8 月 14—20 日，普奥签订了分享战利品的"加斯坦因专约"，其中规定：石、荷为普奥共有，但分别管理。奥管理南面的荷尔斯坦因，普管理北面的石勒苏益格；荷的首府基尔港的防务委托普军担任，鄂尔登堡由普奥军队联防；普鲁士有权建筑经荷尔斯坦因境内的铁路，设置电报以及开凿北海通波罗的海的运河。普奥对这两个地区的共管也为它们日后的摩擦埋下了伏笔。

第二场战争是普奥战争。1866 年 6 月 1 日，俾斯麦以奥地利破坏"加斯坦因专约"为名，下令军队越过石、荷的界河进军荷尔斯坦因。6 月 10 日，俾斯麦在柏林公布一个《联邦改革纲要》，提交联邦议会讨论。奥地利控制的议会否定了《纲要》。俾斯麦进而指示普鲁士代表宣读声明，否定联邦议会的表决，要求解散联邦议会。6 月 15 日，普向萨克森、汉诺威、黑森提出最后通牒，要它们接受《纲要》并让普军过境，三君主拒绝。次日，普军开进萨克森、汉诺威和黑森—卡塞尔。6 月 17 日，普军进入奥地利的捷克地区，普奥战争爆发。战争的结果是奥地利大败，双方在拿破仑三世的调停之下，于 7 月 22 日签订停战协定，并于 8 月 23 日签订了《布拉格条约》。条约规定将威尼斯让与意大利，石勒苏益格—荷尔斯坦因归普鲁士管辖，奥地利承认没有奥地利参加的新德意志组织,解散德意志联邦并进行赔款。1867 年 4 月,通过《北德意志联邦宪法》。由美因河以北 24 邦国(包括 3 个自由市)组成的北德意志联邦在法律上得到确认。普鲁士在北德联邦中居于绝对领导地位。但北德联邦的建立,并不意味着德国民族统一任务的完成。南德 4 邦尚独立于联邦之外。法兰西第二帝国的路易·波拿巴是阻碍南北统一的最大障碍。所以为了完成统一大业,和法国一战不可避免。

第三场战争是普法战争。1868 年 9 月,西班牙爆发革命,女王伊莎贝拉二世逃往法国,王位空缺。1870 年西班牙的执政要求普鲁士国王的亲属利奥波德任西班牙国王。这引起法国的恐慌,后者极力反对。最后普鲁士国王威廉让步,双方谈判。但是俾斯麦并没有和谈的愿望,他通过电报羞辱了法国,导致爆发了普法战争。战争的结果是法军大败,普鲁士军队突入法国,并包围了巴黎。10 月 27 日普法签订了停战协定。1871 年 1 月 18 日即普鲁士国王加冕 170 周年纪念日,在凡尔赛宫 72 米长的镜厅举行盛典,普王加冕为德意志皇帝,德意志帝国宣告成立。1871 年 4 月 16 日,新选出的国会通过帝国宪法,确定德意志"缔结为一个永久的联邦"。德意志最终结束了民族分离的状态,一个统一的德国诞生了。

按照联邦的宪法,各邦可以保有一些自治权,如教育、宗教、部分司法、征收直接税、水上运输权利,南德诸邦还可以独立管理邮政、电讯、征收啤酒、烧酒消费税。但是"帝国的全部陆军组成一支统一的军队,在战时、平时均由皇帝统帅","帝国舰队系在皇帝最高统帅之下的一支统一的舰队,海陆军高级军官均由皇帝任命","皇帝在国际法上代表帝国,以帝国名义宣战媾和","皇帝有权召集、召开联邦议会和帝国国会,以及使议会延期结束"。在帝国的体制下,首相是帝国唯一的大臣,主持帝国政府。"由皇帝任命"而不是由议会选举。他只对皇帝负责而不对议会负责。首相在内阁中拥有绝对的权力,各部都不是独立的机构,"部长"不是负责该部的政治人物,而是首相的助手。

与此同时,被排斥出德意志联盟之外的奥地利与一直效忠于他的匈牙利结成了奥匈帝国。至此特别纷乱的德国地区告一段落,进入了近代民族国家的行列。

4 意大利统一运动

意大利同德意志地区一样特别混乱、难以统一。在英国、法国和西班牙等纷纷形成民族国家,甚至完成了资产阶级革命之后,意大利还是一个四分五裂的地区,很难看到明晰的统一的路径。

意大利的分裂局面具有深厚的历史根源。由于这里曾经是古罗马帝国统治的中心,所以罗马帝国灭亡后,自然成为后来各种势力争夺的对象。同时,由于基督教会兴起于罗马帝国,且法兰克的矮子丕平帮助教皇在意大利中部建立了教皇国,所以这里又是基督教的中心地区,教俗势力的矛盾非常突出,也经常会受到外来的干涉。在历史上,意大利地区先后受到许多势力的渗透和控制,这种状态一直延续到近代。公元951年,德意志的国王奥托一世就多次率军越过阿尔卑斯山入侵意大利北部,占领伦巴底,夺得意大利王冠,于962年建立了神圣罗马帝国,实际领有了意大利的北部。意大利中部地区自教皇国建立以后一直是传统的罗马教皇辖区,它无法成为统一意大利的力量,同时又出于自身利益考虑,不希望有任何统一力量出现。在12世纪,意大利南部和西西里岛被入侵的诺曼人强占,建立了两西西里王国。13世纪,比利牛斯半岛上的阿拉冈王朝占领了西西里岛,法兰西人趁机在意大利南部建立了那不勒斯王国。15世纪到18世纪,法国、西班牙和奥地利竞相在意大利争霸称雄,意大利成为任人宰割和肢解的对象。1796年,拿破仑率军入侵意大利,独占这个国家近20年,

1815年拿破仑失败后,列强召开了维也纳会议,对法国所占领的意大利进行了处置,处置的基本思路是仍然维持意大利四分五裂的局面,并没有寻求让意大利成为独立统一的王国。作为改组意大利的基础有两个基本原则,一个原则是铲除法国在意大利的势力,另一个原则是重新选择一个强

国,它既能够威胁意大利半岛,又能在遇到来自法国的进攻时成为桥头堡,这个强国就是奥地利。根据会议的内容,意大利被肢解为八个小邦和地区,即撒丁王国、教皇国、伦巴底—威尼斯地区、托斯卡纳公国、摩德纳公国、帕尔马公国、卢加公国和两西西里王国,它们分别受奥地利、法兰西、西班牙的管辖。具体而言,伦巴底及威尼斯割让给了奥地利帝国;摩德纳、帕尔马、托斯卡纳由奥地利的哈布斯堡皇室的人员统治;教皇重掌教皇国;西班牙的波旁王朝在两西西里王国复辟;萨伏伊王室的伊曼纽一世复辟并统治皮埃蒙特及撒丁尼亚,同时获得了热那亚共和国。梅特涅在主持了这次瓜分之后宣称:"现在的意大利只不过是一个地理概念而已。"

强邻的宰割和肢解使意大利长期处于四分五裂的状态,甚至连名义上的中央政权也不存在,各封建王国、邦国、公国和领地之间常因利害冲突而内战。北部各共和国,如威尼斯、热那亚、佛罗伦萨等,主要是依靠对外贸易而兴旺起来的,彼此在经济上很少联系,而且又互相竞争、相互敌视,所以根本不关心政治上的统一。

但是到了19世纪初情况发生了变化,意大利出现了要求驱逐外国势力,实现民族统一的呼声。发生这种转变的根本原因在于,盘根错节的封建势力和国家分裂,对意大利资本主义的发展非常不利。19世纪上半叶,意大利仍是一个落后的农业国,农村人口占全国人口的五分之四,在农村中,封建生产关系占主导地位,王公贵族、寺院僧侣都握有大量土地。封建势力还是外国统治者的支柱,它们反对改革与进步,害怕国家的统一会招致王位与特权的丧失。意大利各个小邦的法律,度量衡很不统一,国内关卡林立,税收名目繁多。因此,随着资本主义的发展,资产阶级和新兴贵族的力量日益壮大,他们对外国的专制统治和国家分裂的局面愈加不能忍受,强烈要求驱逐外国势力,铲除封建割据,建立统一的国内市场和近代民族国家。由此开始了意大利争取民族独立和国家统一的运动。这场运动又被称为复兴运动,大致从18世纪末开始到1870年结束,延续了将近80年的时间。

意大利复兴运动是和法国大革命的爆发同步的。那时意大利的启蒙运动思想家,深受法国启蒙思想和大革命本身的影响,认识到法国革命所开创的道路,就是意大利未来复兴的道路。因而,在意大利掀起了宣传法国大革命的热潮。这种宣传极大地调动了广大民众的政治热情,在民间出现了一系列具有进步思想的政治团体组织。这些团体和组织模仿法国大革命时期的政治派别,称自己为"雅各宾党人",成立"雅各宾俱乐部"等,积极宣传"自由、平等、博爱"的思想,号召进行社会改革,高举复兴的大旗,最终实现意大利的民族独立和国家统一。

在这些团体和组织的影响下,一些秘密的会社纷纷成立,其中"烧炭党"(Carbonari)是最大和最活跃的一个。"烧炭党"是意大利人民为反抗外族压迫而建立的第一个民族主义组织,19 世纪初在那不勒斯王国成立。因成员最初逃避在烧炭山区而得名。它提出的主张包括争取立宪,改革现存专制国家,驱逐外国入侵者,实现民族独立和国家统一等。该组织在1812—1813 年拿破仑帝国衰败时期得到发展。1815 年其活动几乎遍布整个意大利半岛。成员大多数为资产阶级、先进知识分子、自由派贵族和士兵等。由于烧炭党热衷于少数人的密谋暴动和地下活动,没有得到下层群众的广泛支持,因而在 1820 年那不勒斯起义和 1821 年皮蒙特革命时都失败了,但它给以后更进步的资产阶级民族主义组织留下了有益的经验和教训。1831 年摩德纳起义失败后,烧炭党在意大利政治生活中逐渐失去影响,代之而起的是马志尼领导的"青年意大利党"。

马志尼(Giuseppe Mazzini,1805—1872 年),意大利革命家,民族解放运动领袖。是意大利建国三杰之一(另两位是撒丁王国的首相加富尔和号称"两个世界的英雄"加里波第)。早年受爱国民主思想的熏陶,立志为意大利的独立、统一和自由而献身。早在大学读书时,马志尼就参加了烧炭党,1830 年,残存在意大利各地的烧炭党组织发动中部各邦起义失败后被捕,继而被流放国外,1837 年,他在法国的马赛创立了秘密的革命组织"青年意大利党",并创办了《青年意大利报》,主张通过革命道路从异族压迫下解放意大利,建立统一的民主共和国,实现民主、自由和普选权。参加该党的人有中小资产阶级和部分贵族中的进步代表以及先进知识分子。青年意大利党在各地建立地方组织,也多次领导和发动起义,1833 年,该组织成员超过6 万人,在意大利复兴运动中起过重大作用。但因没有认真关心被压迫群众的处境,缺乏群众的支持,起义活动均遭失败,他本人也被撒丁法庭缺席判处死刑,先后流亡瑞士和英国等地。

最终,撒丁王国的加富尔(Camillo Benso Cavour, 1810—1861 年)成为统一运动的真正领袖,并吸引了各派的力量。撒丁王国是 1848 年革命后意大利各邦国中唯一不受外国控制的独立国家。撒丁王国实行君主立宪制度,建立了两院制的国会制度,宣布在法律面前人人平等,赋予人民言论,出版、集会的自由,因此撒丁王国在意大利各邦中享有政治开明的声誉。在撒丁王国,资产阶级自由派掌握了政权,其代表人物就是加富尔。加富尔出身

加富尔

于都灵的一个贵族家庭,博学多才,青年时代供职军旅,22 岁时游学英、法等国,研究这些国家的政治、社会和经济问题,特别醉心于英国的君主立宪体制。19 世纪 40 年代,加富尔开始经营农场,从事谷物贸易,并兴办工厂,建立公司,开设银行,成为资产阶级化的地主。50 年代初,加富尔步入政坛,先后担任过农业大臣,商业大臣和财政大臣等,并于 1852 年出任撒丁王国首相。加富尔反对革命,主张社会改良,是撒丁王国议会自由派的首领,他的政治主张得到了国王维克多·伊曼纽尔的支持。

出任首相后,加富尔推行了一系列富国强兵的政策,使撒丁王国的国力大大增强。他首先大力发展工业,鼓励私人兴办企业,兴修铁路,扩大热那亚港,建立商船队等。其次实行自由贸易政策,先后与英国、法国、比利时、

瑞士等国签订通商条约,使撒丁王国的对外贸易额迅速增长。第三大力加强国防建设,扩充军备,建造堡垒,改编并扩大军队,装备新式武器。第四限制教会和寺院的权力,将教会部分财产收归国有,剥夺教会的各种特权。第五实行其他一些自由主义政策。如允许报章杂志刊载反奥文章,同意意大利其他邦的爱国人士到撒丁避难等等。他的这些措施促进了撒丁王国资本主义的发展,也提高了撒丁王国在意大利各邦中的地位,使它成为意大利统一运动的中心。

马志尼和加富尔分别代表着统一意大利运动中的两个派别,也代表着寻求意大利统一的两条道路。以马志尼和加里波第为代表的民主派,主张依靠意大利自己的力量,采取革命斗争手段,推翻奥地利和国内封建割据势力,通过自下而上的革命道路完成民族解放和国家统一大业。以加富尔为代表的自由派则主张在撒丁王国萨伏依王朝的旗帜下,通过自上而下的王朝战争和改革道路,达到国家的统一,建立君主立宪制的联邦国家。民主派代表中小资产阶级和广大人民群众的利益,自由派则代表资产阶级化的贵族和大资产阶级的利益。民主派没有把统一和民族解放运动与土地革命结合起来,自由派则采取灵活政策,既争取法国援助驱逐奥国势力,又在必要时利用民主派的力量推翻各邦封建统治。

在意大利统一运动中,始终贯彻着两条道路的斗争。但是由于民主派的软弱,自下而上这条道路没有走通,民主派的代表人物马志尼也在一系列的失败后对革命失去信心,他和从南美归来领导红衫军团的加里波第(Giusepe Garibaldi,1807—1882年)都加入了加富尔的阵营,以加富尔为代表的资产阶级自由派则充当了这个运动的主角。

意大利的统一运动是从对奥战争拉开序幕的。撒丁王国为了实现在它领导下完成意大利统一的事业,在加富尔的谋划下,积极进行反奥战争准备。在外交上,加富尔利用法奥矛盾,采取与法国结盟打击奥地利的方针。1858年6月,加富尔与拿破仑三世会晤,双方达成联合对奥作战的秘密协定。拿破仑三世答应参加对奥作战,帮助撒丁王国收复被奥地利占领的领土,建立北意大利王国,加富尔则答应将萨伏依和尼斯割让给法国作为酬谢。为了巩固与法国的联盟,加富尔还撮合两个王朝联姻,伊曼纽尔把女儿嫁给法国王子。1859 年 4 月 29 日,奥军首先开始军事行动。战争开始后,加里波第应加富尔之请,立即组织红衫军参加抗奥战争,这支军队在伦巴底一带连战皆捷,给奥军以沉重打击,6 月底,奥军被赶出伦巴底,退守威尼斯。在对奥战争中,意大利中部各小邦人民趁机起来斗争,托斯坎纳,摩德纳,帕尔马和罗曼纳等地先后爆发人民起义,推翻了当地的封建政权,成立了资产阶级临时政府。加富尔抓住了有利时机,用几个月的时间突击访问了中部这几个小邦,游说他们合并于撒丁王国。加富尔的活动受到各小邦资产阶级自由派的支持。1860 年 3 月,这些小邦在自由派控制下举行全民投票,正式宣布与撒丁王国合并。

撒丁王国合并各邦的活动受到法国的阻挠,法国参战的真正目的是为了争霸,而并非同情意大利的统一事业,它更不愿看到一个统一和强大的意大利。于是拿破仑三世背弃诺言,于 1859 年 7 月单独与奥地利签订停战协定。根据这个协定,奥地利答应将伦巴底交由法国转交给撒丁王国,法国则赞同奥地利继续占领威尼斯。1859 年撒丁王国与法国的联合反奥战争就这样结束了。这次战争,虽使奥国占领下的伦巴底地区与撒丁王国合并,但并没有把奥地利人赶出北部意大利,也没有完成意大利北部的统一。但是,由于中部一些小邦归并于撒丁王国,教皇国的一些地区也反对教皇统治而同撒丁王国合并在一起,从而壮大了意大利统一的基础,意大利统一的事业前进了一步。

在北部对奥战争和中部地区革命运动影响下,1860 年 4 月,南部西西里岛爆发了声势浩大的农民起义,加里波第闻讯后,立即组织了著名的红衫军从热那亚出发,渡海远征西西里,支援起义者,5 月,红衫军在西西里岛的马萨拉港登陆,向西西里首府巴勒莫进军,于 5 月 27 日攻克巴勒莫,成立了临时政府,7 月,西西里岛基本解放。随后,加里波第又率军渡过墨西拿海峡,向那不勒斯进军,9 月 7 日,攻克那不勒斯,结束了西班牙波旁王朝在南

意大利的统治。10 月,加里波第在那不勒斯建立了临时政府,自己担任执政官。但加里波第并没有以那不勒斯建立的资产阶级民主派的共和国为中心,依靠自己的力量实现意大利的民族统一。1861 年 10 月,意大利南部举行公民投票,宣布归并于撒丁王国。1861 年 3 月,议会宣布撒丁王国和与之合并的各邦国成立意大利王国,撒丁王国的国王伊曼纽尔为意大利王国的国王,加富尔为首相,佛罗伦萨为新王国的首都。至此,除威尼斯和罗马地区外,意大利已基本上实现了统一。

1861 年 6 月加富尔病逝,此后,意大利仍采取依靠外国力量的政治策略,把统一罗马和威尼斯的希望寄托在普鲁士身上。1866 年 4 月,意大利与普鲁士结成联盟。普奥战争爆发后,意大利参加普鲁士一方作战。战争的结果,奥地利战败,根据 1866 年意大利与奥地利缔结的《维也纳和约》,意大利收回了威尼斯。收回威尼斯后,意大利的统一只剩下教皇国这一个障碍了。1862 年,加里波第在巴勒莫组织了 3 000 人的志愿军,率军北伐,准备解放罗马。但是由于政府军的阻挠而失败。1867 年,加里波第再度率军进入教皇领地,但被法国军队和教皇雇佣军打败。1870 年普法战争爆发,拿破仑三世下令调回驻罗马的法军,加里波第趁机再次组织志领军进军罗马,意大利政府军也于 9 月 20 日开进罗马。根据 10 月公民投票结果,罗马教皇国被归并于意大利王国。教皇被剥夺了世俗的权力,避居梵蒂冈,至此,意大利统一最终完成,1871 年 1 月,意大利首都由佛罗伦萨迁到罗马。

随着德国和意大利的统一,整个欧洲的近代民族国家格局基本形成,但德国和意大利等新兴势力的兴起,也打破了欧洲原有的势力均衡,为第一次世界大战的爆发埋下了伏笔。

第十六讲
近代的终点

1 通向"一战"之路

1914 年 6 月 28 日星期天,奥地利的皇储弗兰茨·斐迪南大公(Franz Ferdinand,1863—1914 年)携妻索菲亚来到波斯尼亚首府萨拉热窝进行特别访问,激怒了塞尔维亚爱国者,"黑手会"和波斯尼亚当地的秘密民族主义团体"青年波斯尼亚"拟定了行刺斐迪南的计划。最后斐迪南被年仅 19 岁的加菲格利·普林西波(Gavrilo Princip,1894—1918 年)所射杀,史称"萨拉热窝事件"。正是这一事件成为导火索,引发了第一次世界大战的全面爆发。这次刺杀事件只是大战爆发的最直接的原因,其背后的深层原因更为复杂。

第一次世界大战之所以一触即发,是帝国主义、军国主义和民族主义思潮所引发的矛盾长期集聚的结果。帝国主义就是指资本主义发展到垄断资本主义阶段,生产的急剧发展和国内资本积累的大量增加,迫切需要商品倾销和资本输出的市场,由于这时候主要的殖民地已经瓜分完

普林西波被抓

毕,老牌的资本主义国家和新兴的资本主义国家面临着争夺欧洲霸主和重新瓜分、争夺殖民地的矛盾,利益的争夺导致欧洲列强间的紧张关系日趋严重。到1900年,大英帝国在五个大陆拓展,法国也控制了非洲的大片土地,这导致与比较晚参与划分殖民地而只获得少量非洲土地的德国人的敌对。军国主义是指政府越来越重视军队和军事力量,相信武力是保障自身安全和获得利益的最有效手段,这导致第一次世界大战前欧洲主要国家大规模的军备竞赛。法国和德国的军队在1870—1914年间增加了一倍。为了争夺海洋英国和德国还进行了激烈的竞争。英国于1906年引进了"无畏级战舰",德国随后引入了自己的战舰。德国的阿尔弗雷德·冯·施里芬(Alfred von Schlieffen,1833—1913年)还起草了一份行动计划(Schlieffen Plan),该计划旨在使战争爆发时避免德国两面作战。按照这一计划,如果发生战争,德国会迅速攻击和打败法国,然后把军队转向俄国,因为俄国调动军队准备战争的速度很慢。作为同一民族、语言和政治观念的民族主义者,他们强烈支持本国的权利和利益,认为如果有战争一定能够取得胜利。1871年德国成为一个独立的国家,导致了欧洲旧秩序的失衡,也造成了德国与欧洲其他独立国家的紧张关系。奥匈和塞尔维亚的大片地区是各种民族主义组织的容身之所,民族主义者都想从所生活的国家中获得自由,这造成了错综复杂的国家关系和民族关系。

在日渐生成的错综复杂的矛盾之网中,主要的编织者是欧洲的一些强国,其中包括英国、法国、德国、奥匈帝国和俄国,它们之间复杂的利益矛盾和紧张关系,将欧洲大陆的所有地区以及欧洲之外的殖民地都卷入矛盾的漩涡之中。在这些国家中,德国和法国存在着矛盾。德法之间的结怨缘于普法战争。在德国统一的战争中,普鲁士首相俾斯麦(Otto von Bismarck,1815—1898年)许诺将卢森堡割让给法国,促成了法国的中立。但战争结束后,法国的拿破仑三世开始害怕一个强大的统一德国的出现,双方开始积极备战,并于1870年爆发了普法战争。在这场战争中,貌似强大的法国其实不堪一击,很快普鲁士就确定了对法国的军事优势,法国巴赞元帅的军队被包围于梅斯要塞,拿破仑和麦克马洪元帅的军队则被包围于色当要塞。最后法国的军队向普鲁士投降,双方签订了《法兰克福条约》,根据条约,法国不但要赔款50亿法郎,而且还割让了阿尔萨斯和洛林。普法战争后,俾斯麦开始实行"大陆政策",就是通过联合奥匈,拉拢俄国和英国,孤立法国,建立以德国为中心的大陆同盟体系。法国的割地赔款埋下了法德之间仇恨的种子,重新夺回阿尔萨斯和洛林成为法国的核心目标。俾斯麦的大陆政策并没有能够真正维持均衡,德国、俄国和英国相对亲近的关系并没有维持多久,很快就陷入新的矛盾之中。俾斯麦拉拢俄国的目的是为了孤立法国,但是俄国反对德国对法国发动战争,德国反过来反对俄国与奥匈争夺巴尔干,最后德国支持奥匈而疏远俄国,导致双方在经济上相互实行保护壁垒,德俄关系走向恶化。后来虽然从自身的利益出发,俄国与德国和奥匈定了"三皇同盟",与德国签订了《再保险条约》,但是各自的利益冲突并没有解决。英德之间矛盾的加深源于德国从大陆政策向世界政策(Weltpolitic)的转变。世界政策是德国皇帝威廉二世(William Ⅱ,1888—1918年在位)的政策,他相信德国有权利成为全球帝国,在经济上操纵中欧,创造一个殖

民帝国,为此,应当发展军队和海军来支持其殖民目标。正是这种政策导致德国大力发展海军,引发了欧洲的军备竞赛,并在亚洲、非洲等地展开了新一轮的殖民地争夺。德国的这种世界政策,严重威胁到英国在全球殖民地的利益,并成为英国最强劲的对手。为此,英国开始清醒地意识到德国对自己的威胁,开始放弃长久坚持的"光荣孤立"政策,将德国视为自己的敌人,与德国展开积极的海军军备竞赛。

利益的取舍和追求势力均衡的结果,使欧洲的主要强国开始分化成利益集团,利益相互接近的国家逐步走到一起,从分散状态演变成了军事同盟。最先走到一起的是德国和奥匈帝国。1879 年 10 月 7 日,两国签订了秘密同盟协定,规定在遭到俄国攻击时,任何一国均有义务倾其全力进行救助,并在双方同意后共同媾和,若战争中没有俄国参加,则双方保持善意中立。以德奥的秘密协定为起点,德国和奥国又分别与其他国家签订协定,使这种同盟关系进一步扩大。1881 年,奥匈与塞尔维亚签订了同盟条约,根据此条约奥匈控制了塞尔维亚。同时由于 1881 年法国占领了突尼斯,与意大利的利益发生冲突,于是 1882 年 5 月 10 日,意大利加入了德奥同盟,缔结了三国同盟。三国同盟条约规定:意大利遭受法国攻击时,另外两国给予军事援助;同样,德国遭受法国攻击时,意大利亦应进行援助;奥匈和俄国发生战争时,意大利需保持中立;德国和法国发生战争时,奥匈应恪守中立。1883 年 10 月 30 日,罗马尼亚、奥匈和德国又签订了同盟条约。这样通过一系列的双边和三边的同盟协定,正式形成了以德国为中心的同盟体系,成为第一次世界大战中最主要的同盟。在德奥意相互接近的同时,法国、俄国和英国逐步走到了一起,结合成为另一个强大的同盟集团。首先,随着德俄关系的逐步疏远,法俄之间找到了共同点。在法国的提议下,双方同意缔结军事协定。军事协定签订于 1892 年 8 月 17 日,并于翌年正式缔结同盟。该军事协定规定:如果德意中的任何一国攻击法国,则俄国倾其全力进攻德国;同样如果俄国遭到德奥中的任何一方攻击,则法国倾其全力相救。对德作战发生后,法国应提供 130 万兵力,而俄国应提供 70—80 万的兵力,并在战争中迫使德国立即在东西两线作战,且双方不能单独媾和。随着德国的强大和对英国的危险越来越大,英国也开始放弃"光荣孤立"的政策。尽管同俄国和法国也有着矛盾和摩擦,但是出于势力均衡和制衡德国的考虑,英国开始同这两个国家接近。1904 年 4 月 8 日,英法两国在伦敦签订了英法协约,该协定主要调整双方在殖民地问题的矛盾。其中包括关于纽芬兰和西非、中非的有关协定;法国承认埃及为英国的殖民地,而英国也承认法国获取摩洛哥;另外还有关于暹罗、马达加斯加和新赫布里底的声明。从此开始,英法开始密切合作对付德国。随着日俄战争中俄国的战败,英俄在远东的矛盾也逐步缓解,双方渐渐走到一起,在 1907 年 8 月 31 日签订了英俄协约。该协约就波斯问题、阿富汗问题和西藏问题达成了一致。至此,三国协约正式完成。同盟国和协约国两大军事同盟的形成,在一定程度上可以保持欧洲的势力均衡,并可以制约战争的爆发,但同时也表明,如果战争出现,必将成为牵动整个欧洲,甚至世界的大规模战争。

在第一次世界大战正式爆发之前,已经开始出现可能导向大战的国际危机,这些危机既是第一次世界大战的前兆,也是第一次世界大战的动因。其中最重要的危机包括摩洛哥危机、波斯尼亚危机和巴尔干战争。1904 年 4 月英法协定中英国承认摩洛哥是法国的势力范围。1905 年法国企图使摩洛哥成为法国的"保护国"。德国宣称要维护摩洛哥的独立,并向法国发出照会以战争相威胁,局势顿时紧张。7 月 8 日双方同意召开国际会议讨论摩洛哥问题,会议期间英、俄支持法国,会议结束时签订了有利于法国的条约。该条约承认摩洛哥独立,但又承认法国和西班牙对摩洛哥的控制权。此后,法国加紧了对摩洛哥的控制,从 1907 年开始,相继占领了摩洛哥的乌季达、卡萨布兰卡、非斯及其他城市。对此,德国向法国要求分割一部分法属非洲殖民地作为补偿,并以保护德国商人为由,派遣炮舰开往摩洛哥大西洋岸的港口阿加迪尔。对此,英国进行海军作战动员,并表示不惜与德国一战。面对英国的强硬态度,德国被迫退让,在 11 月 4 日与法国达成协议,德国承认摩洛哥受法国保护,法国则给予德国一部分法属刚果领土作为补偿,摩洛哥危机至此暂告一段落。1908年,奥匈占领了以前土耳其的波斯尼亚和黑塞哥维那,这惹恼了塞尔维亚人,后者认为该省份是他们的。塞尔维亚威胁着要与奥匈开战,俄国与塞尔维亚结盟,动员自己的军队。德国与奥匈结盟动员了自己的军队,并准备威胁俄国。最后在德奥的强大压力下,俄国被迫退让,战争才得以避免。然而,1911年和1912年,塞尔维亚、保加利亚和希腊等巴尔干国家发动了第一次巴尔干战争,把土耳其人赶出了这一地区。紧接着在巴尔干爆发了第二次战争,这些巴尔干国家为了谁拥有那一地区而相互斗争。奥匈帝国对巴尔干问题进行干涉,强迫塞尔维亚放弃某些到手的东西。塞尔维亚和奥匈之间的矛盾日益尖锐,使得巴尔干地区成为"欧洲的火药桶"。正是在这里,点燃了第一次世界大战的导火索。

因此,塞尔维亚青年刺杀奥匈皇储并不是一个偶然的事件。塞尔维亚本来就因为奥匈插手巴尔干地区而充满着仇恨,而奥匈帝国一直准备对塞尔维亚开战,斐迪南大公就是主要的战争策划者。他之所以前往萨拉热窝,就是为了巡视奥匈在邻近塞尔维亚边境的波斯尼亚萨拉热窝举行的大规模军事演习,而这一天恰好是塞尔维亚被土耳其征服的纪念日。正是奥匈的这一挑衅行为激怒了塞尔维亚的民族主义者。

这一刺杀事件如同一颗火星,点燃了欧洲的火药桶,迅即引起了欧洲同盟国和协约国的连锁反应。其中奥匈帝国在德国支持下于7月28日对塞尔维亚宣战。为此,一直想染指巴尔干的俄国不能袖手旁观,俄国开始进行军事总动员,法国保证全力以赴支持俄国,于是俄国于8月1日正式对德国宣战。德国于8月1日和3日,对俄国和法国宣战。8月4日,英国对德国宣战,这样战争开始全面爆发。战争爆发后,意大利、日本、土耳其、保加利亚和罗马尼亚以及主要交战国的殖民地等都开始加入到战争中来,演变成名副其实的世界大战。

2 大战的进程

第一次世界大战的主战场在欧洲。尽管欧洲主要的国家都结合而成为军事同盟，但是两大集团的对立是由许多不同的矛盾所组成的，每个参战国的作战目的和着眼的地域不同，因而最初的战场相对分散。

大战初期的战场可以分为西线、东线和巴尔干战场、土耳其战场、意大利战场和殖民地战场。西线战争主要是英法军队对抗德国。战争开始后，德国就按照1905年制定好的"施里芬计划"，首先集中兵力向西进攻，然后再掉头对付俄国。因此，德军总参谋长在西线陈兵7个集团军，其中两个集团军在左翼防守阿尔萨斯和洛林，5个集团军则借道比利时、卢森堡和荷兰从右翼迂回向法国推进。在德国按照预定计划攻占比利时的时候，法军则按照既定的设想，在总参谋长霞飞的指挥下，将主力集中在法德边境，指望对德国左翼发动主动进攻而一举收复失去的阿尔萨斯和洛林。但法国第一和第二集团军的初次进攻便大败而归，而右翼的德军却在占领比利时后迅速斜插法国，其主力部队第一集团军于8月24日突入法国境内，兵临巴黎城下。霞飞抽调兵力组成第六集团军阻止德国右翼的军队也以失败告终，法国政府被迫迁往波尔多，巴黎危在旦夕。但是幸运的是，德国的第一集团军并没有直接进入巴黎，而是在巴黎以东南下，配合第二集团军区围歼法国的第五集团军，这样便把自己的侧翼暴露给法国第六集团军。正是这一失误给法国军队提供了反攻的良机。德法双方的军队最后集结到马恩河附近。9月5日霞飞下达命令，第二天进行全面反攻，双方主力进行了一次全面的较量。

法第六集团军继续与德第一集团军进行激战；法第五集团军则转守为攻，与德第一集团军厮杀，并同德第二集团军右翼交火；法第四和第九集团军则遏制住德第三、第四集团军，孤立德第一、第二集团军。至9月11日，德军所有的军队都开始撤退，马恩河战役以德国的失败而告终。在这场会战中，交战双方先后投入150万的兵力，伤亡人数有30多万。其中，法军阵亡2.1万人，受伤12.2万人；德军阵亡4.3万人，受伤17.3万人。这场战争的胜利，有效地遏制了德军的速战速决计划，保住了巴黎，并使施里芬计划破产。从此以后，西线战场进入了两军对峙的胶着状态。与此同时，应英法

联军指挥部的请求,东线的俄军在还没有完成动员和集结的情况下,就开始
对德军展开攻击,减轻西线的压力。8 月 17 日,第一集团军的 3 个步兵军袭
击东普鲁士,揭开了进攻的序幕,并一度取得了胜利。德国第八集团军司令
兴登堡和参谋长鲁登道夫重新部署部队,派出军队牵制俄第一集团军,同时
调遣第八集团军的几乎全部兵力去攻打俄国第二集团军。9 月 6 日,德军
发起进攻,双方经过激烈的战斗,至 15 日,俄军全部撤至涅曼河东岸。在这
场战争中,俄第一集团军被俘 4.5 万人,伤亡约 10 万人,损失火炮 150 门。
尽管东线普鲁士战役的结果是俄国被逐出国境,但这场战役也有效地支援
了西线,由此,东线战争也进入了对峙和胶着的状态。与此同时,同盟国和
协约国各自的阵营也在不断扩大,战争的空间不断延伸。其中,土耳其和保
加利亚加入同盟国,日本和意大利则参加协约国,正是在此时,日本开始争
夺德国在中国胶东的殖民地。

凡尔登战役

　　经过第一阶段双方的较量,交战双方都没有能够达成自己预期的目标,
也表现出交战各方最初的乐观和自信带有很大的盲目性。从 1916 年开始,

无论是东线还是西线,无论是海上还是陆地都进入了消耗极大的阵地战阶段。这期间主要的战役都发生在西线。1916 年 2 月至 12 月,德法两国军队均投入重兵展开了凡尔登战役。凡尔登距法德边境 50 公里左右,是法国首都巴黎的东北门户,为双方必争之地。法军在这里构筑了四道坚固的工事,居高临下,易守难攻。埃尼尔将军率领第三集团军 11 个师在此镇守,战争打响后,更是逐渐增加到 69 个师。实施进攻的德军则是威廉皇太子率领的第五集团军 17 个师,后来增加到 50 个师。为了隐蔽主攻方向,德军计划在宽达 40 公里的正面,全部炮兵进行 8.5 小时的炮击,并出动航空兵轰炸敌后方目标和扫射防御阵地上的法军。德军于 2 月 21 日 7 时 15 分发起进攻,动用炮兵和航空兵对法军阵地实施轰炸,随后,德军步兵发起冲击,占领了前沿阵地和杜奥蒙堡垒,但未能突破法军的防线。霞飞将军调集一切可以动用的部队,决心在凡尔登地区与德军决战。法军大批援军及时投入战斗,加强了纵深防御,有效地阻止了德军的进一步突破。双方经过 70 个昼夜激战,德军总共才推进六七公里。凡尔登战役成了一场消耗战。双方都不断投入新的兵力。德国甚至使用了毒气弹等新型武器,但仍然被法国击退。从 8 月份开始,法军发起反突击。这一切迫使德军指挥部不得不在凡尔登一带转入防御。从 9 月开始,德国不得不停止进攻,到 12 月,法国重新夺回了杜奥蒙堡等堡垒,并重新前进到最初的防线,德军以失败告终。在这场战役中,双方投入的部队人数众多,损失惨重,消耗极大。德国投入交战的兵力为 50 个师,损失近 60 万人。法国投入交战的兵力为 69 个师,损失 35.8 万人,因此,历史上形象地把这场战役称为"凡尔登绞肉机"。

　　就在凡尔登战役进行之时,为减轻法军的压力,英法联军于同年 7 月至 11 月主动与德军展开了大规模的索姆河会战。参加会战的是法约勒将军率领的法国第六集团军和罗林森将军的英国第四集团军,统一由福煦将军指挥,目的是突破德国冯·贝洛将军率领的第二集团军在富科库尔、埃比泰讷地段的防御。英法联军投入军队共有 32 个步兵师和 6 个骑兵师,后增加到 86 个师,德第二集团军共有 8 个步兵师,后增加到 67 个师。6 月 24 日一

7月1日经过7天的炮火准备,英第四集团军向巴波姆方向实施主要突击,英第三集团军和法第六集团军实施辅助突击。最初,英法联军占领了德国的前沿阵地,并一度占领了巴尔勒、比阿什等德军防御要地。但之后因德军投入预备队以及本身在突破方法和组织指挥方面存在着严重缺点,英法联军推进缓慢,未达成战役突破。双方进入了阵地消耗战,英军首次将坦克投入到战斗中,并取得了一定的成效。但是尽管双方不断增加兵力,战争不断扩大,但英法联军仍然没有最后突破德军的防线,至11月双方战斗停止。在这场战役中,英法联军损失61万人,德军损失53.8万人。虽然德军失去了240平方公里阵地,但也有效地遏制了英法联军的进攻。

除了陆上的大规模战役之外,英国和德国还进行了大规模的海上争夺。其中最著名的战役是日德兰海战。在海上,英国庞大的舰队一直保持着霸主地位,尽管德国大力发展海军,但是在舰船和火炮方面仍然落后于英军。因此,战争开始后,英国的主力舰队一直对德国进行海上封锁,而德国的军舰躲在港口不敢轻举妄动。1916年,新上任的德国大洋舰队司令莱茵哈德·舍尔制订计划,决定用派出少量战舰作为诱饵诱使部分英舰出动、紧随其后的德军主力舰队将其歼灭的战术来消耗英国舰队的力量。5月31日,德国舰队出发。但是,此时英军已经掌握了德国海军的密码,并成功地破译了德国舰队即将出航的电报。于是英国派出一部分舰队前往预定海域应敌,同时主力舰队紧随其后,准备全歼德国出动的舰队。但是双方谁都没有料到在先头部队之后是对方的全部主力舰队。于是,在日德兰海域,双方的全部主力舰队展开了一场一战中最大规模的海战。战斗异常惨烈,最后,都没有能够达到歼灭对方的目的,德国舰队在6月1日凌晨杀开一条血路,突破英国舰队的封锁回到自己的军港。在这场海战中,英国共出动舰只151艘,德国出动了110艘,其中英国损失战舰14艘,伤亡6 945人,德国损失舰只11艘,伤亡3 058人。英国没有能够显示出对德的海上优势,但是德国也未能冲破英国海上舰队的封锁,之后,潜艇战和反潜战成为主流。

1917年双方又进行了一些战役,但都没有任何一方在军事上取得优势。不过协约国在争取同盟力量方面获得了不少的成就。尽管俄国因为爆发十月革命宣布退出了战争,但是德国的无限制潜艇战和对美国的威胁,将实力甚强的美国拖入战争,美国于 1917 年 4 月 16 日放弃中立对德宣战,随美国之后对德宣战的有巴西、古巴、巴拿马、危地马拉、尼加拉瓜、海地、洪都拉斯、哥斯达黎加、利比里亚、暹罗(泰国)、汉志(今沙特阿拉伯西部)等国家。这大大增强了协约国的力量。同时,罗马尼亚、希腊和中国北洋政府也宣布加入到协约国作战。由此,协约国开始确立对同盟国的优势。

从 1918 年开始,战争双方进入了战略决战阶段。苏维埃俄国退出战争后,德国开始将兵力集中于西线,拟赶在美国军队到达之前,给英法联军以毁灭性的打击。1918 年 3 月至 7 月间,德军连续发动了 5 次大规模进攻,但是均未取得重要的进展,英美联军的防线依然稳固。与此同时,几十万美军抵达欧洲,德军已再无力组织进攻。从 7 月下旬至 8 月底,协约国联军对德军连续发动进攻,德军退守兴登堡防线,处于被动局面。1918 年 9 月 26 日协约国联军对德军发动总攻,德军无力抵抗,兴登堡防线被全面突破。9 月 29 日,德皇威廉二世召开御前会议,德军统帅兴登堡和总参谋长鲁登道夫承认德国已经不能继续抵抗,要求结束战争。德皇改组内阁,任命巴登亲王马克西米利安为总理,向协约国提出停战谈判要求。从 9 月底至 11 月初,保加利亚、土耳其和奥匈帝国在协约国军队的攻击下先后投降。10 月 11 日,波兰国会宣布波兰属地脱离奥匈帝国,12 月 8 日,捷克和斯洛伐克合并成立独立的共和国。11 月 2 日匈牙利宣布成立民主共和国。10 月 28 日,维也纳爆发工人总罢工和士兵游行示威,迫使奥皇退位,11 月 12 日成立奥地利共和国。11 月初,德国十一月革命爆发,9 月德皇威廉二世退位,社会民主党组临时政府,宣布成立共和国。11 月 11 日清晨,德国政府代表 M·埃尔茨贝格尔同协约国联军总司令福煦在法国东北部贡比涅森林的雷诺车站签署停战协定,德国投降。根据协定,德国必须在 15 天内从法国、比利时、卢森堡、阿尔萨斯、洛林及莱茵河左岸地区全部撤出其军队。同时须从土耳其、罗马尼亚、奥匈帝国及非洲撤出军队。还必须交出 5 000 门大

炮、2.5 万挺机枪、3 000 门迫击炮、1 700 架飞机、5 000 台火车机车、15 万节车皮和 5 000 辆卡车。《贡比涅森林停战协定》的签订宣告了同盟国的失败和第一次世界大战的结束。

这场战争是人类历史上第一次世界大战,战争波及欧亚非三大洲,将 33 个国家和 15 亿人口卷入其中,给人类造成了深重的灾难。这场战争改变了战争的形态,也影响了世界历史发展的进程。

3 军事变革

第一次世界大战是每个参战国家整体实力的对抗,也是利益集团之间总体实力的对抗,更是各种战术经受战争考验以及各种新式武器的演练场。人类科技发明的成果在军事上的广泛运用,发挥出前所未有的威力,也大大改变了战争的格局。第一次世界大战彻底结束了冷兵器和火药枪的阶段,开启了现代立体战争的模式。

第一次世界大战战术的主体是堑壕战,围绕着堑壕战,德国又发明了闪电战和渗透战术,应该说这几种战术主宰了一战的主战场。而围绕着这些战术的成功实施,出现了武器配备的改良和更新。

堑壕战是非常注重防御的战术体系。堑壕战的主体组成要素是壕沟、雷区、机枪、火炮和铁丝网,一般由几道防线组成。其中最前沿的防线是壕沟,一般是 8—10 英尺深,5—8 英尺宽。壕沟之后便是带刺的铁丝网,一般 10 英尺高和 12—14 英尺厚,之后便是雷区,一般有数百米宽。在这些障碍物之后,才有士兵的部署,士兵一般躲在堑壕里,装备有机枪和步枪,对试图接近或者突破障碍物的敌方士兵进行扫射。为了支援这些防御的士兵,在堑壕之后 5—6 公里的地方还建有炮火支援阵地,配备有重炮和轻炮等各种武器。这一切的防御配置构成第一条防御地带,一般还要设立大致相同配置的第二和第三防御地带。在主要的战略要地和敌我双方对峙的地区,这样的防御地带往往有数条,绵延达数十公里。在当时武器装备的条件下,突破这样的堑壕防御体系是非常困难的。在重重的障碍之下,无论是步兵和骑兵都难以发挥作用。最初对付堑壕防御体系的主要手段是进行炮击。攻击一方往往首先集中炮火对敌方的第一道防御体系进行轰炸,一方面毁坏铁丝网,一方面压制或者摧毁防御一方的机枪阵地,给步兵和骑兵突破防御阵地打开通道。但是,即使进攻一方侥幸摧毁和占领了第一道防御地带,也往往难以突破后续的防御线。因为,当时的大炮的射程无法达到第二防区,炮兵必须推进到前沿阵地,才能继续发挥作用,但是由于双方围绕第一防区的炮击和扫射,第一防区的地面已经基本上无法通行,因此,突入第一防区的士兵往往会失去炮火的支援,完全暴露在防御方的火力之下,从而导致辛苦占领的阵地得而复失,造成大量的伤亡。在第一次世界大战中,无论是德国军队,还是英法联军都不是单纯的守方和进攻方,而是交替扮演着防御者和进攻者的角色。在凡尔登战役中,德国军队面对的是法国坚固的堑壕防御体系,而在索姆河战役中,英法联军作为进攻的一方,面对的同样是德国的堑壕防御体系。结果在这两场战役中,双方付出了巨大的牺牲,但都没有取得实质性的突破。

正是面对堑壕战这样的特点,德国从一开始便试图从战术上进行突破。在战争初期德国便提出了原始的闪电战战术。闪电战战术的制定者是德国的将军冯·施里芬,闪电战就是德语闪电和战争两个词的合成词。尽管一般所谓的闪电战主要是指第二次世界大战德国依托机械化武器装备而实行的战争样式,但是闪电战的基本思想却是第一次世界大战中奠定的,也就是要像闪电一样迅速行动,集中优势兵力和突然袭击,令敌人措手不及,从而一举确立战争的优势。闪电战所依托的核心思想是避免正面攻击敌方的主力部队和坚固的堑壕防御体系,而以运动的方式从最薄弱的侧翼进行迂回包围,然后直插敌人的心脏地带。第一次世界大战一开始,德国就是采用这种战术。它没有选择与欲夺取阿尔萨斯和洛林的法国士兵正面对抗,而是借道比利时,迂回直插法国的首都巴黎。尽管在迂回包抄的过程中,德国仍然受到法国的强有力阻击,并付出了很大的伤亡,但是德国还是突破法国防线兵临巴黎城下,如果不是德军指挥官判断失误,弄错了进攻的方向,也许巴黎在德国的第一次进攻中就会陷落。但结局是德国错失良机,双方还是进入了阵地战。除了这种迂回攻击的闪电战战术之外,为了能够有效地突破堑壕防御体系,德国的下级军官根据战争的实践,提出了"突击群战术"或者称"渗透战术"。这种战术的宗旨是面对坚固的堑壕防御体系,避免进行大规模的正面冲击,而是在密集炮火的覆盖下,利用弹幕徐进的方式,派出数支小股"突击部队",绕开敌人的火力点,利用敌军防御的空隙,渗透到敌人的防御体系当中,对敌方的通讯设施和主要目标进行打击,同时将敌方整体的防御体系进行分割,从而为大部队的正面进攻创造有利条件。在实施这种战术的过程中,涌现出奥斯卡·冯·胡蒂尔(Oskar von Hutier, 1857—1934 年)这样著名的德国将领。无论是在 1917 年针对俄国的里加战役中还是在 1918 年德国发动的春季攻势战役中,他都充分利用渗透战术立下了赫赫战功。保证这种渗透战术成功的,是渗透部队精良的装备。当时渗透部队的典型装备已经有手榴弹、手枪、短刀、轻重机枪、榴弹发射器、轻型迫击炮和火焰喷射器。轻型迫击炮可以使突击部队近距离对付敌人的火力点,而火焰喷射器可以大大增加小股部队的杀伤面。

　　面对这样的堑壕攻防,战术的发展和变化是一个方面,另一方面是新型武器的发明和运用,在这方面英法军队更加突出。我们所熟知的飞机、坦克等武器尽管还没有成为战场上的主力,但是都已经亮相主要战场,并在一定程度上发挥了重要的作用。飞机是美国的莱特兄弟(Wright brothers)在 1903 年发明的,实现了人类飞上天的梦想。但这项人类的伟大发明很快就被用于战争,在一战的战场上空军初露锋芒,并在未来成为操纵战场的利器。其中,1909 年,美国陆军装备了第一架军用飞机,主要使用它参与战场侦察和训练飞行员。正是飞行员认识到飞机作为攻击武器的重要性,因为飞行员在飞行时,为了自身安全,将步枪、手枪和机枪等带到飞机上,以便在遭遇敌机时进行射击。法国的飞行员最先在飞机上安装了火力很强的霍奇斯基机枪,主要是固定在座舱前的机身上,沿着机身方向射击。后来德国人

莱特兄弟发明飞机

进行改进,制造了一种机枪射速协调装置,螺旋桨和机枪相互配合,避免子弹击中螺旋桨,飞机开始成为一种真正的攻击武器。1916 年,法国人又首先在飞机上安装了航炮,取代了飞机上的机枪,飞机的战斗力大大增强。1916 年,法国首先在飞机上安装了 37 毫米的航炮,取代了早期那些随意加装在飞机上的各种机枪。这些航炮在第一次世界大战中,成为对地实施扫射和空中格斗的主要武器。1918 年 8 月,英国在索姆河反攻中,首次大规模使用。

强击机对地面部队进行火力支援。但这些飞机的速度较慢,有的 1 小时只能飞几十公里,最快的也只有 200 公里左右。尽管如此,在第一次世界大战中,用于空战的歼击机、用于突击地面目标的轰炸机、用于支援部队作战的强击机以及用于侦察的飞机都出现了,甚至反潜飞机也已经具备了雏形。飞机的出现,使战争向立体化方向发展,极大地改变了战争的格局。坦克也是在对付堑壕战的过程中诞生的。由于第一次世界大战攻破堑壕防线的需要,英国和法国等开始研制新型的武器,该武器不但具有强大的火力和装甲防护能力,而且具有强大的机动能力。坦克的制造得到时任英国海军大臣丘吉尔的推动。坦克在英国一经问世,便于 1916 年 9 月投入了索姆河战役,在攻城略地方面初露锋芒。在第一次世界大战的战场上,潜艇也开始初具规模,并在海战中发挥出了强大的威力。当时交战各主要国家几乎都有自己的潜艇群,英国的潜艇数量最多,但是德国的潜艇性能最为优秀。1914 年 9 月 23 日,德国海军的 U9 号潜艇在短短的 1 个小时内,就将英国皇家海军排水量为 1.2 万吨的三艘巡洋舰击沉海底,令举世震惊。1917 年 2 月德国开始宣布进行无限制潜艇战,给协约国造成很大损失。潜艇技术的发展,也给反潜技术提供了空间。德国和英国在一战时期开始使用飞行器进行反潜。德国曾用飞艇攻击英国的潜艇,英国则在 1915 年制造了第一艘专用反潜的飞艇。1916 年 8 月,奥地利开始用飞机攻击英军的潜艇,9 月开始攻击法国的潜艇,均取得了很好的效果。除了坦克、大炮这些威力巨大的武器之外,一些特殊的但在战争中起很大作用的武器也被广泛使用。首先,交战双方都曾经使用无线电通讯设备侦察对方的通讯信息、干扰对方的通讯联络。而且,德国统帅部在 1915 年 4 月 22 日在法国沿线的进攻中使用了毒气炸弹和炮弹。

综上所述,现代战争最主要的武器如飞机、坦克、大炮、潜艇等等都已经开始出现在第一次世界大战的战场,毒气战和信息战也已经初露端倪,预示了今后战争的立体化、机械化和信息化。这些新式武器的发明是技术革命和工业革命的后果,同时军事和武器变革又推动了科技的进步。

第八编　新秩序与新危机

第十七讲

战后新秩序

1 俄国十月革命

　　就在各资本主义国家在一战的战场上厮杀的时候,作为协约国重要力量的俄国内部,发生了一场改变世界历史进程的革命。这场革命结束了长久统治俄国的沙皇专制君主统治,使俄国适时地退出了第一次世界大战,并在世界上建立了第一个社会主义国家,马克思主义的理论真正走上了实践的历程。

　　在俄国专制、落后和矛盾尖锐的土壤上,很早就活跃着社会主义者的活动。1883 年秋普列汉诺夫等组织了“劳动解放社”,积极传播马克思主义。1895 年,在列宁的建议下彼得堡的多个马克思主义小组成立了“工人阶级斗争协会”。1898 年 3 月各地社会民主主义的代表在白俄罗斯明斯克郊外的小木屋里,召开了俄国社会民主工党第一次代表大会,做出了建立无产阶级政党的努力。1900 年列宁等创办了《火星报》,成为俄国宣传马克思主义的主要阵地。经过一系列的理论和组织准备,1903 年 7 月 17 日,在比利时布鲁塞尔的一个面粉仓库里,继而在英国伦敦的一个俱乐部里,召开了俄国社会民主工党的第二次代表大会,正式建立了无产阶级政党。但是就是在这次大会上,就无产阶级专政和吸收党员的原则等问题,政党内部产生了严重分歧,导致党内出现了以列宁为首的布尔什维克(多数派)和以马尔托夫为首的孟什维克(少数派)两大派别。此后两派各自独立建立了自己的中央领导机构和各自的党报,分歧日深,最终在1912年党的第六次代表大会上孟什维克被驱逐出党,布尔什维克成为一个独立的革命政党。

第一次世界大战爆发后,沙皇尼古拉二世抱着加入列强对外掠夺的目的,将经济落后、矛盾复杂的俄国拖入了战争。但是战争的结果是俄国的军队并没有能够取得什么成果,反而在战场上屡遭败绩,使原本落后的经济更加千疮百孔,也使国内的各种矛盾更加突出。面对这场战争,布尔什维克和孟什维克有着截然不同的观点。布尔什维克主张变帝国主义战争为国内战争,而孟什维克的右翼则主张保卫祖国,其中间派则主张和平,反对无产阶级革命。

在革命前夕,布尔什维克党面临严峻的形势,不但社会民主工党内部有着严重的理论分歧,而且布尔什维克党在沙皇的高压统治下处境极为艰难。布尔什维克党的领袖人物列宁从1895年12月起,便长期在西伯利亚、加利西亚和瑞士等地,生活在流放当中,其他主要领导人如斯维尔德洛夫和斯大林等也以通敌叛国的罪名被流放西伯利亚,尽管如此,布尔什维克党在艰苦的环境下始终坚持斗争,列宁关于"帝国主义是资本主义的最高阶段"的理论,就是在流亡瑞士期间建构的。正是在与孟什维克的分歧和斗争中,在领导工人阶级进行斗争的过程中以及最后在第一次世界大战所引发的国内矛盾中,布尔什维克党开始真正走上了领导工人阶级进行革命实践的舞台,在政党组织和革命理论方面逐步走向成熟,并最终夺取了政权。

俄国十月社会主义革命并不是通过一场革命一蹴而就的,其中经历了一系列的斗争和革命理论的转向。1905年革命就是后来俄国十月革命的一次预演。这次革命的原因是1900—1903年俄国的经济危机和日俄战争中俄国的失败。革命从彼得堡普梯洛夫工厂的工人罢工开始,迅速演变成全城总罢工。1月22日(俄历1月9日)前往冬宫递交请愿书的示威工人遭到沙皇军警的枪击,形成千人被打死、数千人受伤的惨案,是为"流血的星期日"。这场惨案激起了全国更大的罢工和武装斗争的浪潮。在革命斗争的关键时刻,布尔什维克党1905年4月在伦敦召开了第三次代表大会,提出用武力推翻沙皇统治,实现工农民主专政的主张,同时孟什维克在日内瓦召开自己的代表会议,反对武装起义,主张资产阶级领导革命。同年五一节,全俄200个城市爆发工人罢工,黑海舰队"波将金号"装甲舰也爆发起义,迫使沙皇尼古拉二世在8月19日发布了召集咨询性质国家杜马的诏书。10月爆发了全俄政治总罢工,使政府机构陷于瘫痪。总罢工取得了重大成果,沙皇尼古拉二世答应召集立法杜马并给人们以言论、出版和集会的自由。这一成果受到资产阶级的欢迎,但是布尔什维克决定继续推进革命,列宁也从瑞士回到俄国领导武装起义,但是起义最终失败。1906年6月15日,杜马中的社会民主党以叛国罪被逮捕,第二天第二届杜马被解散,革命进入了低潮。

俄国参加第一次世界大战并陷入泥潭,国内矛盾加剧,为布尔什维克党走出低潮,重新领导工人的反抗浪潮提供了契机。这次斗争的开端是1917年的"二月革命"。早在1月的时候,俄国各地便相继举行大规模的罢工示威,纪念1905年的"流血星期日"。3月8日(俄历2月23日)国际妇女节的时候,彼得格勒又举行了大规模的示威游行,目标直指战争和沙皇专制政府。很快,罢工的总人数就达到了20多万。对此,沙皇政府进行了严厉的镇压,并逮捕了布尔什维克彼得格勒委员会的领导人和许多革命积极分子。矛盾的激化使罢工和游行转变为武装起义。2月27日在彼得格勒成立了工兵代表苏维埃,起义工人联合加入革命的士兵,占领了冬宫和各政府部门,并逮捕了沙皇的大臣和将军。尼古拉二世被迫宣布退位,让位给他的弟弟米哈伊尔,后者第二天也宣布退位,这样统治俄国长达304年的罗曼诺夫王朝结束。

　　二月革命胜利后,关于这次革命的性质以及所要建立的新型政权的模式,参加革命的各种力量并没有能够达成一致,于是俄国出现了两个政权并存的局面。一个是革命中产生的彼得格勒工兵代表苏维埃,但是该苏维埃的领导权掌握在孟什维克手里,齐赫泽和克伦斯基是苏维埃的领导人。一派是以过去杜马的执行委员会为中心组建的临时委员会。齐赫泽等人认为,这次革命属于资产阶级革命,应该由资产阶级出面来组成政府。于是社会革命党人、孟什维克和国家杜马临时委员会达成协议,于3月2日成立了资产阶级的临时政府。李沃夫担任总理。米留可夫担任外交部长,亚历山大·克伦斯基担任司法部长。临时政府根据时势需要,进行了社会改革。3月15日,宣布实行公民自由,并承诺召开制宪会议;对政治犯进行特赦;国民军代替警察;制宪会议召集后进行选举等。但是制宪会议并没有马上召开。与此同时,布尔什维克党从地下开始走向公开,在工人中积极开展活动,在许多城市和乡村都组成了苏维埃。

　　临时政府成立后面临的最大问题就是对待战争的态度问题。各种政治势力对待战争的态度各不相同:临时政府温和的派别主张继续战斗,苏维埃意识到人们厌倦了战争,但也并不想冒彻底军事崩溃的危险。布尔什维克党内围绕这个问题也分裂为左派和右派,左派进行积极的宣传反对延长战争,攻击孟什维克是叛徒,呼吁临时政府辞职并将所有权力归苏维埃,右派的领导人是加米涅夫(Kamenev),支持李沃夫的政府,并想弥合与孟什维克的裂痕。

　　从外部来说,协约国希望临时政府继续战争,因而美国在1917年3月22日承认了临时政府,此后英国、法国和意大利相继承认。围绕战争而出现的矛盾导致政权的走向复杂和模糊。

　　正是在这一关键时刻,列宁在4月16日(俄历4月3日)从流放地归来,在芬兰车站发表了慷慨激昂的演说后,4月17日布尔什维克和孟什维克在陶瑞达宫召开的联合会议上,列宁发表了自己著名的《四月提纲》(April Thesis)。其中包括与临时政府决裂,拒绝与温和派社会主义者合作

列宁发表《四月提纲》

以及赢得民众和为苏维埃中大多数人服务的方针。他要求取消常备军,取消警察,取消官僚,银行社会化,工人控制商品的生产和分配,最后在农民中分配土地。在提纲中列宁明确宣布:

> 俄国当前形势的特点是从革命的第一阶段向革命的第二阶段过渡,第一阶段由于无产阶级的觉悟和组织程度不够,政权落到了资产阶级手中,第二阶段则应当使政权转到无产阶级和贫苦农民手中。

尽管列宁说服党内同志接受他的提纲非常困难,但最后党内多数都拥护列宁。列宁的《四月提纲》明确了从资产阶级革命过渡到社会主义革命的计划,为下一步的无产阶级斗争指明了方向。

1917 年 5 月 1 日,政局发生新的动荡,原因是临时政府外交部长米留可夫照会盟国,承诺继续参加战斗。米留可夫的这一姿态引发了新一轮的游行示威,示威群众要求米留可夫辞职,工人和士兵们还喊出了"全部政权归苏维埃"的口号,迫使临时政府在 5 月 18 日进行重组。外交部长米留可夫和古契科夫被迫双双辞去职务。第二届李沃夫政府由克伦斯基任陆海军部长,并将社会革命党人和孟什维克成员吸收进内阁,并撤回米留可夫给联盟国的照会。这样,以孟什维克和社会革命党人为主的苏维埃开始同资产阶级临时政府全面合作,走向了与布尔什维克的全面对立。只有布尔什维克坚持继续革命。

第二届临时政府成员

　　临时政府稳定局势后,新任陆海军部长克伦斯基视察了前线,并激发士兵继续战斗,并在 1917 年实际发动了一场攻势,但很快传来的是失败的消息,这又引发了新一轮的工人和士兵的示威游行,这一次孟什维克和社会民主党人彻底走向了与工人对立的一面,配合临时政府对示威游行者进行了血腥镇压。与此同时,开始清剿布尔什维克党。某些布尔什维克党人被逮捕,列宁前往临时的藏身地拉兹利夫湖畔居住,随后越过边境进入了芬兰。7 月 20 日,临时政府总理李沃夫去职,克伦斯基 7 月 21 日接任。克伦斯基坚持镇压革命和消灭苏维埃的主张,并把希望寄托在以科尔尼洛夫为总司令的军队上,这给军队提供了叛乱的机会。科尔尼洛夫以维护首都秩序为借口,把亲信部队克雷莫夫的哥萨克第三骑兵军和由高加索山民组成的部队调往彼得格勒,他们不仅要镇压工兵代表苏维埃,同时逼临时政府成员全体辞职,并把全部政权转交给他。在这种严峻的形势下,布尔什维克党同克伦斯基、社会革命党和孟什维克结成暂时联盟,共同对付科尔尼洛夫。9月12日,克雷莫夫自杀,科尔尼洛夫被撤职并被逮捕。正是通过这次叛乱,人们越来越认清了临时政府的性质,布尔什维克党的力量逐步强大,工人罢工和斗争不断增多,革命的时机基本成熟,布尔什维克党重新提出"全部政权归苏维埃",积极准备武装起义。

　　10月20日,列宁回到彼得格勒,领导召开了布尔什维克的中央委员会,委员会有12个人参加,10个人赞成立即革命,两个人反对,即加米涅夫和季诺维也夫。会上成立了革命军事委员会作为武装起义的领导机关。加米涅夫于10月31日在《新生活报》上公开刊登文章,表明自己反对武装起义的态度,等于公开暴露了布尔什维克起义的计划。在临时政府布置镇压起义的准备之中,列宁决定于11月6日(俄历10月24日)提前发动起义。

　　革命一开始,起义的军队便迅速占领了所有的桥梁、车站、邮局和其他公共大楼。第二天早晨发布《告俄国公民书》宣布临时政府已经被推翻。11月7日上午,攻击临时政府的所在地冬宫,没有遇到多大麻烦就将其占领。12月7日至8日的晚上,临时政府投降。该天晚上全俄工兵代表苏维埃会议如期举行。尽管布尔什维克没有占绝对的多数,但是会议一致通过了列宁的《告工人、士兵和农民书》,并宣布各地政权一律归工兵代表苏维埃。8日晚至9日,在大会的第二次会议上,列宁宣读了《和平法令》和《土地法令》,选举产生了苏维埃政权的领导机关人民委员会,列宁当选为人民委员会主席,李可夫任内务人民委员,托洛茨基任外交人民委员,斯大林则担任民族事务人民委员。

　　革命政权建立后,苏维埃政权在经济、政治和军事上整顿国内,对外通过签订条约退出帝国主义战争。1918—1922年,苏维埃政权面对协约国的三次武装干涉以及国内的叛乱,进行了艰苦卓绝的斗争,维护了世界上第一个社会主义国家的独立和自由,此后进入了社会主义的建设时期。

2 战后各国革命

第一次世界大战后,在世界范围内兴起了革命和变革的浪潮。

在资本主义国家,德国和匈牙利都爆发了革命。随着第一次世界大战德国败局已定,以及受到俄国十月社会主义革命的影响,德国国内出现了经济危机和政治动荡,工人的罢工和示威游行此起彼伏,军队尤其是士兵的反战情绪亦不断高涨。在 1918 年 1 月 28 日,柏林爆发了 50 万工人的大罢工,并迅速遍及德国主要的大城市。面对国内的革命形势,德皇被迫改组政府,宣布实行国会制,并授命马克斯·巴登亲王组阁。

在第一次世界大战中,德国的社会民主党分化成三派,右派以艾伯特和谢德曼为首,支持战争,反对革命;中派则以考茨基为首,主张调和,反对革命;左派则以李卜克内西和罗莎·卢森堡为首,又称"斯巴达克派",主张革命,反对战争,但是对建立一个独立的无产阶级革命政党的必要性还没有足够的认识。因此,在德皇宣布改组政府后,右派的谢德曼和鲍威尔都加入政府,并当上了国务秘书。

随着革命形势的成熟,斯巴达克派在 10 月 7 日召开了全国代表大会,发表了告德国人民宣言书,提出了建立工兵代表苏维埃、停止战争和没收大企业、银行财产以及没收大地主土地等主张。在斯巴达克派的领导下,1918 年 10 月 20 日柏林举行了大规模示威游行,明确要求废除君主制,惩治战争祸首,并要求释放在 1916 年被捕入狱的李卜克内西(Karl Liebknecht, 1871—1919 年)。在革命的压力下,李卜克内西第二天被释放出狱。

德国十一月革命的开端是基尔水兵起义。在德国战败已成定局的情况下,德国政府命令基尔港的 8 万水兵出海与英国海军决战,既试图孤注一掷,又试图摆脱水兵骚动的威胁。这激起水兵的强烈愤慨。10 月 29 日,基尔港水兵拒绝起锚。政府对水兵进行了镇压,将几百名水兵逮捕。11 月 3 日,基尔水兵发动起义,并联合工人进行了大规模的示威游行,与政府军发生了武装冲突,并在几天内占领了基尔城,工兵代表苏维埃夺取了权力。在基尔的影响下,一个星期之内,德国的大多数大城市都开始夺取当地政权,建立工兵代表苏维埃。

11月5日,斯巴达克派在柏林号召工人士兵举行武装起义,推翻君主制度,建立工兵代表苏维埃。柏林工人总罢工在11月9日开始,迅速联合士兵进行了武装起义,占领了国会、市政厅、警察局等主要部门,霍亨索伦王朝的统治已经无法继续,威廉二世皇帝和皇太子逃亡荷兰,统治德国217年的君主专制统治宣告结束。

君主专制制度被废除后,在社会民主党中占据优势的右派夺取了政权,艾伯特接替了帝国总理的职位,他一方面保留了旧的资产阶级国家机器,同时也成为"柏林工人、士兵苏维埃代表会"的领导者。11月10日柏林工人、士兵苏维埃代表大会召开,会议选出了24人的"柏林苏维埃执行委员会",并批准了联合政府"人民全权代表委员会"的6名成员,其中艾伯特担任总理。在这次会议上,德国社会民主党的右派和中派占了上风。左派的领袖李卜克内西因提出建立社会主义共和国,全部政权转交苏维埃以及将政府中的资产阶级成员进行清除等主张遭到拒绝,没有加入该联合政府。

艾伯特政府为了缓解人民群众的压力,在11月12日颁布"告人民书",给人民以一定的自由和权利。同时,成立了以考茨基为首的"社会化委员会",给人们以采取社会主义措施的假象。但是艾伯特政府一直想消灭革命,并取缔工兵代表苏维埃。因此,在起义胜利后的第一天,他就与德皇军队总司令、陆军元帅兴登堡领导下的陆军总部缔结了秘密协定,共同镇压革命。在外交上,艾伯特政府反对俄国的苏维埃政府,而向西方示好。在革命的新形势下,斯巴达克派在11月11日改组为"斯巴达克同盟",18日卢森堡撰文提出全部政权归苏维埃的号召。

1918年12月6日,反革命的暴乱队伍对举行游行示威的队伍使用了武力,造成16人死亡、30人受伤的惨案,这激发了柏林工人更大规模的示威游行。12月26日,在柏林召开全德苏维埃代表大会。在大会上,右翼社会

民主党人竭力要求恢复和平与秩序,主张召开立宪的国民会议,成立正式政府。斯巴达克同盟的代表提出全部政权归苏维埃和成立社会主义共和国的口号。大会通过翌年 1 月召开国民会议的决议,宣布在此以前由艾伯特政府行使国家的全部立法和行政权力。12 月 29 日,斯巴达克同盟召开代表大会,决定立即脱离独立社会民主党,成立德国共产党。30 日,德共成立大会在柏林举行,卢森堡作了关于党纲问题的报告,大会决定以她起草的《斯巴达克同盟要求什么》一文作为党纲的基础。

1919 年 1 月 5 日,为抗议艾伯特政府免除左翼独立社会民主党人担任的柏林警察总监职务,首都工人举行盛大示威。翌日,示威发展为总罢工和武装起义,参加群众达 50 万。德国共产党坚定地领导这场战斗。11 日,政府军队在右翼社会民主党人 G·诺斯克率领下开进柏林,对工人进行血腥屠杀。15 日,德共领袖李卜克内西和卢森堡惨遭杀害。2 月,政府在魏玛召开国民会议,艾伯特当选德意志共和国第一任总统。1919 年 4 月 13 日,巴伐利亚首府慕尼黑的工人群众在共产党领导下,举行起义夺取政权,宣布成立巴伐利亚苏维埃共和国,遭到资产阶级反动武装的残酷镇压。5 月 2 日,军队占领慕尼黑。德国十一月革命结束。

第一次世界大战也导致了奥匈帝国的解体,捷克、南斯拉夫、匈牙利和奥地利本土都宣布成立了共和国,哈布斯堡王朝的统治宣告结束。其中匈牙利的革命继续向前发展,进行了苏维埃共和国的实践。匈牙利在 1918 年 11 月 16 日建立了共和国。以卡罗利为总统的资产阶级政府尽管实行了一系列民主改革,但是被迫接受协约国对领土和管制的要求,而且也无法真正满足工人和劳苦大众的根本要求,国内仍然充满着不满的情绪。

与此同时,共产党的活动非常活跃。匈牙利共产党成立于 1918 年 11 月,主要的领导人是库恩·贝拉(Kun Bela, 1886—1939 年)。共产党主张建立无产阶级专政,号召工人、农民和士兵继续斗争。对共产党的活动,资产阶级政府进行了坚决镇压。

1919 年 3 月 20 日,协约国向匈牙利政府提出最后通牒,要求匈牙利向邻国割让三分之二的领土,这导致国内民族情绪高涨和对政府的不信任。在内忧外患当中,卡罗利政府宣布辞职,将政权交给社会民主党人。社会民主党人提议与威望甚高的共产党建立联合政府,共产党则提出了参加政府的条件,其中包括:成立苏维埃共和国、解除资产阶级武装、建立红军和人民警察、没收地主土地和实行工业国有化、同苏维埃俄国建立联盟等。这些条件为社会民主党人接受。1919 年 3 月 21 日,匈牙利苏维埃共和国正式建立。这样,匈牙利以和平的方式建立了无产阶级政权。匈牙利苏维埃共和国建立后,遭到了帝国主义世界的武装干涉,尽管共和国的红军进行了浴血奋战,并一度攻入捷克斯洛伐克,建立了斯洛伐克苏维埃共和国,但是最后苏维埃政府在 1919 年被社会民主党人的"工会政府"所取代,1920 年 3 月霍尔蒂在匈牙利建立了军事独裁统治。

第一次世界大战所引发的政治革命浪潮不但在资本主义国家进行,也在殖民地半殖民地国家普遍展开。朝鲜在 1919 年爆发了著名的三一起义,目标是为了摆脱日本的殖民统治。1919 年 1 月被日本废除的朝鲜国王李熙的突然死去,成为三一起义的导火索。资产阶级民主主义者孙秉熙等人联合起草了《独立宣言书》。3 月 1 日,几千名青年学生和数万名各地群众在汉城塔城公园举行大规模的群众集会,会上一个大学生朗读了《独立宣言书》,会后举行了大规模的示威游行,参加者达到 30 万人。示威游行遭到日本军警的镇压,游行因此而发展成为武装起义,起义者冲击和捣毁警察所、政府机关以及重要官员和富翁的住宅。从 3 月到 5 月,起义蔓延到 203 个府、郡,一直到 1919 年秋才被镇压下去。

一战后印度的民族解放运动表现为甘地(Grandhi,1869—1948 年)领导的"非暴力不合作运动"。这场运动的直接动因是"阿姆利则惨案"。1919 年 3 月,英国为了维护对印度的殖民统治,在总督的授权下,英国法官罗拉特颁布了《罗拉特法》,这项法案规定警察可以任意逮捕可疑分子,不经审讯就可以长期监禁。这一使印度人民彻底失去自由的法案遭到了强烈的反对,在旁遮普省的阿姆利则市,由于 4 月 10 日两名民族主义者遭到当

甘 地

局逮捕,引发了 3 万市民在市政府门前抗议示威,示威者遭到警察和骑兵的镇压。13 日,爆发了更大规模的群众集会,英国的戴尔将军下令向手无寸铁的和平群众开枪,打死 379 人,伤千余人,制造了阿姆利则惨案。针对英国的武力高压政策,印度各地出现了声势浩大的罢工和游行。在这种情况下,印度国大党在 1920 年 12 月召开年会,通过了甘地提出的"非暴力不合作计划",试图将革命的浪潮引入和平渐进的轨道。根据该计划,印度反对英国殖民统治的斗争分为三个步骤:第一步,放弃英国政府所授予的爵位、封号和名誉职位;第二步采取罢课、离职和抵制法院和司法机关的手段,同时通过恢复手工纺织业,抵制英国布匹;第三步是逐渐开展抗税运动。甘地依靠自己的个人魅力和以身作则,使非暴力不合作运动在印度各地如火如荼地展开,各地都爆发了大规模的罢工、抗税运动。但是,这场运动最终还是越出了非暴力的界限,在许多省份出现了暴力反抗运动。尤其是在 1922 年 2 月 4 日,联合省曹里曹拉村的群众烧死了向群众开枪的 22 名警察,对甘地影响甚大。2 月 12 日,甘地在国大党执委会会议上宣布停止不合作运动。甘地推行非暴力不合作运动,是以印度教"以德报怨"的处世哲学为基础,在当时英国殖民统治者非常强大,而民族资产阶级比较弱小的现实情况下,确实在政治和经济上给殖民统治以一定的打击,并在统一的旗帜下,把一个种族混杂、信仰多样的民族统一起来,唤醒了印度人民的民族意识。但其非暴力的界限又限制了民族解放运动向纵深发展。

土耳其在第一次世界大战中加入了德奥同盟国,不但在战争中付出了惨重的代价,而且战后根据奥斯曼帝国与协约国签订的《摩得洛斯停战协定》,伊斯坦布尔和许多重要的城镇均被协约国占领,而且希腊还不断进犯土耳其的领土。在面临国破家亡的危急时刻,全国各地出现了护权协会等民主主义组织,其中东部各省的护权协会在 1919 年 7 月 23 日至 8 月 7 日在埃尔祖鲁姆召开了大会,会上凯末尔(Kemal,1881—1938 年)当选为主席,会议通过了保证国家独立、反对外国干涉的政治纲领。进而在 9 月 4 日至 11 日召开的锡瓦斯大会上,成立了全国性的安纳托利亚和罗梅利亚护权协会,组成以凯末尔为首的 16 人委员会。在民族主义者在议会中占多数席位的情况下,奥斯曼帝国议会于 1920 年 1 月 28 日,拟定了维护土耳其独立和主权的《国民公约》。面对协约国在 3 月 16 日的进犯以及苏丹政府反对民族抵抗运动,土耳其首届大国民议会在 4 月 23 日召开,组成了以凯末尔为首的临时政府,宣布苏丹政府 3 月 16 日后所签订的所有条约和法令均无效,自此开始走上了武装维护国家独立的道路。1922 年 11 月 1 日,大国民议会废除了苏丹制。1923 年 10 月 29 日,土耳其成立了共和国,凯末尔当选为共和国总统。土耳其革命取得成功,建立了资产阶级民族国家。

第一次世界大战在资本主义国家和殖民地半殖民地国家发生的一系列革命运动,冲击了固有的旧秩序,取得了一系列的成果,为国际新秩序的建立奠定了基础。

3 国际新秩序的建立

第一次世界大战以协约国的胜利而宣告结束,但随着原有的势力均衡被打破,随之出现了如何均衡各方势力,建立新的国际秩序的问题。国际新秩序的建立是通过一系列的会议、和约、联盟、组织和革命而完成的。

巴黎和会

首先出现的是1919年1月18日至6月28日的巴黎和会。这次会议是即将取得大战胜利的列强通过讨价还价,以满足自己的利益为前提而进行妥协和建立新秩序的会议。与会各方的目标和要求是非常明确的:法国试图保持在大陆和海外对德国的优势;英国则试图保持自己的海上霸主地位,但又反对法国过分削弱德国,同时在海外拉拢美、日,牵制任何一方的过度扩张;美国因为大战而崛起,试图成为世界的新主人,威尔逊总统试图将自己的"十四点原则"强加给欧洲各国,同时通过提倡"门户开放"政策限制日本在亚洲的势力;日本则试图独霸亚洲。正是怀揣着各自的目标,战胜国集团的代表和其他相关国家坐到了谈判桌前。这次会议尽管参加者人数众多，但真正操纵会议的还是英国首相劳合·乔治（David Lloyd George，1916—1922年任英国首相）、美国总统威尔逊（Thomas Woodrow Wilson，1913—1921年任职总统）和法国总理克里蒙梭（Georges Clemenceau，1906—1909年，1917—1920年两任总理），意大利和日本的意见也非常关键。经过激烈的讨价还价，战胜国集团最终于6月28日在凡尔赛宫的镜厅签订了对德和约，即《凡尔赛和约》。第一，和约的条款中强调德国犯有战争罪，因此协约国要求德国对战争的损失进行赔偿。但和约中并没有明确赔偿的具体数额，一直到1921年成立一个委员会才确定德国应该赔偿1 320亿金马克。第二，和约对德国和欧洲其他部分的领土做出了改变。德国要向法国归还阿尔萨斯和洛林，萨尔州要由国际联盟托管到1935年。德国的某些土地要割让给比利时和荷兰，从德国的西里西亚和普鲁士产生新的波兰国家，解散奥匈帝国，承认奥地利、匈牙利、捷克斯洛伐克、保加利亚和罗马尼亚国家。德国的所有海外殖民地都由英国、法国、日本和其他协约国接管。第三，在德国的军事问题上，由于受到入侵的法国要求解除德国的武装，和约将德国的军队缩减到10万人，取消总参谋部，禁止德国生产装甲车、坦克、潜艇、飞机和毒气，另外，莱茵河以西的所有地方都建成非军事区。第四，该和约还创建了国际联盟，用来执行和约，并鼓励用和平的方式来解决国际争端。虽然建立国际联盟的倡议是美国总统威尔逊提出的，但是由于许多美国人反对加入国际联盟，美国国会没有批准《国际联盟盟约》和《凡尔赛和约》。因此，美国和德国于1921年7月2日单独签订了《柏林条约》，其中的内容除了删除关于国际联盟的条文外，其他内容与《凡尔赛和约》是一致的，国际联盟为英、法所操纵。《凡尔赛和约》的签订标志着第一次世界大战的真正结束，也标志着战后的一个新秩序凡尔赛体系的确立。

　　凡尔赛体系主要是针对战败的德国来调整战胜国的利益，并没有消弭战胜国之间的紧张关系，尤其是美国和日本在太平洋和亚洲的竞争，以及英日同盟对美国的牵制，三方就海军扩张问题存在着很深的矛盾。为了调整这些关系,美国总统哈定(Warren G.Harding,1921—1923 年任职总统)邀请有关国家于 1921 年 11 月 12 日召开了华盛顿会议。在这次会议上,美、英、日就太平洋地区的势力范围以及海军军备问题进行了激烈的讨价还价,同时就中国问题也进行了讨论,最后签署了《四国公约》《五国海军协定》和《九国公约》。《四国条约》签订于 1921 年 12 月 13 日,又称《美、英、法、日关于太平洋区域岛屿属地和领地的条约》,有效期 10 年。条约规定:"互相尊重它们在太平洋区域内岛屿属地和岛屿领地的权利","缔约国之间发生有关太平洋某一问题的争端",应召开缔约国会议解决。缔约国在太平洋区域的权利遭受任何国家威胁时,缔约国应协商采取有效措施。还规定:"1911 年 7 月 13 日英国和日本在伦敦缔结的协定应予终止。"签约同日,四国共同发表的声明指出,缔结上述条约,不能认为美国同意委任统治条款。此举表明美国不受凡尔赛体系约束。《五国海军协定》签订于 1922 年 2 月 6 日,又称《美、英、法、意、日五国关于限制海军军备条约》。条约规定:美、英、日、法、意主力舰总吨位的比例为 5∶5∶3∶1.75∶1.75。第 7 条规定,美、英、日、法、意航空母舰总吨位比例依次为 13.5∶13.5∶8.1∶6.6∶6.6。英国被迫承认美国与英国海军实力的平等地位。美、英达到了限制日本海军力量的目的。作为对日本的让步,规定了美、英、日要塞和基地维持原状。《九国公约》是有关中国问题的协定。当时中国参加会议的 3 个全权代表为驻美公使施肇基、驻英公使顾维钧和前司法总长王宠惠。1921 年 11 月 26 日,施肇基提出《十项原则》,要求尊重并遵守中国"领土之完整及政治与行政之独立",却又赞同美国要求中国实行的"门户开放"政策。12 月 14 日,王宠惠提出废除 1915 年日本向中国提出的"二十一条要求"的议案。中国还在会议上提出山东问题。经中日谈判,1922 年 2 月 4 日签订《中日解决山东悬案条约》和《附约》,日本被迫交还德国胶州租借地,但仍保留许多特权。同日,日本代表币原喜重郎发表声明,废除"二十一条"的一些条款。会议期间,顾维钧还提出关税自主、取消在中国的领事裁判权、撤退外国军警、撤销在中国的外国电台和邮局、废止各国在华租借地、取消势力范围、公布秘密条约并由大会决定有疑点的条约的效力等议案。与会各国只同意将来不划分势力范围,公开秘密条约与契约以及有条件地裁撤外国邮局,其他议案均被否决。1922 年 2 月 6 日,签订《九国关于中国事件适用各原则及政策之条约》,简称《九国公约》。条约规定:"尊重中国之主权与独立及领土与行政之完整";"给予中国完全无阻碍之机会,以发展并维持一有力的巩固之政府";"施用各种之权势,以期切实设立并维持各国在中国全境之商务实业机会均等之原则"。实质上是要挟中国政府执行"门户开放""机会均等"原则。

通过巴黎和华盛顿会议,西方列强之间初步达成了利益的妥协和一致,形成了对日后影响极大的凡尔赛—华盛顿体系。

就在西方建立国际新秩序的同时,大战后诞生的苏维埃社会主义国家也以自己为中心建立社会主义阵营的秩序。苏维埃俄国经历了革命和对抗外国武装干涉的艰苦斗争后,开始进入了社会主义建设时期,此时面临的一个重大问题就是经济政策的转变。俄国革命后面临着内忧外患,为了保证国家对资源的统一管理和调配,实行了"战士共产主义"政策,其主要措施包括:(1)1919 年 1 月 11 日,人民委员会发布法令,实行余粮收集制,涉及各种农产品。粮食人民委员部和工会派出征粮队收集农产品时,付给农民一定数量的货币或少量工业品。由于通货膨胀,农民交出的产品几乎是无偿的。(2)除大工业外,国家对中小工业也宣布实行国有化,工业实行高度集中管理。但到内战末期仍有相当数量的小企业在私人手里。(3)在交换方面,政府实行最小限度的商品交易和最大限度的国家分配。1918 年 11 月决定取消私人商业,由国营商业和合作社组织供应。随着产品日渐缺乏和物价不断上涨,政府实行凭证供应。根据阶级和年龄的差别,规定不同口粮标准。后来对儿童和全体工人职员免费供应面包和日用品。货币依然存在,但其作用受到极大限制。(4)实行普及于一切阶级的成年人劳动义务制,实行"不劳动者不得食"的原则。这些政策实行到 1921 年开始出现危机,并引发了国内的暴动,因此,以列宁为首的苏维埃政府及时地颁布了

"新经济政策",缓解国内矛盾和促进经济发展。"新经济政策"的内容包括:征集粮食将由税收来代替,私营企业将逐步合法化,借以重新搞活经济和改善食品供应状况。这一政策实际上是削弱社会化和鼓励有限的自由经营,其目的在于把占苏俄人口绝大部分的农民争取过来。规定农民有选择使用土地形式的自由,允许农民在一定范围内出租土地和使用雇用劳动。在流通方面,政府允许农民和小手工业者把自己的产品拿到市场自由买卖,恢复国内的自由贸易。在工业方面,国家继续掌管重要的工矿企业,但把一些中小企业租赁给本国和外国资本家经营。在管理体制方面,要求各企业按部门组成托拉斯,独立进行生产管理和经济核算。合作社也获得了自主经营权。在分配方面,废除了平均主义的实物配给制,实行按劳分配,用货币工资来代替实物工资。

新经济政策的实施调动了广大人民的生产积极性,国民经济迅速恢复,政治和社会逐步稳定。正是在这样的基础上,苏维埃社会主义共和国联盟开始建立。1922 年 12 月 30 日,召开了苏维埃社会主义共和国联盟第一次代表大会,批准了苏联成立宣言和联盟公约。强调各联盟共和国加入和退出本着自愿的原则,强调各民族的平等和主权。1924 年颁布了第一部苏联宪法,以法律形式固定了社会主义共和国的联盟,成为与西方列强对立的重要力量。

列宁于 1924 年 1 月病逝,斯大林成为国家的最高领导人,在斯大林领导下,开始了大规模的工业化建设,实行了快速的农业集体化和在政治上的肃反运动。尽管不能全面否定这些措施的积极性和合理性,但是这些政策的急于求成、工业和农业的失衡以及打击面的扩大,也给苏联造成了相当深远的负面影响。

4 德国问题与欧洲安全

凡尔赛—华盛顿体系建立以后,西方列强初步达成了利益的平衡,但是接着围绕德国的赔款问题和德国边境安全问题出现了新的矛盾。如何具体落实德国的赔款以及评估赔款对德国的影响,如何防止围绕德国边境的冲突再起,关系到整个欧洲的安全。针对这一问题,西方列强通过召开一系列的会议,在德国问题上达成了一致,其代表性的成果便是"道威斯计划"和《洛迦诺公约》。

　　道威斯计划(Dawes Plan)是 1924 年在协约国赔偿委员会的会议所确立的,目的是稳定德国的经济和系统安排德国向协约国的赔偿。1921 年,赔偿委员会达成一致,德国必须向协约国支付 1 320 亿金马克的赔偿。在不到一年的时间里,德国就无力支付,被允许延期 12 个月支付。然而,在延期期满前,法国和比利时出兵占领了德国的主要工业城市鲁尔,紧接着德国发生了严重的通货膨胀,到 1924 年 9 月,马克几乎变得一钱不值。德国经济的恶化引起了美国的关注,一方面是因为这会影响整体的赔偿计划,另一方面是因为美国在第一次世界大战期间和战后曾经借给其他协约国 100 多亿美元的债务,如果德国的经济出现问题,会影响到这些国家向美国支付借款。第一次世界大战结束时,欧洲各国欠美国的战债共达 103.4 亿美元,其中英国为 43 亿,法国为 34 亿,意大利为 16.5 亿美元。虽然《凡尔赛和约》规定英、法等可以从德国得到战争赔偿,但同时要偿还美国的债务,所以英法主张将赔款和战债问题联系起来讨论。1920 年 5 月,英法两国政府首脑发表声明,主张同时一笔勾销对美国的战债和对德国的赔偿要求。当德国财政、经济状况进一步恶化,已无力偿还协约国的赔款,英、法等在德赔款问题上的矛盾也日趋尖锐之时,1922 年 8 月 1 日,英国外交大臣贝尔福向法、意等六个协约国发出照会——即著名的"贝尔福照会",提出英国准备放弃对德国赔偿的一切未来权利和对战债偿付的一切要求,同时要求美国一同作废弃战债要求的努力。

　　在这种情况下,成立了以美国芝加哥摩根银行董事长查尔斯·道威斯(Charles G.Dawes,1865—1951 年)为首组成的一个专家委员会,着手解决这一问题。该委员会中分别有来自比利时、法国、意大利、英国和美国的两

道威斯

名代表,其中主席是道威斯。他们在1924 年 4 月 9 日拟定了一个新的德国赔偿计划,该计划涉及德国复杂的新税收体制、德国货币基于金本位的稳定、在协约国监督下德意志银行的重组以及美国的大规模贷款。该计划的主要规定如下:盟军撤出鲁尔区;德国在首年赔款 10 亿马克,然后在以后四年之内每年赔款 25 亿;在盟军监察下,德国国家银行(Reichsbank)将会重组;德国会得到主要来自美国的外国贷款;赔款应该包括交通运输、关税与货物税等德国所得税款。计划得到德国与盟国的同意在 1924 年 9 月生效。美国的贷款使德国经济开始复苏,开始有能力向协约国赔款,而这些协约国反过来可以向美国支付债务。"道威斯计划"实际上结束了由法国及其由它控制的赔委会在德国赔款问题上的支配作用,确立了以美国为主的多国支配机制;其次,为美国私人资本流入德国和有效地从其他协约国收回战债创造了条件。"道威斯计划"的实施是法国外交的一次失败,而美国则显示了它在欧洲事务中举足轻重的作用和实际"能力",同时也表明了美国参与欧洲事务的独特性和欲望。最后,"道威斯计划"事实上从经济上扶持了德国。它对战后德国经济乃至世界经济的恢复和发展起到了积极作用。

　　1924—1929 年德国支付赔款 110 亿金马克,获得外国各种贷款约 210 亿金马克。1928 年德国声称财政濒于破产,无力执行该计划。于是赔偿委员会提出了一个新计划,称为"杨格计划"。该计划要求德国在 58 年半内,付清 263.5 亿英镑。在获得盟国同意下,取代原本的"道威斯计划",让德国知道确实的金额,并乐意付清赔款。该计划规定年期赔款为 4.73 亿,分为两部分:三分之一是"无条件赔款";其余是可延期赔款,可由交通税或财政预算中抽出款项。为了让赔款过程顺利,盟国成立了国际结算银行处理赔款。

但是,在计划实行之前,1929年的经济大萧条造成大量问题:美资银行急需从欧洲取回现金,加上贸易衰退,造成不少阻力;经济衰退导致经济民族主义,阻碍贸易复苏;德国失业率持续高升。有鉴于此,美国总统胡佛建议缓期偿付,在1931年7月前得到15国支持。然而,这无助舒缓欧洲的经济衰退,其中,德国经济因银行危机而严重受创。最后,在1932年,英国、法国、意大利、比利时与德国参加洛桑会议,多国代表意外地达成特别的协议,同意不再迫使德国马上赔款,免除德国九成债项。代表也通过非正式协议:只要美国减免盟军所有战争债款,以上条款才会生效。胡佛表示,延期偿付权根本与债款无关,延期偿付权届期后,德国仍要按杨格计划的规定赔款。但以上计划最后都全数失败,一直到二战后的联邦德国时期赔款才得以继续履行。

"道威斯计划"解决的是德国的赔款问题,也迫使法国从鲁尔撤军,但是德国边境的安全隐患并没有彻底解决。英国试图在这一问题上表现自己的影响力,于是出面建议召开一次有关国家的国际会议,专门讨论德国边境的安全问题。

这次会议的促成,是欧洲各国共同利益需要的产物。英国之所以积极倡导,是因为战后英法之间存在着矛盾和紧张关系。由于战后法国对欧洲事务的控制力和影响力逐步加强,这影响了英国扶植德国抑制法国的传统"均衡政策",英国希望通过签订莱茵保障条约,形成列强共同维护欧洲安全的格局,削弱法国的影响力。德国也希望召开这次会议,是因为德国希望能够得到英国的支持,一方面可以获得英国的贷款,同时可以获得英国的支持加入国际联盟,解决协约国在莱茵驻军的撤退问题。法国则因出兵鲁尔等行动最后得不偿失,反而造成英德、美德和苏德的逐步接近,也希望通过这次会议来稳定自己的权益。另外意大利、比利时、波兰和捷克斯洛伐克都

认为这次会议对自己有利无害,积极促成这次会议还能够在一定程度上获得英美对自己在政治和经济上的支持。

这次会议正式召开前,进行了长时期的准备工作。在鲁尔危机发生前,德国的古诺政府就曾希望美国政府出面促成莱茵保障同盟,但是由于法国已经准备出兵,所有没有能够成功。在 1925 年 2 月 9 日,德国政府令驻法大使向法国外长提出一项有关莱茵保障公约的建议,强调德国执行莱茵非武装化,有关国家则签署一项共同保障莱茵区领土现状不可侵犯的条约。4 月 1 日法国赫里欧政府倒台,新政府的百里安外长开始就德国的建议征求英国的意见,英法两国政府通过协商和对草稿进行修改,于 6 月 16 日由法国驻德大使将复照正式文本交给德国,其中规定:德国如果签订安全保障条约,必须加入国际联盟;该条约不能与《凡尔赛和约》的规定有抵触;德国必须重申放弃战争手段;比利时必须加入该条约,而且法德和法比之间的仲裁条约必须有强制措施予以担保;希望德国和其他相关国家签订类似的仲裁条约;该条约的规定不能影响国际联盟规定的各项义务;该条约须在国际联盟登记后生效。对此复照,德国于 7 月 20 日进行答复,希望该条约能够关注德国被占领地区的实际状况,对协约国提出的强制手段提出异议,并提出希望加入国际联盟。针对德国的答复,英法再次发出复照,坚持德国必须遵守两点:该条约不能和《凡尔赛和约》相抵触;德国如要加入国联,必须履行国联所要求的义务。为准备会议的正式召开,英、法、德、比四国还于 8 月 31 日在伦敦召开了一次专家会议,就有关问题进行探讨。

正式会议于 1925 年 10 月 5 日至 16 日,在瑞士的洛迦诺城召开,参加会议的有英、法、德、比、意等主要国家,波兰和捷克斯洛伐克也应邀参加。与会各国代表进行协商,于 10 月 15 日最后审议通过了各项条约的最后文本,次日与会各国代表在各项条约上进行了草签。12 月 1 日在伦敦举行了《洛迦诺公约》的正式签字仪式。这次会议共签署了包括《最后议定书》在内的八个条约,分别是《德、比、法、英、意相互保证条约》《德国和比利时仲裁条约》《德国和法国仲裁条约》《德国和波兰仲裁条约》《德国和捷克斯洛伐克仲裁条约》,以及法国分别与波兰和捷克斯洛伐克签订的类似条约。

《德、比、法、英、意相互保证条约》又称《莱茵保证安全条约》,其中规定,签约国家都保证维持德、比和德、法之间领土的现状,《凡尔赛和约》规定上述边界不容侵犯,同时须遵守莱茵地区非武装的规定;德国和比利时以及德国和法国相互不进行攻击和侵略,相互之间不诉诸战争;如果签约各方发现出现了对上述措施的破坏,应当将问题提交国际联盟委员会;公约的规定不影响基于《凡尔赛和约》的各缔约国的权利和义务。各国间的仲裁条约主要规定,签约国相互之间发生的任何冲突,如果不能通过通常的外交方法友好解决,那么应当递交仲裁法庭或者常设国际裁判法庭。

通过这次会议,《洛迦诺公约》奠定了西欧外交的指针,表达了国际和平的愿望。在洛迦诺精神的引导下,德国在1926年被允许进入了国际联盟,接下来协约国的军队从德国西莱茵兰地区全部撤出。德国重新被接纳进欧洲的西方阵营,防止了德国和苏联接近,间接地孤立了苏联。这次会议通过协调各国间的关系,使欧洲初步形成了一个稳定的局面,为各国恢复经济和摆脱国内政治危机提供了有利的环境。

不安的年代

I 繁荣与危机

战后经过一系列国际关系的调整,欧美国家开始走上经济恢复和发展的轨道,尤其是美国,从 1923 年到 1929 年期间经济获得了飞速发展,出现了极度繁荣的景象。这一时期正值美国总统卡尔文·柯立芝(Calvin Coolidge, 1923—1929 年任职总统)任职期间,所以又被称为"柯立芝繁荣"(Coolidge Prosperity)。

卡尔文·柯立芝是美国第三十任总统,他在 1920 年被提名为共和党副总统候选人,成为哈定的竞选搭档,竞选成功,1923 年,哈定去世后继任总统。柯立芝执政时,对经济活动采取不干涉的方针,而用减轻税负、保卫关税的政策间接管理经济,使国家呈现出没有危机、繁荣发展的景象。"柯立芝繁荣"期间,建筑工业的迅猛发展是当时美国经济繁荣的重要标志。建筑工业的产值从 1919 年的 120多亿美元增加到 1928 年的近 175 亿美元。美国的钢产量1929 年达到 5 600 万吨,生铁产量为 4 300 万吨。电力工业

给美国工业的飞跃提供了巨大的
动力。1919—1929 年，电力工业
产值从 9.97 亿美元增至 23 亿美
元。1929 年，工厂动力设备的电
气化程度达到 70%。钢铁、电力
等重工业部门的繁荣，使就业人
数增加，社会购买力上升，推动了
消费品生产部门，尤其是新兴工
业部门的迅速发展。在新兴工业
中，最令人瞩目的是汽车工业的
兴起。1928 年美国的轻型汽车有
2 200 万辆，载重汽车有 300 万辆。
与汽车工业相配套的加油站和道
路建设等，也迅速发展起来。无
线电工业、航空工业和电影业也获得较大发展。

柯立芝

　　战后美国在柯立芝任职期间之所以能够获得迅速繁荣，除了柯立芝实
行的自由放任政策之外，还有许多重要的原因。其一是大战给美国提供了
很好的机遇。由于第一次世界大战基本上是在欧洲战场上进行的，战争给
欧洲造成了很大的灾难，造成了欧洲的贫困，但是对美国国内基本上没有多
大的影响。相反，战争反而给美国带来了一定的发展机遇。美国利用欧洲
的战争，大做军火生意，军工厂和重工业都获得了较大的发展；而且美国通
过给欧洲贷款，成为最大的债权国，掌握了大量的黄金储备，为战后的经济
发展提供了坚实的资金保证。因此，在欧洲各国逐步恢复自己经济的时候，
美国已经走上了快速发展之路。其二，美国的繁荣是第二次工业革命的成
果广泛应用的结果。第二次工业革命是指 1870 年以后出现的新技术、新发
明及其应用。同第一次工业革命相比，这时期新技术的主要表现是电力的
应用、新交通工具的研制和新通讯手段的发明。随着西门子发电机和格拉

姆电动机的发明,人类突破了蒸汽时代而进入了电气时代。19世纪七八十年代内燃机的诞生,带来了交通运输业的革命,内燃机车、远洋轮船和飞机相继开发和研制成功。这一时期电讯事业也获得了迅速发展,无线电报、电话相继问世,为信息的快速传递提供了方便。在第一次世界大战后,这些新的技术和成果开始大规模工业化,为经济增长提供了广阔的空间。在美国则表现为汽车工业、原材料工业、加油站、修理店、道路建设、电力工业的大规模发展,成为美国经济的支柱产业。其三,美国经济的迅速发展也得益于新的生产管理制度的推广和广泛应用。这时期工业部门普遍应用的是泰罗制和福特制。泰罗制是20世纪初出现的一项企业管理制度,由美国工程师泰罗提出,故称为"泰罗制",其核心是通过物质刺激来激励从业人员的积极性,他认为人们工作欲望的主要诱因就是金钱,激励劳动积极性的唯一手段就是物质刺激,泰罗工资制就是在这样的思想基础上制定的。泰罗工资制主要包括:实行有差别的计件工资,建立科学作业法,采用时间研究和动作研究,把最经济最有效的方法集中起来制定出所谓的标准作业法,根据标准作业法确定工作定额,对超额完成工作定额者,以比较高的工资率计件支付工资,反之则按比较低的工资率支付计件工资等。福特制是美国汽车制造家和管理学家H·福特首创的一种生产管理制度。福特制的基本内容和主要特点在于,把科学管理原理应用于生产,在生产标准化即产品标准化、作业标准化的基础上,利用高速传送装置,使生产过程流水线化,使流水线上各道工序的工人的各种作业在时间上协调起来,并由传送装置的速度决定工人每天所完成的作业和产品数量,最大限度地提高工人的劳动强度。这种生产管理制度把流水线上的各种操作简单化、程序化,因而能够大量使用工资低廉的非熟练工人。这些新型生产管理制度的应用,有利于组织生产作业的机械化和自动化,进一步提高劳动生产率,降低生产成本。其四,这时期的繁荣也在于刺激购买的方法不断应用,加强了商品流通领域的活跃。一种方法是普遍应用分期付款的方式,到20年代末,大约15%的零售业务都是基于分期购买。另一种方法是鼓励证券市场的投机。当证券急速上涨时，就意味着成千上万的人用钱购买了商品。这一时期推销和广告技巧也不断改进，人们不再满足于一般介绍商品和把商品放在柜台上等待顾客前来购买，广告客户会咨询心理学家和使用各种甜言蜜语、热心劝告，突破客户的心理防线，诱使消费者购买商品。推销员则充满狂热的激情，千方百计进入人们的家庭，直接与消费者沟通。各种各样的销售竞争策略和其他富有独创性的设计都被使用。每个推销员都有业绩的定额，超出定额者有着丰厚的奖励。

利用战后的有利国际环境和新技术的应用，美国迅速崛起。到 1929 年，美国在资本主义世界工业生产的比重已达 48.5%，超过了当时英法德三国所占比重总和，以致柯立芝总统声称，美国人民已达到了"人类历史上罕见的幸福境界"。

美国的繁荣导致了盲目的自信，造成了美国"永久繁荣"的乐观。在经济的一片繁荣声中，生产高涨，信用膨胀，证券业和房地产的投机事业空前疯狂。但是这一切并没有能够维持多久，1929 年一场突如其来的严重经济危机，使这一繁荣的局面瞬间化成泡影。

1929 至 1933 年从美国开始的经济危机是西方世界经历时间最长和最严重的经济危机。从 1929 年夏天开始美国经济出现不景气，但并没有出现严重危机的迹象。但是到了 1929 年后期，美国的经济突然崩溃，这表现在 1929 年 10 月 24 日美国纽约股票交易所的崩溃。这一天，纽约证券交易所出现恐慌性的抛盘，股价暴跌，被称作"黑色的星期四"。股价下跌迫使许多投资者抛售自己持有的股票，使股价进一步下跌。从 9 月纽约股票指数达到最高点，到 12 月达到最低点，股价下降了 33%。股价的下跌导致消费者对耐用商品的购买和对商业的投资大幅度下降。尽管证券市场的崩溃和经济危机是两码事，但是股价的下跌导致了生产的下降和失业的增加。随着股票市场的崩溃而出现的是银行的挤兑。许多存款人对银行的偿还能力失去信心，纷纷挤兑成现金。由于银行往往只把一部分存款作为现金储备，为了应付挤兑必须清算贷款，结果引起了银行破产。美国先后在 1930 年

秋、1931 年春、1931 年秋和 1932 年秋经历了四次银行恐慌,最后一次恐慌
一直持续到 1933 年冬天以后,最后由新上台的罗斯福总统在 1933 年 3 月 6
日宣布银行放假,才终止了这次挤兑浪潮。挤兑风潮使美国的银行系统损
失惨重,到 1933 年,五分之一的银行倒闭。在美国人眼里,20 世纪 30 年代
的画面就是排队等待救济的人群、街角的苹果小贩、关闭的工厂、乡村的贫
困和胡佛村庄(失业者收容住宅)。这些住宅是用破木头、纸板和锡皮搭建
起来的无家可归的人的避难所。那时候,成千上万的孩子们成为流浪者,许
多婚姻被迫推迟,出生率大大下降,孩子们担负起成年人的责任。

    由于美国是大战后欧洲的债权人和主要的资金提供者,所以美国的财
政崩溃很快导致世界经济的困境,其中德国和英国受到的影响最为深刻。
德国由于在第一次世界大战后负债累累,必须大量借贷来支付战胜国的赔
款,还必须投入大量资金进行工业重建,但是随着美国的经济陷入危机,美
国的银行收回贷款,德国的银行系统陷入了崩溃。那些依赖农产品出口的
国家也同样遭受到危机。由于更加有效的耕作方法和技术的应用,农业产
品的产量迅速上升,产量超过了需求,结果造成了价格的下跌。最初生产国
的政府需要库存他们的产品,但是这要依赖美国和欧洲的贷款。当这些贷
款被收回后,库存的产品便大量投放市场,造成市场价格体系崩溃,农产品
提供国的收入灾难性地减少。在出口收入大幅下降的情况下,每个国家为
了保护自己国内的生产,便通过进口关税和配额限制贸易,导致了孤立主义
和贸易保护主义的传播,使贸易进一步萎缩。而且当时经济理论所提供的
唯一政策就是通货紧缩,每个政府最初的反应便是削减支出,结果消费需求
进一步减少。第一次世界大战后形成了各国政治上的猜忌,不可能有国际
性的一致行动来阻止危机。1931 年美国的银行开始从欧洲撤回资金,导致
欧洲货币的抛售,使许多欧洲银行破产。这样各国政府不是像德国那样实
行兑换控制,就是像英国那样实行货币贬值,结果导致金本位的崩溃。总
之,贸易保护主义导致世界上原材料价格的极度下跌,国际贸易的价值到
1932 年减少了一半。这场严重的经济危机对劳动者产生了灾难性的影响,

在 30 年代,工业国家里的劳动力大约有四分之一的人找不到工作。这次大的危机也导致了政治的动荡。在美国,富兰克林·罗斯福(Franklin Roosevelt,1933—1945 年任职总统)当选为总统,他通过新经济政策改变了美国的经济结构。危机也导致了希特勒在 1933 年掌握了政权并在其他国家助长了政治上的极端主义。这次危机最终导致了经济理论和政府政策的彻底转向。在 20 年代,政府和商界都普遍认为,繁荣来自一个国家的政府尽可能少地干预国内经济,繁荣在于平等地对待国际的贸易联系,在于可自由兑换的货币流通。也就是说,在经济危机之前,政府依赖市场的力量来调节经济,但在 30 年代,几乎没有人再相信这一切,政府在保证经济稳定方面起到了决定性的作用。

第一次世界大战后通过各国的努力刚刚建立的相对稳定的国际关系,通过技术改进和应用刚刚恢复的世界经济,因为这一严重的经济危机而使发展的所有成果几乎都丧失殆尽,经济的衰退导致了各个国家国内局势的动荡,也导致了国与国之间矛盾的再次加剧,把世界又推向了另一次大战的边缘。

2 罗斯福新政

当美国发生经济危机时,正值赫伯特·胡佛(Herbert Hoover,1929—1933 年任职总统)担任总统。他最初拒绝相信美国出现了什么问题,在他的就职演说中,我们可以看到他自信满满:

> 广而言之,我们所达到的高度舒适和安定,在世界历史上乃是前所未有的。我们摆脱了普遍的贫困,于是获得了空前的高度个人自由。我们对于我国各项制度的忠诚与关切,乃是既深刻而又真诚的。我们正在稳步地塑造一个新的种族,建设一种拥有自己伟大成就的全新文明。

当 1930 年出现 300 万失业工人时,他还向人们保证一切都很好。美国人对胡佛总统的态度产生了怨恨。人们把失去家园的人所住的临时搭建的棚子称作胡佛村。到 1931 年 12 月，失业率已经达到了三分之一。面对向华盛顿进军要求早日支付战争津贴的老兵，胡佛动用全副武装的军队进行了驱逐。胡佛领导的民主党在这场危机中的表现令国人大为失望，人们已经失去了对他们的信任，尽管 1932 年胡佛再次被推举为总统候选人，但是他的失败是不可避免的。

总统选举的结果是民主党候选人富兰克林·罗斯福大获全胜。罗斯福出身富裕家庭，曾经担任过海军次官和纽约州州长，曾经长期和小儿麻痹搏斗。他在竞选中许诺要实行"新政"（New Deal）。罗斯福新政是指 1933 至 1939 年之间罗斯福采取许多措施进行救济，和在工业、农业、财政、水力、工作和住房方面进行改革，大大增加联邦政府的职权范围。

宣布就职后的当天，罗斯福就请求召开了国会特别会议，商讨对策。他挽救国内经济的措施首先从整顿金融秩序开始。首先宣布银行放假 4 天。他承诺一周后，政府认为运转良好和安全的银行将重新开放。一周以后，罗斯福通过收音机发表了第一次著名的"炉边谈话"，再一次向美国人民做出保证：

富兰克林·罗斯福

　　我要指出一个简单的事实，你们把钱存进银行，银行并不是把它锁在保险库里了事，而是用来通过各种不同的信贷方式进行投资的，比如买公债、做押款。换句话说，银行让你们的钱发挥作用，好使整个机构转动起来……我可以向大家保证，把钱放在经过整顿、重新开业的银行里，要比放在褥子下面更安全。

按照原来的承诺,大多数银行重新开放。许多人听从罗斯福的建议,重新把钱存到银行里。3 月 9 日,国会通过了《紧急银行法》,决定对银行实行个别审查颁发许可证的制度,允许有偿付能力的银行尽快复业。所以,从 3 月 13 日到 15 日,14 771 家银行领到了执照重新开业。为了加强美国对外的经济地位,罗斯福于 3 月 10 日宣布暂停黄金出口,4 月 5 日宣布禁止私人储存黄金和黄金证券,美钞停止兑换黄金。4 月 19 日宣布禁止黄金出口,放弃金本位。6 月 5 日宣布公司债务废除以黄金支付。1934 年 1 月 10 日,宣布发行以国家有价证券为担保的 30 亿美元纸币,使美元贬值 40.94%。通过这两项措施,政府有效地控制了国家的经济。罗斯福和国会还一起废止了禁酒令,允许酒类的购买和消费。

这些措施只是百日新政的开端。在任职总统后的一百天里,罗斯福前所未有地颁布了许多法令。罗斯福和年轻的法学家、教授和社会的劳动者一起,制定了法律,让人们重新工作和消费。为了缓解人们对食物和住处的迫切要求,1933 年 5 月国会通过了《联邦紧急救济法》,成立了联邦紧急救济署。后者提供了 5 亿美金帮助那些迫切需要帮助的人们,将救灾物资运往各州。接下来是罗斯福促请议会批准了《公共资源保护队法》(*Civilian Conservation Corps Act*)。政府付给 18 岁至 25 岁的年轻人半年到一年的报酬,负责建设和保护工作,从事植树护林、防治水患、水土保持、道路建筑、开辟森林防火线和设置森林瞭望塔等。第一批招募了 25 万人,在遍及各州的 1 500 个营地劳动。到美国参战前,先后有 200 多万青年在这个机构中工作过,他们开辟了 740 多万英亩(1 英亩 = 4 046.8 平方米)国有林区和大量国有公园。平均每人每期干 9 个月,拿出工资中的绝大部分作赡家费,这样在整个社会扩大了救济面和相应的购买力。

1933 年,同样在罗斯福总统任职的头 100 天里,通过了《农业调整法》(*Agricultural Adjustment Act*)。过去农民种植了过剩的农作物,其中包括小麦和玉米,这导致价格的下降和农民费用的上升。这项法案意在通过付给农民补贴的方式,让农民减产。尽管这项政策遭到某些美国人的质疑,因为

许多人面临饥饿,但最后的结果是农民一蒲式耳(1 蒲式耳 = 36.368 735 升)小麦的收入从 1932 年的 38 美分上涨到 1.02 美元。

在一百天的最后时刻,国会通过了《国家工业复兴法》(*National Industrial Recovery Act*),并设立了全国工业复兴署来实现法案的目标。法案的主要目标是刺激停滞的工业,让人们回来上班。全国工业复兴署相信,最好的方法是设定一系列让企业在市场上都遵守的规则。这些规则规定了工人的小时最低工资和一周的最高工作时间,并对广告宣传和产量等进行控制。出于害怕重新形成高失业率,其中还规定禁止工业发展技术,因为那会导致工人被解雇。《国家工业复兴法》代表着国家首次直接参与企业运转。该法案允许工业和企业实行以前禁止的垄断性的限价政策,这样可以使厂商不能降价出售自己的产品,从而可以排挤掉竞争者。该法案允许工人成立工会组织,依靠集体交涉获得更好的报酬和工作条件。这一切措施都增加了企业的利益,并因此创造了更多的就业,促进了消费增加。

新政时期一个最受欢迎的计划是实行以工代赈,建立了以从事长期工程计划为主的公共工程署(政府先后拨款 40 多亿美元)和民用工程署(投资近 10 亿美元),后者在全国范围内兴建了 18 万个小型工程项目,包括校舍、桥梁、堤坝、下水道系统及邮局和行政机关等公共建筑物,先后吸引了 400 万人工作,为广大非熟练失业工人找到了用武之地。后来又继续建立了几个新的工赈机构。其中最著名的是国会拨款 50 亿美元兴办的工程兴办署和专门针对青年人的全国青年总署,两者总计雇用人员达 2 300 万,占全国劳动力的一半以上。到二战前夕,联邦政府支出的种种工程费用及数目较小的直接救济费用达 180 亿美元,美国政府借此修筑了近 1 000 座飞机场、1.2 万多个运动场、800 多座校舍与医院,不仅为工匠、非熟练工人和建筑业者创造了就业机会,还给成千上万的失业艺术家提供了形形色色的工作,作家们也被征召与城镇居民进行访谈和编纂地方志,演员和音乐家被雇用把戏剧和音乐带到乡村城镇的居民当中。这是迄今为止美国政府承担执行的最宏大、最成功的救济计划。

　　新政实行了 18 个月后,500 万失业工人找到了工作。然而罗斯福和他的新政并非没有遭到批评。当一些富裕的人意识到罗斯福并不是想要把国家恢复到经济危机前的状态,而是要改革整个国家的经济结构时,他们很快便对他产生敌意,称他为自己阶级的叛徒。他们不喜欢罗斯福加在他们头上的新税,有些人甚至听信谣言,说罗斯福想把美国变成一个极权的社会主义国家。那些大企业主,曾经非常感谢罗斯福使他们的企业重新步入正轨,但现在则激烈地批评他。甚至作为新政初期重要内容的《工业复兴法》及另外两项法案也在时隔两年后被最高法院裁定为违宪。不仅富裕的人批评罗斯福,一些社会主义者和一些民主党人也抱怨罗斯福和他的新政为中下层的人做得太少。尽管受到不少批评,但是大多数美国人都拥护罗斯福,他在 1936 年以压倒性多数再次当选美国总统。

　　罗斯福受到广泛欢迎的一个重要原因是 1935 年他通过了《社会保障法》(*Social Security Act*),这是美国历史上第一个有关社会福利的法案。该法案规定,凡年满 65 岁退休的工资劳动者,根据不同的工资水平,每月可得 10 至 85 美元的养老金。失业保险金的来源,一半是由在职工人和雇主各交付相当于工人工资 1% 的保险费,另一半则由联邦政府拨付。这个社会保险法,反映了广大劳动人民的强烈愿望,受到美国绝大多数人的欢迎和赞许。该法案也有为失业者提供保险和对儿童提供帮助的内容。1938 年 6 月 14 日通过了《公平劳动标准法》(又称《工资工时法》),它的主要条款包括每周工作 40 小时,每小时最低工资 40 美分;禁止使用 16 岁以下童工,在危险性工业中禁止使用 18 岁以下工人。关于最低工资的规定,随着经济的发展,日后陆续有所调整。这些社会立法,虽属社会改良的范畴,但对广大人民特别是工资劳动者甚有好处。为了解决社会保险制度的联邦经费来源问题,罗斯福破天荒地实行了一种按收入和资产的多寡而征收的累进税。

　　在罗斯福新政时期,还采取了几项重大的外交举措,第一项措施就是与苏联正式建立了外交关系,放弃了坚持很久的不承认政策。1933 年 10 月,美国总统罗斯福同苏联执行委员会主席加里宁交换了信件,苏联代表团

1933年11月初抵达华盛顿,不久开始谈判。1933年11月16日,苏联同美国正式建立了外交关系。第二项措施就是国会通过了《中立法》,1935年8月31日通过第一个中立法,规定"在两个或若干个外国之间发生战争时或在战争过程中,总统将此事宣布,嗣后凡由美国或其属地之任何地点把武器、弹药及军事装备输往交战国港口,或输往中立国以转运至交战国者,均属违法"。并禁止美国船舶运载军用品至交战国和美国公民乘搭交战国船只旅行,但不禁止其他物资包括战略物资出口。到1936年2月底该法期满时,国会随即通过第二个中立法,将第一个中立法有效期延长到1937年5月1日,并补充禁止向交战国提供贷款的条款。1937年4月29日,国会通过第三个中立法,除前两法规定的内容以外,又规定中立法适用于发生内战的国家,授权总统判定战争状态之是否存在,不仅有权禁止武器输往交战国,而且可以禁止任何货物输往交战国,禁止向交战国出售武器弹药和对交战国贷款。通过中立法,美国实行了国内孤立主义。第三项措施就是对拉丁美洲实行睦邻政策。罗斯福就任后正式提出:"在对外政策方面,我认为我国应该奉行睦邻政策。"1936年底在泛美特别会议上,美国正式承诺放弃武装干涉政策。其内容包括:不干涉拉美国家内政,撤回在拉美各国驻军,订立互惠贸易协定,对拉美各国实行经济援助。同时,罗斯福政府先后废除了干涉古巴的普拉特修正案,取消派军队去墨西哥的权利,从海地撤军,放弃干涉巴拿马和多米尼加的权利,同古巴等10多个拉美国家订立了互惠贸易协定等。

罗斯福通过一系列的新政政策,使美国成功地度过了危机,重新走上有序发展的轨道。

3 法西斯主义

美国依靠罗斯福推行新政度过了危机,但在某些国家里危机使国内的矛盾加深,陷入了无法自行解决和排解的泥潭,从而滋生出极端主义和独裁统治,逐步走上侵略的道路,其中最典型的就是法西斯主义。法西斯主义的发展和法西斯国家的建立,将世界重新推向了战争。

　　法西斯主义是这样一种政治哲学,它强调国家的荣誉和至高无上,强调坚定不移地服从国家的领导,个人的意志从属于国家的权威,对持异议者进行严厉镇压。这种哲学提倡尚武精神,而蔑视自由和民主的价值。法西斯主义兴起于 20 世纪二三十年代,部分出于对工人阶级掌握权力的恐惧。法西斯主义主张保护商人和土地主的利益,主张保留社会的等级制度。世界经济危机发生后,法西斯主义开始活跃,除了在这之前建立起来的意大利法西斯政权外,德国、西班牙和日本都相继建立了法西斯政权。

墨索里尼

　　意大利是最早建立法西斯统治的国家,其倡导者是墨索里尼(Benito Mussolini,1883—1945 年)。墨索里尼出生于 1883 年 7 月 29 日,年轻时信奉社会主义。1914 年 8 月第一次世界大战爆发后,墨索里尼不愿遵循社会党的路线,社会党人把他驱逐出党。被逐出党彻底改变了墨索里尼的政治观念。他创办了《意大利人民报》,主张意大利应该参加针对德国的战争。当意大利正式加入战争后,墨索里尼在 1915 年应征入伍,1917 年在战场上受伤。战后,墨索里尼开始其政治运动。1919 年,他组建了法西斯党,称为

"战斗的法西斯"（Fasci di Combattimento）。法西斯一词源自拉丁语 Fascis，意思是"一束"，其复数是指围绕一柄斧头捆绑在一起的束棒。这在古罗马象征着权威，代表着绝对不可动摇的权力。墨索里尼许诺通过民族主义的、反自由主义和反社会主义的运动，创建罗马帝国的光荣。

墨索里尼的运动触动了中下层的情绪，其拥护者们都穿着黑色衬衫，组建了私人武装。1922 年，墨索里尼威胁进军罗马接管政府。国王威克多·伊曼纽尔屈服于墨索里尼的威胁，请墨索里尼组建政府。墨索里尼上台后，取消了所有其他的政党，开始把意大利改造成一个法西斯国家。

最初，意大利人和外国的观察家把墨索里尼视为一个强有力的领导人，正是他为意大利的经济和社会结构设定了必要的规则。他大量投资进行现代国家的基础建设。他还取消了工会，关闭了与法西斯的路线相悖的报纸。他运用警察的力量巩固自己的统治，并囚禁了众多持不同政治观点的人。

30 年代墨索里尼致力于使意大利成为世界强国。1935 年入侵了东非的国家埃塞俄比亚，而且不顾国际联盟的撤军要求，继续占领了这一国家。1936 年他派遣意大利的军队去支持西班牙内战中佛朗哥的保皇派军队。到 30 年代末，墨索里尼开始接近阿道夫·希特勒和纳粹德国，1939 年他入侵了近邻阿尔巴尼亚。

第二个法西斯主义国家是阿道夫·希特勒（Adolf Hitler，1889—1945年）领导下的德国。希特勒从 1933 年到 1945 年期间是德国的独裁者。他的国家社会主义德国工人党，基于德意志民族优越的理论以及强烈的排犹主义。希特勒政权在集中营里屠杀了超过 600 多万的犹太人，并成为第二次世界大战的发动者。

希特勒于 1889 年 4 月 20 日出生在奥地利，父亲是一名政府的小官员，母亲则是农民。他从小学习成绩很差，没有能够完成高中学习。1907 年他移居维也纳，曾想依靠艺术谋生，但并没有能够获得成功。在这期间他沉迷于反犹和反民主的文学作品之中。他还是一名狂热的德国民族主义者，他认为奥地利应该并入德国,实现德国民族的统一。1913 年他前往慕尼黑,放弃了奥地利国籍。第一次世界大战发生后他加入了德国军队,在其步兵团里成为一等兵,获得了铁十字勋章。1917 年他在战争中受伤。当德国承认失败并于1918 年 12 月签署了停战协定,第一次世界大战结束时,希特勒正在医院里,对失败感到愤恨。他咒骂犹太人和共产主义者在背后暗算德国军队。他出院后,被任命在慕尼黑监视政治颠覆活动。1919年 他 加 入 了 一 个 小 的 民 族 主 义 政 党。1920 年他将德国工人党改造成为民族社

希特勒

会主义德国工人党,即纳粹党。纳粹党主张将所有德国民族统一成一个国家,拒绝《凡尔赛和约》。

　　1923 年纳粹党试图利用德国政治和经济方面的混乱夺取权力。11 月8 日,希特勒号召纳粹党进行革命,历史上称为"啤酒馆暴动"。由于希特勒没有军事力量的支撑,暴动失败。希特勒被逮捕,以叛国罪被判处入狱五年。在狱中他写了《我的奋斗》(Mein Kampf),在这部小册子里他记述了自己的生平并提出了自己的政治信仰。他露骨地表示,他要统治德国,要征服大部分欧洲,要灭绝犹太民族,他反对民主,呼吁实行独裁,来对抗共产主义的攻击。希特勒在狱中服刑 9 个月,出于政治压力迫使巴伐利亚政府为他减刑,1924 年 12 月被释放出狱。

　　从 1924 年到 1928 年,希特勒和纳粹党在政治上无所作为。但是 1929年到来的经济危机,为希特勒获得权力提供了契机。希特勒咒骂《凡尔赛和约》以及犹太人和共产主义的阴谋摧毁了德国。到 1932 年,纳粹党成为德国最强大的政党。1933 年 1 月 30 日,希特勒被任命为德国的总理。

德国的许多领导人相信,企业家和德国的军队能够控制希特勒。但是事实正好相反。希特勒上台后很快就确立了一党国家,并确立了自己的独裁地位。其间他通过 2 月 27 日的"国会纵火案"将矛头对准共产党,使纳粹党获得议会的多数席位;3 月 23 日他提出了《授权法》,弱化国会的权力,把权力集中在总理手里;1934 年 8 月 1 日,他颁布了《国家元首法》,将总统和总理职位合并;8 月 2 日,总统兴登堡去世,他成为"国家元首",掌握了总统和武装部队总司令的权力,确立了法西斯的独裁。为了稳固自己的统治,他取消了工会,实行了政府的审查制度,纳粹的宣传机构控制了报纸和电台。希特勒的秘密警察盖世太保对纳粹的反对者实行恐怖政策,犹太人被解雇,赶入集中营,并被驱逐出德国。到 1934 年,希特勒已稳稳地控制了德国。

尽管如此,大多数德国人仍狂热地支持希特勒,因为他使大多数德国人得以就业,重建了德国经济,并使德国人摆脱了第一次世界大战后的自卑感。接着,希特勒撕毁了《凡尔赛和约》,开始大规模扩军备战。1936 年要求归还被法国控制的莱茵兰,1938 年将奥地利吞并。同年他接管了捷克斯洛伐克的德国人地区,1939 年他吞并了整个捷克斯洛伐克。当他在 1939 年 9 月 1 日入侵波兰时,英国和法国对德宣战,第二次世界大战正式爆发。

在欧洲,意大利和德国确立了法西斯政权,并把世界逐步拖向另一次世界大战,与此同时在亚洲,日本也建立了法西斯国家,成为第二次世界大战的另一个策源地。日本的法西斯主义有一定的历史传统,早在 1919 年日本法西斯主义的先驱者就曾编写了《国家改造案原理大纲》,即 1923 年出版的《日本改造法案大纲》,鼓吹军事独裁,正是在这种理论影响下,出现了第一个法西斯组织"犹存社",之后出现了形形色色的法西斯组织,如玄洋社、浪人会、黑龙会、农本自治主义团体、经纶学盟、国家社会党等。法西斯团体也在青年军官中广泛建立,包括二叶会、木曜会、五师会等。这些法西斯团体主张武力,主张对外开战、建立总体战体制等等。不过他们在 20 年代还没有对国家的整体政治生活产生重大影响。进入 30 年代,法西斯团体渐趋活跃,并开始影响政治的走向。其中最主要的背景是日本战后经济的困境。战后日本的经济一直发展缓慢,尽管从 1925 年开始日本走上经济相对稳定的轨道,但是在 1927 年便爆发了大规模的金融危机,即"昭和金融危机",在金融危机最为激烈的时刻,田中义一上台组阁。他在采取措施稳定金融秩序的同时,开始推行侵华政策。他在同年 6 月 27 日至 7 月 7 日在东京召开了"东方会议",提出《对华政策纲领》,称"欲征服世界,必先征服中国,而欲征服中国,必先征服满蒙"。正是在他统治时期,日本出兵关东,并制造了"皇姑屯事件"。田中的政策最后遭到在野党的反对,其内阁于 1929 年 7 月垮台,滨口雄幸组阁。滨口内阁试图采取一系列措施健全国内经济,并通过恢复日中关系和参加伦敦裁军会议协调外交。但滨口的政策还没有来得及全面推行,日本就陷入了世界性的经济危机,日本经济受到重创,国内矛盾日趋尖锐。在这样的背景下,法西斯势力纷纷活跃。

1930 年夏,一些中下级军官以桥本欣五郎为首成立法西斯组织"樱会",反对政党政治,主张先改造国家,然后对外发展。同年 11 月,滨口首相被右翼团体爱国社成员袭击,不久身亡。1931 年,若规礼次郎内阁上台。同年 3 月 20 日,樱会发动了未遂军事政变,史称"三月事件"。这次事件之后,陆军中以永田铁山为首的实权派策划侵华战争。1931 年 9 月 18 日,日本发动了"九一八事变",占领了中国东北,扶植了傀儡政权。从这次事变开始,日本开始走向国家的法西斯化。

1931 年 10 月 21 日,樱会发动了第二次政变,试图建立以荒木贞夫为首的军事内阁,但同样没有成功。但这一事件促使亲军部的势力加强,建立"举国一致"体制的呼声甚高,导致若规内阁辞职,组成了犬养毅内阁,荒木贞夫任陆相,军部的政治地位增强。这时,在军部内部形成两个派别,一派是以荒木贞夫为首的皇道派,一派则是以永田铁山为首的统制派。皇道派中的青年海军军官和民间法西斯分子井上日昭联合,准备以暗杀等武力手段夺权。1932 年 2 月和 3 月制造"血盟团事件",刺杀了原藏相井上准之助和三井总公司理事长团琢磨。5 月 15 日袭击首相官邸,刺杀了首相犬养

毅。这次事件在历史上被称为"五一五政变"。这场政变虽然被统制派镇压,但也结束了日本的政党内阁,5 月下旬组成了以预备役海军大将斋藤实为首的"举国一致内阁"。这一系列的变化导致了法西斯主义的扩大化。1933 年 3 月,日本宣布退出国联。1934 年统制派和皇道派之间矛盾渐深。前者反对武装政变和恐怖暗杀,但后者不放弃恐怖手段。1936 年 2 月 26日,一批皇道派的青年军官率领 1 400 名士兵发动了军事政变,袭击并占领了首相官邸、陆相官邸、陆军省、警示厅等,要求重用皇道派,惩处统制派,建立军人政府。最后统制派尊奉天皇平定叛乱的旨意,动用 2.4 万人的兵力,镇压了荒木贞夫的皇道派。二二六事件之后,统制派最后确立了法西斯统治。1936 年 3 月 5 日,广田弘毅受命组阁,在军部的控制下,于 9 日组阁完成,确立了军部的支配地位,也标志着日本法西斯政权的形成。

这些法西斯国家,都把对外侵略作为摆脱国内危机的途径,把国家政体的军事化作为自己的目标,从而成为把世界拖入战争的主要力量。

4 绥靖政策

面对欧洲德意法西斯国家和东亚日本军国主义咄咄逼人的气势,英、法、美等列强并没有采取相应的强硬遏制措施,而是采取了退让、姑息和迁就的外交政策,客观上鼓励了法西斯国家走上肆无忌惮的扩张之路。英、法、美等国家采取的这种姑息政策,在历史上被称为"绥靖政策"(Policy of Appeasement)。绥靖政策之所以能够出现,一方面是对法西斯国家扩张所引起的后果估计不足,认为这些国家,尤其是德国,因为一战损失惨重,只不过希望获得一些利益而已;一方面是因为作为从《凡尔赛和约》中得益的国家害怕重新出现大战,希望能够维持现有的秩序;同时,这些国家还有很深远的政治考虑,希望在欧洲扶持德国,在亚洲扶植日本,从而有效地遏制社会主义国家苏联。正是基于这样的考虑,所以造成法西斯国家步步紧逼,而英、法、美等国家则步步退让,最终爆发了第二次世界大战。

绥靖政策表现在一系列的事件之中。在亚洲,1931 年日本发动"九一八事变",侵占中国的东北。美国不但不谴责这一侵略行动,反而与日本密商谅解。1932 年 1 月 3 日,日本侵占锦州,进逼中国关内。7 日,美国国务卿史汀生照会中国和日本政府,对日本强占中国东北的局面和足以损害美在华权益、违反"门户开放"的行为及中日间的任何协定、条约,美国均不予承认。但在次日,美国国务院又表示美无意干涉"日本在满洲的合法条约权利"。此即史汀生主义或"不承认主义",其实质是企图以牺牲中国东北来维护美在华的权益,并同时希望将日本的势力引向苏联。它是此后一个时期美国对华政策的基本方针。针对日本的入侵,英国也采取了同样的立场。英国操纵国际联盟,拒绝对日本实行经济制裁,而且在 1939 年 7 月,与日本直接签订了"有田—克莱琪协定"。其主要内容是:英国政府完全承认日本用暴力在中国造成的"实际局势",承认日军在华有"特殊要求",亦即有镇压和消灭中国抗战力量的权利,"英国政府无意赞助有碍日军达到上述目的的行动和措施"。这一条约是英国牺牲中国,同日本妥协的绥靖政策的体现,但这并未缓和日英矛盾,而且日本并不以此为满足,还想利用当时欧洲的紧张局势,压迫英国作出更大的让步。7 月 27 日,日本在其后的谈判中要求英国把中国政府存在天津英租界银行的 5 000 万银元移交给日本,并停止在英租界使用中国法币,被英国拒绝。1939 年 8 月 16 日,日军开进中国南部与香港仅一水之隔的深圳,直接向英国发出威胁。8 月 20 日,英日两国东京谈判破裂。从此,日本继续向东南亚及南洋地区扩张,英美逐渐趋于强硬,最后,终于爆发了太平洋战争。

在欧洲,面对德国和意大利一连串的紧逼政策,英法等国家始终表现软弱,步步退让。首先,在 1933 年德国先后宣布退出国际裁军会议和国际联盟,并在 1935 年宣布建立空军,实施国防军法,推行普遍义务兵役制等。通过这些措施,德国开始突破《凡尔赛和约》的限制,重新建立自己的国家机器。面对德国的举动,英国并没有进行反对,反而与德国签订了《英德海军协定》,条约主要规定:德国海军舰艇总吨位不超过华盛顿海军条约和伦敦海军条约所规定的英联邦国家海军舰艇总吨位的 35%。在潜艇方面,德国保证,保有的潜艇吨位不超过英联邦国家海军潜艇总吨位的 45%。由于当时德国海军的总吨位只有英国的 6% 左右,所以一般认为《英德海军协定》合法地解除了《凡尔赛和约》对德国海军军备的限制。1935 年 1 月 7 日,法国外长赖伐尔与意大利总理墨索里尼在罗马签署了一系列改善两国关系的协定和文件,统称《罗马协定》。该协定是在纳粹德国的威胁日益加剧的背景下缔结的,法国的目的在于通过与意大利接近来强化法国在欧洲的军事同盟体系,孤立纳粹德国;而意大利则是要借机实现其在非洲扩张的野心。因此,在谈判的过程中,当时非洲唯一保持独立的国家埃塞俄比亚,成了法意秘密交易的牺牲品:法国允许意大利在埃塞俄比亚自由行动,而意大利则答应法国实行共同的对德政策。罗马协定的缔结恶化了当时的国际形势,最严重的后果就是导致了 1935 年秋意埃战争的爆发。1935 年 10 月,意大利对埃塞俄比亚发动了全面进攻,并在第二年 5 月吞并了埃塞俄比亚。对意大利的侵略战争,尽管国际联盟做出了经济和财政制裁的姿态,但是并没有对意大利实行石油禁运和封锁苏伊士运河,没有有效地制止意大利的侵略,这反映出英法不愿与意大利直接对抗的心态。1936 年,德国开始用实际的军事行动来挑战《凡尔赛和约》。莱茵区是《凡尔赛和约》规定的非军事区,禁止德国在该地区驻扎军队。但是,3 月份,德军以法苏签订《法苏互助条约》为借口,派出 3 万人的军队试探性地进驻莱茵非军事区。尽管对此法国进行了强烈的抗议,但并没有付诸军事行动,造成希特勒进驻莱茵非军事区成为现实,这大大助长了纳粹的侵略欲望。

　　1936 年,西班牙共和国面临危机,佛朗哥(Francisco Franco,1892—1975 年)和莫拉指挥的西班牙叛军发动内战,试图消灭共和国。佛朗哥的叛乱行为得到了德国和意大利的支持。德国和意大利不仅口头表示支持,而且实际向佛朗哥叛军运送了大量武器弹药,最后意大利派出大批作战部队直接参与西班牙内战。对此,英法等国只是口头上声援反法西斯的西班牙人民阵线政府,但害怕与德、意在西班牙发生直接对抗,于是开始实行中

立政策。为此,英法于 8 月15 日签订了《不干
涉协定》,9 月9 日在伦敦成立了"不干涉委员
会",禁止把一切军事物资运往西班牙及其属
地。这些政策实际上限制了共和国获得外来
的援助,而西班牙叛军则可以顺利地从德意那
里获得援助。在内战最后的时刻,英法反过来
承认佛朗哥政权,最终导致西班牙共和国的
灭亡。

　　1938 年屡遭纵容的希特勒开始试探性地
进行他的侵略计划,首先第一个目标便是奥地
利。1938 年他通过外交攻势和军事压力,迫使
奥地利的纳粹头子英夸特出任"临时政府总
理",3 月27 日出兵占领了整个奥地利,把奥地

佛朗哥

利并入德国的版图。对此英法没有采取任何实际的干涉行动,这客观上鼓
励了希特勒进一步实施自己的侵略计划。德国的下一个目标是捷克斯洛伐
克。德国首先挑拨捷克境内亲德的苏台德区要求自治,然后陈兵捷克边境,
以军事相威胁。面对德国的军事威胁,英法国内强硬派主张进行坚决反击,
但是主张绥靖政策的政府还是主张退让。结果英国的首相张伯伦飞赴德国
与希特勒谈判。会谈的结果是要求捷克将德意志人占50%的地区直接移交
给德国,捷克被迫接受,但是希特勒又提出了进一步的要求,主张捷克境内
德意志人不占多数的地区也要由公民投票来决定归属。这一要求遭到捷克
的拒绝,也遭到英法的反对。但是在德国强硬的军事威胁下,英法又开始动
摇,张伯伦建议由英、法、德、意、捷五国召开会议进行协商。1938 年9 月29
日,英、法、德、意四国参加的慕尼黑会议召开,通过出卖捷克斯洛伐克,四国
达成了《慕尼黑协定》。协定规定,捷政府必须在10 月1 日起的10 天内,把
苏台德区和德意志人占多数的其他边境地区割让给德国;割让区内的军事
设施、工矿企业、铁路及一切建筑,无偿交付给德国;成立由英、法、德、意、捷

五国组成的"国际委员会"来确定其他地区的归属并最后划定国界等等。在出卖捷克的基础上,英、法分别与德国签订了《英德宣言》和《法德宣言》,强调自己同德国的和平。这场会议和所签订的协定在历史上被称为"慕尼黑阴谋"。然而,即使英法作出了那么大的让步,仍然未能满足希特勒的胃口。很快,希特勒便利用斯洛伐克与捷克的矛盾,出兵占领了斯洛伐克,并于 1939 年 3 月 15 日全面侵入捷克斯洛伐克全境,占领了捷克首都布拉格。德国在占领了捷克斯洛伐克之后,得寸进尺,又想以同样的手法吞并波兰。德国提出将波兰境内德国人占多数的但泽市划归德国,遭到波兰的拒绝,于是德国开始陈兵波兰边境。这一次,英法等开始认识到绥靖政策的失败,立场从软弱开始走向强硬。英法举行了一系列会议,协调立场,并制定了两国未来对德作战的共同战略,强调英法一旦和德国发生战争,要相互提供军事援助,并表示坚决支持波兰。同时针对意大利侵占阿尔巴尼亚,提出对希腊、罗马尼亚、荷兰、比利时和土耳其等国提供安全保证。相同的立场也促使英法和苏联接近。英法希望在德国向罗马尼亚进攻时苏联能够提供帮助,苏联则提出与英法缔结互助盟约,当与苏联接壤的东欧和波罗的海沿岸国家遭到德国侵略,英法要提供军事援助,而且三方不能单独同侵略者媾和。三方经过谈判,英法同意在苏联遭到直接进攻时进行援助,但不包括间接进攻的情况。三方因为间接侵略方面的分歧而没有达成最终协议。同年 8 月 12 日,三方在莫斯科继续谈判,苏联提出如果对英、法、波、罗等国提供军事援助,则必须过境波兰和罗马尼亚,希望英法就此事与波兰和罗马尼亚进行商讨,但苏联的这一要求遭到波兰的拒绝,谈判最终决裂,英法苏在战前结成反法西斯同盟的机会就这样丧失了。苏联为了自身的安全,反而和德国接近,希望能够获得德国不对苏联进攻的承诺。而此时德国由于和英、法交恶,也开始把对付的重点转向西方,特别希望德国在与英法交战时苏联不进行夹攻。于是,苏德双方的外长莫洛托夫和里宾特罗甫于 1939 年 8 月 23 日在莫斯科签署了《苏德互不侵犯条约》和一个《秘密附加议定书》。根据条约,条约缔结双方保证不单独或联合其他国家彼此间施用武力、侵犯或攻击行为。缔约一方如与第三国交战,另一缔约国不得给予第三国任何支持。缔约双方决不参加任何直接、间接反对另一缔约国的任何国家集团,条约有效期为10年。《秘密附加议定书》秘密确定了苏德两国在东欧的势力范围。苏德之间签订的条约其实是苏联对德国实行绥靖政策的表现。这一协定尽管使苏联获得了不受侵略的书面保证,也把西方引向苏联的德国侵略势力重新引向西方,从长远看,也使德国摆脱了陷入两面作战的困境,可以分阶段地逐步实施自己征服世界的计划。

正是这一系列绥靖政策的实施,使西方世界失去了遏制法西斯侵略欲望的时机,整个世界被迅速推向了战争。

第九编　文明经受了考验

大战与冷战下的文明

I "二战"中的欧洲战场

第二次世界大战的起点是 1939 年 9 月 1 日。8 月 31 日,希特勒签署了进攻波兰的"第一号作战命令",也称"白色方案",第二天,德国未经宣战便入侵了波兰。英国和法国在 9 月 3 日对德国宣战,英联邦国家,除了爱尔兰之外,均相继对德宣战。德国对波兰的战争并没有持续多久,德国依靠闪电战,以及现代化的机械部队和空中力量,很快就突破了波兰的防御体系,当苏联于 9 月 17 日进入东部波兰时,德国征服波兰的战争已经接近尾声。9 月 17 日至 30 日,德军攻占了华沙。同时,苏联从背后袭击了波兰的西乌克兰和白俄罗斯地区。波兰政府逃往罗马尼亚,波兰灭亡。

尽管英国和法国很快对德宣战,但是并没有立即投入地面战争,而是躲在马其诺防线后面度过了一个冬天,这在历史上被称为"静坐战争"。在这期间,英法的海军与德国的潜艇在海上进行了争夺。而苏联则趁机在东欧抢夺

地盘,试图建立一条"东方战线",扩大苏联与德国的缓冲地带。其中包括:10 月将乌克兰和白俄罗斯并入苏联;9 到 10 月间,通过条约,获得在爱沙尼亚、拉脱维亚和立陶宛三地驻军和建立军事基地的权利;11 月 30 日苏联入侵芬兰,迫使芬兰割让了 4.2 万平方公里的土地;次年 6 月,又占领了罗马尼亚的比萨拉比亚和北布克维纳地区。

英法军队的静坐战争于 1940 年 4 月 9 日结束。这一天,德国突然入侵丹麦和挪威。丹麦没有进行抵抗,很快沦陷。挪威尽管进行了顽强的抵抗,英法军队也进行了救援,但是并没有阻止住德国侵略的脚步,挪威也很快在 6 月 9 日被德国征服。德军在顺利进军挪威的同时,于 5 月 10 日实施了"黄色方案",全面进攻西欧。该天,德国军队集中攻占卢森堡并入侵了荷兰和比利时。5 月 13 日,德军从侧翼包围了马其诺防线。德国的装甲纵队一直开进到英吉利海峡并切断了与法兰德斯的联系,将 40 万英法联军合围。由于希特勒和最高统帅部的犹豫,给英法联军提供了绝处逢生的机会。5 月26 日,被围困的英法联军进行了"敦刻尔克大撤退",从 5 月 26 日至 6 月 4日,英国的各类船只将 33.8 万人的英法联军军队撤退到英国,但殿后的 4万法军被俘,英法联军的所有重装备均被德国缴获。

尽管因为英法联军的节节败退,在 5 月 19 日甘末林将军已经被撤换,由魏刚将军担任联军最高司令,但还是未能阻止联军的失败。从 6 月 5 日开始,德军开始全面进攻法国,6 月 10 日意大利也对法国宣战。巴黎在 13日宣布为"不设防城市",14 日首都巴黎被德国占领。德国 15 日从正面攻击马其诺防线,法军 50 万主力被击溃。22 日,法国与德国签署了停战协定,在法国建立了以贝当元帅为首的维希傀儡政府,时任法国国防部副部长的戴高乐将军在英国支持下,组织了"自由法国"的抵抗运动。

法国战败后,英国成为盟军剩下的唯一的力量。德国试图说服英国投降,但遭到新上任的首相丘吉尔(Winston Churchill,1940—1945 年和 1951—1955 年两任英国首相)的拒绝。1940 年 7 月 16 日,希特勒签署了《第十六号作战命令》,即"海狮作战计划",试图利用空军对英国进行大规模的袭

炸,迫使英国投降。但是英国并没有
屈服,在顶住了德国空军的狂轰滥炸
后,英国的空军开始与德军在空中进
行较量,重创德国空军,并在 9 月以后
掌握了战略主动权,最后德国攻占英
国的计划以失败而告终。

丘吉尔

　　与此同时,战争的范围在不断扩
大。意大利的军队在北非对英国发动
了进攻;1940 年 10 月 28 日意大利入
侵了希腊;德国的潜艇在大西洋进行
了潜艇战;匈牙利、罗马尼亚和保加利
亚在 1940 年加入了轴心国,但是南斯
拉夫顶住了德国的压力。1941 年 4 月
6 日,德国发动了对南斯拉夫和希腊的
进攻,迅速取得胜利。5 月,克里特岛陷落。

　　接着,德国开始实施"第二十一号作战命令",即"巴巴罗萨计划",入侵
苏联。进攻之前,德国进行一系列的准备。1940 年 9 月 27 日在柏林签订了
《德意日三国同盟条约》,加强自己的联盟,同时在英吉利海峡练兵,作出渡
海进攻英国的假象。1941 年 6 月 22 日,德军未经宣战开始大举进攻苏联,
德国的同盟国相继对苏宣战。德国依靠机械化部队和闪电战术,在苏联土
地上全面推进,到 12 月,德国的机械化师已经击溃了苏联军队的主力并占
领了苏联在欧洲的大部分土地。然而,苏联严寒的冬天阻止了德国进攻的
脚步。德军从全面进攻改为重点进攻,目标直指莫斯科,指望通过占领苏联
的首都而使其丧失斗志。然而,尽管莫斯科形势危急,德国对莫斯科的进攻
最终为苏联的反攻所挫败。

　　尽管大战爆发后美国一直保持中立,但是它也开始逐步走进战争。
1939 年 11 月国会通过了《新中立法》,有条件地取消了武器禁运条例,规定

在"现金购货、运输自理"的原则下,美国可以向交战国出售武器;为了避免英国在德国的进攻面前崩溃,罗斯福总统敦促美国国会在1941年投票通过了《租借法案》,授权总统有权向对美国安全具有重大意义的国家以出售、转让、交换或租借等方式提供武器和军用物资。《租借法案》废除了"现购自运"的原则,规定可以用美国船只运输武器、货物。法案还规定,在战争结束后,受援国应归还"借贷或出租"的武器和物资。国会当即拨款70亿美元用于《租借法案》,援助反法西斯国家。1941年8月,罗斯福总统和丘吉尔首相在公海上见面,发表了《大西洋宪章》,宣布了对德战争的目的和战后和平的处置。称英美两国并不追求领土或其他方面的扩张,凡未经有关民族自由意志所同意的领土改变,两国不愿其实现;两国宣称尊重各民族自由选择其所赖以生存的政府形式的权利,待纳粹暴政被最后毁灭后,使全世界所有人类悉有自由生活的保证;两国相信世界所有国家,无论为实际上或精神上的原因,必须放弃使用武力;两国赞助与鼓励其他一切实际可行的措施,以减轻爱好和平的人民对于军备的沉重负担。这一宪章得到苏联在内的许多国家的支持。

为了建立基地保护自己的船只免遭德国潜艇的攻击,美国在1941年4月占领了格陵兰,后来又占领了冰岛。美国与德国的关系变得越来越紧张,而日本对中国、印度尼西亚和泰国的侵略,也遭到美国的强烈反弹。1941年12月7日日本袭击珍珠港,将美国真正拖入了大战之中。随着美国的参战,两大阵营的对立已经彻底明朗。1941年12月11日,德意日三国签订了《联合作战协定》,加强相互的军事联盟,而1942年1月1日以英美为首的26个国家签署了《联合国家宣言》,表示出与法西斯作战到底的决心。战争进入了一个新的阶段。

蒙哥马利将军于1942年10月在北非的阿拉曼发动了对隆美尔的攻势。接着美国的军队于11月8日攻入了阿尔及利亚,实施了"火炬作战计划"。戴高乐领导的自由法国军队和达尔朗海军上将投降后转到盟军的法国正规部队,都加入了盟军。经过在突尼斯的激战,1943年5月12日,北非的轴心国部队被彻底清除。

　　同时,在苏联,斯大林格勒经受住了德国的进攻后开始反攻,迫使德国的第六军投降,此后,苏联的军队开始了连续反攻,并迅速收复失地。在地中海,盟军趁非洲胜利之势,于 1943 年 7—8 月占领了西西里,并开始进攻意大利,意大利在 9 月 8 日宣布投降。在大西洋,德国潜艇的威胁在 1944 年夏天也被消除。在德国占领的欧洲地区,地下抵抗力量也在盟军的支持下开始进行反抗。

　　在战争过程中,盟国通过一系列的会议加强了团结,并确定了一致的作战目标。1943 年 1 月 14 日至 23 日在摩洛哥卡萨布兰卡会议上,罗斯福和丘吉尔对未来的作战计划、未来的法国政治问题和土耳其在战争中的立场问题达成了一致意见。1943 年 10 月 19 日至 10 月 1 日,苏美英三国代表在莫斯科召开会议,会议讨论了在反希特勒德国的战争中相互提供军事援助的问题。会议签署了议定书,确定了美国和英国向苏联提供武器、工业设备和粮食,苏联向美英提供军事生产所需的某些商品和原料。1943 年 8 月 14

德黑兰会议上的三巨头

日至 24 日，罗斯福和丘吉尔及两国高级军政人员，在加拿大的魁北克召开会议，确定了在西欧横渡英吉利海峡，开辟第二战场的问题。1943 年 11 月 22 日至 26 日，美英中三国首脑在开罗召开会议，探讨了联合对日作战和战后处置日本问题，会后发表了《开罗宣言》。1943 年 11 月 28 日至 12 月 1 日，美英苏三国首脑在伊朗首都德黑兰召开会议，就加速击溃德国、开辟第二战场以及战后世界安排问题进行了讨论。通过这些会议的召开，盟国在军事上紧密合作，确立了联合作战的思路。

到 1944 年初，空军的制空权已经转移到盟军手里，盟军的空军对德国的许多城市以及德国占领城市的交通和工业设施造成了毁灭性的打击。空中打击为盟军于 1944 年 6 月 6 日在北部法国诺曼底的登陆铺平了道路。在诺曼底经过激战后，盟军的装甲师进军莱茵河，到 1944 年 10 月消灭了法国和比利时的大部分德国军队。德国冯·隆施泰特将军指挥在比利时的反攻也以失败告终。

在东部战场，苏联的军队在 1944 年横扫了波罗的海国家、东部波兰、白俄罗斯和乌克兰，迫使罗马尼亚、芬兰和保加利亚分别于 8 月和 9 月投降。德国的军队在巴尔干半岛撤退后，在匈牙利进行退守，坚持到 1945 年。但是德国本土受到紧逼。俄国在 1945 年 1 月进入了东普鲁士和捷克斯洛伐克，占领了奥德河以东的德国。在德国即将战败的关键时刻，苏美英三国于 1945 年 2 月 4 日至 11 日，在苏联的雅尔塔举行了会议，三方就战后处置德国、德国赔款以及解除战后德国武装等问题达成了协议。

3 月 7 日，西部的盟军在布雷德利和蒙哥马利的指挥下，突破了坚固的齐格菲防线，占领了西部德国。4 月 25 日，西方的军队和苏联军队在易北河畔胜利会师，接着，朱可夫和科涅夫率领的军队攻占了柏林，希特勒在柏林的废墟中自杀，标志着德国的彻底崩溃。德国于 5 月 7 日在兰斯签署了无条件投降书，次日柏林批准。第二次世界大战的西欧战场以盟军的胜利宣告结束。

2 亚洲和太平洋战场

亚洲和太平洋战场是第二次世界大战的另一个主要战场,其持续的时间从 1937 年 7 月 7 日至 1945 年 8 月 14 日。参战的主要同盟国是中国、美国、英国、澳大利亚、新西兰和荷兰,苏联也在 1939 年与日本发生了短暂的边境冲突,并在 1945 年加入盟军部队出兵伪满洲国。印度等英联邦的一些国家也加入了这场战争。轴心国则以日本为主,另外还有伪满洲国、汪伪政权、泰国。日本从朝鲜、中国台湾等殖民地区招募了大量士兵,德国和意大利则与日本缔结了正式的同盟。

这一地区的战争首先从中日战争开始。1937 年 7 月 7 日,日本的关东军制造了"卢沟桥事变",从而挑起了中日之间的全面战争。日军从华北和上海两个方向向中国腹地发起猛烈攻击,并宣称能"三月亡华"。中国政府组织力量进行顽强的抵抗。在淞沪会战苦战 3 个月后,1937 年 12 月中国政府的首都南京失守。为了报复中国政府的强力抵抗,并企图通过野蛮手段恫吓中国人民的抗日意志,日军在南京以及周边地区组织了大规模的屠杀行动,其中在南京大屠杀中,有 30 多万人被日军杀害。中国国民政府在撤离南京后,先迁到武汉,然后又退守重庆。在这一过程中,国民政府继续组织力量反抗,在徐州、河南、江西、湖北、安徽、广州组织过大规模战役。至 1938 年,日本占领了中国东北、华北、长江中下游和东南沿海的大片领土,上海、南京、北平、天津、武汉、广州等重要的大城市相继陷落。

由于日本的侵华行为,美国、英国以及流亡的荷兰政府停止向日本供应原油与钢铁。日本将此看作是一种挑衅,最终日本发动了侵略东南亚的战争。1941 年 12 月 8 日,日本军队攻击了香港,攻击了上海的租借区,进攻了菲律宾。同时利用法国维希政府在法属印度尼西亚的基地入侵了泰国,然后发动了对马来亚的战争。同日,日本利用以航空母舰为基地的战机偷袭美国在太平洋的海军基地珍珠港(当地时间是 12 月 7 日),造成美军 2 400

人阵亡,三艘战舰和两艘驱逐舰沉没。日本指望通过这次突然袭击,迫使美国承认日本对中国的统治。但是美国拒绝谈判,日本没有达到目的,反而把美国直接拖入了大战。偷袭珍珠港事件之后,德国于 12 月 11 日对美国宣战。

英联邦和荷兰的军队,已经在与纳粹德国的战争中耗尽了人力和物力,只能象征性地抵抗强大的日本。同盟国在战争的最初半年里遭受了巨大的失败。英国的两艘战舰于 1941 年 12 月 10 日在马来亚附近被日本击沉。泰国政府投降于 12 月 21 日,加入了日本的轴心国组织,它的军事基地成为日本进攻新加坡和马来亚的跳板。香港也在 12 月 25 日陷落,美国在关岛和威克岛的基地也几乎同时失去。1942 年 1 月,日本占领了缅甸、荷属东印度、新几内亚、所罗门群岛,并夺取了马尼拉、吉隆坡等地。英联邦的军队试图在新加坡阻止日本,但是在 2 月 15 日向日本投降。这场战役被俘 8 万人,加上马来亚战争中被俘的 5 万人,共十几万人成为日本的战俘。日本继续进攻,巴厘岛和帝汶岛也在二月陷落。英军统率魏非尔辞职。

2 月底和 3 月初在爪哇海的战斗中,日本的海军重创了海军上将卡莱尔·杜曼率领的美英荷澳等国海军。爪哇的盟军指挥官投降,盟军伤亡惨重。在日军强大的压力下,英军从仰光撤退到印缅边境,这造成西方盟国支援中华民国政府的滇缅公路被切断。菲律宾和美国的军队在菲律宾进行了顽强的抵抗,一直坚持到 1942 年 5 月 8 日,8 万人向日军投降。这时,道格拉斯·麦克阿瑟将军(Douglas MacArthur, 1880—1964 年)被任命为西南太平洋的盟军最高司令,重新在澳大利亚建立了指挥部。海军上将尼米兹所率领的美国海军,则负责太平洋其他地区的指挥。与此同时,日本的空军消灭了盟军在东南亚的空军力量,着手进攻北部澳大利亚。2 月 19 日开始攻击达尔文市,造成 243 人死亡。日本的空军也将英国的舰队赶出锡兰。

1942 年 4 月 1 日,在华盛顿组成了太平洋战争委员会,其成员包括美国总统罗斯福、首席顾问哈里·霍普金斯,以及英国、中国、澳大利亚、荷兰、新西兰和加拿大的代表,后来又添加了印度和菲律宾的代表。盟军的抵抗最

麦克阿瑟在太平洋战争中

初是象征性的,但渐渐变得强硬起来。1942 年 4 月,美国的杜立德将军指挥了对日本的轰炸,尽管这次轰炸是象征性的,但是提高了人们的士气。在帝汶岛,澳大利亚、荷兰和当地的部队通过长达一年的游击战争,不断袭击日本的军队。

盟军在太平洋战争的转折是中途岛之战。这场战争发生于 1942 年 6 月 3 日至 6 日,是第二次世界大战美国和日本之间异常重要的海上战争。日本的海军在山本五十六指挥下,试图通过打败在数量上处于劣势的美国太平洋舰队占领中途岛。美国的情报部门破译了日本海军的密码,调集了 115 架以陆地为基地的飞机和三艘航空母舰,准备对日本的舰队实施攻击。6 月 3 日美国的空军即开始攻击日本的航空母舰。日本的空军力量无法和美国相比,在遭受了重创以后,放弃了登陆中途岛的计划。日本海军损失了四艘航空母舰、一艘重巡洋舰、332 架飞机,2 500 人阵亡。此后日本再也没有能力在太平洋战场发动大规模进攻,把战争的主动权交到了美国手里。

因而这场战役成为太平洋战争的转折点。

　　1942年8月美日之间的瓜达尔卡纳尔岛战役，标志着盟军开始在太平洋转入反攻。瓜达尔卡纳尔岛简称瓜岛，位于南太平洋所罗门群岛的东南端，陆地面积约6 500平方公里，是群岛中较大的一个岛。1942年6月，日军在中途岛战役中遭受美军重创，被迫停止全面攻势。但它极力想重新夺回战略主动权，乃于6月底派部队在瓜岛修建机场，想以空军威胁美澳交通线，进而扩大在南太平洋地域的侵略。美军决定回击日本的扩张，于1942年8月7日，派2万军队在瓜岛登陆。日军抵抗失利，逃入岛的西北部丛林中，机场等重要军事设施落入美军手中。日军不断派兵增援，多次组织反攻，并在附近海域同美舰队作战30余次。日方损失惨重，有24艘大型战舰、600多架飞机被击毁，2.4万士兵被歼灭。盟军兵力损失仅为5 800人。1943年2月1日至7日，日军被迫撤离瓜岛，重新夺回战略主动权的幻想破灭。从此，日军陷于守势，步步被动，直至战败投降。

　　从1943年9月开始了缅甸战役。1943年8月，盟国决定成立东南亚战区，英国的蒙巴顿为统帅，史迪威为副统帅，共同负责指挥缅甸攻势。中美英三方还成立了"中印缅战区"，史迪威为战区司令。中国驻印远征军（后更名为中国驻印军）先期集中于印度兰姆伽整训，由英国提供住房、粮食、军饷，美国提供装备并进行训练。在兰姆伽受训的中国军队装备了美式装备，后勤供应极其出色，因而士气高昂，斗志旺盛，后来成为反攻缅甸的主力部队。随着中印公路修筑的进展，中国驻印军发起了缅北反攻。到1945年1月底，滇西中国远征军与中国驻印军及盟军在芒友会师，盟军一路势如破竹，3月初攻占缅北重镇腊戌，5月1日收复仰光，缅甸随后光复。

　　在太平洋上，在瓜达尔卡纳尔岛战役之后，美军开始逐步占领一些太平洋上的岛屿和战略要地。1944年初，美军攻占马绍尔群岛后，决定绕过坚固设防的加罗林群岛，直取马利亚纳，建立攻击日本本土的前沿基地，打开通往菲律宾的道路。美日海军于1944年6月在马利亚纳群岛以西、菲律宾海以东海域进行海战，亦称菲律宾海海战。日本海军根据其"寻机决战"的指导思想,企图以马利亚纳群岛、雅浦岛、硫黄岛的陆基航空兵削弱美海军力量,随后出动舰载机摧毁美国舰队。战役中,日军航空母舰 3 艘、油舰 2 艘被击沉,航空母舰 4 艘以及战列舰、巡洋舰、油船各 1 艘被击伤,损失飞机 395 架;美军航空母舰 2 艘、战列舰 2 艘、巡洋舰 1 艘受轻伤,损失舰载机 126 架。此役,日军阻滞美军战略进攻的企图被粉碎,其航空母舰编队受到致命打击,从而丧失了马利亚纳海域的制海、制空权。这次海战后,美军迅速占领了该群岛的主要岛屿塞班岛和关岛,到 8 月中旬控制了整个马利亚纳群岛,将日本本土纳入 B-29 轰炸机的攻击范围之内,从 11 月起,美国以塞班岛为基地,开始了对日本本土的袭击。

　　1944 年夏秋,为加速太平洋战争的进程,美参谋长联席会议命令麦克阿瑟率部夺取菲律宾。10 月 20 日,美军重兵开进莱特岛,对守岛日军发起攻击。23—26 日,双方海军在莱特湾附近进行了大规模的空战。日军遭到毁灭性打击,为美军占领菲律宾奠定了基础。1945 年 1 月 3 日,麦克阿瑟将军指挥军队分三路进攻菲律宾,一支在吕宋岛西岸登陆,一支攻打北吕宋,还有一支进攻马尼拉。双方军队经过激烈的厮杀,至 3 月 3 日,美军才完全占领马尼拉,4 月下旬占领了日军的司令部所在地碧瑶山,至此美军已攻占全部菲律宾。至 1945 年,日本在各个战场都开始显露败势。在太平洋战场上,美军从 1944 年开始对日本本土城市进行了大规模的轰炸,1945 年 3 月 10 日开始,东京也遭到轰炸。轰炸造成日本大量人口死亡。同时,美军开始夺取通向日本本土的岛屿,1945 年 4 月开始攻占琉球群岛,尽管日本利用神风敢死队进行自杀式攻击,造成美军的重大牺牲,但是美军还是于 6 月攻占了冲绳岛。在中国大陆,日本为了建立一条纵贯南北的交通线,以代替被美军切断的海上交通线,1944 年进行了猛烈的攻击,中国大陆的许多城市沦陷。但是从 1945 年开始,日本军队开始丧失其优势的地位。

　　在太平洋战争的最后阶段,日本四面楚歌。1945 年 7 月 17 日至 8 月 2 日,苏美英三国首脑召开波茨坦会议,期间发表了《波茨坦公告》,敦促日本无条件投降。在中国战场,从 1945 年 8 月中国抗日武装开始进行大规模反

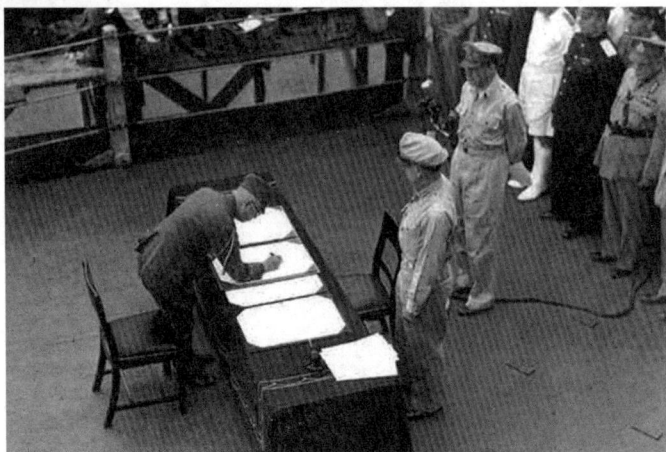

日本签署投降书

攻;8月9—10日,苏联开始履行在《雅尔塔会议》上的承诺,从中国的东北出兵进攻日本的关东军,并很快将其击溃;美国为了避免在攻击日本本土时大规模人员伤亡,以及为了独占日本和显示原子弹的威力,在 8 月 6 日和 9 日分别在日本的广岛和长崎投下两颗原子弹,造成 20 多万人死亡。日本在 8 月 15 日宣布投降。9 月 2 日在东京湾的美国军舰"密苏里号"上正式签署投降书。9 月 9 日,在南京举行了日本向中国投降的仪式。至此,第二次世界大战最后结束。

3 战后世界体制

同第一次世界大战一样,二战后也面临着针对战败国的处置和确立世界新体制的问题。新体制是通过战胜国分区占领战败国、军事审判清算法西斯的罪行以及建立联合国这一国际组织来实现的。

首先,针对失败的轴心国成员国,盟军基本上采取了分区占领或者由一国单独占领的政策。1945 年 5 月,盟军占领了整个奥地利,7 月 9 日,依据英法美苏签订的《关于管制奥地利的协定》,分区占领了奥地利,奥地利被划分为英占区、法占区、苏占区和美占区。同时对苏占区之内的维也纳市,也实施了由四国分区占领的政策,内城则由四国轮流共同占领。为了协调四个占领国的关系,成立盟国委员会。同年 11 月奥地利国民议会举行了战后的首次选举,组成了人民党、社会党和共产党三党联合政府,卡尔·伦纳当选为总统。盟国委员会采取了一系列措施,肃清法西斯的势力,保证奥地利脱离德国和逐步恢复奥地利的独立。1955 年 5 月 15 日,奥地利与美国、英国、法国、苏联签订了《重建独立和民主的奥地利国家条约》,10 月 25 日,四国撤走了在奥地利的全部驻军,结束了战后以来的占领状态。次日,奥地利国民议会通过了关于"永久中立"的宪法条文。1955 年 10 月 26 日被定为奥地利新的国庆日。

1945 年 5 月,德国宣布投降,英法美苏四国根据《雅尔塔协定》分区占领了德国。其中苏联占领东部,英国占领包括鲁尔在内的西北部,美国占领包括萨尔区在内的西南部,而柏林则由四国共管。同时根据雅尔塔会议的决议,邀请法国为第四占领国,从英美占领区中各划出一部分作为法占区。为了协调占领国之间的关系,成立盟国管制委员会。对德国的分区占领只是一种暂时的妥协和均衡,很快不同占领区开始走向独立和分化。其中英美占领区在 1947 年 1 月 1 日正式合并,成为双占区,双占区和苏占区各自成立自己的政治机构,实行独立的经济和货币政策,导致德国走向了分裂。

同欧洲的奥地利和德国一样,亚洲的朝鲜和越南也被分区占领。由于美国对日本使用了原子弹,对日战争突然结束,因此占领日本的殖民地朝鲜成为迫在眉睫的事情。于是,迪安·腊斯克提出以北纬 38 度作为受降分界线,得到了苏联的许可,形成了著名的"三八线"。苏联进入了三八线北部接受日本投降,而美国则在南部接受了日本投降,分区占领了朝鲜。三八线的出现最终导致了朝鲜的分裂,1948 年南部成立了以李承晚为首的大韩民国,而北部则成立了以金日成为首的朝鲜民主主义人民共和国。越南的问题相对更加复杂。印度支那原为法属殖民地,但二战中被日本占领。在波

茨坦会议上,确定以北纬 17 度为分界线,南部和北部分属英国东南亚战区司令部和中国战区司令部。日本投降后,中国国民党军队在越南北部受降,英国则进入南部。但英军把大批的法军运抵南部,并把民政权力交给法国,法国不承认越南的临时政府,而中国的军队也在 1947 年 3 月全部撤出印度支那。在越南土地上,形成了法国军队与胡志明领导的越南民主共和国军队的对抗。最终,法国扶植流亡在巴黎的保大建立了越南共和国,得到了英美的支持,而中国、苏联则支持和承认北越的胡志明政权,形成了越南南北的对立。

在分区占领战败国的基本格局下,美国对日本实行了单独占领。尽管最初苏联提出在未来对北海道进行军事管制,但是遭到了美国的拒绝。1945 年 8 月 28 日美国的先遣部队已经到达日本神奈川的厚木机场,30 日麦克阿瑟飞抵日本,之后美国 47 万人进驻日本,对日本进行了单独的占领和军事管制。9 月 7 日,成立了"盟军最高统帅总司令部",以美方为主体,全面控制了日本的内政。1945 年 10 月,美军指挥部对日本各战略要点实行了全面控制。整个国土被分成两个占领区。为了更有效地控制日本,麦克阿瑟接受了日本政府的请求,取消了军事管制,并通过日本天皇政府进行对日间接统治。尽管在 12 月成立了由 11 国组成的"远东委员会"作为在盟军最高统帅之上的决策机构,以及由 4 名代表组成的"盟国管制日本委员会"作为咨询机构,但实际上一切事务都由"盟军最高统帅总司令部"和麦克阿瑟来定。美国对日本的占领和管制初期,实行了一系列以限制日本为主的非军事化和民主化措施。但随着日后冷战局面的形成,日本成为美国在远东的反共堡垒。

英美等强国将所占领的地区和国家逐步改造成亲西方的势力,而受苏联影响的东欧国家在战后则纷纷建立了人民民主国家。南斯拉夫在二战期间存在着以铁托为首的南斯拉夫临时政府,南斯拉夫解放军成为反抗法西斯的主要力量。二战结束后,废除了君主制,通过选举共产党获得胜利,成立了南斯拉夫联邦人民共和国。二战期间,阿尔巴尼亚存在着霍查领导的临时民主政府,阿尔巴尼亚民族解放军依靠自己的力量解放了全部国土,并于 1947 年 1 月 11 日建立了阿尔巴尼亚人民共和国。保加利亚、罗马尼亚和匈牙利作为二战期间法西斯的盟国,在苏联的军事压力和影响下,也逐步走向了人民民主政体。罗马尼亚的国王米哈伊于 1947 年 12 月 30 日退位,成立了罗马尼亚人民共和国。匈牙利则在 1949 年 8 月 15 日宣布成立了匈牙利人民共和国。保加利亚在 1947 年 9 月 15 日宣布成立了保加利亚人民共和国。波兰被德国灭亡后,资产阶级流亡政府设在伦敦,苏联红军攻入波兰后,组建了以卢布林为首的临时政府。后经协调,以卢布林政府为主,加上伦敦流亡政府的成员,组成统一政府,但在后来的大选中人民民主联盟获胜,1947 年宣布成立了波兰人民共和国,工人党领袖贝鲁特担任总统。1945 年 8 月,捷克斯洛伐克以捷共为核心的民族阵线获得大选,共产党人掌握了政权,建成了人民民主国家。

在确立战后新体制的道路上,另外一个值得书写的事件就是国际军事法庭对战犯的审判。纽伦堡审判(Nuremberg Trials,1945—1946 年)是欧洲国际军事法庭在德国纽伦堡对第二次世界大战期间纳粹德国的首要战争罪犯和犯罪组织进行的审判。国际军事法庭第一次审判于 1945 年 10 月 18 日在柏林举行。从 1945 年 11 月 20 日开始,移至德国纽伦堡城举行。经过 216 次开庭,于 1946 年 10 月 1 日结束。审判主要围绕发动侵略战争罪、使用奴隶劳工、掠夺所占领的国家、虐待和屠杀平民(尤其是犹太人)和战争俘虏罪进行起诉。审判之前,阿道夫·希特勒、海因里·希姆莱、约瑟夫·戈培尔已经自杀,但是赫尔曼·戈林、J·里宾特洛甫、W·凯特尔、A·约德尔、E·卡尔滕布龙纳、J·施特赖谢尔、H·沙赫特、马丁·博尔曼(缺席)和其他 16 位罪犯都各自接受了审判。24 名罪犯中 21 名被判有罪;其中 12 人被判处绞刑,其余的被判处监禁。戈林在被执行死刑前畏罪自杀,博尔曼则一直畏罪潜逃,其余的人于 1946 年 10 月 16 日被执行绞刑。下级军官也受到审判,其中包括达蒙战俘集中营的官员和看守以及谋杀美国飞行员的平民。最终,24 名被告被判处死刑,128 人被投入监狱,35 名被无罪释放。

纽伦堡审判

同样的审判也在东京举行。远东国际军事法庭于 1946 年 1 月 19 日受麦克阿瑟之命组成,麦克阿瑟任命了 11 位法官,分别来自不同的同盟国,经过起诉、辩护和宣布判决,到 1948 年 11 月 12 日结束,其间共动用了 230 名译员、419 名证人、4 336 件展示品。法庭对犯罪的指控主要集中在三个范畴,即反和平罪、反人类罪和传统的战争犯罪。法庭提供了大量的证据,表明被告违反了 100 多项国际条约,在过去的 20 年里犯下了无数的战争罪行。尤其是,当日本于 1937 年进攻中国南京后,日本士兵强奸了至少 2 000 名中国妇女,屠杀了大量平民,在大屠杀中大量的中国平民被抓获、移送到日本的劳动营,在枪口的威逼下从事劳动。另外的证据表明,日本军队在 1942 年曾经残忍地让 5 万名美国战俘进行了跨越巴丹半岛的长途行军,许多战俘营养不良、脱水和营养失调,其间有些人受到折磨,并被枪杀和活埋。还有证据表明,日本使用美国、苏联、菲律宾和中国战俘的身体进行野蛮的科学实验。经过审理,26 名被告被确定犯有战争罪,其中 7 人被判处绞刑,16 人被判处终身监禁,1 人被判处 20 年监禁,1 人被判处 7 年监禁。在审判期间,两名被告死亡,1人因精神原因不能够再接受审判。法庭起诉的高级官员包括:1941年进攻珍珠港时担任首相的东条英机,他被判定犯有发动侵略战争罪,判处死刑;广田弘毅是日本1937年入侵中国时的首相,他因反人类罪而被判处死刑;日本的天皇裕仁则因为日本在1945年投降而被免予起诉。

确定战后秩序的另一个重要事件是联合国这一国际组织的建立。早在1939年,在美国国务院的支持下已经开始了创建新世界组织的具体计划。联合国这一名称是由美国总统罗斯福在1941年提出的,用来指联合对抗轴心国的国家。这一名称在1942年1月1日正式使用,那一天,26个国家宣布加入联合国宣言,发誓继续联合作战,决不单独媾和。1943年10月30日,中英美苏四国在《莫斯科宣言》中,首次正式提出有必要用一个新的国际组织来取代过去的国际联盟。1944年8月到10月,在华盛顿风景优美的敦巴顿橡树园,盟国谈判人员开始起草《联合国宪章》。美国基本驾驭了议事日程。会议决定成立一个由两个重要机构组成的组织:一个是作为辩论论坛的大型大会机构;另一个是规模较小的安全理事会,由它启动联合国的"执行权力"。就结构而言,联合国与老国联有着一个重要区别,即参加敦巴顿橡树园会议的四大盟国——美国、英国、苏联和中国——对提交到安理会的议案享有绝对否决权。而在国联,任何成员国都可以对执行行动予以否决。联合国将权力还给了大国。

敦巴顿橡树园会议还确定了其他一些重要问题。除法西斯政权以及阿根廷等支持这类政权的国家外,联合国将接纳全世界所有国家。组建一支联合国空军及警察力量的建议没有被采纳,联合国依赖成员国武装力量的方案占上风。国际法庭将得到恢复。罗斯福本不希望联合国与国联的殖民地委任统治制有任何牵连,但后来同意建立一个联合国托管理事会(U.N. Trusteeship Council),而且这个理事会成为了联合国的一个主要机构,担负起与国联大部分委任相关的职责。另一个重大让步与法国有关。罗斯福虽然极不信任法国解放领导人戴高乐,而且在1940年向德国屈服的法国在二

战期间并非主要盟国,但在苏联和英国的压力下,罗斯福最终同意让法国拥有安理会席位。

　　来自50个国家的代表于1945年4月到6月聚集在旧金山完成宪章的起草工作。这次起草的代表同25年前在巴黎集会起草国联盟约的代表有着重要区别。在1919年,很多代表确实相信能够实现天下太平,而旧金山会议则更加清醒。在联合国管理下的是经济和军事力量而不仅仅是道义舆论,这被视为未来和平的关键。与会代表甚至组建了一个联合国军事参谋团。军参团直到今天仍在定期举行会议,但毫无声息,也不具任何责任。《联合国宪章》第51条规定了通过地区军事联盟进行自卫的权利,这一条款成为日后建立北大西洋公约组织(NATO,1949年)和华沙条约组织(Warsaw Pact,1955年)的法律基础。宪章的修改于1945年10月24日完成,这一天被认为是联合国成立的日子,现在每年的10月24日为联合国日。联合国第一次全体会议1946年1月10日在伦敦召开,会议决定把联合国的总部设在美国,1946年联合国大会接受了洛克菲勒580万美元的捐赠,买下了纽约东河旁的一块土地。1952年联合国的主体建筑、秘书处和联合国大会以及会议大楼都纷纷竣工。

4 "铁幕"与"遏制"

　　二战的结束,消除了法西斯的威胁,但是对抗并没有因此终止。苏联尽管在战争中受到很大的损失,但是也因战争而大大扩张了自己的势力范围,一时间成为欧洲无可匹敌的巨人,欧洲,尤其是一直持反共立场的丘吉尔领导的英国将苏联的强大视为头号威胁。与此同时,战后美国成为世界头号强国,试图主宰整个世界的野心极度膨胀。以英美为首的西方国家对苏联进行遏制和苏联进行反遏制的进程由此开始,双方尽管没有大规模的军事冲突,但形成了长时间的冷战局面。

　　美苏冷战的序幕是由丘吉尔的《富尔敦演说》(Fulton Speech)正式拉开

的。1946 年 3 月 5 日,已经卸任的英国首相丘吉尔应密苏里州富尔敦的维斯敏斯特学院邀请,发表了演说。在演说中,他提出了"铁幕"(Iron Curtain)一词,表明了西方和苏联的对立。他说:

> 从波罗的海的斯德丁〔什切青〕到亚得里亚海边的里雅斯特,一幅横贯欧洲大陆的铁幕已经降落下来。在这条线的后面,坐落着中欧和东欧古国的都城。华沙、柏林、布拉格、维也纳、布达佩斯、贝尔格莱德、布加勒斯特和索菲亚——所有这些名城及其居民无一不处在苏联的势力范围之内,不仅以这种或那种形式屈服于苏联的势力影响,而且还受到莫斯科日益增强的高压控制。只有雅典,放射着它不朽的光辉,在英、美、法三国现场观察下,自由地决定它的前途。
>
> ……
>
> 势力均衡的旧理论不适用了。如果可以避免的话,我们再也经不起在只留有狭小余地的情况下进行工作,从而提供了进行较量的诱惑。假使西方民主国家团结一致,严守联合国宪章的原则,那么,它们推行这些原则的影响力将是巨大的,没有人会来冒犯它们。不过,假使它们四分五裂,在自己执行职责时手软,假使让这紧要关头的几年白白混过去,那么,我们大家确实都要在浩劫中被毁灭了。

丘吉尔的演说明确把世界划分成两极,并鼓动英美联合起来与苏联进行对抗。尽管丘吉尔的观点并不能完全代表政府的意见,然而在之后的行动上,英美正是本着丘吉尔演说的宗旨,提出了一系列的理论和措施。

促使对苏联进行"遏制"的理论更加明晰化的是乔治·凯南(George Frost Kennan, 1904—2005 年)。从 1944 年 7 月到 1946 年 4 月,乔治·凯南担任美国驻苏代办。在任期即将结束时,他从莫斯科向美国国务卿詹姆斯·贝尔纳发送了一份长达 5 000 多字的电报,勾勒了美国处理对苏外交关系的新战略。他在电报的第一和第二部分,提出了作为美国冷战政策基础的一些概念。他指出:苏联认识到自己与资本主义会永远处于战争之中;社会主义和社会民主被视为敌人,而不是盟友;苏联将把可以控制的资本主

乔治·凯南

义世界的马克思主义者当作盟友；苏联的侵略从根本上并不与人民的愿望和经济状况相关联，而是源自历史上俄国对外部的恐惧和偏执；苏联政府的结构妨碍人们对国内或国外的现实有客观或准确的了解。在电报的第三和第四部分，凯南精确地描绘了苏联将会采用的战术和战略，其中大部分在冷战期间得到应验。第五部分是整个长电报中最具争议的部分，它提出了苏联的弱点并提出了美国的战略。凯南认为，苏联对武力非常敏感；苏联弱于联合起来的西方世界；苏联难于承受内部的动荡。凯南主张做出合理的评价，加强公众教育；与世界其他地方建立巩固的关系；作出建设性的努力构建更加积极的世界；坚信西方生活方式的优越性。尽管乔治·凯南被称为"遏制之父"，但在这份电报中并没有出现"遏制"一词。

这份报告引起了美国海军部长詹姆斯·福莱斯特尔的注意，后者是杜鲁门内阁中主张对苏联实行强硬路线的代表人物之一。福莱斯特尔帮助凯南回到华盛顿，并促请他发表"X先生的论文"。凯南回国后担任了国务院政策设计委员会的主任，他的遏制理论成为杜鲁门制定"杜鲁门主义"的基础。1947年2月，凯南以"X"为署名在《外交季刊》上发表了《苏联行为的根源》的文章，更详尽地阐述了自己的遏制理论。与长文电报不同，凯南并没有强调俄国传统上对不安全的意识，而是强调斯大林的政策是由两种因素组成的，一种是马克思列宁主义意识形态，强调用革命推翻外部的资产阶级势力，另一种因素是斯大林决定用"资本主义的包围圈"作为幌子，让自己对苏联的统治合法化，从而巩固自己的政治权力。凯南认为斯大林不会也不可能缓和苏联推翻西方政府的决心。因此,美国对苏联的任何政策都必须是长期和耐心的,但同时要坚定警醒地对苏联的扩张倾向进行遏制。只要根据苏联政策的变动,在不同的地点和政治领域对苏联进行一系列机警的反制,就能够遏制苏联对西方世界自由制度的压力。美国必须单方面实施这种遏制,如果这种遏制并没有削弱美国的经济和政治稳定,那么苏维埃的党组织就会经历一段非常紧张的时期,其结果苏联的势力不是解体就是逐渐变得成熟温和。

通过这篇文章,乔治·凯南完善了自己的遏制理论。尽管他的理论成为美国制定官方政策的指针后不久,他就开始批评他帮助建立起来的那些政策,尤其是艾奇逊在1949年被任命为国务卿之后,美国的冷战趋向更加趋向侵略性和军事化时,凯南哀叹自己的思想遭到了误解,但是他提出的遏制理论已经成为杜鲁门和马歇尔制定遏制苏联具体计划的依据。

冷战思维和遏制理论的具体化是通过杜鲁门主义(Truman Doctrine)和马歇尔计划实现的。杜鲁门主义体现为美国总统杜鲁门(Harry S.Truman,1945—1953年任职总统)于1947年3月12日所阐发的外交政策,其主题是呼吁美国应当为希腊和土耳其提供军事和经济援助,以免他们滑到苏联的阵营。杜鲁门主义标志着美国对苏的外交政策正式从缓和政策走向凯南所建议的遏制,也被历史学家视为冷战的开端。

杜鲁门主义出现的起因是,当时英国紧急通知华盛顿,由于英国国内经济困难,不能再向希腊和土耳其提供经济和军事援助,为避免希腊和土耳其落入苏联之手,美国应当担负起这个责任。为此,杜鲁门总统于1947年3月12日向国会发表咨文,指出:

> 今天希腊这个国家的生存,受到共产党领导的数千武装人员武装活动的威胁,他们在很多地点,特别是沿着希腊北部边境,对抗政府的管辖;希腊如果要成为一个自立自尊的民主国家,必须要有援助,而美国必须给予这种援助。希腊的邻邦——土耳其,也值得我们关注。土耳其将来要成为一个独立的和经济上健全的国家,这一前途,对于全世

界爱好自由的各民族来说,其重要性显然不亚于希腊的前途;美国外交政策的主要目标之一,就是要造成一种局势,俾使我们和其他国家都能塑造出一种免于威胁的生活方式……如果我们在这个关系重大的时期不去帮助希腊和土耳其,其影响不仅殃及西方,而且远及东方。我们必须采取立即的和果断的行动;如果我们在起领导作用方面迟疑不决,我们可能危及世界和平——而且一定会危及本国的繁荣昌盛。

5 月22 日,杜鲁门签署了法案,向土耳其和希腊提供4 亿美元的军事和经济援助。杜鲁门主义的出台,确定了美国对苏的遏制政策,引起了连锁反应。在共产党比较活跃的意大利和法国也得到帮助,极力把共产党组织排除在政府之外。作为回应,苏联也作出努力,在东欧国家清除反对派团体。杜鲁门发表咨文后,关于如何对苏联进行遏制,以凯南为首的国务院政策设计委员会和美国国家安全委员会发生了分歧,前者主张用谈判的方式,后者则主张依靠军事力量全面出击。最后通过妥协国家安全委员会制定了NSC20 号系列文件,提出既不全面出击,也不被动防御的对苏政策。这样,乔治·凯南的遏制理论变成了针对苏联的具体官方政策。

同年,马歇尔计划(Marshall Plan)出台,根据凯南等的建议,开始全面援助欧洲,增强欧洲对抗苏联的力量。所以该计划也被称作"欧洲复兴计划"。马歇尔计划也是通过一个演说提出的。1947 年 6 月5 日,时任国务卿的马歇尔(George Catlett Marshall,1880—1959 年)对哈佛大学的毕业班发表了演讲,他在演说中描述了欧洲经济的困境,强调欧洲必须向"饥饿、贫穷、绝望和混乱"作斗争,"必须获得大量的额外援助,不然就得面临性质非常严重的经济、社会和政治的恶化"。马歇尔表示美国政策的目的是"恢复世界上行之有效的经济制度,从而使自由制度赖以存在的政治和社会条件能够出现",美国政府要"协助欧洲走上复兴道路",不过,"最初的意见应该由欧洲提出",美国将"能力所及,予以全力支持"。

马歇尔计划提出后,英国外交大臣贝文立即联系法国外交部长乔治·皮杜尔,开始对此做出反应。两者同意有必要邀请苏联参加。马歇尔的演讲中也清楚地向苏联做出邀请,认为如果排除苏联将会是对苏联明显的不信任。然而国务院的官员们知道斯大林基本上不会参加,而且向苏联运送大量援助的计划也不能得到国会的批准。斯大林最初对马歇尔计划表示谨慎的欢迎。他认为苏联在战后处于非常优势的位置,能够决定进行援助的条款。因此,他派外交部长莫洛托夫前往巴黎会见贝文和皮杜尔。英国和法国的领导人明白美国根本不希望苏联参与,于是向莫洛托夫提出了苏联根本不可能接受的条件,其中最重要的条件是,加入该计划的国家都必须提供本国经济情报。苏联根本不可能同意,莫洛托夫离开巴黎,拒绝了马歇尔计划。

7月12日,欧洲的国家除了西班牙以及摩纳哥等小国外,均集合于巴黎召开大规模的会议,讨论马歇尔计划。尽管明知苏联会拒绝,还是向苏联发出了邀请。东欧的捷克斯洛伐克和波兰原本打算参加,但遭到苏联的批评,最终宣布抵制。其他东欧国家则立即宣布拒绝参加。芬兰为了避免与苏联产生对抗,也拒绝参加。

与会16国对马歇尔计划进行了商谈,最终各国达成一致,决定成立“欧洲经济合作委员会”,向美国要求200亿美元的援助。美国国会经过激烈的讨论,最终同意在4年里援助欧洲124亿美元。杜鲁门总统于1948年4月3日签署了《对外援助法案》,由保罗·霍夫曼具体负责,正式实施马歇尔计划。

计划原定期限5年(1948至1952年)。1951年底,美国宣布提前结束,代之以《共同安全计划》。美国对欧洲拨款共达131.5亿美元,其中赠款占88%,余为贷款。马歇尔计划实施期间,西欧国家的国民生产总值增长25%,促使了西欧联合和经济的恢复,同时达到控制西欧的目的,得以抗衡苏联,阻止共产主义西进。此项计划也为北约组织和欧洲经济共同体奠定了基础。1949年,杜鲁门总统又提出了他的“第四点计划”,开始把眼光投向亚非拉地区,试图通过对不发达地区的援助,将美国的势力扩张到全球。

标志着两大军事对抗集团正式形成的是北约和华约组织的成立。1949

年 4 月 4 日美国与加拿大、英国、法国、比利时、荷兰、卢森堡、丹麦、挪威、冰岛、葡萄牙、意大利共 12 国在华盛顿签订了《北大西洋公约》,宣布成立北大西洋公约组织,公约于 1949 年 8 月 24 日生效。1952 年希腊和土耳其加入北约,1955 年联邦德国也成为北约的成员国。与此相对抗,苏联、捷克、波兰、匈牙利、保加利亚、罗马尼亚、阿尔巴尼亚和德意志民主共和国于 1955 年在华沙签署《友好互助合作条约》,正式建立了华约组织。两个组织都具有军事性质,由此把冷战推向了高潮。

5 冲突与发展

在美苏冷战的大格局下,世界文明围绕着冲突与发展两条线索展开。

就冲突而言,美苏两大集团的对抗虽然没有演变成大规模的全面战争,但是双方在势力交错的敏感地带还是发生了一系列的冲突和危机。首先出现的是柏林危机。随着二战后德国苏占区和西占区各自发行货币和筹建独立的政府,柏林很快陷入了危机,从 1948 年 4 月开始,苏联开始紧缩对柏林的封锁圈,继而全面切断了西占区与柏林之间的水陆交通,英美等也同时宣布对苏占区进行封锁,禁止煤炭和钢铁运往苏占区,从而爆发了第一次柏林危机。一直到 1949 年 5 月这场危机结束,但是也造成德国正式分裂,9 月西占区成立了以阿登纳为总理的西德政府,10 月建立了以威廉·皮克为总统的东德政府。但柏林危机并没有就此结束,1958 年末,赫鲁晓夫提出要把西柏林变成非军事化的"自由城市",限定西方三国在 6 个月内撤军。艾森豪威尔毫不退让,形势一度紧张,出现新的"柏林危机"。1959 年 3 月,赫鲁晓夫决定收回 6 个月内解决西柏林问题的期限,危机暂告平息,但是这场冲突的结果是在苏联与东德沿东、西柏林分界线及西柏林与东德其他交界处筑起了一道"柏林墙"。

在亚洲,朝鲜成为冷战格局下的另一个敏感地区。以三八线而被分割的南北朝鲜在 1950 年 6 月 25 日爆发了战争。随后美国的介入和所谓联合国军的参战,导致战争扩大化。战争初期,朝鲜军队取得节节胜利,在不到两个月的时间里,已经占领了韩国90%的地区。但是9月15日美军突然在仁川登陆,投入战斗。并越过三八线,将战火烧到中朝边境的鸭绿江畔。为捍卫国家主权,中国组成志愿军,于10月进入朝鲜。双方的军队经过数次激烈的战役,基本上把战线稳定在三八线附近。从1951年7月起,战争双方进入了边打边谈的阶段,最终于1953年7月27日签订了朝鲜停战协定。朝鲜战争的胜利,保障了朝鲜和新生的中华人民共和国的安全。从此以后,中美关系陷入到低谷。

在美洲则发生了古巴导弹危机。1962年美国通过各种情报得知苏联在古巴部署了SS—4型中程弹道导弹,造成美国的恐慌。美国肯尼迪政府命令陆海空三军进入最高戒备状态,并在加勒比海地区设置了隔离线,对古巴进行封锁,同时对一切运往古巴的进攻性武器装备实行禁运。同时,苏联

古巴导弹危机

也下令武装部队进入戒备状态,双方剑拔弩张。美国对古巴的封锁令于10月24日生效,而苏联的几艘货船正在驶近美国的隔离线。在战争一触即发之际,苏联货船掉头返航。赫鲁晓夫答应从古巴撤出导弹,而美国也口头答应从土耳其撤走美国的导弹,化解了这次导弹危机。

在越南,美国从1961年直接介入了越南的内战,发动了越南战争。1961年5月,肯尼迪派遣一支特种部队进驻南越,越南战争正式爆发。1964年8月2日,一艘执行任务的美国驱逐舰"马多克斯号"遭到北越鱼雷艇袭击。美国随即以轰炸北越海军基地作为报复。这就是著名的"东京湾事件"(又称"北部湾事件")。随即战争大大升级。1965年3月8日,3 500名美国海军陆战队员在岘港登陆。短短数月之后,美军在越人数已高达22万。约翰逊批准对北越进行大规模轰炸。北越得到了苏联和中国的支持,与美国进行了全面的战争。1969年尼克松上台,开始寻求结束越南战争之路。其间,谈判、轰炸和战斗交错进行,最终于1973年1月27日越美签署了《巴黎协定》,越战结束。1975年5月1日北越军队全面解放了南越,攻克了后者的首都西贡。1976年1月2日南北越统一,组成新的越南社会主义共和国,西贡被改名胡志明市。

在冷战的大环境下,冲突也溢出了美苏集团对抗的格局,出现了多种类型的地区冲突,其背后也往往有着美苏争霸的影子。在南亚地区,印度和巴基斯坦之间从1947年至1971年进行了三次印巴战争。

在中东地区,则爆发了四次中东战争。1917年英国的外交大臣贝尔福发表《贝尔福宣言》,宣布要在巴勒斯坦建立"犹太人之家",导致许多犹太人涌入英国托管的巴勒斯坦地区。二战后,犹太人建立国家的愿望得到美国的大力支持,1948年经联合国投票表决,议定在英国于同年8月1日结束委任统治后,犹太人和阿拉伯人同时在巴勒斯坦建国。英国于1948年5月14日结束在巴勒斯坦的委任统治,同日,以色列宣布建国。第二天,埃及、外约旦、伊拉克、叙利亚和黎巴嫩向以色列宣战,拉开了四次中东战争的序幕。

　　苏联为了在阿富汗培植亲苏联的势力,于1979年12月27日大举入侵阿富汗,并建立了傀儡政权。但苏联的侵略行为遭到了世界各国的反对,同时苏联也遭到阿富汗抵抗组织的强烈反抗,苏联在阿富汗陷入了泥潭。1985年戈尔巴乔夫上台后,开始寻求政治解决阿富汗的途径。最终在联合国的主持下,苏联于1989年2月15日全部撤出在阿富汗的军队。

　　越南战争结束后,越南试图控制柬埔寨,于1977年底入侵柬埔寨边界,1978年12月大举入侵柬埔寨,建立了以韩桑林为首的傀儡政权。但是越南的侵略遭到以乔森潘、宋双和西哈努克为代表的抵抗力量的反击,越南被迫于1989年宣布撤军,柬埔寨成立了以西哈努克亲王为主席的最高委员会,开始了艰难的联合政府建立历程。

　　以伊拉克为中心,则发生了一连串的战争,使中东陷入了难以摆脱的僵局,并给大国提供了插手的机会。首先伊拉克和伊朗因为边界冲突和宗教矛盾,1980年进入了全面战争,美苏各自暗中支持伊朗和伊拉克,阿拉伯国家也分化成两个阵营。最终双方都付出惨重代价后,于1988年8月宣布停火。两伊战争停火不久,伊拉克就因与科威特的领土争端、石油问题以及债务问题,于1990年8月2日出兵科威特,仅一天的时间就将科威特占领,萨达姆宣布将其并入伊拉克。萨达姆的行径遭到了阿拉伯国家的反对,也遭到了联合国的反对。1991年1月17日,多国部队发动了以"沙漠风暴"为代号的空中打击行动,迅速瘫痪了伊拉克的军事力量。接着发动了以"沙漠军刀"为代号的地面进攻行动,全面攻入科威特和伊拉克。2月底,伊拉克被迫宣布撤军,接受联合国的决议。这场战争为日后美英联军再次发动对伊拉克的战争埋下了伏笔。

　　在美苏对抗的冷战格局下,发展也是世界文明的重要线索。西方国家走上了从复兴到发展的道路,而苏联阵营里的国家则从追随苏联的体制走上了独立发展的道路。

　　在西方世界,第二次大战后百废待兴,首先摆在各个国家面前的是国家复兴问题。美国通过杜鲁门的《公平施政》和《充分就业法》,着手解决战争

结束后大量工人失业的问题以及扩大社会福利,取得了良好的效果。但在冷战思维下,出于对共产主义的恐惧,国会通过了《塔夫脱—哈特莱法》,限制了工会的权利,而杜鲁门签署的《忠诚调查法令》则展开了对共产党的搜捕,导致了麦卡锡主义的泛滥,直到艾森豪威尔上台后促使参议院通过了谴责麦卡锡的决议案,才结束了人人自危的社会紧张关系。英国战后工党开始执政,艾德礼继丘吉尔担任首相。工党政府大力推行国有化和社会福利政策,恢复了英国经济,并使英国沿着福利国家的道路发展。法国二战后在戴高乐的领导下,恢复国内的政权,清算法西斯的势力,并通过国有化政策整合国内经济,使法国逐步走向正轨。1946 年 11 月通过大选,组成了以社会党人勃鲁姆为首的第一届内阁。战后日本为美国占领,美国占领当局在政治和经济体制方面对日本进行了改造。随着冷战局面的形成,美国加紧复兴日本,将其打造成美国在远东的基地,为日本的崛起铺平了道路。战后成立的联邦德国组成了以阿登纳为总理的政府,该政府开始大力推行生产领域的民主化改革,并推行国家福利政策,促成了国家的稳定。战后意大利建立了共和国,并在美国的影响下,在政府中排挤了共产党和社会党的力量。当政的加斯贝利政权同样实行了国家干预经济的政策,促进了意大利经济的发展和政治稳定。在经历了复兴阶段之后,西方国家以各自不同的方式走向了经济腾飞之路。

社会主义阵营以苏联为首,包括南斯拉夫、波兰、匈牙利、捷克斯洛伐克、中国等国家。这些国家在最初基本上都照搬苏联的模式,但是不久便纷纷寻求自我发展之路。苏联在 1953 年斯大林去世后,逐步过渡到赫鲁晓夫执政时期。赫鲁晓夫上台后,开始改变和西方全面对抗的思维,提出了和西方资本主义和平竞赛的方针,批评对斯大林的个人崇拜以及带来相应恶果,推行民主和法制。在此基础上他以农业为中心进行了刺激生产的经济政策,并适当将管理工业的权力下放地方,取得了一定的成果。1964 年 10 月赫鲁晓夫被迫辞职,勃列日涅夫上台,勃列日涅夫强调了集体领导原则,也实行了促进经济发展的新经济政策,使苏联的综合国力大大增强,但是他调

赫鲁晓夫

整了赫鲁晓夫的对外政策,重新走上霸权主义的道路,庞大的军费开支拖累了苏联的经济。此后的安德洛波夫、契尔年科等均因年老继任,未来得及有所建树。直到 1985 年戈尔巴乔夫上台,导致苏联发生了剧变。

　　战后,南斯拉夫建立了铁托领导的共产党,并按照苏联的模式进行了社会主义改造。但是以铁托为首的南斯拉夫领导人对苏联的专横不满,导致与苏联的决裂。1948 年苏联从南斯拉夫撤走所有专家,并在 1949 年与南斯拉夫断绝外交关系,此后南斯拉夫走上了独立发展之路,实行了以工人自治和社会自治为原则的社会制度。波兰在经济建设方面完全照搬苏联的经验,波兰党的领导人哥穆尔卡因主张走独立发展之路而被视为"铁托分子"。但国内发生的一系列游行示威活动,使波兰认识到改革的必要性。哥穆尔卡被恢复权力后,开始实行一系列政治经济改革,使国内出现了稳定的局面。但是从 60 年代起,波兰国内经济陷入危机,尽管在 1970 年末上台的盖莱克政府为摆脱经济困难,提出了利用西方资金的高速发展战略,并取得了一定的成效,但并没有使波兰彻底走出经济困难的阴影,80 年代工人罢工浪潮汹涌,反对派公开反对政府,导致波兰在 1981 年进入了军事管制状态。在匈牙利,苏联在政治和经济上施加着巨大的影响,最终导致匈牙利大规模的游行示威,要求撤走苏联驻军并实行政治经济改革,造成局面失控。1956 年 11 月 4 日,苏军坦克开进布达佩斯对示威游行进行镇压,组成了以卡达尔为首的新政府。卡达尔上台后,实行了一系列缓和社会矛盾的经济和政治改革。在经济方面,在坚持计划经济的前提下,开始发挥市场的作用,扩大企业的自主权。在政治方面强调干部的严于律己和调查研究,彻底改变了匈牙利的社会面貌。捷克斯洛伐克针对实行苏联计划经济模式出现的问题,进行了全面的改革,尤其是在杜布切克上台后,大力推行改革,在对外政策上实行独立自主,在对内政治上强调民主,在经济上扩大企业自主权。这些改革被称作"布拉格之春"。但是捷克的改革引起了苏联的不满,1968 年 8 月 20 日,苏联突然出兵捷克,联合波兰、匈牙利、保加利亚和民主德国,占领了捷克全境。双方虽然经过谈判解决了危机,但是杜布切克最终还是在苏联的影响下被解除了职务,反对苏军占领的党员也遭到清洗。胡萨克上台后,进行了小心翼翼的改革,努力改善人民的生活水平。中国则因为与苏联在诸多方面存在分歧,通过苏联撤走专家、中苏论战和珍宝岛自卫反击战等一系列事件,与苏联彻底决裂,走上了独立自主的发展道路。这一切实践表明,苏联的社会主义阵营事实上已经四分五裂。

在美苏各自的阵营走向各自发展道路的同时,二战以后广大亚非拉殖民地国家也都纷纷走上了独立的进程,从此殖民体系彻底瓦解。

第二十讲

科技进步与文化反思

I 第三次技术革命

现代文明是从第一次世界大战的痛苦中诞生的,但很快又陷入了更大规模的第二次世界大战。但是战争和毁灭并没有阻碍科技发展的脚步,美苏争霸时代的竞争意识反而把科技的发展快速推向一个新高度,形成了以原子能、计算机和空间技术为支柱的第三次技术革命,深深改变了社会的面貌和人们的生活方式。

人类对核能的认识和发现是从射线的发现和对原子、量子的认识开始的。卢瑟福、意大利物理学家费米等诸多科学家经过大量的试验,最终发现了铀核裂变的链式反应,认识到原子核裂变将产生的巨大能量。这一新核能发现的时期正好处于第二次世界大战阴云密布的时期,因而首先被用于军事领域。由于当时德国正在进行原子弹的研究,于是希拉德、维格纳和爱因斯坦于 1939 年联名写信给罗斯福,敦促美国加紧研究和制造原子弹。罗斯福下令成立了铀顾问委员会。1942 年 9 月正式实施研制原子弹

的"曼哈顿计划"。"曼哈顿计划"汇集了以奥本海默为首的一大批来自世界各国的科学家。这些科学家同心协力,终于在 1945 年 7 月 16 日完成了有史以来第一颗原子弹,并在新墨西哥的荒漠上试爆成功。接着制造出的另外两颗原子弹"小男孩"和"胖男孩"分别于 8 月 6 日和 9 日投向了日本的广岛和长崎。原子弹的发明和使用造成了大量的平民伤亡,也同时验证了原子弹的威力。继美国之后,苏联在 1949 年,英国在 1952 年,法国在 1960 年,中国在 1965 年分别拥有了自己的原子弹。由于战后美苏冷战的对峙和激烈的军备竞赛,核技术在军事上的应用被推向了高潮。

核技术在军事上的广泛运用是一柄双刃剑,在有效地威胁对方的同时,也可将自身置于毁灭的境地,这一点美苏等核武器大国从一开始就充分意识到。因此,他们在大力发展核武器的同时,也在寻求避免核战争和控制核武器的道路。1963 年美英苏在莫斯科签署了《禁止在大气层、外层空间和水下进行核试验的条约》,1968 年美苏又提出了《防止核武器扩散条约》,在对核试验进行限制的同时,也禁止无核国家拥有和发展核武器。但这一切并没有真正限制住核武器的发展。到目前为止,印度、巴基斯坦、以色列和朝鲜等国家被认为拥有原子弹或者说具备制造原子弹的能力。

利用核技术既可以制造出毁灭人类的核武器,同时核能也能用于和平事业为人类造福。目前在发电、生物学和农学等方面,核能都有很好的应用前景。如何对核武器的发展进行限制和控制,如何拓展和平利用核能的空间,这是当代文明发展所面临的重要主题。

第三次科技革命的第二个标志是计算机的诞生和广泛应用。人类对计算机的设想从 19 世纪就已经开始了。其中,1822 年,英国人巴贝治(Charles Babbage, 1792—1871 年)设计了差分机和分析机,其设计理论非常超前,类似于百年后的电子计算机,特别是利用卡片输入程序和数据的设计被后人所采用。1834 年巴贝治设想制造一台通用分析机,在只读存储器,即穿孔卡片中,存储程序和数据。在以后的时间里他继续研究工作,于1840 年将操作位数提高到了 40 位,并基本实现了控制中心和存储程序的设想,而且程序可以根据条件进行跳转,能在几秒内做出一般的加法,几分钟内做出乘、除法。1848年,英国数学家乔治·布尔(George Boole)创立二进制代数学,提前近一个世纪为现代二进制计算机的发展铺平了道路。1890年,美国人口普查部门希望能得到一台机器帮助提高普查效率。赫尔曼·霍尔瑞斯借鉴巴贝治的发明,用穿孔卡片存储数据,并设计了机器,结果仅用6周就得出了准确的人口统计数据。如果用人工方法,大概要花10年时间。1896年霍尔瑞斯创办了IBM公司的前身。1906年美国人弗莱斯特(Lee De Frost)发明了电子管,从而使计算机从机械阶段过渡到电子阶段。从1935年到1946年,不同国家的科学家经过不断的尝试,制造出各种不同类型的电子计算机。其中,1943年1月,马克一号自动顺序控制计算机在美国研制成功。整个机器有51英尺长、5吨重、75万个零部件。该机使用了3 304个继电器、60个开关作为机械只读存储器。程序存储在纸带上,数据可以来自纸带或卡片阅读器,该计算机被用来为美国海军计算弹道火力表。1946年电子数字积分计算机(ENIAC)诞生,这是第一台真正意义上的数字电子计算机。开始研制于1943年,完成于1946年,主要发明人是电气工程师普雷斯波·埃克特(J.Presper Eckert)和物理学家约翰·莫奇勒博士(John W.Mauchly)。这台计算机1946年2月交付使用,共服役9年,主要用于计算弹道和氢弹的研制。它采用电子管作为计算机的基本元件,每秒可进行5 000次加减运算,使用了1.8万只电子管、1万只电容、7 000只电阻,体积3 000立方英尺,占地170平方米,重量30吨,耗电140—150千瓦/时,是一个名副其实的"庞然大物"。但ENIAC机的问世具有划时代的意义,表明计算机时代的到来。

1947年,贝尔实验室的夏克莱、威廉·布雷德福(William B.Shockley)等发明了晶体管,开辟了电子时代新纪元,迎来了晶体管计算机时代。1949年第一台使用磁带的计算机问世,可以多次在磁带上存储程序。1951年,UNIVAC 1,即第一台商用计算机系统诞生,设计者是普雷斯波·埃克特和物理学家约翰·莫奇勒博士。该计算机被美国人口普查部门用于人口普查,标志着计算机进入了商业应用时代。1953 年,磁芯存储器被开发出来。
1957 年,IBM 开发成功第一台点阵式打印机。

尽管晶体管的采用大大缩小了计算机的体积,降低了价格,减少了故
障,但离用户的实际要求仍相距甚远,而且各行业对计算机也产生了较大的
需求,生产性能更强、重量更轻、价格更低的机器成了当务之急。集成电路
的发明解决了这个问题。1958 年 9 月 12 日,在英特尔公司的创始人罗伯
特·诺伊斯(Robert Noyce)领导下,集成电路诞生,不久又发明了微处理器。
1963 年,DEC 公司推出第一台小型计算机——PDP 8。1965 年,道格拉斯·
恩格尔巴特(Douglas Englebart)提出鼠标器的设想,但没有进一步研究,直
到 1983 年才被苹果电脑公司大量采用。1965 年第一台超级计算机 CD6600
开发成功。1969 年,ARPANet 计划开始启动,这是现代互联网的雏形。
1970 年互联网的雏形 ARPANet 基本完成,开始向非军用部门开放。1971
年 11 月 15 日,霍夫(Marcian E.Hoff)在英特尔公司开发成功第一块微处理
器 4004,含 2 300 个晶体管,字长为 4 位,时钟频率为 108 kHz,每秒执行 6 万
条指令。

1972 年以后的计算机习惯上被称为第四代计算机,基于大规模集成电
路及后来的超大规模集成电路。这一时期的计算机功能更强,体积更小。
1972 年,C 语言开发完成,其主要设计者是 UNIX 系统的开发者之一丹尼
斯·里奇(Dennis Ritche)。这是一个非常强大的语言,特别受人喜爱。
1972 年,惠普制造了第一个手持计算器。1972 年 4 月 1 日,英特尔公司推
出 8008 微处理器。1972 年,ARPANet 开始走向世界,互联网革命拉开
序幕。

在此之前,应该说计算机技术还是主要集中于大型机和小型机领域的
发展。随着超大规模集成电路和微处理器技术的进步,计算机进入寻常百
姓家的技术障碍逐渐被突破。特别是在英特尔公司发布了其面向个人用户
的微处理器 8080 之后,这一浪潮终于汹涌澎湃起来,同时也催生出了一大
批信息时代的弄潮儿,如史蒂芬·乔布斯(Stephen Jobs)、比尔·盖茨(Bill

Gates)等,至今他们对整个计算机产业的发展还起着举足轻重的作用。在此时段,互联网技术和多媒体技术也得到了空前的应用与发展,计算机真正开始改变了我们的生活。1975年,比尔·盖茨和保罗·阿兰(Paul Allen)创办了微软公司,3年后收入就达到50万美元,员工增加到15人。1992年收入达28亿美元,1万名雇员。1981年微软为IBM的PC机开发操作系统,从此奠定了在计算机软件领域的领导地位。1993年开始,在全球范围内掀起了建设信息高速公路的热潮。因特网在实实在在地改变着人们的生活和文明的进程。

第三次科技革命的另一个代表性领域是空间技术的大发展。空间技术的发展以美苏争霸为主要的原动力。1955年随着美苏关系的日益紧张,双方开始了真正的太空竞赛,美国和苏联都宣布将发射卫星上天。1957年苏联在竞赛中先拔头筹,在8月21日发射了第一颗洲际导弹,10月又发射了第一颗人造地球卫星。苏联的抢先令美国感到了压力,第二年的1月31日,美国的第一颗卫星探险者1号也发射升空。接着两国在载人航天技术方面展开了全面的竞争,把空间技术的发展推向了新的高潮。从1958年起,苏联在航天专家科罗廖夫的领导下,正式进行载人航天技术的研究,并率先研制出"东方一号"载人飞船,在1961年4月12日将首名人类太空人尤里·加加林送上太空。之后,苏联又进行了5次载人轨道飞行。1965年3月18日"上升2号"上的两名宇航员还成功进行了太空行走。与此相对,美国在1958年成立了国家航天局,并制定了"水星"号载人飞船计划。1962年2月20日,美国的"友谊7号"飞船也成功

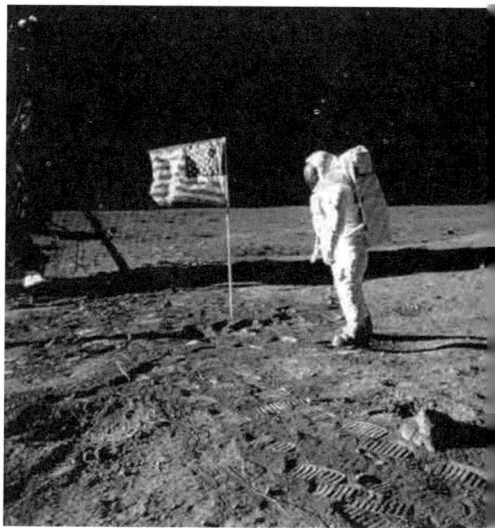

阿波罗11号登陆月球

地将宇航员格林送入地球轨道。水星计划结束后,美国总统肯尼迪把眼光盯在了登月计划上,指望此举彻底改变美国落后于苏联的尴尬局面。首先,美国制定了"双子星"飞船计划,为登月做好前期准备。接着美国制定了"阿波罗"登月计划。1969 年 7 月 16 日,美国的"土星五号"火箭载着"阿波罗 11 号"飞船离开地球,飞向月球,四天后宇航员阿姆斯特朗踏上月球,首次在月球表面留下了人类的痕迹。与此同时,苏联也在登月计划方面投入了大量的人力物力,但其间屡遭挫折,最终没有能够实现登月计划。至此,美国在空间竞赛中将苏联抛在了后面。面对登月计划的落后,苏联开始把自己的目标聚焦在空间站的发展上,改进和发展了庞大的联盟飞船系统,这些飞船既能自主长期飞行,为载人航天站接送航天员,在对接后又可作为空间站的一个舱体进行联合飞行,成为经久耐用、性能良好的运输飞船。随着美苏两国航天事业的不断发展,双方都意识到纯粹竞争和炫耀国力并不能真正促进空间科技的发展,国际合作不可或缺。于是,在 20 世纪 70 年代,伴随着双方在政治上的缓和,双方开始在空间领域进行合作。1972 年美国总统尼克松和苏联总理柯西金在莫斯科正式签署了双方进行航天合作的协议。1975 年 7 月,苏联的"联盟 19 号"飞船和美国的"阿波罗 18 号"飞船成功进行了太空中的对接,双方的宇航员进行了互访,在共同飞行了 45 小时后双双安全返回地球。这次飞行被誉为"太空中的握手",标志着空间合作时代的到来。1981 年 4 月 12 日,美国的"哥伦比亚号"航天飞机首飞成功,开始了航天飞行的新时代。

第三次技术革命的发展大大改变了世界发展的格局,迎来了一个科技立国、经济一体化和国际合作的新时代。

2 20 世纪哲学的新思考

进入 20 世纪,哲学继续沿着孔德和叔本华所开创的道路发展,并结合新时期出现的社会现实以及科学技术的不断发展,进行了诸多的重新思考,出现了许多分支和流派。尤其是在 20 世纪后半期,通过对现代哲学的反思,还出现了后现代主义的哲学思潮。

　　沿着以孔德的实证主义为代表的科学主义思潮继续发展,先后出现了马赫主义、逻辑分析哲学、逻辑实证主义、波普尔的批判理性主义以及库恩等的历史主义科学哲学。马赫主义(Machism)以恩斯特·马赫的名字而命名。他著有《感觉的分析》《认识与谬误》等著作。他认为无论是唯物主义还是唯心主义,都强调物质和精神的二元对立,他的任务就是要克服这种对立,而构建一元论的宇宙结构。他指出,那些感觉的东西,即颜色、声音、压力、空间、时间等中性的要素构成了世界,感觉经验是认识世界的基础。科学只能对此进行描述,而不能进行解释,而且科学并没有什么正确和错误之分。他还提出了经济思维原则。他认为我们所知觉的现象仅是个别的,它们所以一再地反复出现,只能归功于我们的思维的作用,就是说,通过思维把这些个别现象联系起来。一切科学规律的目的就是把自然现象用规律形式简单化。自然规律是帮助我们如何对自然现象作简单的描述,并不是什么神秘的东西。在这之后罗素创立了逻辑分析哲学或称"逻辑原子主义"。该哲学认为,一切科学的概念和命题所表现的事物最后都可以分割为原始的经验,这些经验是最简单的原子事实,用一定的逻辑形式按一定的逻辑演算规则将指称原子事实的词语结合起来,就可构成命题、判断、推论等知识体系。罗素的学生维特根斯坦对其进一步发展,认为哲学的目的就是使思想在逻辑上明晰,因此逻辑分析就是语言分析。逻辑实证主义产生于 20 世纪 20 年代的维也纳学派,主要代表人物有维也纳小组的石里克(著有《普通认识论》《自然哲学》)和卡尔纳普(著有《世界的逻辑结构》),柏林小组的赖欣巴哈(著有《科学哲学的兴起》)、波兰的塔尔斯基以及美国的艾耶尔(著有《语言、真理与逻辑》)。该派同样反对形而上学问题,而主张引入数理逻辑。认为无论思维与存在还是世界的本原等传统命题都是超出人的能力的超验存在,都是无法解决和认识的问题,也就是说在原则上不可证实的陈述,都是应当排除的形而上学的陈述。真正的哲学命题有两种类型,一种是可以称作经验科学的命题,也就是可以对其进行断定,并能够通过感觉经验来证实的;一种是形式科学,也就是无法对其进行断定,但是可以用定义和逻辑进行分析的。所以哲学并不是什么唯物主义和唯心主义,而是进行逻辑分析。出生于奥地利维也纳的波普尔在逻辑实证主义的基础上进一步发展,从而创立了批判理性主义。主要著作是《开放社会及其敌人》《历史决定论的贫困》《科学发现的逻辑》《猜想与反驳:科学知识的增长》等。他的理论受到爱因斯坦相对论的影响,认为可证伪性是科学不可或缺的特征,凡是不能被经验证伪的命题都属于非科学,指出伪科学也同样可能被经验证实。他也不认为形而上学一无是处,反而认为它可以指导科学。他的哲学思想否定归纳法,而认为科学的增长是通过猜测与反驳得来的,理论是大胆的猜想,不能被证实,只能被证伪,从而创立了证伪主义。他认为,科学知识的增长是从问题开始的,通过大胆猜测和尝试,通过不断排除错误而接近真理。一种理论愈普遍,可证伪愈大,则科学性愈高。他的这种理论应用于社会历史之中,就表现为他反对历史决定论和历史的发展规律性,认为历史没有规律,应当在社会历史学中也应用试错法,对社会进行逐步改良。美国的思想家托马斯·库恩则开创了历史主义的科学哲学,他的思想主要体现在他的《科学革命的结构》(1962)中。他指出,科学并不是随着新知识的不断积累而直线向前发展,相反经历了周期性的革命,他称之为"范式转型",其中在某一特定领域科学调查的性质会突然转向。范式不仅是科学研究的必要条件,而且是学科成熟的标志,只有当一门学科的研究者形成了共同的范式,该学科才从前科学时期进入科学时期。总体而言,这一派的哲学家尽管相互之间观点并不完全相同,但是他们都拒斥"形而上学",抛弃传统哲学对世界观和认识论的研究,倾向于将哲学的对象归结为对逻辑语言或日常语言的分析,因此,从西方近代哲学到现代西方哲学的转型通常被称为"语言的转向"。

沿着叔本华和尼采所开创的人本主义思潮继续发展,先后出现了柏格森等人的生命哲学、胡塞尔的现象学、海德格尔和萨特的存在主义。柏格森是法国学者，其主要著作是《时间与自由》《物质与记忆》《形而上学导言》《创造进化论》以及《道德与宗教的两个来源》。柏格森认为，支配世界进化的是盲目的生命冲动，它完全自由，不受任何约束；生命冲动无时无刻不在创造，创造是质的飞跃，而不是量的增加。这种创造就表现为进化，生命冲动派生出万物。其中人的生命冲动可以冲突一切阻碍而获得自由，因而人的灵魂是不朽的。他提出了量的时间和质的时间的概念，提出了空间里的自我和内省的自我的区分，前者是科学认识的对象，而后者则是内心体验的范畴。他认为，理性和科学只能认识物理世界和可见的形式，并不能真正理解生命，只有依靠直觉才能真正达到这一目的。德国的哲学家胡塞尔被认为是现象学学派的创始人，主要著作有《算数集合》《逻辑研究》《纯粹现象学和现象学哲学的观念》《形式和先验的逻辑》《欧洲科学的危机与先验现象学》等等。他认为哲学研究的对象既非自然，亦非感觉和思维，而是纯粹意识现象，一种绝对的本质。为了获得绝对的本质，首先要悬置之前所有传统的哲学观点，运用本质还原法，将变动不居的纯粹意识还原为纯粹观念或稳定的本质。还原的方法并不是逻辑过程，而是"直觉的还原"。纯粹观念是由先验自我建立的，因此最终要将经验的自我还原为先验的自我。也就是排除自我意识中所有的偶然性和特殊性，达到纯主观性。胡塞尔的方法就是试图从主观中构成客观世界，将先验的自我视为世界的本原。胡塞尔现象学的目的是构建一种超验主义哲学，化解因自然主义和实证主义泛滥所带来的人性危机。存在主义是第一次世界大战后在德国兴起，第二次世界大战期间和之后在法国兴盛的一种哲学流派，深刻地反映了变动时代里对人的思考。存在主义的发起者是德国的海德格尔，其代表性著作是《存在与时间》。他指出希腊以来的哲学家都注重本体的研究，但是他们讨论"本体是什么"，试图用另一个存在来说明这一存在，是无法说清楚的，因此应该讨论"存在和已成为存在"。他称前一种研究为研究"在者"，而后一种研究则是研究"在"。前者是静态的，而后者是动态的，是指存在如何展现的过程，具有时间性。后者优先于前者。如何揭示"在"的意义，则离不开人的领悟。不可能通过作为"在者"的存在物来理解"在",只能通过人。人虽然也是"在者",但是是特殊的在者,他可以领悟自身以及其他事物的"在"。所以他把人称为"此在"。人有烦恼担忧、畏惧和死亡的情绪,这些情绪使人既可以体验生活的世界,也可以体验自身的存在。因此,人存在着两重性:一种是社会中的存在,人被社会规定而失去了个性;一种是本真的自我。前者是此在的沉沦和人的异化,通过濒死和死亡,人回归本身的存在。二战时期法国的萨特把存在主义进一步理论化,并带有强烈的反法西斯非人道政治的色彩。他的思想集中体现在他的《存在与虚无》和《存在主义是一种人道主义》中。他强调,人在世界上的命运是荒诞无稽的,人没有性善或性恶的本性,存在先于本质。人的自由意志决定着人的行动,人走向善或走向恶完全是通过人的自由选择来决定的,自由也先于本质。因此,他强调"人是自由的,懦夫使自己懦弱,英雄把自己变成英雄"。萨特强调行动,积极参与政治事务,通过行动实现自己的本性,取得作为人的尊严。这种哲学正是对法西斯灭绝人性的残暴统治的一种反抗。

与此同时,还应关注这一时期兴起的弗洛伊德的精神分析学派。他的主要著作包括《癔症研究》《梦的解析》《日常生活的心理病理学》《精神分析引论》《群众心理学和自我分析》《自我和本我》《精神分析引论新编》等。提出了意识、前意识和潜意识的三层结构。在这种认识的基础上,弗洛伊德在1923年发表的《自我与本我》一书中,进一步提出了"本我"(Id)、"自我"(Ego)、"超我"(Superego)的概念。"本我",相

弗洛伊德

当于"无意识"，处于心灵最底层，是与生俱来的动物性的本能冲动，它没有任何禁忌，它唯一的目标就是使这些冲动获得满足。与此相反，超我高高在上，代表着一种至善至美的原则，指导着自我按照某种道德和社会标准行动。中间的自我则权衡着自我的需要以及超我的要求，根据实际情况调节自己。弗洛伊德第二个主要的理论是他的性本能学说。他认为，构成无意识的主要基础就是性本能，性本能所蕴含的能力就是力比多（Libido），正是力比多在心灵深处驱使着人们行动。力比多会带来性的冲动，它需要维持在一个适当的水平，集聚过多而无法释放就会产生紧张和焦虑，而自我或超我又往往会压抑本我欲望的宣泄，压抑的结果就会使力比多寻找其他的发泄途径。如果这种心理倾向得不到正常的解决，就会产生各种各样的心理失常和精神疾病。顺理成章地，弗洛伊德第三个关注的主题便是梦境及其解释。以前人们觉得梦是一种神秘的无意义的现象，但是弗洛伊德在他的潜意识和性本能学说的基础上，把梦视为欲望满足的一种方式。他认为，人的欲望往往受到前意识的压制和检查，往往得不到满足，而在睡觉时，这些欲望就通过梦境而发泄。通过这种动态心理学，弗洛伊德试图告诉我们，真正真实的东西，往往在人们的意识之外。通过指出智力、梦和失误，人们可以通过原来认为无意义的言语和行为破译人类心理和文化。弗洛伊德的理论一经形成，便脱离了精神病理学的范畴，而被应用于各种领域，成为考察人类文化和它的成果的重要工具。弗洛伊德的学说尽管对整个人文社会科学产生了重大的影响，但是他过分注重性欲以及人的生物本能的倾向，导致了他创立的精神分析学派的分裂。其中他的两个学生阿德勒和荣格与他分道扬镳，各自创立了自己的精神分析派别。

20世纪下半期，西方哲学进入对近代哲学和现代哲学进一步批判反思的时期，出现了后分析哲学、新实用主义、新弗洛伊德主义、批判理性主义、历史主义和新历史主义、结构主义和解构主义、解释学、法兰克福学派等诸多流派。在此基础上，出现了"后现代主义"思潮。后现代主义彻底否定了哲学的世界观和认识论，否定了传统哲学的一切价值，从否定、解构和颠覆的角度进行全面批判,给哲学提出了重新界定和构建的任务。

3 文学艺术的新旨趣

科技的进步和大战的考验改变着人们的生活和社会的格局,同时也冲击着人们的心灵。这种冲击反映在人们的哲学思考中,同样也反映在文学和艺术中。现代的文学和艺术出现了流派纷呈的特色,人们探索和描绘社会和人性的角度不断变换,难以形成占绝对主流的文学和艺术风格,但是它们也反映出一些共同的特点。现代文学和艺术或直接揭示现代文明下人类内心的孤独,或反映人类理性的缺失和对世界的主观思维,或强调反抗或强调颓废,或者躲进象牙塔中追求脱离大众的纯粹艺术,或者把文学艺术极度通俗化,或强调"意识流"的内心独白,或强调人生和社会的荒诞和离奇。

就文学而言,不同流派纷呈迭起,以 20 世纪 50 年代为界,50 年代之前先后出现了象征主义文学、意识流小说、未来主义、表现主义、超现实主义,50 年代之后则出现了存在主义、荒诞派、愤怒青年与垮掉的一代、新小说派、黑色幽默、魔幻现实主义。

象征主义起源于 19 世纪中期的法国,20 世纪初在欧美各国广泛流传。该流派深受弗洛伊德和柏格森哲学的影响,强调描写个人的内心感受,善于运用暗示、烘托、对比和联想的方法。象征主义文学的先驱者是美国诗人艾伦·坡和法国诗人波德莱尔,前者在《诗歌创作原理》中提出了象征主义的理论雏形,而后者的作品《恶之花》则是第一部具有象征主义特色的诗作。前期象征主义的代表人物基本上都集中在法国,有魏尔兰、兰波和马拉美。其中马拉美将象征主义理论系统化,并通过其举办的"星期二沙龙",使象征主义文学走出法国。后期的象征主义诗人有法国的瓦雷里、奥地利的里尔克、爱尔兰的叶芝和美国的 T·S·艾略特。叶芝通过自己大量的作品和理论著作《灵视》,建立了复杂的象征体系,而艾略特的《荒原》则描绘了缺失信仰的现代世界。象征主义文学也从诗歌发展到戏剧,比利时的莫里斯·梅特林克、德国剧作家盖尔哈特·霍普特曼和叶芝都是其中的代表剧作家。意识流小说流派兴起于20世纪20年代,深受美国心理学家威廉·詹姆斯意识流思想、弗洛伊德的潜意识以及柏格森直觉的影响,开始打破传统的按照时间和情节顺序展开小说故事的传统,强调人的意识活动和自由联想,注重内心独白,将过去、现在和将来交叉,打破任何空间、时间和逻辑的限制。其代表作品有爱尔兰乔伊斯的《尤利西斯》、法国普鲁斯特的《追忆似水年华》、英国女作家伍尔夫的《到灯塔去》和美国福克纳的《喧哗与骚动》。尽管"意识流"的小说在不同国家出现,但是并没有形成共同的组织和流派,在最初也并未受到重视,第二次世界大战后开始被人们广泛接受,广为流传。未来主义产生于20世纪初,意大利的诗人兼戏剧家马里内蒂于1909年2月20日在法国《费加罗报》上发表了《未来主义宣言》,标志着未来主义的诞生。其第二年发表的《未来主义文学宣言》,则阐述了未来主义的理论和原则。未来主义同样深受尼采、柏格森哲学的影响,主张彻底抛弃和否定既往文学艺术,而在内容和形式上进行全面革新,放弃爱情、幸福、美德等传统文学主题,主张面向未来,歌颂进取性运动、机器文明、都市生活以及速度、力量、战争和暴力,展示人的一时冲动。在艺术创作形式上,也强调自由不羁,随心所欲,抛弃理性和逻辑,甚至要求取消语言规范。未来主义从意大利开始,传播到整个欧洲,法国的阿波利奈尔在1913年发表《未来主义反传统》,倡导"立体未来主义",俄国的谢维里亚宁发表《自我未来主义序幕》,倡导"自我未来主义",俄国的玛雅科夫斯基等发表《给社会趣味一记耳光》,倡导"立体未来主义",标志着俄国未来主义的诞生。表现主义盛行于20世纪初至30年代,尤以德国和奥地利为中心。表现主义一词最初出现在美术界,1911年希勒尔在《暴风》杂志上刊登文章,首次使用"表现主义"来称呼柏林的先锋派作家,之后被人们普遍承认和应用。表现主义同样深受康德、柏格森和弗洛伊德哲学学说的影响,反对传统,对现状不满,要求革命。反映在创作上,他们反对客观描写,主张揭示人的灵魂,厌恶城市的喧嚣和堕落,宣扬普遍的人性和内心的激情。奥地利的特拉克尔、卡夫卡,德国的海姆、贝恩、托勒尔,瑞典的斯特林堡,美国的奥尼尔,捷克的恰佩克,英国的杜肯和爱尔兰的奥凯西等都是表现主义的代表人物。超现实主义主要兴起于 20 世纪 20 年代的法国。1924 年法国作家布勒东等人在巴黎创立"超现实主义研究室",并发表《超现实主义宣言》,创办《超现实主义革命》杂志,宣布这一流派的思想倾向和艺术观点。他们以柏格森的直觉主义和弗洛伊德的精神分析学说为哲学基础,否定文艺反映现实生活的基本创作规律,鼓吹超越现实,超越理智,相信梦幻的下意识,主张挖掘久受压抑的下意识世界,反映了当时欧洲青年一代苦闷彷徨和找不到出路的狂乱不安的精神状态,主要代表作家有法国的布勒东、艾吕雅和阿拉贡、英国的托马斯等人。

50 年代后出现的文学流派明显充满着对战争的反思和人性的思索。存在主义文学,顾名思义,就是以存在主义哲学为基础的文学风格,其作为一个文学流派,形成于第二次世界大战之后的法国,并在 40 年代后期和 50 年代达到了高潮。存在主义文学主张文学反映哲学的探索;反对描写典型人物和典型性格,而注重描绘不同环境中人的自我选择;同时存在主义主张作者、读者和人物的三位一体,让读者真实地参与作品人物的塑造。存在主义文学最主要的代表人物是萨特和加缪,前者写过小说《恶心》和哲理剧《间隔》,后者则创作了《局外人》。荒诞派戏剧是一种反传统的戏剧流派,兴起于 20 世纪 50 年代的法国。主张纯粹戏剧性,放弃形

萨 特

象塑造和戏剧冲突,通过奇怪的道具和颠三倒四的对话来表现人生的痛苦与绝望。其代表作有法国剧作家尤奈斯库的《秃头歌女》以及贝克特的《等待戈多》等。第二次世界大战后,英国的社会青年因为英国的衰落和对政府、社会不满,开始通过文学的形式进行宣泄,从而产生了"愤怒的一代"。1951年英国作家莱斯利·保罗出版自传《愤怒的青年》,标志该文学思潮的兴起。1956年奥斯本创作了剧本《愤怒的回顾》,引发了戏剧改革的新潮流,他也成为该文学流派的代表人物。此后出现的小说有韦恩的《每况愈下》、艾米斯的《幸运儿吉姆》、布莱恩的《向上爬》、西利托的《星期六晚上和星期日早上》以及威斯克的剧本《大麦鸡汤》等。无独有偶,在美国也产生了类似的流派,被称为"垮掉的一代",他们主要是对冷战的现实和麦卡锡主义的流行感到不满,其抗议的方式便是反对传统观念,追求奇装异服,厌恶学业和工作,混迹于底层社会。他们的生活方式是从热衷爵士乐、摇摆舞、吸大麻、性放纵直至参禅念佛和"背包革命",宣扬通过满足感官欲望来把握自我。1950年,凯鲁亚克与巴罗斯各自完成了一部垮掉派小说《小镇与城市》(1951)和《吸毒者》(1953)。霍尔姆斯的小说《走吧》(1952)反映了纽约"垮掉青年"的生活感受。劳伦斯·李普顿于1955年发表小说《神圣的野蛮人》。1955年夏天,"垮掉文人"和反学院派诗人在旧金山联合举办诗歌朗诵会,金斯堡在会上朗读了他的长诗《嚎叫》。1957年,凯鲁亚克的长篇小说《在路上》出版,描写垮掉分子在各地流浪的生活,被大批精神苦闷的青年奉为"生活教科书"。"垮掉文学"运动虽然昙花一现,而且掺杂大量不健康的因素,但仍在美国文学史上留下了一定影响。新小说派是20世纪50至60年代间法国文学界出现的一支新的小说创作流派,公开宣称与19世纪现实主义的文学传统决裂,反对以巴尔扎克为代表的现实主义小说的写作方法,认为它不能反映事物的"真实"面貌。主张探索新的小说表现手法和语言,描绘出事物的"真实"面貌,刻画出一个前人所未发现的客观存在的内心世界。他们认为塑造人物不是小说创作的目标,主张破除传统现实主义小说格式的限制,认为不必遵守时间顺序和囿于空间的局限,重新建立一个纯属内心世界的时间和空间。同时认为传统现实小说中惯用的语言也必须彻底改革。新小说的代表作有萨洛特的《马尔特罗》(1953)、《天象仪》(1959)、《黄金果》(1963),罗伯·格里耶的《橡皮》(1953)《在迷宫中》(1959),布陶的《路过米兰》(1954)《变化》(1957),西蒙的《风》(1957)《草》(1958)《佛兰德公路》(1960)以及杜拉斯的《夏天晚上十点半》等。理论著作有萨洛特的《猜疑的时代》(1956)和罗伯·格里耶的《论新小说》(1963)。黑色幽默派产生于20世纪60年代的美国,1965年3月,弗里德曼编了一本短篇小说集,收入12个作家的作品,题名为《黑色幽默》,"黑色幽默"一词即由此而来。黑色幽默常常通过塑造乖僻的"反英雄"人物来映射社会现实,情节无逻辑性,现实与幻想混合,哲理与嘲弄并存。主要代表作品有海勒的《第二十二条军规》、平钦的《万有引力之虹》、小伏尼格的《第一流的早餐》。有些"黑色幽默"小说则嘲笑人类的精神危机,如巴斯的《烟草经纪人》和珀迪的《凯柏特·赖特开始了》。魔幻现实主义也是50年代前后发展起来的一种文学流派,其中心在拉丁美洲。该派的特点是将现实的社会生活,置入虚幻的环境和气氛中,将现实与幻景融为一体,形成似真似幻的风格。魔幻现实主义的成就主要表现在小说领域,主要的作品有危地马拉作家米格尔·安赫尔·阿斯图里亚斯的小说《总统先生》(1946),墨西哥的作家胡安·鲁尔福的小说《佩德罗·帕拉莫》(1955)、哥伦比亚作家加西亚·马尔克斯的小说《百年孤独》(1967)、秘鲁作家马利奥·略萨的小说《城市与狗》(1962)等等。

　　在艺术领域反映着同样的哲学思考和精神探索。一方面表现出艺术领域的反传统和创新,一方面更加强调个性和主观,反映在绘画音乐等领域,出现了形形色色的流派。我们以第二次世界大战为界,之前在绘画领域先后出现了野兽派、立体派、表现主义、未来主义、达达主义和超现实主义。野兽派是自1898至1908年在法国盛行一时的一个现代绘画潮流。野兽派画家热衷于运用鲜艳、浓重的色彩,往往用直接从颜料管中挤出的颜料,以直率、粗放的笔法,创造强烈的画面效果。野兽派最具代表性的画家是马蒂

绘画:《阿维农少女》

斯,其主要作品有《奢侈》《红色的客厅》《大人体》《舞蹈》《室内》等。此外还有乔治·布拉克、劳尔·杜飞等等。立体主义是继野兽派之后出现的另外一个前卫画派,而且比前者影响更大。该派画家试图在画中创造结构美。他们努力消减其作品的描述性和表现性的成分,力求组织起一种几何化倾向的画面结构。该派的代表人物是毕加索和布拉克。毕加索的代表作品有《阿维农少女》和《三个音乐家》等,后者的代表作品是《有鲱鱼的景物》等。表现主义是在20世纪初出现于德国的一种艺术思潮和流派,艺术手法生动泼辣,注重表现客观物体所引起的画家的主观激情。挪威的画家爱德华·蒙克是表现主义的先驱,他的主要作品是《呼唤》。真正的表现主义是有三个相继的团体代表的。第一个团体是"桥社"(1905),第二个团体是以康定斯基为代表的慕尼黑的"新艺术家协会"和"青骑士派"(1909),以及1912年在柏林成立的"狂飙社"。他们尽管创作手法不同,但是都主张反对传

统,进行自我创造。未来主义最初产生于文学运动,其发起人是意大利诗人马里内蒂。1910 年 2 月 11 日,波丘尼、卡拉、巴拉、塞韦里尼和鲁索罗等五位画家发表了《未来主义画家宣言》,4 月 11 日发表《未来主义绘画技法宣言》,未来主义画派正式确立。该画派致力于表现运动、变化和速度,致力于传达现代工业社会的审美观念。其代表作有波丘尼的《迅跑的汽车》、卡拉的《革命线》、巴拉的《散步》等。达达主义产生于 20 世纪初。1916 年来自不同国家的文学艺术家们在瑞士苏黎世创造一个艺术团体,主张破坏传统,建立新艺术。在绘画领域,主要代表人物是马塞尔·杜尚,他曾经将尿壶当作雕塑艺术品进行展览,并为达·芬奇的《蒙娜丽莎》在下巴和嘴唇添上胡子。此外,法国皮卡亚的《扎拉的肖像》以及原籍德国的施维特的拼贴画也是达达主义的代表性作品。超现实主义是继达达主义而出现的艺术流派,兴起于 1924 年。这一派别深受弗洛伊德精神分析学说的影响,描绘潜意识和无意识的随意性。这一派的主要代表人物是萨尔瓦多·达利,其主要代表作是《记忆的静止》等。

第二次世界大战之后,艺术的重心转向了美国的纽约,艺术形式也发生了相应的变化,这一时期的特点是艺术风格变换迅速,往往同商品联系在一起。偏向于写实风格的流派有波普艺术、照相现实主义等,偏向于抽象风格的有行动绘画、欧普艺术、ABC 艺术等。波普艺术起源于 50 年代的英国,流行于 60 年代以后的美国,英国汉密尔顿创作了《到底是什么使得今天的家庭如此不同,如此有魅力》,使波普艺术开始流行。该艺术流派以乐观的态度对待消费时代,生活中任何平凡的物件都可以成为艺术的素材。著名的波普艺术作品有沃霍尔的《玛丽莲·梦露印刷肖像》、罗伯特·劳申伯格的《信号》、约翰斯的《三面美国国旗》等。照相写实主义,或称超级写实主义,兴起于 20 世纪 60 年代的美国,该派别认为艺术作品应该排除画家的主观意志,强调"逼真"和"酷似",主张纯客观地如照相机般地反映事物。该派的著名代表作品有克洛斯的《自画像》《肯特》,唐·埃迪的《橱窗和新鞋》,汉森的《巴瓦里街上无家可归的人》以及安德烈亚的《裸女》等。行动绘画产生于 50 年代的美国,其名称来自美国评论家 H·罗森伯格 1952 年对该画风的批评。该画派粗犷、豪放和自由,不受任何形式和技巧的限制,随意性极大。该画派最著名的代表人物是波洛克,他用在画布上滴溅颜料的方法作画,创作了《整整五浔》《蓝色无意识》《集中》等一批名作。欧普艺术产生于 20 世纪 60 年代的欧美,又称作"视觉效应艺术"或者"光效应艺术",是利用人类视觉上的错视所绘制而成的绘画艺术,主要采用黑白或者彩色几何形体的复杂排列、对比、交错和重叠等手法造成各种形状和色彩的骚动。主要代表性作品有瓦萨莱利的《索拉塔——T》,赖利的《羽纹》《水流》和莱帕克的《三棱镜视幻作品》等。ABC 艺术是与波普艺术同时在美国发展起来的艺术流派,崇尚减少,无论在色彩还是结构上都精简到最低限度,认为绘画的最终性质只不过是画框、画布和颜料的物质性,所以该流派又被称为"极少主义""最低限度艺术"等。这种流派在艺术中排除了主题、感情,也使得抽象主义的发展走向穷途末路。

同样的艺术发展轨迹除了表现在绘画中之外,也表现在音乐之中。20世纪音乐的创始人是德彪西,他被称为印象派的音乐大师。他的音乐作品不注重讲述故事,而是表达情绪或气氛。蔑视传统的和声传统而注重随心所欲。他的《牧神午后》《牧神午后前奏曲》《佩里亚斯和梅利桑德》《夜曲》《大海》和《意象集》都是代表性作品,对 20 世纪的作曲家产生了重大影响。奥地利的音乐家勋伯格(Arnold Schoenberg,1874—1951 年)则是表现主义的代表人物。他大胆革新,发明了"十二音体系"的无调性音乐。勋伯格的音乐风格分成两个时期,1908 以前的音乐深受瓦格纳的影响,带有晚期浪漫主义的色彩;1908—1912 年则形成了自己的表现主义风格。主要作品有《升华之夜》《月迷彼埃罗》《五首钢琴小曲》《摩西和亚伦》《华沙幸存者》等。斯特拉文斯基(Igor Feodroovich Stravinsky,1882—1971 年)则是两次世界大战之间流行的新古典主义的代表人物。这位对 20 世纪音乐创作产生巨大影响的作曲家一生中数次改变自己的国籍,1934 年成为法国公民,1945 年加入美国国籍,从而成为一位真正的世界公民。他在音乐创作风格

上也经历了多次变化,从早期的现代主义和俄罗斯风格到中期的新古典主义,再到晚期的序列主义。主要代表作为早期三部舞剧音乐《火鸟》《彼得鲁什卡》《春之祭》。其他重要作品还有舞剧《婚礼》《普尔钦奈拉》《阿波罗》《竞赛》,歌剧《俄狄浦斯王》《浪子的历程》《普西芬尼》《诗篇交响曲》《三乐章交响曲》等。20 世纪初在美国兴起了爵士乐。爵十乐是黑人音乐与欧洲乐器结合的产物。最早出现于美国的奥尔良,之后随着芝加哥成为爵士乐的中心,迅速风靡全美,成为 20 年代最重要的音乐风格之一。第二次世界大战后的 50 年代则是摇滚乐盛行的时代,摇滚乐源自美国黑人音乐家的"节奏和布鲁斯",同时结合了美国的乡村和西部音乐。摇滚乐的代表人物"猫王"艾尔维斯·普莱斯烈成为一代人崇拜的偶像。60 年代的鲍勃·迪伦则是公认的摇滚乐天皇巨星。摇滚乐在英国也非常流行,"披头士乐队"风靡英伦三岛。70 年代起源于法国的迪斯科传遍世界各地。此后音乐走向了流派纷呈、多样发展的道路。

4 大众生活的新面貌

　　大战后的经济恢复和经济高速发展,以及现代科技的进步,大大改变了人类的生活,使之呈现出全新的面貌。

　　第二次世界大战之后,资本主义国家普遍采用"凯恩斯主义"经济理论,强调国家对经济的干预,发展国家资本主义。美国采取措施扩大就业,增加科研投入,维护私人企业,拓展国内外市场,取得了良好的效果;英法等国则实行了一定规模的企业国有化;德国和意大利尽管倾向于企业自由化,但是也相应创办了许多国有企业;美国、日本则大兴企业兼并和跨国投资经营之风,垄断市场,增强竞争力。欧洲为了增强与美国等国家的市场竞争,开始走上了联合之路,并于 1965 年 4 月成立了"欧洲共同体"。通过这些具体的措施,西方国家走上了经济高速发展的道路。以经济发展为基础,西方国家纷纷采取了改善人民生活和稳定社会的措施,社会保险制度和福利制度日趋完善。

飞速发展的经济和稳定的社会保障制度,促使人们的消费观念发生了变化。原来艰苦创业、节约积攒财富的观念逐步淡化,追求享乐和消费的潮流开始出现。汽车、彩电、冰箱等不再是富人们消费的专利,而是进入了普通百姓家。度假旅行也不再是富人的时尚,而是成为广大中产阶级的生活方式。追求名牌和攀比之风的盛行,促使人们尽自己所能进行购买和消费。19 世纪中叶以来发明的借贷和信用观念在 20 世纪获得了迅速发展。美国从 19 世纪中叶开始,就以分月付款形式销售钢琴、缝纫机等商品;从 1910 年起,开始分月付款销售汽车,加速了消费信用的发展。20 世纪 50 年代末美国银行发行了信用卡,并于 60 年代广泛流行。报刊、媒体也纷纷为促进消费而努力,节目更加贴近观众,紧跟观众的消费趋向,高雅艺术逐步失去了市场。连篇累牍的各类广告,引领着社会的时尚潮流,刺激着人们的消费。配合着人们的消费,艺术也开始通俗化和流行化,成为都市消费的一个重要部分。

社会富裕、消费时代和大战的冲击,把妇女从家庭的禁锢中解脱出来,妇女和男子平等地走向社会,并相应带来了性解放和妇女运动。二战给妇女提供了就业的机会,战争使许多男子走向战争,同时使许多妇女走进了工厂。战后虽然女性的就业率有所下降,但是女性的职业化已经成为潮流。家庭不再是男主外女主内,而是夫妻两人同时参加工作,双薪家庭成为基本的样式。随着妇女外出参加工作,妇女接受教育的程度也随之发生变化,妇女各方面的素质大幅度提高,从而在许多领域做到了与男子的真正平等。男女平等深刻地改变了传统家庭结构,同时也带来了性解放的潮流。婚前同居、高离婚率成为一种普遍的社会现象。妇女在获得经济独立后,也开始参与政治和争取各种权利。

20 世纪人类进入了高科技的时代,广播、电影、电视、互联网逐步走进了千家万户,决定性地改变了人们的生活方式。无线电广播事业诞生于 1906 年,1916 年开始出现了收音机,广播开始走进家庭。1920 年美国开始有了第一座正式的广播电台。1926 年和 1927 年美国著名的全国广播公司（NBC）和哥伦比亚广播公司（CBS）分别成立。40 年代美国广播公司（ABC）组建完成。除了美国外，苏联也在 1922 年诞生了自己的广播事业，建成了"共产国际广播电台"。在英国，1923 年 1 月，英国广播公司开始运营，该公司为私有企业。1926 年底该公司被解散，并于第二年元旦成立了著名的国营英国广播公司（BBC）。巴黎广播电台在 1922 年建立，在国家垄断广播业的同时，也出现了许多私营电台。二战期间法国的广播也遭到破坏，1945 年法国广播电视公司（RTF）正式成立。日本也于 1924 年成立了"中央放送局"，后来改名为"日本广播协会"（NHK）。广播事业的蓬勃发展改变了人们的生活方式，足不出户人们就可以了解到许多信息，第一时间了解政治、经济的新形势，不用前往音乐厅就可以欣赏到优美的音乐。

　　1895 年 12 月 28 日，法国人卢米埃尔兄弟在巴黎的"大咖啡馆"第一次用自己发明的放映摄影兼用机放映了《火车到站》影片，标志电影的正式诞生。美国的大卫·格里菲斯则把电影从戏剧和照相中分离出来，使之成为独立的艺术，他拍摄的《一个国家的诞生》和《党同伐异》等影片，标志着现代电影的开端。1929 年经历了以卓别林（Chaplin，1889—1977 年）为代表的伟大的默片时代后，开始了有声电影的时代，电影简单的情节发展成为深入刻画人物内心的载体，好莱坞成为电影的中心。第二次世界大战后，好莱坞受到麦卡锡主义的影响出现了衰落，但电影在世界各地蓬勃发展，苏联、东欧、拉美和亚洲的电影纷纷崛起，流派纷呈。电影从诞生的时候起就已经和人们的生活密不可分，《埃及艳后》《星球大战》《莫斯科不相信眼泪》《侏罗纪公园》

卓别林

《辛德勒的名单》等电影不但创造了票房神话,而且影响了一代代的人。

电视的发明归功于英国的贝尔德。他经过了大量的试验,终于发明了机械电视,并成功地将图像从英国传送到美国纽约。从此以后,电视走进了千家万户,成为人们生活中不可或缺的电器。1936 年,电气和乐器工业公司发明了全电子系统的电视。1962 年通信卫星被送上太空轨道,各大洲之间的通讯,已不再有什么困难。电视的发明比电影更加深刻地改变了人们的生活方式,人们坐在家里,就可以知道世界上每个角落发生的事情,人与人之间在空间和时间上的距离被缩短了。

计算机和互联网的广泛运用更进一步拉近了世界各地的距离,使广袤的地球变成了一个村落。通过一台计算机,人们可以了解世界各地的信息,同世界任何角落的人们进行快速交流。

技术的进步和财富的积累,使人们的生活更加便利,生活的节奏更加紧张,信息的交流更加畅通迅速,人类迎来了信息爆炸的新时代。

终篇　走向多极的世界

自冷战以来,人类文明在美苏两极对抗的格局中缓缓前行,但是随着苏联的解体,两极对抗不复存在,人类文明进入了多极发展、冲突与发展并存的新格局。

　　虽然苏联的正式解体发生于 1991 年,但是苏联阵营的解体是一系列政治变动的最终结果,其中包括东欧的巨变和苏联的一系列政策失误。

　　波兰在雅鲁泽尔斯基时期进行了全国军事管制,并实行了一系列改变国民经济的改革措施,允许多种经济并存,但并没有从根本上解决其经济问题,罢工浪潮不断。1989 年波兰出现了由马佐维耶茨领导的东欧第一个非共产党政府,并在同年的 12 月 19 日在宪法修正案中,剔除了统一工人党在国家中的作用以及波兰是社会主义国家的条文,改波兰人民共和国为波兰共和国。1990 年波兰社会民主党建立,中止了统一工人党的活动。社会民主党摒弃了马克思主义,采取议会民主和多党制的道路。1990 年 12 月 9 日团结工会主席瓦文萨当选为总统,标志着波兰政治结构的正式转型。在匈牙利,卡达尔的经济改革政策在 80 年代出现了危机,社会发生混乱。1988 年卡达尔被解除了实权,匈牙利开始酝酿多党执政和为纳吉平反。1989 年卡达尔被解除了一切职务。同年 10 月,社会主义工人党被改名为匈牙利社会党,同月的宪法修正案删除了有关马列主义政党在国家中的领导作用的条文,匈牙利人民共和国也改名为匈牙利共和国,开始实行议会民主和多党制。1990 年匈牙利大选中组成的新政府排斥了社会党,实行了政治结构的全面转型。捷克斯洛伐克则以“为 1968 年事件平反”为开端,发生了急剧变化。反对派和非共产党人开始进入内阁,到 1990 年共产党已经丧失了在政府中的领导地位。1991 年选举成立的新政府更名为“捷克和斯洛伐克联邦共和国”。1993 年捷克斯洛伐克正式解体,分裂为捷克共和国和斯洛伐克工业国。1989 年 11 月 9 日,民主德国顺应民众的要求,宣布开放东西柏林

边界,次日晚开始拆除柏林墙,由此开始了政治变革。12月1日人民议员通过的宪法修正案中,删除了民主德国受工人阶级及其马列主义政党领导的条文,实行多党制。1990年2月4日,统一社会党改名为德国民主社会主义政党。3月18日经过议会大选组成了以德梅齐埃为首的新内阁,排斥了民主社会主义政党。从此东德和西德逐步走上了统一之路,10月3日,民主德国正式并入了联邦德国,德国实现了统一。罗马尼亚从反对齐奥塞斯库的集权开始走向了政治动荡。1989年,齐奥塞斯库的大权独揽和任人唯亲导致了全国大规模的游行示威,齐奥塞斯库对示威群众进行了武力镇压,导致镇压的军队倒戈,齐奥塞斯库逃跑并被迅速抓获,支持示威群众的国防部军队控制了国家局势。12月25日,齐奥塞斯库夫妇被执行了死刑。第二天伊利埃斯库建立了临时政府,并将罗马尼亚社会主义共和国改名为罗马尼亚,实行共和制和多党制,举行自由选举。1990年通过大选伊利埃斯库当选为总统。受到东欧政府巨变的影响,保加利亚也出现了呼吁改革、要求民主化的呼声,1990年保共第十四次非常代表大会宣布实行多党制,4月3日,将共产党的名称改为社会党。1991年10月反对党民主力量联盟获得政权,社会党人同样被排斥出政府。阿尔巴尼亚也同样受到东欧其他国家剧变的影响,1990年发生了大规模学生运动,要求实行民主和多党制。当时的第一书记阿利雅作出了让步,宣布实行多党制,1991年4月10日,议会通过宪法修正案,将阿尔巴尼亚社会主义人民共和国改名为阿尔巴尼亚共和国,同年6月将劳动党改名为社会党。1992年的议会选举中民主党获得胜利,阿利雅被迫辞职,贝里沙成为新总统。1989年南斯拉夫也宣布实行多党制,导致了南斯拉夫的分裂,南共联盟解散,引发了大规模的内战和联合国军队的干预。1992年南斯拉夫联邦人民共和国正式解体。

东欧社会主义阵营纷纷解体,"老大哥"苏联也同步进入了解体的进程。1985年3月戈尔巴乔夫上台后,开始了大刀阔斧的改革。他提出了"新思维",主张放弃和美国的军备竞赛,大力发展经济。经济改革因为旧的政治体制的阻力进展缓慢,于是他迅速转向政治改革,主张民主和公开。1989 年波罗的海沿岸的立陶宛、拉脱维亚和爱沙尼亚宣布脱离苏联。1990 年苏共第二十次代表大会宣布实行多党制、议会民主和总统制。1991年虽然通过全民公决保留了苏联,但是 8 月 14 日的新联盟条约将苏联变成了一个松散的联邦。这导致苏联于 8 月 19 日发生了"八一九事变"。尽管军事政变没有成功,但戈尔巴乔夫的威信一落千丈,终于于 8 月 24 日辞

戈尔巴乔夫

职,苏联共产党开始瓦解。1991 年 12 月 21 日,苏联各加盟共和国签署了《阿拉木图宣言》,苏联正式解体。

　　社会主义阵营一系列政治巨变的结果,使美苏冷战对抗的局面彻底结束。此后,人类文明是走向单极还是多极,是陷入冲突还是走向发展? 这已成为摆在世界人民面前的共同课题。冷战结束伊始,美国的著名学者萨缪尔·亨廷顿(Samuel Phillips Huntington, 1927—　　)就地提出了"文明冲突论",他认为:其一,未来世界国际冲突的根源是文化而不是意识形态和经济,全球政治的主要冲突主要在不同文明的国家和集团间进行,文明间的断裂带成为未来的战线;西方文明和非西方文明以及非西方文明之间的相互作用,决定着国际政治的格局。其中,统一文明类型中是否拥有核心国家或主导国家非常重要,在不同文明之间,核心国家间的关系影响着冷战后国际政治秩序的形成和未来走向。其二,文明冲突是未来世界和平的最大威胁,建立在文明基础上的世界秩序才是避免世界战争的最可靠的保证。因此,

在不同文明之间,"跨越界限非常重要",在不同的文明间,尊重和承认相互的界限同样非常重要。其三,全球政治格局正在以文化和文明为界限重新形成,并呈现出多种复杂趋势:在历史上第一次出现了多极的和多文明的全球政治;不同文明间的相对力量及其领导或核心国家正在发生重大转变,文明间力量的对比会受到重大影响;一般来说,具有不同文化的国家间最可能的是相互疏远和冷淡,也可能是高度敌对的关系,而文明之间更可能是竞争性共处,即冷战与冷和平;种族冲突会普遍存在,在文化和文明将人们分开的同时,文化的相似之处将人们带到了一起,并促进了相互间的信任和合作,这有助于削弱或消除隔阂。其四,文化,包括西方文化,是独特的而非普遍适用的;文化之间或文明之间的冲突,主要表现为目前世界七种文明的冲突。

目前世界上发生的冲突,包括"9·11"事件,恐怖主义和反恐战争,阿富汗战争以及伊拉克战争,伊朗核危机等似乎在验证着亨廷顿的理论。但是,亨廷顿只是站在西方的立场上提出了"文明冲突"的理论,并不能得到一致认同,更加主流的共识是:冲突并非人类文明发展的主题。在当今世界,面对经济和市场的一体化,面对着人类共同的能源和环境问题,和平、合作和发展的主题正日益为大多数国家所认同,只有抛弃偏见,相互尊重,共同合作,人类文明才有一个更加光明的未来。

图书在版编目(CIP)数据

世界文明史讲稿/赵立行著. —2版(修订版). —上海：复旦大学出版社，
2017.2(2025.7重印)
ISBN 978-7-309-12484-2

Ⅰ.世… Ⅱ.赵… Ⅲ.世界史-文化史 Ⅳ.K103

中国版本图书馆CIP数据核字(2016)第188184号

世界文明史讲稿(修订版)
赵立行 著
出 品 人/严 峰
责任编辑/邵 丹

复旦大学出版社有限公司出版发行
上海市国权路579号 邮编：200433
网址：fupnet@fudanpress.com http://www.fudanpress.com
门市零售：86-21-65102580 团体订购：86-21-65104505
出版部电话：86-21-65642845
常熟市华顺印刷有限公司

开本890毫米×1240毫米 1/32 印张17 字数446千字
2017年2月第2版
2025年7月第2版第9次印刷

ISBN 978-7-309-12484-2/K·580
定价：48.00元